OMAN

Unterwegs zwischen Muscat und Salalah

Lorenz Töpperwien, Julietta Baums

TRESCHER VERLAG

3., aktualisierte und erweiterte Auflage 2017

Trescher Verlag
Reinhardtstr. 9
10117 Berlin
www.trescher-verlag.de

ISBN 978-3-89794-362-9

Herausgegeben von Bernd Schwenkros und
Detlev von Oppeln

Reihenentwurf und Gesamtgestaltung:
Bernd Chill

Lektorat: Sabine Fach
Stadtpläne und Karten: Johann Maria Just,
Martin Kapp, Bernd Chill
Druck: druckhaus köthen

Gedruckt auf chlorfrei gebleichtem Papier

Printed in Germany

Alle Angaben in diesem Reiseführer wurden sorgfältig recherchiert und überprüft. Dennoch können Entwicklungen vor Ort dazu führen, dass einzelne Informationen nicht mehr aktuell sind. Gerne nehmen wir dazu Ihre Hinweise und Anregungen entgegen. Bitte schreiben Sie an **post@trescher-verlag.de**

Titelbild: Das Fort von Nakhl (→ S. 190)
Vordere Umschlagklappe: Traditionelle Dhau (→ S. 244)
Hintere Umschlagklappe: Kamelsafari in der Wahiba-Wüste (→ S. 247).

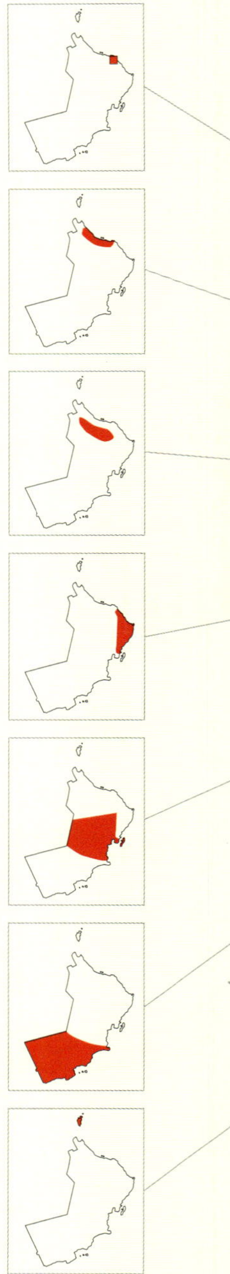

TOYOT
LX

Extra

Kinder auf dem Freitagsmarkt in Nizwa

Vorwort

Legenden von Sindbad dem Seefahrer, von sagenhaft reichen Karawanenstädten, von Weihrauchhäfen und exotischen Gewürzen umranken den Teil Südarabiens, den heute das Sultanat Oman bedeckt. Verstärkt wurde diese geheimnisvolle Aura noch durch die hermetische Abschottung, die der vorletzte Herrscher dem Land in autokratischer Selbstherrlichkeit verordnete. Wie in einem Bait al-Qafl – jenem kunstvoll verriegelten Speicherbau, in dem die Bergstämme der Halbinsel Musandam ihre Vorräte und Habseligkeiten sicher zu verschließen pflegten, bevor sie den Sommer über zu Dattelgärten und Fischfang an die Küsten zogen – verbarg Sultan Said bin Taimur Oman jahrzehntelang vor der Außenwelt. Wer das Land heute besucht, würde es kaum für möglich halten, dass hier vor kaum mehr als 40 Jahren mittelalterliche Zustände herrschten.

Seither ist aus dem scheinbar hoffnungslos rückständigen Feudalstaat mit damals ganzen fünf Kilometern asphaltierter Straße, drei Knabenschulen und einem von amerikanischen Missionaren betriebenen Krankenhaus eine moderne Nation geworden. Schmiermittel dieser erstaunlichen Transformation sind die Petrodollars, die allerdings längst nicht so üppig sprudeln wie bei den arabischen Nachbarn. Anders als jene investiert Oman das Geld auch nicht in futuristische Skylines und sündhaft teure Prestigeobjekte, sondern legt Wert auf eine möglichst kultur- und naturverträgliche Modernisierung.

Nicht nur in dieser Hinsicht erweist sich der seit 45 Jahren amtierende Sultan Qaboos als das genaue Gegenteil seines despotischen Vaters. Er ist der Motor einer omanischen Renaissance, die auch offiziell als solche bezeichnet und betrachtet wird und an der alle Staatsbürger teilhaben sollen. Mit seiner patriarchalischen und weitsichtigen Art hat es Sultan Qaboos geschafft, seine ehemals in eine Vielzahl von Stammeskoalitionen gebundenen Landsleute in einem neuen Nationalgefühl zu vereinen. Die Omanis sind stolz auf ihre vielseitige Natur aus zerklüfteten Gebirgen, schier unendlichen Wüsten und einer 1700 Kilometer langen Küste am Schnittpunkt uralter Handelsrouten, die sie schon früh zum weltoffenen Seefahrervolk machte. Sie sind stolz auf ihre imposante Lehmarchitektur, die bis heute lebendige Oasenkultur und eine ganz eigenständige, sehr pragmatische Auffassung des Islam. Und sie blicken selbstbewusst zurück auf eine Vergangenheit, die in der Bronzezeit mit dem rätselhaften Handelsreich Magan beginnt.

Besucher empfängt die Bevölkerung des Sultanats in traditioneller Kleidung und mit offenen Armen. Abenteuer-, Natur- und Kulturtouristen sind gleichermaßen begeistert von der Ursprünglichkeit des Landes und nehmen dabei die segensreichen Errungenschaften der Neuzeit – ein gut ausgebautes Verkehrsnetz, komfortable Hotels, kulinarische Vielfalt, aber auch politische Stabilität und Reisesicherheit – gerne in Anspruch. Man kann sich darüber streiten, ob es sinnvoll ist, in einem Klima wie dem omanischen Golfplätze anzulegen, und man kann auch den immer luxuriöseren Resorts durchaus mit Skepsis gegenüberstehen. Positiv gesehen sind auch diese Entwicklungen Ausdruck einer Kultur, der der Spagat zwischen Tradition und Moderne immer wieder mit erstaunlicher Lässigkeit gelingt.

Hinweise zur Benutzung

Dieser Reiseführer bietet fundierte Hintergrundinformationen über das Sultanat Oman. Dabei legt er besonderen Wert darauf, Zusammenhänge darzustellen, und setzt seine Schwerpunkte im Sinne einer aussagekräftigen, nur im Bedarfsfall ins Detail gehenden Portraitskizze. Die gebündelte Darstellungsweise eignet sich ideal zur Vor- und Nachbereitung einer Reise.

Das einleitende Kapitel **Das Wichtigste in Kürze** (→ S. 14) fasst wesentliche Informationen, die man vor der Reise beachten sollte, zusammen.

Einen möglichen ›Fahrplan‹ zur Erkundung des Landes bieten die sich daran anschließenden insgesamt sechs **Routenvorschläge** (→ S. 18).

Eine ausführliche Darstellung des kulturhistorischen Rahmens liefert das ausführliche Kapitel **Land und Leute** (→ S. 32) .

Der Reiseteil beschreibt die einzelnen **Regionen und Sehenswürdigkeiten** (→ ab S. 130) ausgehend von der Hauptstadt. Am Ende jedes Unterkapitels findet man die entsprechenden reisepraktischen Informationen zu Unterkunft, Transport, Gastronomie und Aktivitäten.

Die **Reisetipps von A bis Z** (→ S. 300) bieten ausführliche allgemeine Informationen zur Vorbereitung und Durchführung einer Oman-Reise.

Ein **Sprachführer Deutsch-Arabisch** (→ S. 319) listet die wichtigsten Begriffe und Redewendungen auf.

Das **Glossar** (→ S. 327) erklärt wichtige Fachbegriffe, **Literaturangaben** (→ S.330) und **Internetadressen** (→ S. 331) verweisen auf weiterführendes Material.

Ein **Register** (→ S. 333) sowie ein **Kartenregister** (→ S. 346) erleichtern die gezielte Suche nach Informationen im vorliegenden Band selbst.

Über das ganze Buch verteilt sind zahlreiche **Essays** zu Kunst und Kultur, Geschichte und Politik sowie Wirtschaft und Gesellschaft (Übersicht → S. 9).

Die **Transkription arabischer Wörter** folgt der in Oman üblichen englischen Umschrift. Daten und Zahlen beziehen sich, sofern nicht anders gekennzeichnet, auf das Jahr 2016.

Zeichenlegende

- Allgemeine Informationen
- Straßenverbindungen
- Busverbindungen
- Unterkünfte
- Restaurants
- Cafés
- Bars, Nachtclubs
- Museen und Galerien
- Feste, Veranstaltungen
- Sportmöglichkeiten
- Strände
- Bootsverleih, Marinas
- Tauchbasen
- Einkaufsmöglichkeiten, Souvenirs
- Apotheken, Krankenhäuser

Entfernungstabelle

Muscat – Bahla	208 km
Muscat – Barka	84km
Muscat – Buraimi (via Sohar)	343 km
Muscat – Buraimi (via Sohar) – Dubai (V.A.E.)	460 km
Muscat – Buraimi (via Sohar) – Abu Dhabi (V.A.E.)	490 km
Muscat – Al-Hamra	221 km
Muscat – Ibri	307 km
Muscat – Nizwa	174 km
Muscat – Quriat	94 km
Muscat – Rustaq	159 km
Muscat – Salalah	1023 km
Muscat – Seeb	52 km
Muscat – Shinas	284 km
Muscat – Sohar	230 km
Muscat – Sur	337 km
Nizwa – Salalah	870 km
Nizwa – Buraimi	290 km
Muscat – Nizwa – Buraimi	470 km
Muscat – Nizwa – Buraimi – Dubai (V.A.E.)	600 km
Muscat – Nizwa – Buraimi – Abu Dhabi (V.A.E.)	630 km

Das Wichtigste in Kürze

Visum und Genehmigungen

Für die Einreise benötigen deutsche Staatsbürger einen bei Einreise noch mindestens sechs Monate gültigen **Reisepass** und ein **Visum**. Das Visum kann bei Einreise auf dem Luft- oder Landweg beantragt werden. Am Flughafen kostet ein Touristenvisum derzeit rund 12 Euro (Gültigkeit 10 Tage) bzw. 40 Euro (Gültigkeit 1 Monat).

Zahlungsmittel

Die omanische Währungseinheit ist der **Rial Omani** (RO, internationale Abkürzung: OMR), der in 1000 Baisa (Bs) unterteilt ist. Das Geld wird in Form von Scheinen ausgetauscht, Münzen sind in Oman kaum in Gebrauch. Im August 2016 entsprach ein omanischer Rial etwa 2,35 Euro beziehungsweise umgekehrt ein Euro rund 420 Baisa oder knapp einem halben Rial.

Mit **Kreditkarte** kann man in den meisten größeren Geschäften, Hotels, Restaurants und bei Autovermietern zahlen und in Banken recht günstig Rial erhalten. Bei vielen omanischen Banken kann man auch mit der **ec-Karte** Geld abheben, nicht aber mit den in Europa inzwischen weit verbreiteten V-Pay-Karten. Es empfiehlt sich zusätzlich die Mitnahme von Euro in Form von **Banknoten**, die in größeren Städten problemlos getauscht werden können.

Gesundheit

Impfungen sind bei Direkteinreise aus Europa nicht erforderlich. Generell sollte man an eine Auffrischung der Polio-, Diphterie- und Tetanusimpfung denken. Hepatitis-A-Erkrankungen sind selten; eine Impfung wird dennoch generell empfohlen.

Schmuckladen in Muscat

Reisen im Land

Es gibt ein gutes Netz an Überlandbussen und Sammeltaxis. Mietwagen können in Muscat und Salalah gemietet werden. Zudem gibt es eine Fährverbindung von Muscat nach Khasab sowie von Shannah auf die Insel Masirah. Inlandsflüge führen von Muscat nach Khasab und Salalah und seit kurzem auch zu dem neuen Flughafen in Duqm.

Verständigung

Die offizielle Landessprache Omans ist **Arabisch**. Innerhalb der größeren Städte, im Dienstleistungsbereich und in vielen Geschäften kommt man aber auch mit Englisch gut zurecht. Trotzdem ist es von großem Vorteil, wenn man zumindest einige Wörter Arabisch beherrscht. Die wichtigsten Redewendungen und Grußformeln sind im Sprachführer am Ende des Buches aufgeführt (→ S. 319).

Unterkunft

Besonders in der Hauptstadtregion gibt es eine Vielzahl Hotels unterschiedlicher Kategorien, mit Schwerpunkt im oberen Segment. Außerhalb der Städte findet man meist zweckmäßige ›Rest Houses‹ (Gasthäuser). Beliebt sind zudem Camps mit Bungalows, einfachen Beduinenzelten oder Palmhütten. Sie finden sich vorwiegend in der Wahiba-Wüste und an der Küste, etwa am Ras al-Hadd.

Sicherheit

Oman ist ein sehr sicheres Reiseland, die Kriminalitätsrate ist verschwindend gering. Aktuelle Sicherheitshinweise des Auswärtigen Amtes bekommt man unter Tel. +49/1888/170 oder www.auswaertiges-amt.de.

Wichtige Telefonnummern

Internationale Vorwahl: +968
Polizei und Feuerwehr: 9999

Auf dem Fischmarkt

Preisniveau

Oman ist kein Billig-Reiseland. Die Hotels gehören fast alle zur Mittel- bis Luxusklasse und liegen preislich meist über dem europäischen Niveau. Doppelzimmer im 5-Sterne-Hotel ab 120 OMR, Mittelklassehotels ab 60 OMR, ›Rest Houses‹ und einfache Hotels ab 20 OMR; Wüstencamps je nach Ausstattung zwischen 40 und einigen hundert OMR je Doppelzimmer bzw. Zelt.

Reisezeit

Wegen des heißen Klimas – im Sommer herrschen an der Küste bis zu 50 °C, in der Inlandswüste liegen die Temperaturen manchmal noch darüber – ist **Oktober bis März** die beste Reisezeit für Oman. In die Region Dhofar kann man mit Einschränkungen auch während des Khareef (Sommermonsun, Mitte Juni bis Mitte September) reisen. Auch in den höheren Gebirgslagen sind die Temperaturen im Sommer gut auszuhalten. Vorteile einer Reise außerhalb der eigentlichen Reisesaison: Die Hotels sind weniger voll und meist günstiger.

Wohnfort Taqah östlich von Salalah

Natur

Geografisch zeichnet sich Oman durch **zum Teil krasse Gegensätze** aus. Bestimmend für das Profil des Landes treten die **Bergketten des Hajar** im Nordosten und das **Dhofar-Gebirge** ganz im Süden des Sultanats hervor. Den mit Abstand größten Teil der Staatsfläche (etwa 80 Prozent) bedeckt die **inneromanische Wüste**. Sie besteht aus der riesigen Schotterebene der Jiddat al-Harasis sowie aus den Sandwüsten Ramlat al-Wahiba und Rub al-Khali. Selbstverständnis und Geschichte Omans prägt überdies die **1700 Kilometer lange Küste**. Einen klimatischen Sonderfall stellt die **Bucht von Salalah** dar, die jedes Jahr im Sommer unter ergiebigen Monsunregen ergrünt.

Kultur

Die kulturellen Wurzeln Omans gehen bis in das 3. Jahrtausend vor Christus zurück, als das bronzezeitliche Reich Magan erstmals von omanischem Boden aus weitreichende Handelsbeziehungen nach Mesopotamien und in die Anrainerländer des Indischen Ozeans knüpfte. Fortan blieb der Überseehandel für das Land ein bestimmender Faktor.

Im Landesinneren bildete sich nach dem Zusammenbruch der südarabischen Weihrauchreiche eine wehrhafte Stammeskultur aus, die zum Träger einer heute fast nur noch in Oman verbreiteten gemäßigten Spielart des Islam (Ibadismus → S. 79) wurde.

Seit dem Machtantritt des amtierenden Sultan Qaboos besinnt sich Oman nach Jahrzehnten der Agonie und politischen Abschottung mit großem Eifer auf seine kulturellen Wurzeln. Das kommt unter anderem in dem ambitionierten Restaurierungsprogramm historischer Gebäude zum Ausdruck. Kulturelles Neuland betrat das Sultanat 2011 mit der Eröffnung des ersten Opernhauses auf der Arabischen Halbinsel.

Weitere Informationen in den Reisetipps von A bis Z ab → S. 300

Die wichtigsten Sehenswürdigkeiten

Oman hat eine jahrhundertealte Geschichte, die an vielen Orten sichtbar wird. Gerade die **Festungsanlagen** beherbergen, sofern sie restauriert wurden, häufig sehr sehenswerte Museen zur Lokal- und Regionalgeschichte und bieten auf diese Weise etwa Einblick in Aspekte wie Schiffbau, Fischerei oder Weihrauchhandel. Es kann allerdings immer wieder vorkommen, dass sie wegen Restaurierung geschlossen sind. Die Restaurierungsarbeiten können wegen des weit verbreiteten und besonders witterungsanfälligen Lehmmaterials je nach Größe des Bauwerks Jahre oder Jahrzehnte in Anspruch nehmen. Ende 2012 wurde Omans größtes Fort in Bahla (seit 1987 UNESCO-Weltkulturerbe) wiedereröffnet (→ S. 221). Das bedeutende Fort von Sohar durchläuft gerade ein umfangreiches Restaurierungsprogramm und ist auf unabsehbare Zeit nicht zugänglich (→ S. 186).

Siedlungsarchitektur aus Lehm weisen praktisch alle Oasen Inner-Omans auf, jedoch befinden sich die Gebäude größtenteils in Auflösung, da sie nicht mehr bewohnt werden. Relativ intakte Wohnhäuser sind unter anderem noch in Al-Hamra (Region Dakhiliyah) zu sehen (→ S. 222).

Als Wahrzeichen und Lebensader der Oasen kann das **Bewässerungssystem** aus zum Teil unterirdischen Kanälen gelten. Teile davon, etwa das Falaj Daris von Nizwa (→ S. 215), stehen ebenfalls auf der Liste des UNESCO-Weltkulturerbes.

Unter den **Ruinen aus antiker Zeit** ragen besonders die Reste des Weihrauchhafens Khor Rouri bei Salalah (Region Dhofar) hervor (→ S. 280).

Aktivurlaub

Unberührte Naturlandschaften in oft gewaltiger Ausdehnung und die 1700 Kilometer lange Küstenlinie bieten Abenteuer- und Aktivurlaubern ein reiches Betätigungsfeld. Besonders Wassersportarten stehen in großer Fülle zur Auswahl. Weitere Infos siehe ›Reisetipps von A bis Z: Sport‹ (→ S. 314).

Unesco-Weltkulturerbe: Die Festung von Bahla

Routenvorschläge: Die schönsten Touren

Das Sultanat Oman bietet eine große Bandbreite an Aktivitäten und Sehenswürdigkeiten und eine sehr gute Infrastruktur. Die Auswahl an Hotels jeder Kategorie wird jährlich größer, moderne Shopping Malls und traditionelle Souqs bieten vielfältige Einkaufsmöglichkeiten, endlose und obendrein oft menschenleere Strände sowie die zunehmende Zahl der Wassersportangebote tragen zum stetig steigenden Erlebniswert der 1700 Kilometer langen Küste bei. Besonders charakteristisch sind die kontrastreichen Landschaften, die sich selbst in der Wüste mit einer erstaunlich artenreichen Fauna und Flora verbinden und viele spannende Wandermöglichkeiten eröffnen. In der Kernreisezeit von Oktober bis März herrschen zu Land und zu Wasser fast überall angenehme Temperaturen.

Nicht zuletzt zählt Oman zu den gastfreundlichsten und sichersten Ländern weltweit. Die zweisprachige Verkehrsbeschilderung (Arabisch/Englisch) erleichtert die Orientierung beim Autofahren. Mietwagen ohne Vierradantrieb erhalten durch den rasanten Ausbau des Asphaltstraßennetzes Zugang zu immer abgelegeneren Zielen und Naturschönheiten. Die umfassende Erkundung des Sultanats erfordert jedoch nach wie vor ein geländegängiges Fahrzeug und entsprechende Kenntnisse im Offroad-Fahren.

Individualreisende sollten zudem einige grundsätzliche Punkte beachten. Dazu gehört in erster Linie, dass **Unterkünfte** entlang der geplanten Route im Vorhinein gebucht werden sollten (→ S. 316). Dies gilt insbesondere für die Hochsaisonzeiten um Weihnachten und Ostern, in denen Hotelzimmer durchweg gut belegt sind und daher knapp werden können. Eine rechtzeitige Buchung vereinfacht überdies die Reklamation etwaiger Minderleistungen oder Schäden. Um Zeit zu sparen, empfiehlt sich die Buchung einer **maßgeschneiderten Tour** über einen spezialisierten Reiseveranstalter. In dieser Hinsicht ist das Angebot mittlerweile so vielfältig, dass es sich lohnt, die Programme und Preise der unterschiedlichen Anbieter miteinander zu vergleichen (→ S. 313).

Bei der Auswahl des **Reisezeitraums** sollte überdies der jährlich wechselnde Termin des islamischen Fastenmonats **Ramadhan** berücksichtigt werden. Während seiner Dauer, die sich nach dem Mondkalender richtet, ist das öffentliche Leben tagsüber stark eingeschränkt. Dafür sind Lokale und Läden bis tief in die Nacht geöffnet und voller Leben (→ S. 305).

Reisende **Familien mit Kindern** empfangen die Omanis mit offenen Armen. Zustellbetten in Hotels, eigens eingerichtete Familienbereiche in Restaurants und eine ausgeprägte Hilfsbereitschaft kommen der Organisation von Reisen mit Kindern sehr entgegen (→ S. 308).

Mietwagen sind an den Flughäfen in Muscat und Salalah und in den größeren Hotels buchbar. Offiziell benötigt man einen **internationalen Führerschein**, in der Praxis wird ein EU-Führerschein aber akzeptiert. Die Strecke von Muscat nach Salalah ist nicht bei allen Vermietern zulässig. Fahrten in die V.A. Emirate müssen bei Vertragsabschluss abgesprochen werden und kosten meist einen Aufpreis (→ S. 317). Auch Visabestimmungen sind in diesem Fall zu beachten (→ S. 227, 304).

Wer das ganze Land bereisen möchte, muss aufgrund der Größe Omans drei Wochen einplanen. Zur geruhsamen Erkundung der wichtigsten landschaftlichen und kulturellen Highlights reichen

Traditonelle Kopfbedeckungen: Woll-Mussar, Kumma und Baumwoll-Mussar

jedoch auch zehn Tage. Die folgenden Routenvorschläge (Tageszählung inklusive Anreisetag) bieten für jeden Zeitrahmen und jeden Schwerpunkt etwas:

Relax: Entspannte Rundreise durch den Norden Omans mit den zentralen Höhepunkten, wenige Hotelwechsel, für Familien geeignet.

Explore: zweiwöchige Geländewagen-Rundreisen mit einem Hauch von Abenteuer und spannenden Tageswanderungen, je nach regionalem Schwerpunkt einfache oder komfortable Hotels

Nature: 21-tägige umfassende Aktivreise im Geländewagen für Naturliebhaber, landesübliche Hotels oder Gasthäuser

Adventure: drei Wochen Abenteuer im Geländewagen mit Dachzelt, umfassendes Programm, Unabhängigkeit durch freie Wahl der Campplätze.

Für die **Anreise** empfehlen sich die Direktflüge der Oman Air von Frankfurt, München oder Zürich. Wer die Wochenmärkte erleben möchte, muss den Anreisetag unserer Vorschläge berücksichtigen.

1 Nordoman intensiv

» 15 Tage

Muscat ►► Batinah: Forts in Nakhl und Rustaq ►► Wadis Sahtan und Bani Awf ►► Terrassendörfer Balad Seet, Misfat Al-Abriyyin ►► Jebel Shams und Wadi Nakhar ►► Inner-Oman mit Nizwa, Bahla, Jabrin und Al-Hamra ►► Jebel Akhdar ►► Wahiba ►► Wadi Bani Khalid ►► Ras al-Hadd ►► Sur ►► Quriat

Verkehrsmittel und Charakteristik

Explore: Selbstfahrertour im Geländewagen durch den landschaftlich vielfältigen Norden des Sultanats. Intensive Erkundung des Östlichen Hajar mit Wanderungen am Jebel Shams und auf dem Jebel Akhdar. Lehmfestungen und orientalisches Markttreiben erlebt man in den inner-omanischen Oasen Nizwa, Bahla und Jabrin. Gelegenheit zu einem Kamelritt in der Wahiba-Wüste und zur Schildkrötenbeobachtung bei Ras al-Hadd. Die Rückfahrt erfolgt entlang der abwechslungsreichen Sharqiyah-Küste über Sur und Quriat.

Bei den Hotels besteht in den größeren Städten die Wahl zwischen sehr guten Häusern wie The Chedi Muscat oder eher landestypischen Hotels und Gasthäusern. Die Übernachtungen in den Bergen sind einfach, dafür landschaftlich reizvoll. Ein besonderes Erlebnis versprechen die Palmhüttencamps in der Wahiba-Wüste und am Ras al-Hadd direkt am Meer.

Tourverlauf

Tag 1: Anreise nach Muscat (optimal: Samstag).

Tag 2 und 3: An den ersten beiden Tagen nach der Ankunft in der Hauptstadt Zeit zum Eingewöhnen und zum Besuch der großen Sultan-Qaboos-Moschee sowie der Palastanlagen und Handelshäuser in Alt-Muscat. Strandspaziergang oder Delfinbeobachtung nach Wunsch.

Tag 4: Es geht nach Westen ins Landesinnere zum Fort von Nakhl und nach Rustaq. Asphaltstraßen und teils steile Pisten führen durch die Wadis Sahtan und Bani Awf und über das schön gelegene Terrassendorf Balad Seet auf die Passhöhe des Westlichen Hajar.

Tag 5: Nach einer Gasthausübernachtung erkundet man auf einer Halbtageswanderung die Bergwelt ringsum. Mittags Weiterfahrt auf einer asphaltierten Straße bis fast hinunter in die Oasen Inner-Omans. Das nächste Gasthaus liegt inmitten von Palmgärten im Bergdorf Misfat Al-Abriyyin, dessen Häuser sorgfältig aus Naturstein errichtet wurden.

Tag 6: Über die Lehmstadt Al-Hamra Weiterfahrt auf das Gipfelplateau des Jebel Shams. Spaziergang entlang den Abbruchkanten des Wadi Nakhar, auch ›Grand Canyon‹ Omans genannt, und Übernachtung in einem Bergresort.

Tag 7, 8 und 9: Die kommenden beiden Tage widmen sich den alten Lehmstädten Inner-Omans. In der Töpferhochburg Bahla steht das UNESCO-geschützte Fort auf dem Programm, Jabrin beherbergt einen schmuckvollen Wohnpalast und die zeitweilige omanische Hauptstadt Nizwa wartet mit Festung und restauriertem Souq auf. Nizwas quirliger Tiermarkt am Morgen des achten Tages bietet einen reizvollen Kontrast zu der späteren Auffahrt auf den Jebel Akhdar, den ›grünen Berg‹, dessen Plateau mit blühenden Terrassendörfern und knorrigen Wacholderbäumen den darauffolgenden Wandertag ausfüllt.

Tag 10: Die Tour führt in die Wahiba-Wüste und gibt Gelegenheit zu einem Kamelritt durch hoch aufragende Dünen.

Tag 11 und 12: Tags drauf geht es über das wasserreiche Wadi Bani Khalid und die Nachbaroasen Bani Bu Ali und Bani Bu Hassan nach Ras al-Hadd. Das dortige Palmhüttencamp direkt am Wasser ist eine ideale Basis für die nächtliche Schildkrötenbeobachtung und einen entspannten Tag am Meer.

Tag 13: Auf dem Rückweg nach Muscat liegt Sur mit seinen berühmten Dhau-Werften. Wer mag, kann auch noch Abstecher in die fruchtbaren Täler des Östlichen Hajar unternehmen und eine Zwischenstation am Fort der einst bedeutenden Hafenstadt Quriat einlegen.

Tag 14: In Muscat bleibt zum Abschluss Zeit für letzte Einkäufe im Souq von Mutrah.

Tag 15: Rückreise von Muscat.

2 Nordoman mit Salalah

» 15–17 Tage

Muscat ►► Quriat ►► Sur ►► Wadi Bani Khalid ►► Wahiba ►► Ibra ►► Jebel Akhdar ►► Inner-Oman mit Nizwa, Bahla, Jabrin ►► Jebel Shams und Wadi Nakhar ►► Terrassendörfer Balad Seet, Misfat Al-Abriyyin ►► Wadis Bani Awf und Sahtan ►► Sohar ►► Mussanah ►► Batinah: Forts in Nakhl, Barka und Bait Na'aman ►► Salalah

Oft hilft nur ein Geländewagen weiter

Verkehrsmittel und Charakteristik

Explore: Selbstfahrertour im Geländewagen durch den landschaftlich vielfältigen Norden des Sultanats und geruhsamer Abschluss der Reise in Salalah. Intensive Erkundung des Östlichen Hajar mit Wanderungen am Jebel Shams und auf dem Jebel Akhdar. Lehmfestungen und orientalisches Markttreiben in den inneromanischen Oasen Nizwa, Bahla und Jabrin. Gelegenheit zu einem Kamelritt in der Wahiba-Wüste und Besuch des Frauenmarktes in Ibra. Höhepunkte der Batinah-Küste zwischen Sohar und Barka mit Forts, Märkten und Stranderlebnis, anschließend Abstecher in das Weihrauchland Dhofar.

Als Unterkünfte empfehlen sich landestypische Hotels, ergänzt um einfache Gasthäuser in den Bergen und ein stimmungsvolles Palmhüttencamp in der Wahiba-Wüste. Von Salalah, das per Inlandsflug erreicht wird, geht es via Muscat direkt zurück nach Deutschland.

Tourverlauf

Tag 1: Anreise nach Muscat (optimal: Freitag).

Tag 2 und 3: An den ersten beiden Tagen nach der Ankunft Zeit zum Eingewöhnen und zum Besuch der großen Sultan-Qaboos-Moschee sowie der Palastanlagen und Handelshäuser in Alt-Muscat. Strandspaziergang oder Delfinbeobachtung nach Wunsch.

Tag 4: Es geht über die Festung von Quriat und mit einem Abstecher in das fruchtbare Wadi Shab nach Sur, berühmt für seine Dhau-Werften.

Tag 5: Natürliche Pools im wasserreichen Wadi Bani Khalid laden tags darauf zu einem erfrischenden Süßwasserbad ein, bevor ein Palmhüttencamp in der Wahiba-Wüste Gelegenheit zu einem Kamelritt durch hoch aufragende Dünen gibt.

Tag 6 und 7: Ziel ist Ibra mit seinem Markt. Westlich führt eine serpentinenreiche Straße auf den Jebel Akhdar, den

In der Oase Misfat Al-Abriyyin: Lastentransport mit Esel

›grünen Berg‹, dessen Plateau mit seinen blühenden Terrassendörfern am darauffolgenden Wandertag erkundet werden kann.

Tage 8, 9, 10: Diese beiden Tage widmen sich den alten Lehmstädten Inner-Omans. Die zeitweilige omanische Hauptstadt Nizwa mit ihrer Festung und dem quirligen Tiermarkt bildet den Auftakt, gefolgt von Bahlas UNESCO-geschütztem Fort und dem Besuch des Wohnpalastes von Jabrin. Anschließend erreicht die Route über die alte Lehmstadt al-Hamra das Gipfelplateau des Jebel Shams oberhalb des Wadi Nakhar. Spaziergang entlang den Abbruchkanten des Wadi Nakhar (›Grand Canyon‹ Omans) und Übernachtung in einem Bergresort. Die Bergdörfer Misfat Al-Abriyyin, Sharaf al-Alamayn und Balad Seet sind lebendige Abbilder der traditionsreichen Terrassenkultur des Westlichen Hajar.

Tag 11: Im weiteren Reiseverlauf führen am elften Tag die palmenbestandenen Täler der Wadis Bani Awf und Sahtan zunächst nach Rustaq und anschließend weiter in die Sindbad-Stadt Sohar.

Tag 12: Fahrt in Richtung Osten nach Mussanah. Im dortigen Strandhotel Möglichkeit zu einer Bootstour zum Naturschutzgebiet der Daymaniyat-Inseln. Der Besuch der Forts in Barka, Bait Na'aman und Nakhl verspricht Einblicke in die Geschichte der Batinah.

Tag 13, 14, 15 (16): Flug Muscat–Salalah. Die beiden letzten Tage im Weihrauchland Dhofar bieten Strandleben und ermöglichen zusätzlich Tagesausflüge in die Umgebung von Salalah.

Tag 15, 16 oder 17: Rückreise von Salalah

3 Nordoman mit Musandam

» 17 Tage

Muscat ►► Quriat ►► Sur ►► Ras al-Hadd ►► Wadi Bani Khalid ►► Wahiba Ibra ►► Jebel Akhdar ►► Inner-Oman mit Nizwa, Bahla, Jabrin ►► Jebel Shams und Wadi Nakhar ►► Misfat Al-Abriyyin, Sharaf al-Alamayn und Al-Hota Cave ►► Wadis Bani Awf und Sahtan ►► Mussanah ►► Batinah:

Forts in Nakhl, Barka und Bait Na'aman ►► Musandam: Khasab mit Dhau-Fahrt ►► Dubai

Verkehrsmittel und Charakteristik

Explore: Selbstfahrertour im Geländewagen durch den landschaftlich vielfältigen Norden des Sultanats und geruhsamer Abschluss der Reise mit einer Dhau-Fahrt in den Fjorden der nördlichen Exklave Musandam. Das Programm der ersten zwölf Tage entspricht weitgehend dem Routenvorschlag ›Nordoman mit Salalah (15–17 Tage, → S. 21) ohne den Salalah-Teil. In lediglich einem Punkt weicht es davon ab: Die zweite Übernachtung in Muscat entfällt und wird durch eine Nacht am Ras al-Hadd mit Möglichkeit zur Schildkrötenbeobachtung ersetzt. Musandam wird per Hochgeschwindigkeitsfähre erreicht, der Rückflug nach Deutschland erfolgt ab Dubai (Vereinigte Arabische Emirate).

Tourverlauf

Tag 1–13: siehe vorige Tour.

Tag 14: Eine moderne Hochgeschwindigkeitsfähre legt den Weg von Muscat nach Khasab (Musandam) in nur fünf Stunden zurück.

Tag 15: Tags darauf führt eine ganztägige, oft von Delfinen begleitete Dhau-Fahrt durch die Fjorde der Halbinsel mit spektakulären Felslandschaften. Badegelegenheiten vorhanden.

Tag 16: Weiterfahrt die Küste entlang via Shardjah nach Dubai (ggf. Stadtrundfahrt vor dem Abflug).

Tag 17: Rückreise von Dubai (VAE).

4 Oman umfassend

» 21 Tage

Salalah ►► Shisr ►► Rub al-Khali ►► Taqah ►► Samhuram ►► Mirbat ►► Shuwaymiyah ►► Ras Madrakah ►► Duqm ►► Khaluf ►► Masirah ►► Ras al-Hadd ►► Sur ►► Wadi Shab ►► Wadi Bani Khalid ►► Wahiba ►► Jebel Akhdar ►► Inner-Oman mit Nizwa, Bahla, Jabrin ►► Jebel Shams und Wadi Nakhar ►► Terrassendörfer Balad Seet, Misfat Al-Abriyyin ►► Wadis Bani Awf und Sahtan ►► Batinah: Forts in Nakhl, Barka und Bait Na'aman ►► Muscat

Verkehrsmittel und Charakteristik

Nature: Aktivreise im Geländewagen durch den Norden und Süden Omans, wobei ein Inlandsflug nach Salalah die Gesamtstrecke deutlich reduziert. Im Dhofar Besuch der alten Weihrauchstätten und Abstecher in die Rub al-Khali. Fahrt entlang der gesamten Südostküste Omans mit unberührten Sandstränden, bizarren Felsformationen und Zugvogelkolonien (je nach Jahreszeit). Gelegenheit zur Schildkrötenbeobachtung bei Ras al-Hadd und zu einem Kamelritt in der Wahiba-Wüste. Intensive Erkundung des Östlichen Hajar mit Wanderungen am Jebel Shams und auf dem Jebel Akhdar. Lehmfestungen und orientalisches Markttreiben in den inneromanischen Oasen Nizwa, Bahla und Jabrin. Forts der Batinah und Abschluss der Reise in Muscat. Als Unterkünfte empfehlen sich landestypische Hotels und Gasthäuser, ein landschaftlich reizvoll gelegenes Berg-Camp und ein stimmungsvolles Palmhüttencamp in der Wahiba-Wüste.

Tourverlauf

Tag 1: Anreise nach Salalah (optimal: Freitag).

Omans Gewässer sind reich an Meeresfrüchten aller Art

An der Küste bei Ras al-Hadd

Tag 2, 3, 4 und 5: Salalah steht gleich am Beginn der Reise (Tage 2–3) und bildet den Ausgangspunkt für einen Ausflug nach Taqah und Samhuram.

Die gemeinsame Fahrt mit einem Beduinen samt Begleitfahrzeug führt von den Blowholes bei Mughsayl über den Jebel Qara in das Sanddünenmeer der Rub al-Khali (Tage 4–5) und zurück über schmale Bergstraßen an die Küste bis hinunter nach Mirbat (Tag 6).

Tag 7: Eine spektakuläre Straße führt am Fuß des Djabal Samhan vorbei nach Shuwaymiyah.

Tag 8 und 9: Die nun folgende zweitägige Fahrt (mit möglichen Übernachtungsstopps in Duqm und auf Masirah) führt entlang der wilden, noch weithin unberührten, mittlerweile aber auf voller Länge von einer neuen Asphaltstraße gesäumten Südostküste des Sultanats. An den großen Lagunen von Khor Ghawi und Khor Diris und im Gebiet um das Ras Madrakah finden sich oft große Vogelkolonien ein. Bizarre vulkanische Gesteinsformationen wie am Ras Duqm, das gerade zum neuen Zentrum der Region Al-Wusta ausgebaut wird,

IRAN
Straße von Hormuz
Khasab
OMAN
Bandar Lengeh
Arabischer Golf
Golf von Oman
Start
Ziel
2,3 Reisetage vor Ort
(Tag 1: Anreise)
Dubai
Abu Dhabi
Sohar
MUSCAT
18
19,20
Barka
Mahadah
Suwaihan
Al-Ain
Buraimi
15,16
17
Rustaq
Nahkl
12,13
Al-Hajar
Hajar al-Sharqi
Sur
10
Ibra
Wadi Bani Khalid
Al-Kamil
Ibri
Bahla
Nizwa
14
Al-Mudhaybi
Al-Ashkharah
11
Ramlat al-Wahiba
Qurun
VEREINIGTE
ARABISCHE
EMIRATE
Al-Ghabah
Mafraq
Shannah
Masirah
9
Hijj
Sur Masirah
Al-Khaluf
SAUDI-
ARABIEN
Huqf
Ras Duqm
Al-Duqm
8
Haima
Jiddat al-Harasis
Ras Madrakah
Rub al-Khali
Muqshin
Marsawdad
Arabisches Meer
Dawkah
4,5
Ramlat Hashman
Ubar
7
Thumrait
Dhofar-Gebirge
Jebel Samhan
Al-Mazyunah
Qairoon Hairitti
Mudayy
Salalah
6
2,3
Tour 4
0
80
160 km

wechseln sich ab mit gleißend weißen Stranddünen etwa bei Khaluf.

Tag 10: Vorbei an den Sandmassen der südlichen Wahiba-Wüste folgt die Straße der Küstenlinie bis zum Ras al-Hadd. Das dortige Palmhüttencamp direkt am Wasser ist eine ideale Basis für die nächtliche Schildkrötenbeobachtung.

Tag 11: Auf einen Ausflug in die alte Hafenstadt Sur mit ihren berühmten Dhau-Werften folgt ein erfrischendes Süßwasserbad in den natürlichen Pools des wasserreichen Wadi Bani Khalid, bevor ein Palmhüttencamp in der Wahiba-Wüste Gelegenheit zu einem Kamelritt durch die hoch aufragenden Dünen gibt.

Tag 12 und 13: Über die Oasen Al-Minzafah und Mudhaybi Weiterfahrt auf den Jebel Akhdar, den ›grünen Berg‹, dessen Plateau mit blühenden Terrassendörfern und knorrigen Wacholderbäumen den Wandertag (Tag 13) ausfüllt.

Tag 14 und 15: Die beiden Tage widmen sich den alten Lehmstädten Inner-Omans. Die zeitweilige omanische Hauptstadt Nizwa mit ihrer Festung und dem quirligen Tiermarkt macht den Auftakt, gefolgt von Bahlas UNESCO-geschütztem Fort, dem Wohnpalast von Jabrin und der alten Lehmstadt Al-Hamra.

Tag 16: Ein Campement am Jebel Shams bildet den Ausgangspunkt für die Erkundung des ›Grand Canyon‹ Wadi Nakhar.

Tag 17: Die Bergdörfer Misfat Al-Abriyyin und Balad Seet sind lebendige Abbilder der traditionsreichen Terrassenkultur des Westlichen Hajar.

Tag 18: Weiterfahrt durch die palmenbestandenen Täler der Wadis Bani Awf und Sahtan zu einem Strandhotel bei Masna'ah und Besuch der Forts in Barka, Bait Na'aman und Nakhl.

Tag 19 und 20: Die letzten beiden Tage gehören der Hauptstadt Omans. Eine Besichtigung der großen Sultan-Qaboos-Moschee und Alt-Muscats empfiehlt sich ebenso wie ein Streifzug über den Souq von Mutrah. Wer mag, unternimmt zusätzlich eine Ausfahrt aufs Meer mit Delfinbeobachtung oder verbringt ein paar Stunden am Strand.

Tag 21: Abreise von Muscat.

Baden im Wadi Bani Khalid

Auf dem Jebel Akhdar: Aloepflanze (rechts)

5 Oman umfassend mit Dachzelt

» 22 Tage

Muscat ►► Batinah: Forts in Nakhl und Rustaq ►► Wadis Sahtan und Bani Awf ►► Balad Seet ►► Jebel Shams und Wadi Nakhar ►► Inner-Oman mit Nizwa, Bahla, Jabrin und Al-Hamra ►► Jebel Akhdar ►► Marsawdad ►► Rub al-Khali ►► Ubar ►► Salalah ►► Taqah ►► Samhuram ►► Mirbat ►► Shuwaymiyah ►► Ras Madrakah ►► Duqm ►► Khaluf ►► Ras al-Hadd ►► Sur ►► Wadi Shab ►► Wadi Bani Khalid ►► Wahiba ►► Ibra

Verkehrsmittel und Charakteristik

Adventure: Umfassende Aktivreise, die das gesamte Sultanat im Geländewagen erkundet. Der zweite Reiseabschnitt von Salalah die Küste entlang bis zur Wahiba-Wüste folgt den Tagen 6 bis 11 des Routenvorschlags ›Oman umfassend‹ (21 Tage, → S. 24). Der Unterschied besteht in der Ausstattung des Geländewagens mit einem Dachzelt (Bezug über Arabica Orient Tours, → S. 305, Reiseveranstalter‹). Das bietet Flexibilität bei der Auswahl der Übernachtungsplätze, zugleich stellt die Route hohe Anforderungen an die Fahrer, die über fundierte Offroad-Praxis verfügen müssen.

Tourverlauf

Tag 1: Anreise nach Muscat (optimal: Freitag).

Tag 2: Zeit zum Eingewöhnen und für eine erste Erkundung der Hauptstadt.

Tag 3: Dieser Tag ist der Vorbereitung der Reise vorbehalten. Dazu gehört in erster Linie der Einkauf der notwendigen (haltbaren) Lebensmittel für die Campübernachtungen (frische Lebensmittel bieten die Märkte unterwegs).

Tag 4: Es geht nach Westen ins Landesinnere zu den Forts von Nakhl und Rustaq. Asphaltstraßen und teils steile Pisten führen durch die Wadis Sahtan und Bani Awf und vorbei am schön gelegenen Terrassendorf Balad Seet auf die Passhöhe des Westlichen Hajar.

Tag 5: Über die Oasenstadt Al-Hamra mit ihren noch gut erhaltenen Lehmbauten erreicht die Route am fünften Tag das Gipfelplateau des Jebel Shams

IRAN
Straße von Hormuz
Khasab
OMAN
Bandar Lengeh
Arabischer Golf
Golf von Oman
Start
Ziel
2,3 Reisetage vor Ort
(Tag 1: Anreise)
Dubai
Abu Dhabi
Sohar
MUSCAT
2,3,21
Barka
Mahadah
Suwaihan
Al-Ain
Buraimi
Rustaq
Nahkl
Al Hajar
Hajar al-Sharqi
Sur
18
16,17
Ibra
Wadi Bani Khalid
Al-Kamil
VEREINIGTE ARABISCHE EMIRATE
Ibri
Bahla
Nizwa
Al-Mudhaybi
6,7
5
4
19
20
Al-Ashkharah
Ramlat al-Wahiba
Qurun
15
Al-Ghabah
Mafraq
Shannah
Masirah
Hijj
Sur Masirah
Al-Khaluf
SAUDI-ARABIEN
Huqf
Ras Duqm
Al-Duqm
Haima
14
Ras Madrakah
Jiddat al-Harasis
Rub al-Khali
8
Muqshin
Marsawdad
Arabisches Meer
Ramlat Hashman
Dawkah
9
Ubar
13
Thumrait
Dhofar Gebirge
Jebel Samhan
Al-Mazyunah
Qairoon Hairitti
12
Mudayy
Salalah
10,11
Tour 5
0 80 160 km

oberhalb des Wadi Nakhar (›Grand Canyon‹ Omans).

Tag 6 und 7: Die beiden Tage widmen sich den alten Lehmstädten Inner-Omans. In der Töpferhochburg Bahla steht das UNESCO-geschützte Fort auf dem Programm, Jabrin beherbergt einen schmuckvollen Wohnpalast und die zeitweilige omanische Hauptstadt Nizwa wartet mit Festung, restauriertem Souq und dem größten Tier- und Wochenmarkt des Landes auf. Für einen reizvollen Kontrast sorgt zwischendurch die Auffahrt auf den Jebel Akhdar, den ›grünen Berg‹, ein Gebirgsplateau mit blühenden Terrassendörfern und knorrigen Wacholderbäumen.

Tag 8: In Nizwa beginnt die zweitägige Fahrt durch die inneromanische Wüste. Erste Dachzeltübernachtung bei Marsawdad am Rand der Dünengebirge der Rub al-Khali.

Tag 9: Eine zweite Übernachtung in der Wüste bietet sich tags darauf nach dem Besuch der Ruinen von Ubar an.

Tag 10: Im Tagesziel Salalah ersetzt ein komfortables Strandhotel für zwei Nächte das Zelt.

Tag 11: Entspannung und kleine Ausflüge in die nähere Umgebung von Salalah.

Tag 12 bis 16: siehe ›Oman umfassend (21 Tage)‹, dort Tage 6 bis 10 (→ S. 25): Auffahrt auf den Jebel Samhan bis zur Ankunft am Ras Al-Hadd.

Tag 17: Ein voller Tag am Strand mit Möglichkeit zur Schildkrötenbeobachtung.

Tag 18, 19: Vorbei an der Hafenstadt Sur mit ihren Dhau-Werften entlang der Küste bis zum Strand bei Fins. Am 19. Tag Wanderung im Wadi Shab und kurze Fahrt ins Wadi Bani Khalid.

Tag 20: Besuch des Frauenmarktes in Ibra. Übernachtung in der Wahiba-Wüste.

Tag 21: Rückfahrt nach Muscat, wo noch Zeit für letzte Einkäufe und Besichtigungen bleibt.

Tag 22: Rückreise von Muscat.

6 Nordoman mit Muße

» 10 Tage

Muscat ▸▸ Batinah: Forts in Nakhl, Barka und Bait Na'aman ▸▸ Wahiba ▸▸ Ibra ▸▸ Jebel Akhdar ▸▸ Inner-Oman mit Nizwa, Bahla, Jabrin, Al-Hamra und Misfat Al-Abriyyin ▸▸ Muscat

Verkehrsmittel und Charakteristik

Relax: Geruhsame Erkundung des nordomanischen Kernlandes mit allen zentralen landschaftlichen und kulturellen Highlights, darunter die Souqs und Wochenmärkte in Muscat, Nizwa und Ibra sowie die Übernachtung in einem Palm-

Oft begleiten Delfine die Dhaus bei Musandam

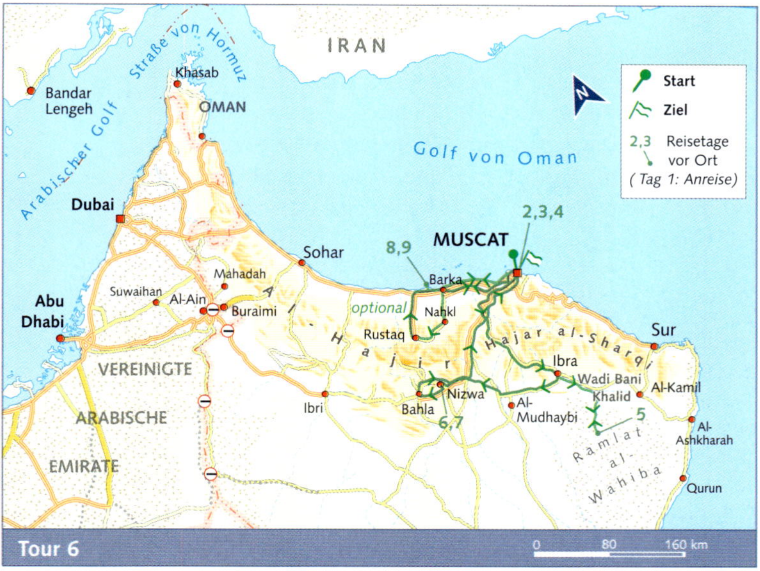

hüttencamp in der Wüste. Nur drei Hotelwechsel machen diese Reise auch für Familien mit kleinen Kindern geeignet. Verlängerung des Programms um Aufenthalte auf der Halbinsel Musandam oder im Weihrauchland Dhofar möglich. Als Unterkünfte empfehlen sich komfortable landestypische Hotels.

Tourverlauf

Tag 1: Anreise nach Muscat (optimal: Freitag).

Tag 2 und 3: An den ersten beiden Tagen nach der Ankunft Zeit zum Eingewöhnen und zum Besuch der großen Sultan-Qaboos-Moschee sowie der Palastanlagen und Handelshäuser in Alt-Muscat. Strandspaziergang oder Delfinbeobachtung nach Wunsch.

Tag 4: Die Umgebung der Hauptstadt steht auf dem Programm: Fort und Markt in dem Küstchenstädtchen Barka, das kleine Wohnfort Bayt Na'man und die große Oase Nakhl mit einer mächtigen Festung und heißen Quellen.

Tag 5 und 6: Die Tour führt in die Dünenwelt der Wahiba-Wüste. Nach einer Übernachtung in einem Palmhüttencamp geht es weiter zum Frauenmarkt in Ibra und hoch auf den Jebel Akhdar, den ›grünen Berg‹, ein Gebirgsplateau mit blühenden Terrassendörfern und knorrigen Wacholderbäumen.

Tag 7 und 8: Die beiden Tage gehören den Oasen südlich des Westlichen Hajar: der lehmroten Stadt Al-Hamra, dem Natursteindorf Misfat Al-Abriyyin, der Festung in der Töpferhochburg Bahla, dem schmuckvollen Wohnfort in Jabrin sowie Nizwa und dem dortigen Freitagsmarkt. Wenn die Zeit reicht, lohnt sich auch ein Ausflug auf das Gipfelplateau des Jebel Shams oberhalb des Wadi Nakhar (›Grand Canyon‹ Omans).

Am Nachmittag Fahrt zum Strandhotel bei Mussanah mit Möglichkeit zu einer Bootstour zum Naturschutzgebiet der Daymaniyat-Inseln.

Tag 9 und **10**: Baden an der Küste (Tag 9) und Rückkehr nach Muscat (Tag 10).

»Der Vornehme kleidet sich nicht prächtiger als der Geringere, außer daß er etwa einen feinen Turban auf dem Kopf und einen kostbaren Säbel an der Seite oder ein Messer vor dem Leibe hat. Sie lassen sich nicht leicht von heftigen Leidenschaften hinreißen, sie sind höflich gegen Fremde und erlauben selbigen, zu Maskat ungestört nach ihren eigenen Gesetzen zu leben.«

Carsten Niebuhr, Entdeckungen im Orient (1765)

LAND UND LEUTE

Zahlen und Fakten

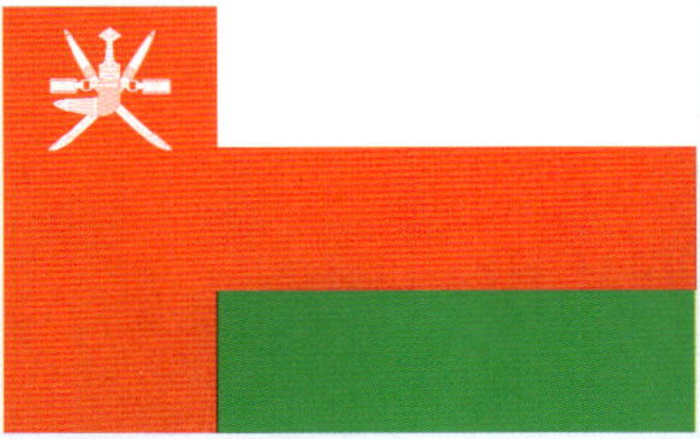

Ländername: Sultanat Oman.

Lage: Südosten der Arabischen Halbinsel, grenzt an den Indischen Ozean und den Golf von Oman sowie an die V. A. Emirate, Saudi-Arabien und Jemen.

Zeit: MEZ +3, Sommerzeit +2 (April bis Oktober).

Fläche: 309 500 Quadratkilometer (entspricht in etwa der Größe Italiens oder Polens), davon knapp ein Prozent landwirtschaftlich genutzt.

Hauptstadt: Muscat, zählt einschließlich erweitertem Hauptstadtgebiet (Capital Area) etwa 1 Mio. Einwohner.

Höchste Erhebung: Jebel Shams (3009 m).

Einwohnerzahl: 4,44 Mio. (Mai 2016).

Bevölkerung: Wachstumsrate: 8,1 % (2014); Araber, auch zugewanderte Balushi, Perser und Inder: 2,42 Mio. (54 %); 2,02 Mio. Ausländer, überwiegend vom indischen Subkontinent (45,5 %). Fast ein Viertel der Bevölkerung ist jünger als 15, ca. die Hälfte jünger als 25 Jahre.

Landessprache: Arabisch, Geschäftssprache auch Englisch; Englisch, Hindi und Swahili weit verbreitet.

Religion: etwa 88 Prozent Muslime; Staatsreligion ist der Islam; Ibaditen (rund 75 Prozent, →S. 79), Sunniten und Schiiten.

Nationalfeiertag: 18. November (Geburtstag des Sultans).

Unabhängigkeit: Formell nie abhängig. Die seit Ende des 19. Jahrhunderts durch ein besonderes Vertragsverhältnis bestehende Bindung an Großbritannien wurde ab 1951 schrittweise abgebaut. Aufnahme in die Vereinten Nationen am 7. Oktober 1971.

Staatsform/Regierungsform: Monarchie.

Staatsoberhaupt: Sultan Qaboos bin Said bin Taimur Al-Said, Amtsantritt 23. Juli 1970. Der Sultan ist in Personalunion Regierungschef sowie Minister für Äußeres, Verteidigung und Finanzen.

Parlament: seit 1991 Beratende Versammlung Majlis al-Shura, seit 2003 mit 84 gewählten Mitgliedern; seit 1997 zusätzlicher, ernannter Staatsrat Majlis al-Dawla mit 71 Mitgliedern. Beide Volkskammern gemeinsam bilden den Omanischen Rat.

Politische Parteien: Keine.

Verwaltungsstruktur: 61 Regierungsbezirke (Wilayat).

Mitgliedschaft in internationalen Organisationen: Vereinte Nationen und Sonderorganisationen, Arabische Liga, Golfkooperationsrat (GCC), Islamische Konferenz, Blockfreie Staaten, Welthandelsorganisation (WTO), Internationale Atomenergie-Organisation (IAEO).

Währung: Omani Rial (OMR); 1 OMR = 1000 Baisa; 1 OMR = 2,60 USD (feste Parität); 1 OMR = 2,33 EUR (Stand August 2016).

Bruttoinlandsprodukt: 73,4 Milliarden US-Dollar (2014).

Pro-Kopf-BIP: 21 740 US-Dollar (2014)

Industrie: Erdölförderung, Baugewerbe, Zement- und Kupferproduktion, Erdgasförderung.

Landwirtschaft: Fischerei, Datteln, Limetten, Bananen, Gemüse, Viehzucht.

Wichtige Exportgüter: Erdöl und Erdölprodukte; Gas; Spezialgüter; Düngemittel; Eisen und Stahl.

Internetkennung: om.

Landesvorwahl: +968.

Geografie und Klima

Das Sultanat von Oman nimmt die gesamte Südostspitze der Arabischen Halbinsel ein. Die natürliche Barriere der Sandwüste Rub al-Khali im Landesinneren bedingt die Hinwendung zum Meer, das große Teile Omans umringt: von der Straße von Hormuz im Norden über den Golf von Oman im Nordosten bis zum Indischen Ozean im Südosten. Der rund 1700 Kilometer langen Küstenlinie steht die Landgrenze zu den Vereinigten Arabischen Emiraten und Saudi-Arabien im Westen sowie zur Republik Jemen im Süden gegenüber.

Insgesamt bedeckt das Sultanat eine Fläche von 309 500 Quadratkilometern und entspricht damit in etwa der Größe Italiens. Die Exklaven Musandam und Mahda, beide im Territorium der Vereinigten Arabischen Emirate gelegen, gehören ebenfalls zum Staatsgebiet. Unter den zahlreichen, meist sehr kleinen Inseln rangiert Masirah mit seinen rund 650 Quadratkilometern an erster Stelle.

Die neun Verwaltungsregionen Omans umfassen die Gouvernements Muscat (auch Capital Area genannt), Dhofar, Musandam und Buraimi sowie die Regionen Al-Dakhiliyah (›die Innere‹), Al-Dhahirah, Batinah, Wusta (›die Mitte‹) und Al-Sharqiyah (›der Osten‹). Hauptstadt und größte Metropole ist Muscat (ca. 1,2 Millionen Einwohner, davon 61 Prozent Ausländer), gefolgt von Salalah (ca. 305 000) und Sohar (ca. 270 000).

Naturräumliche Gliederung

Drei Naturräume bestimmen die Oberflächengestalt Omans. Einen davon bilden die beiden Bergketten des Landes: der Jebel Hajar im Norden und das Dhofar-Gebirge im Süden. Sie treten zugleich als Gliederungselemente hervor: Auf der einen Seite überragen sie jeweils eine schmale und fruchtbare Küstenebene, zur anderen Seite breitet sich die riesige Wüstenfläche im Landesinneren aus.

In der Wahiba-Wüste: Der Kamelzüchter Ubayd mit seinen Tieren

Letztere bedeckt gut 80 Prozent des Staatsgebiets und besteht größtenteils aus konturlosen Geröll- und Schotterebenen. Ihren Namen – Jiddat al-Harasis – verdankt sie den wenigen hier lebenden Beduinen vom Stamm der Harasis. An ihrem östlichen Rand unterbricht die geologisch vielfältige Felsregion des Huqf die eintönig flache Landschaft (→ S. 264). Im Nordosten geht die Jiddat al-Harasis in die Dünenfelder der Wahiba-Wüste über, gegen Westen türmen sich die Sandmassen der gewaltigen Rub al-Khali. Das ›Leere Viertel‹ gilt als größte zusammenhängende Sandfläche der Welt und erstreckt sich über das gesamte Zentrum der Arabischen Halbinsel. Aus omanischer Sicht markiert die Rub al-Khali die 676 Kilometer lange Grenze zu Saudi-Arabien.

Die nördliche Küstenebene ist die wichtigste Kornkammer des Landes. Der als Batinah bezeichnete Landstrich zieht sich von der Hauptstadtregion im Süden am Westlichen Hajar-Gebirge entlang bis in die Vereinigten Arabischen Emirate. In Oman umfasst dieses Gebiet rund 200 Kilometer in der Länge und bis zu 25 Kilometer in der Breite, je nachdem, wie nah die Berge an das Meer herantreten. Endlose Sandstrände und ein fast lückenloses Oasenband kennzeichnen die flache Küste. Die Bewässerung der Oasen speist sich zum Teil aus Brunnen, zum Teil aber auch aus Quellen am Fuß des Gebirges, deren Wasser über ein ausgeklügeltes Kanalsystem hergeleitet wird (→ S. 92). Moderne Staudämme, Rückhaltebecken und die Erschließung neuer unterirdischer Wasservorkommen flankieren die traditionellen Methoden. Das aufwendige Wassermanagement ist notwendig, um die Versorgung einer wachsenden Einwohnerzahl sicherzustellen. Aktuell beherbergt die Batinah mit deutlich über einer Million Menschen ein Viertel der Gesamtbevölkerung des Sultanats. Die benachbarte Hauptstadtregion mit eingeschlossen, leben in diesem Bereich der Nordostküste heute 56 Prozent aller Omanis.

In den Lagunen um Shuwaymiyah

Esel im Unterlauf des Wadi Tiwi

Am entgegengesetzten Ende des Landes liegt die Küstenebene von Salalah im Schatten des Dhofar-Gebirges. Sie ist deutlich kleiner und zugleich fruchtbarer als die Batinah. Der Sommermonsun Khareef beschert ihr jährlich vier Monate lang dauerhafte Niederschläge und eine flächendeckende tropische Vegetation. Kokospalmen sind in und um Salalah ein häufiger Anblick. Die trockeneren, nördlichen Abhänge des Dhofar-Gebirges bieten wiederum dem Weihrauchbaum ideale Bedingungen. Sein zeitweise teuer gehandeltes Duftharz hat die wirtschaftliche Entwicklung der Region nachhaltig geprägt und den Dhofar als Weihrauchland bekannt gemacht.

Omans uralte Oasenkultur repräsentieren die Lehmstädte der Dakhiliyah an der südlichen Abdachung des Jebel-Akhdar-Massivs. Hier, am Ausgang tief eingeschnittener Gebirgstäler, wachsen einige der besten Dattelsorten des Landes. Große Wochenmärkte spiegeln die reichen Erträge der kunstvoll bewässerten Palmengärten und sind regelmäßiger Treffpunkt für Oasenbauern und Beduinen. In der ausgeprägten Stammeskultur zwischen Berg und Wüste wurzelt zugleich die islamische Schule des Ibadismus (→ S. 79), die für das Land so typisch ist und die Dakhiliyah über Jahrhunderte hinweg zum geistig-religiösen Zentrum Omans gemacht hat. Der Oasengürtel mit seinen gewaltigen Festungsanlagen bildet die letzte Bastion menschlicher Besiedlung vor der kargen Monotonie der inneromanischen Geröllwüsten.

Omans Gebirge

Das Hajar-Gebirge dominiert die gesamte nordöstliche Küstenlinie Omans. Es reicht von den schroffen Felszinnen Musandams hoch im Norden bis fast hinunter zum Ras al-Hadd, der östlichsten Landspitze Arabiens. An der Suma'il-Kluft teilt sich der Bergzug in den Westlichen und den niedrigeren Östlichen Hajar. Das bei weitem mächtigste Massiv des Gebirges bildet der Jebel Akhdar gleich nördlich

Die Gäber von Al-Ayn (Bat) vor der Kulisse des Jebel Misht

des Wadi Suma'il. Zu ihm gehört mit dem 3009 Meter hohen Jebel Shams zugleich der höchste Gipfel des Landes. Die Südwestflanke des Massivs neigt sich zu den Oasen Inner-Omans, deren üppiges Grün sich deutlich von den kahlen Berghängen abhebt. Auf seiner Ostseite, die zum Golf von Oman zeigt, brechen die Berge in imposanten Steilwänden zur Küstenebene Batinah ab.

Das Dhofar-Gebirge im Süden des Sultanats bleibt in Höhe und Längenerstreckung weit hinter dem Jebel Hajar zurück. Seine Kalksteinhänge weisen eine Vielzahl von Höhlen auf. Der Bergzug gliedert sich in die Jebel Samhan, Qara und Qamar und setzt sich im Westen über die jemenitische Grenze hinweg fort.

Für Geologen erweisen sich Oman und insbesondere der Jebel Hajar als lebendiges Labor der Erdgeschichte. Sämtliche Erdzeitalter und -schichten seit dem späten Präkambrium (ca. 600 Millionen Jahre vor unserer Zeit) treten hier offen zutage, freigelegt durch tektonische Bewegungen und ungehindert wirkende Erosionskräfte. Damit bilden Omans Gebirge auch jenen fernen Zeitraum ab, in dem sich fast alle auch heute noch existierenden Stämme des Tierreichs entwickelten. Herausragende Bedeutung kommt insbesondere dem Semail-Ophiolith zu. Das sind Gesteine, die normalerweise kilometertief unter dem Meeresboden liegen, hier aber bis in die höchsten Bergregionen vorkommen.

Viele ›Kapitel‹ in dem ›geologischen Buch‹ Omans, zu dessen Entzifferung nicht zuletzt moderne Ölbohrungen beigetragen haben, erzählen von dramatischen Klimaveränderungen. So lassen eiszeitliche Ablagerungen oder Gletscherschleifspuren wie im Huqf auf mindestens zwei Kälteperioden schließen. Auf dem Gipfel des Jebel Shams wiederum finden sich versteinerte Korallen, Muscheln und Schnecken aus einem tropischen Meer. Steinkohle verrät die Existenz einstiger Wälder, und Knochenfunde der späten Kreidezeit aus den südlichen Randgebieten Muscats beweisen, dass dort einmal Dinosaurier gelebt haben.

Etwa um dieselbe Zeit, vor 100 bis 80 Millionen Jahren, beginnt nach Ansicht der Geologen die Entstehung des Hajar-Gebirges. Ausgelöst durch Bewegungen der Erdkruste, deren Platten sich auf den nachgiebigen Schichten des oberen Erdmantels langsam verschieben, gelangen Teile eines urzeitlichen Ozeanbodens im Bereich des heutigen Oman an die Erdoberfläche. Anschließend breitet sich darüber wiederum ein Ozean aus, dessen warme Temperaturen einer tropischen Fauna Nahrung geben. Seit nunmehr 20 Millionen Jahren vollzieht sich eine neue tektonische Bewegung, in deren Verlauf die arabische gegen die ungleich mächtigere eurasische Platte driftet, sich dabei allmählich unter dieselbe schiebt und nach unten gedrückt wird. Der Vorgang lässt sich besonders gut am Beispiel der Halbinsel Musandam beobachten, deren ausgeprägte Fjordlandschaften eine direkte Folge des kontinentalen Absinkens sind. Die Widerstände und Verwerfungen der Driftbewegung führen zeitgleich zur Aufstülpung des Hajar-Massivs. Diese Gebirgsbildung umfasst auch große Teile des urzeitlichen Ozeanbodens und hält bis heute an.

Aufgrund der komplexen erdgeschichtlichen Prozesse und Überlagerungen reicht das geologische Spektrum des Hajar-Gebirges bis tief in die Gesteinsschichten des Erdmantels hinein. Gipfel und Wadis bestehen überwiegend aus einem gewaltigen Stück urzeitlicher ozeanischer Kruste, dem sogenannten Semail-Ophiolit. Der Name setzt sich aus den griechischen Wörtern ›ophis‹ für Schlange und ›lithos‹ für Felsen zusammen. Damit bezieht er sich auf ehemals tief unter der Erde befindliche Serpentin-Einschlüsse und andere Silikat-Minerale, die die Oberfläche der omanischen Ophiolitgesteine als grünlich-braune, schlangenartig verlaufende Bänder überziehen.

So genannte Kissenlava, etwa zu sehen im Wadi Jizzi, ist das Ergebnis unterseeischer Eruptionen, deren magmatischer Auswurf sich durch die rasche Abkühlung wurstförmig abgelagert hat.

Im Huqf treten uralte Gesteinsschichten zu Tage

Die für die Region Muscat so charakteristische dunkelbraune Farbe der Ophiolitberge geht auf Gesteinsschmelzen in rund sieben Kilometern Tiefe zurück.

Helle Flachwasserkalke und aus Mikroorganismen bestehende Sedimente prägen den Jebel Misht im zentralen Hajar-Gebirge ebenso wie den Huqf in der Jiddat al-Harasis. Fossilien in großer Zahl birgt der vor allem für den Jebel Akhdar kennzeichnende, ebenfalls aus Meeresablagerungen entstandene dunkelgraue Kalkstein. Vielfalt, Alter und Herkunft der Gesteine und ihrer Einschlüsse sind in dieser Form einzigartig auf der Welt und erlauben spannende Expeditionen in die Tiefen der Erdgeschichte.

Klima und Reisezeit

Entsprechend der vielfältigen naturräumlichen Gliederung fallen auch die klimatischen Verhältnisse in Oman sehr unterschiedlich aus. Im Großen und Ganzen gibt es vier Klimazonen: die Küstengebiete, die Gebirge, die Inlandswüste und die Küste des Dhofar.

Grundsätzlich herrscht in allen meeresnahen Gebieten eine hohe Luftfeuchtigkeit, die mit zunehmendem Vordringen in die Wüste nachlässt. Die Sommer sind in beiden Regionen heiß mit Tagestemperaturen bis 50 °C (in der Wüste manchmal auch darüber) und Nachtwerten zwischen 25 und 30 °C. Im Winter dagegen ist es mit maximal 30 °C tagsüber angenehm warm, so dass sich diese Jahreszeit für einen Omanbesuch besonders empfiehlt. Die mit 25 °C niedrigsten Durchschnittswerte erzielen die Monate Januar und Februar. Für die Wüstengebiete mit ihren hohen Temperaturschwankungen bedeutet das nachts in Einzelfällen sogar Minusgrade.

Regen geht in der Wüste so gut wie nie nieder, an den Küsten beschränkt sich die Regenzeit auf die Monate Oktober bis März. Besonders im Dezember und Januar kann es vereinzelt zu sehr heftigen bis stürmischen Niederschlägen kom-

Sonnenuntergang am Jebel Akhdar

Überholverbot inmitten der Rub al-Khali

men, die die Wadis innerhalb kürzester Zeit zu reißenden Flüssen anschwellen lassen. Wenn solche Wasserfluten auf lokale Schauer in den Bergen zurückgehen, treffen sie die Küstengebiete oft ohne Vorwarnung. Mittlerweile jedoch bieten moderne Dammanlagen und Rückhaltebecken einen sehr effektiven Hochwasserschutz. Verkehrsbeeinträchtigungen durch winterliche Überschwemmungen gibt es vor allem auf den Autobahnen zwischen Muscat und Nizwa beziehungsweise Sur, da diese Straßen unmittelbar am Fuß des Hajar-Gebirges entlangführen und zahlreiche Wadis kreuzen.

Tropische Wirbelstürme sind selten, allerdings erlitt Oman in den vergangenen Jahren gleich zweimal – im Frühsommer 2007 und 2010 durch die Zyklone Gonu und Phet – schwere Schäden.

In den Höhenlagen des Jebel Akhdar übersteigt das Thermometer selbst in den heißesten Monaten kaum die 30-Grad-Grenze. Das Gebirge eignet sich daher auch im Sommer als Reiseziel. Im Winter liegen die Tagestemperaturen rund zehn Grad darunter und fallen in der Nacht vereinzelt unter den Gefrierpunkt. Mitunter schneit es sogar.

Die Küste von Salalah verwandelt sich unter dem Einfluss des Südwest-Monsuns Khareef jedes Jahr zwischen Mitte Juni und Mitte September in eine Art tropisches Gewächshaus. Dabei wirken die Wolken, die sich an der natürlichen Barriere des Dhofar-Gebirges zusammenballen, wie ein Deckel und hüllen die Küstenebene in schwül-feuchte Nebel. Die Temperaturen sacken nach einem Jahreshoch von rund 35 °C im Mai und Juni während des Khareef auf maximal 25 °C ab. Die beste Reisezeit ist der Frühherbst, wenn die Wolken sich verzogen haben und noch üppiges Grün die Berghänge überzieht.

Natur und Umwelt

Die vielfältigen Landschaftsformen Omans geben ganz unterschiedlichen Ökosystemen Raum. Neben Bergen, Wüsten und der Monsunküste des Dhofar samt den ihnen angegliederten Übergangszonen trägt auch die reiche Unterwasserwelt zur Artenvielfalt des Sultanats bei. In geografischer Hinsicht zeigt die Flora und Fauna Nordomans verwandtschaftliche Beziehungen zu asiatischen Spezies, während der Süden eher afrikanischen Einfluss verrät.

Ironischerweise erwies sich die von Sultan bin Taimur verordnete politische Isolation für den Erhalt der Umwelt als besonders förderlich, während der wirtschaftliche Aufschwung seit 1970 das natürliche Gleichgewicht vielerorts aus dem Lot brachte. Dass die Regierung dem nicht tatenlos zusieht, belegt der Beitritt Omans zum Washingtoner Artenschutzübereinkommen (2008) und zu anderen internationalen Umweltvereinbarungen. Bereits 1984 richtete das Sultanat als erstes arabisches Land ein Umweltministerium ein, dessen Aufgabe unter anderem darin besteht, Industrieprojekte und sonstige große Bauvorhaben auf ihre Umweltverträglichkeit hin zu prüfen. Darüber hinaus beherbergt Oman eine ganze Reihe von Naturschutzgebieten und versucht über halbstaatliche Organisationen wie die ›Omanische Gesellschaft für Umwelt‹ (Environment Society of Oman), die Bevölkerung zu einem nachhaltigen Umgang mit der Natur zu ermutigen.

Im Hafen von Dibba: Informationstafel des Umweltministeriums

Flora und Fauna

Der Jebel Hajar und die südliche Dhofar-Region bilden den Lebensraum für mehr als 80 Prozent der omanischen Pflanzenarten. Zu den bekanntesten Gewächsen des Landes zählt der Weihrauchbaum, dessen bevorzugte Standorte in den Trockenflusstälern an der Nordseite des Dhofar-Gebirges liegen. Sein Harz avancierte im Altertum zum kostbaren Luxusartikel und lieh einer ganzen Handelsstraße seinen Namen (→ S. 53, 269). In Anerkennung seiner kulturellen Bedeutung hat die UNESCO eine größere Gruppe von Weihrauchbäumen im Wadi Dawqah nahe Thumrait unter Schutz gestellt und für die eigentlich wild wachsende Art ein erfolgreiches Pflanzprojekt gestartet.

Afrikanischer Herkunft sind die Baobab-Bäume im Wadi Hinna nahe dem Jebel Samhan im Osten des Dhofar-Gebirges. Die in den subsaharischen Tieflandsavannen beheimatete Pflanze kam über arabische Kaufleute nach Oman, die den Baum vermutlich nach dem Vorbild ihrer ostafrikanischen Handelspartner in der Volksmedizin nutzten. Ein Baobab kann aufgrund seiner Wasserspeicherkapazität selbst bei jährlichen Niederschlägen unter 100 Millimetern längere Zeit überdauern – ein Umstand, der seine Ansiedlung im Wadi Hinna begünstigte.

An manchen Abschnitten der omanischen Küsten wachsen noch vereinzelt Mangrovenwälder. Sie stehen gern im warmen Meerwasser geschützter Buchten, zählen zu den produktivsten Ökosystemen der Erde und schützen die Ufer-

Wilder Olivenbaum auf dem Jebel Akhdar

Gecko

bereiche vor Erosion. Die Sandstrände der Hauptstadtregion und die Lagunen der Batinah waren einst ein bevorzugter Lebensraum, jedoch mussten sie vielfach moderner Bebauung weichen. Ein Rest der ehemals ausgedehnten Wälder steht heute im Qurum-Park in Muscat unter Naturschutz.

Der widerstandsfähige Ghaf-Baum überlebt dank seiner tiefreichenden Wurzeln sogar in der Wüste. Seine kleinen, gefiederten Blätter weisen ihn als Mimosengewächs aus und dienen Kamelen als bevorzugte Nahrung. Die ausladenden Äste mit dem relativ dichten Laubdach sind überdies willkommene Schattenspender.

Wichtigste Kulturpflanze Omans ist die Dattelpalme (→ S. 218), deren nahrhafte Frucht gerade in der Beduinenkultur eine wichtige Rolle spielt. Im Stockwerkanbau der Oasengärten stehen sie oft in Gemeinschaft mit Bananenstauden und anderen Obstbäumen, denen sie Schutz vor der Sonne bieten. Von ihrem Schatten profitieren auch die verschiedenen Gemüsesorten, die in der Regel den Bodenbewuchs dieser Mischkulturen bilden. Omans Säugetiere, von denen es rund 75 Arten gibt, machen sich in der Natur sehr rar. Das liegt einerseits daran, dass sie sehr scheu sind, andererseits existieren viele von ihnen nur noch in sehr geringer Zahl. Fast von der Ausrottung bedroht ist etwa der Arabische Leopard, die größte Wildkatze der Region. Sein heutiger Lebensraum – der Jebel Samhan und die Felsgebirge Musandams – beschränkt sich auf abgelegene Grenzgebiete des Landes. In den 1980er Jahren war er in Nordoman regelrechten Hetzjagden ausgesetzt, weil er auch Herdentiere anfiel. Wer heute einen Leoparden tötet, riskiert rund 10 000 Euro Strafgeld und bis zu fünf Jahre Gefängnis.

Die Königin der omanischen Wüstenwildtiere ist die Oryx-Antilope. Ein für sie eingerichtetes Reservat in der Jiddat al-Harasis (→ S. 47, ›Naturschutz‹) schützt außerdem die Arabische Gazelle, die Sandgazelle, den Nubischen Steinbock, den Arabischen Wolf, den Honigdachs und die Wildkatze Karakal. Unter den Nutztieren genießt das Kamel das höchste Ansehen (→ S. 85), auch wenn Ziegen das Gros der Herdentiere ausmachen. Im südlichen Dhofar gedeiht zudem eine dem dortigen tropischen Klima angepasste Rinderrasse. Araberpferde wurden seit dem ausgehenden Mittelalter vor allem für den Export gezüchtet, spielen aber heute kaum eine Rolle.

Die Rosen des Jebel Akhdar

Immer im Frühling, von Ende März bis Anfang Mai, wird es in den 150 Kilometern südwestlich von Muscat gelegenen Rosengärten des Jebel Akhdar lebendig. Zur frühesten Morgenstunde pflücken dann Frauen und Kinder die noch taufeuchten Blüten in großen Körben und bringen sie zum Destillateur, der aus ihnen Rosenwasser (Ma al-Ward) gewinnt. Je nach Erfordernis rücken die Pflücker ein zweites Mal bei Sonnenuntergang aus, wenn der Duft der Rosen schwer in der Abendluft liegt. Für die Bauern der Dörfer des unteren Sayq-Plateaus ist das trotz der kurzen Ernteperiode ein gutes Geschäft, weil sie mit ihrem begehrten Produkt allein schon wegen der knappen Verfügbarkeit auf den Souqs des Landes hohe Preise erzielen.

Die Destillation ist seit jeher Sache der Männer. Sie hantieren, sofern sie sich der traditionellen Methode bedienen, mit sehr einfachen Hilfsmitteln. Die mit Quellwasser besprengten Rosenblätter kommen zunächst in einen großen Tontopf (Burmah), der in einem eigens zu diesem Zweck errichteten Lehmofen (Dahjan) steht. Hier werden sie vorsichtig auf rund 100 Grad Celsius erhitzt. Um die Kapazität eines Destilliervorganges zu erhöhen, fasst ein Dahjan gewöhnlich vier Burmah. In dem mit Blüten befüllten äußeren Tontopf sitzt ein geringfügig schmaleres Tongefäß (Sahlah). Ein bauchiger, mit kaltem Wasser gefüllter Kupferkessel (Qars) bildet den Deckel der Konstruktion. Durch die Erhitzung entweicht die Feuchtigkeit aus den Rosenblättern, steigt als Dampf im Burmah auf, kondensiert am gekühlten Gefäßboden des Qars und tropft in das Sahlah. Ab und zu nimmt der Destillateur den Kupferkessel ab und entleert das innere Tongefäß in einen Sammelbehälter. Von dort gießt er das Rosenwasser durch einen Filter aus feinem Baumwolltuch vorsichtig in einen großen Vorratskrug (Khar), wo es sich mehrere Tage lang absetzen kann. Anschließend wird es in kleine Flaschen abgefüllt und steht bereit für den Abtransport. Die trockenen und verkohlten Rückstände der Rosenblätter nutzen die Bauern als Dünger für ihre Gärten oder veräußern sie als Zusatz für das Futter von Kühen, deren Milch dadurch ein zartes Rosenaroma annimmt.

Herstellung von Rosenwasser

In seiner besten Qualität hat das Rosenwasser vom Jebel Akhdar eine goldgelbe Farbe, eine leicht rauchige Duftnote und produziert beim Schütteln Tausende von kleinen Luftbläschen. Die omanische Küche würzt damit unter anderem die Süßspeise Halwa und fügt sie mitunter auch Kaffee und Wasser hinzu. Zudem war es früher üblich, ausgewählte, mit Rosenwasser geschriebene Koranverse in einem kleinen Silberamulett um den Hals zu tragen. Ein Teil der frischen Rosenblätter wird zu ätherischem Öl verarbeitet und findet so Eingang in Parfüms und Kosmetika.

Graureiher machen auf ihren Wanderungen regelmäßig Station an Omans Küsten

Küste und Meeresbewohner

Oman kennt nahezu 500 Vogelarten. Den Löwenanteil davon – fast vier Fünftel – stellen Zugvögel. Sie nutzen vor allem die ausgedehnten Küsten des Sultanats mit ihren zahlreichen Lagunen und Inseln als Zwischenstation auf ihrer Wanderung zwischen Afrika, Asien und Europa. Nicht wenige überwintern auch hier. Zu den häufigsten Gästen zählen Kormorane, Kuhreiher, Löffler, Rosaflamingos, Löffelenten, Zwergstrandläufer, Uferschnepfen, Eisvögel und Schwarzkehlchen. Indische Einflüsse verraten die Hinduracke, der Indische Silberschnabel und der Purpurnektarvogel, die mit Vorliebe in den Mangroven der Batinah auf Nahrungssuche gehen. Auch Greifvögel finden den Weg nach Oman. An der gebirgigen Küste der Sharqiyah etwa ziehen Schmutzgeier ihre Kreise, außerdem lauern hier Steppenadler und Kaiseradler auf Beute. Im Dhofar wiederum machen Ohrengeier und Kaffernadler regelmäßig Station.

Noch artenreicher als die Küsten selbst sind die angrenzenden Gewässer des Golfs von Oman und des Indischen Ozeans. Mindestens 900 Fischarten und Dutzende von Korallensorten konnten bislang identifiziert werden. Taucher und Schnorchler begegnen unter anderem Rochen, Netzmuränen, Barracudas und Seeteufeln. Leopardenhaie, Schwarzspitzen-Riffhaie und Walhaie haben hier ebenfalls ihre Reviere – alle drei Arten gelten für den Menschen als ungefährlich. Auch Wale kommen in großer Vielfalt vor, darunter Blauwale, Pottwale, Buckelwale und Orcas. In den Fjorden Musandams und entlang der Küste der Batinah gehören Delfine – allen voran Buckel- und Spinner-Delfine – zum gewohnten Anblick.

Ideale Voraussetzungen bietet Oman insbesondere für die Schildkrötenbeobachtung. Von den weltweit sieben Meeresschildkrötenarten kommen vier hierher zur Eiablage. Dazu gehört die extrem gefährdete Karettschildkröte sowie die ebenfalls gefährdete Grüne Schildkröte, die im Deutschen auch Suppenschildkröte heißt und wegen ihres schmackhaften Fleisches zwischenzeitlich kurz vor dem Aussterben stand. Eine fünfte Art, die Lederschildkröte, hält sich lediglich sporadisch in den Küstengewässern auf. Das Naturreservat am Ras al-Hadd bietet den Reptilien ein geschütztes Brutgebiet und gewährt Touristen begrenzten Zugang (→ S. 245).

Natur- und Umweltschutz

Unter den 13 Schutzgebieten Omans zählt das Wildreservat für Oryx-Antilopen in der Jiddat al-Harasis zu den bekanntesten. Jahrhundertelang lebten die weißen, an die extreme Trockenheit der zentralomanischen Geröllebene ideal angepassten und sehr scheuen Wildtiere weitgehend ungestört von menschlichen Einflüssen. Die wenigen Beduinen der Region jagten nur für ihren Lebensunterhalt und stellten keinerlei Gefahr für den Bestand dar. Das änderte sich, als ab Mitte der 1950er Jahre städtische Freizeitjäger mit Geländefahrzeugen und automatischen Gewehren gleich Dutzende von Tieren auf einmal erlegten und damit die in freier Wildbahn lebenden Oryx-Antilopen ausrotteten. Ein 1975 von Sultan Qaboos – in Zusammenarbeit mit verschiedenen anderen arabischen Ländern, dem Londoner Zoo und dem World Wildlife Fund – gestartetes Zuchtprogramm war so erfolgreich, dass 20 Jahre später über 450 neu ausgewilderte Tiere in der Jiddat al-Harasis Fuß gefasst hatten. Die enorme Größe des Schutzgebiets machte es jedoch unmöglich, die Antilopen wirksam vor Wilderei zu schützen, sodass ihre Zahl erneut drastisch sank. 2007 beschloss daher die omanische Regierung, die Fläche des Reservats um 90 Prozent zu reduzieren. Einerseits wollte sie damit der illegalen Jagd Herr werden, andererseits stand das Schutzgebiet geplanten Öl- und Gasbohrungen im Wege. Aus der drastischen Schrumpfung zog die UNESCO die Konsequenz, dem Projekt den 1994 verliehenen Status eines Weltnaturerbes wieder zu entziehen. Mittlerweile haben sich die Oryx-Bestände etwas erholt. Als Wildhüter sind vor allem Beduinen tätig.

Ein ähnliches, seit 1976 laufendes Schutzvorhaben gilt dem extrem seltenen Arabischen Tahr, einer Wildziegenart, deren heutiger Lebensraum ausschließlich auf den Östlichen Hajar beschränkt ist. Nachhaltige Erfolge verzeichnet auch das Schutzgebiet für Meeresschildkröten an den Küsten der Sharqiyah (siehe oben ›Küste und Meeresbewohner‹). Das ausgedehnte Naturreservat am Jebel Samhan im Dhofar garantiert neben Leoparden auch anderen größeren Säugern wie Wölfen, Füchsen, Streifenhyänen, Gazellen und Steinböcken eine ungestörte Existenz. Als wahre Vogelparadiese erweisen sich die geschützten Daymaniyat-Inseln vor der Küste von Barka und die Khors (Lagunen) im Umkreis von Salalah. Der

Rochen sind sehr elegante Schwimmer

Verteidigungsbereiter Skorpion

heimischen Flora widmen sich Baumschulen im Saleel-Naturreservat des Östlichen Hajar sowie im Qurum-Park und im Botanischen Garten der Sultan-Qaboos-Universität in Muscat.

Umweltschutz in Oman beschränkt sich aber nicht nur auf die Einrichtung von Naturreservaten. Auch die aktive Teilnahme der Bevölkerung ist gefragt. Angesichts eines wachsenden Müllberges von mehr als 1,85 Millionen Tonnen im Jahr gilt das besondere Augenmerk der Regierung vor allem der Abfallreduzierung durch Recycling und Müllvermeidung. Zwar machen gerade die Städte dank der effizienten staatlichen Müllentsorgung einen sehr sauberen Eindruck, doch gilt dies häufig nicht für Picknick- oder Campplätze in der freien Natur. Großangelegte Kampagnen zu Themen wie ›Nein zu Plastiktüten‹ sollen helfen, dieses Problem anzugehen. Sie erreichen die Menschen über Plakate, Broschüren, TV-Spots und Schulprojekte und binden Handel und Industrie mit ein. Auch sonst fehlt es nicht an Nachhaltigkeits-Initiativen. Die ›Oman Green Awards‹ etwa zeichnen vorbildliche Umweltschutzideen und -leistungen der Privatwirtschaft wie auch einzelner Bürger aus. Überdies feiert Oman bereits seit 1997 immer im Januar einen ›Tag der Umwelt‹ mit vielen öffentlichen und privaten Aktionen. Diese Maßnahmen zur Bewusstseinsbildung zielen schwerpunktmäßig auf Kinder und Jugendliche, die bereits jetzt die Mehrheit der rasch wachsenden Bevölkerung ausmachen.

Geschichte

Nomaden und Seefahrer bestimmen das Geschick Omans durch die Jahrtausende. Durch seine exponierte Lage am Indischen Ozean knüpft Oman schon früh Beziehungen zu Händlern in Mesopotamien und Ägypten, an der afrikanischen Ostküste und in Indien, ja sogar im fernen China. Kupfer und Weihrauch, Exportschlager des Altertums, ersetzen die omanischen Kaufleute später durch Gewürznelken und Sklaven. Heute spülen vor allem Öl- und Gasvorkommen Geld in die Staatskassen. Trotz des tiefgreifenden Wandels, den das Sultanat gerade in den letzten Jahrzehnten durchlief, bilden Stammestraditionen und auswärtige Kultureinflüsse bis heute eine wesentliche Grundlage für das omanische Selbstverständnis.

Die Frühzeit: Wohlstand durch Kupfer

1995 untersuchen Archäologen auf dem Jebel Bani Jabr im südlichen Hajar-Gebirge insgesamt 59 Grabmonumente, die sie formal der frühen Bronzezeit im dritten Jahrtausend vor Christus zuordnen. Die zum Teil gut erhaltenen, turmartigen Rundbauten waren erst 1977 vom Hubschrauber aus entdeckt worden. Ähnliche Türme sind in ganz Ostarabien verbreitet. Sie gehören unterschiedlichen bronzezeitlichen Kulturen an, die nach ihren jeweils ersten Fundorten benannt sind. Für die älteren Türme hat sich – in Anlehnung an ihre kuppelförmige Wölbung über kreisrundem Grundriss – die Bezeichnung Bienenkorbgräber eingebürgert.

Einen guten Überblick über die verschiedenen Bautypen bietet eine Fundstätte nahe der Oase Bat, rund 30 Kilometer östlich von Ibri. Gemeinsam mit den benachbarten Ausgrabungen von Al-Khutm und Al-Ayn bildet Bat das

Traditioneller Bootsbau in Sur

weltweit vollständigste Ensemble aus Siedlungs- und Grabfunden des 3. Jahrtausends vor Christus und steht seit 1988 auf der Unesco-Welterbeliste. Die frühesten der insgesamt rund 300 Grabbauten von Bat – sie stammen sogar noch aus dem vierten Jahrtausend vor Christus – enthielten die Überreste von durchschnittlich zwei bis drei Bestattungen. Mehr Begräbnisse lassen die mächtigen, aus groben Bruchsteinen aufgeschichteten Mauern nicht zu. Namengebend für diese der Hafeet-Periode (3500 –2700 v. Chr.) zugerechnete Bauweise sind die in ihrer Konstruktion ganz ähnlichen Bienenkorbgräber am Jebel Hafeet unweit der Oase Buraimi im Grenzgebiet zu den Vereinigten Arabischen Emiraten. Der Fundplatz von Bat beherbergt daneben noch eine zweite Generation von Bienenkorbgräbern, die ebenfalls der Hafeet-Periode angehören, jedoch bereits eine geräumigere Grabkammer umschließen. Manche dieser bis zu vier Meter hohen Gewölbe sind bis heute intakt. Die jüngsten und zugleich monumentalsten Gräber Bats folgen der Bauweise der Umm al-Nar-Kultur (2700 –2000 v. Chr.). Die Bezeichnung geht auf dänische Archäologen zurück, die in den 1950er Jahren auf der Insel Umm al-Nar bei Abu Dhabi erstmals auf diesen Grabtypus stießen. Aus sorgfältig behauenen Steinen errichtet und turmhoch aufragend bieten die Umm al-Nar-Gräber in ihrem geräumigen Inneren Platz für mehrere Grabkammern und bis zu 30 Bestattungen.

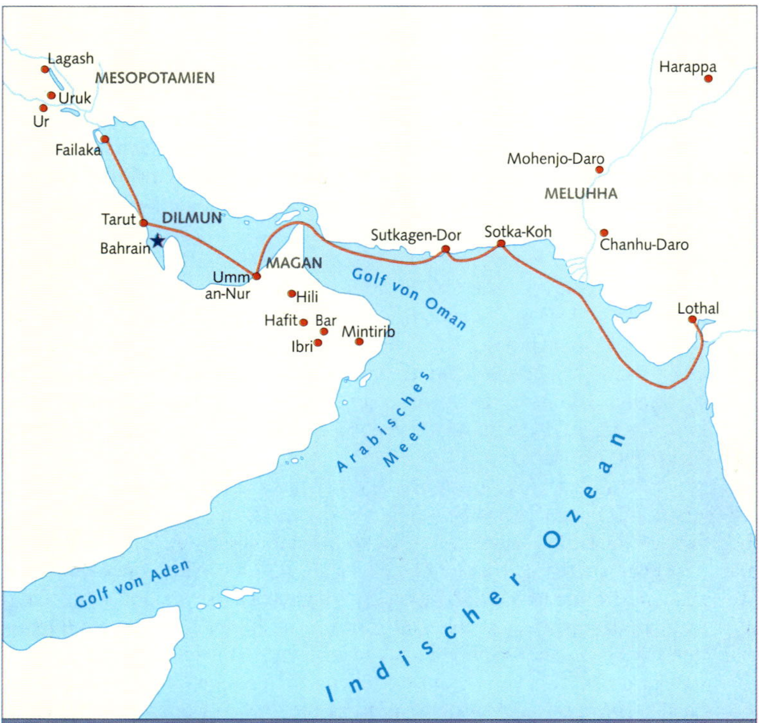

Magan, 2000 vor Christus

Ziegenhirte auf dem Jebel Shams

Auffällig ist, dass bereits die frühesten Gräber von Bat Gefäße und Schmuckbeigaben enthielten, die auch in Mesopotamien vorkommen. Keramikscherben aus den Grabbauten der Umm al-Nar-Kultur wiederum weisen deutliche Parallelen zu Funden aus Südostpersien auf. Die zunehmende Größe und Zahl der Gräber und die Ausdehnung der zugehörigen Siedlung lassen überdies auf eine wachsende Bevölkerung schließen. Offensichtlich profitiert Bat vom Kupferfernhandel, der Oman seit dem dritten Jahrtausend vor Christus einen enormen wirtschaftlichen Aufschwung beschert. Denn das Metall der Stunde, die Bronze, die einer ganzen Epoche ihren Namen aufprägt, enthält neben Zinn vor allem Kupfer. Abgebaut und verhüttet wird der kostbare Wertstoff im Hajar-Gebirge, wie Maysar und andere Fundplätze belegen. Archäologen vermuten daher, dass uns in der Umm al-Nar-Periode Omans jenes geheimnisvolle Kupferland Magan entgegentritt, von dem zeitgenössische Keilschrifttexte aus Mesopotamien wiederholt berichten (→ S. 229).

Auch an der omanischen Küste macht sich der Fernhandel bemerkbar. Während das steinzeitliche Fischerdorf Ras al-Hamra bei Muscat noch ausschließlich lokale Funde in Form von Muscheln und Steinwerkzeugen hervorbringt, weisen Küstensiedlungen des dritten Jahrtausends vor Christus wie Ras al-Hadd und Ras al-Jinz bereits erste Gefäßreste aus Mesopotamien auf. Diese Importe nehmen nicht nur an Zahl zu, sie werden auch vielfältiger im Hinblick auf ihre Herkunft und Funktion. So häuft sich die Anzahl an Waren, die ihre Heimat in der Harappa-Kultur im Industal haben. Die tritt bis dahin – unter dem Namen Meluhha – vor allem als Handelspartner des Zweistromlandes auf. Auch mit Bahrain, das in der Bronzezeit Dilmun heißt und ebenfalls durch den Handel mit Mesopotamien Bedeutung erlangt, kommt es zu einem regen Austausch. Neben Schmucksteinen und ähnlichen Luxusgütern bringen omanische Fundplätze nun auch zunehmend Gebrauchskeramik hervor.

Das Kupfer fördert den Aufstieg Omans zu einer bedeutenden Handelsmacht am Indischen Ozean. Sumerische Händler versorgen das mutmaßliche Magan mit Textilien, Wolle, Leder, Sesamöl, Gerste und Keramikgeschirr. Tongefäße liefert auch Meluhha, außerdem Karneole, Lapislazuli, Kämme, Siegel und Gewichte. Weitere Gefäße kommen aus Südostpersien. Möglicherweise finden sie ihren Weg über Dilmun, das als Zwischenhändler auftritt. Auf Packeseln findet die Importware ihren Weg von den omanischen Küstensiedlungen ins Landesinnere.

Zu Beginn des zweiten Jahrtausends vor Christus allerdings versiegen die schriftlichen Hinweise auf Magan. Das Zweistromland, so scheint es, wickelt seinen internationalen Handel nun mit anderen Partnern ab. Zwar geht die Kupfer-

Der Friedhof um das Grab Bin Ali bei Mirbat

verhüttung im Hajar-Gebirge noch bis in mittelislamische Zeit weiter, doch verliert das Metall mit der heraufdämmernden Eisenzeit an Bedeutung. Dafür tritt ein neuer Exportartikel auf den Plan.

Altsüdarabische Reiche und Weihrauchstraße

»Soviel über die Wohlgerüche in Arabien, wo es überhaupt wunderbar süß duftet«, schreibt der griechische Geschichtsschreiber Herodot im 5. Jahrhundert vor Christus, nachdem er zuvor sein Wissen über Weihrauch, Myrrhe und verschiedene andere natürliche Aromen zum Besten gegeben hat. Die, so behauptet er, kämen »in keinem anderen Lande als in Arabien« vor und würden von den Arabern »nicht ohne Mühe gewonnen«. Besonders die »geflügelten Schlangen‹, die die Weihrauchbäume bewachten und die sich »ausschließlich in Arabien finden, dort aber in Scharen«, machten die Ernte zu einem gefährlichen Unterfangen.

Der das schreibt, hat in seinem Leben nie einen Weihrauchbaum gesehen. Aber er kennt all die grässlichen Gerüchte, die die arabischen Händler seiner Zeit in die Welt setzen, um Neugierige davon abzuhalten, sich allzu sehr für die Herkunft ihrer Waren zu interessieren. Denn je weniger die Käufer darüber wissen, desto größer ist ihre Bereitschaft, einen hohen Preis für die Produkte zu zahlen.

Die antike Weihrauchstraße (Karte → S. 66), deren Ursprünge auf das frühe 1. Jahrtausend vor Christus zurückgehen, ist einer der lukrativsten Handelswege der Geschichte. Diesen Umstand verdankt sie einem kaufmännischen Trick: Statt die Waren nach Mesopotamien, Ägypten und ans Mittelmeer zu verschiffen, werden sie Sack für Sack, Kiste für Kiste auf Kamelkarawanen verladen und über Land an ihre Zielorte verschickt. Das rechtfertigt einen höheren Preis und erhöht zugleich die Anzahl der Zwischenhändler, die an dem Handel mitverdienen. Natürlich birgt auch der Seeweg seine Risiken, allen voran das Rote Meer mit widrigen Winden, gefährlichen Riffen und einer allgegenwärtigen Piratengefahr. Aber das erscheint gering im Vergleich zu dem Aufwand des Landtransports. 65 Tage braucht die Königin von Saba nach Aussage des römischen Geschichtsschreibers Plinius des Älteren, um im 9. Jahrhundert vor Christus mit ihrem gewaltigen Tross aus Lasttieren und kostbaren Geschenken von Marib im heutigen Jemen zu König Salomo nach Jerusalem zu gelangen (→ S. 56). Auch Altes Testament und Koran widmen diesem Besuch einen Abschnitt. Unabhängig davon, ob die Begegnung der beiden gekrönten Häupter je stattgefunden hat, handelt es sich um den ersten historisch gesicherten Bericht über den Karawanenweg zwischen Südarabien und dem Mittelmeer.

Die Weihrauchstraße wird rasch zum Rückgrat verschiedener südarabischer Reiche. Das Reich von Saba wurzelt spätestens im 8. Jahrhundert vor Christus und tritt damit etwa zeitgleich mit dem weiter östlich gelegenen Konkurrenten Hadramawt in Erscheinung. Andere Königreiche wie Qataban und Ma'in entstehen um 400 vor Christus. Gemeinsam und in wechselnden politischen Konstellationen bauen diese antiken Handelsmächte die wenigen Oasen entlang der Strecke zu Versorgungsstationen und Umschlagplätzen aus und erheben dafür hohe Zölle. Bis die Ware schließlich über Nadjran, Yathrib (Medina), Mekka, Al-Ula, Tabuk und Petra nach Gaza gelangt, hat sich ihr Verkaufswert vervielfacht.

Die Abnehmer zahlen jahrhundertelang jeden Preis, denn niemand will auf Weihrauch verzichten. Das kostbare Duftharz verräuchert in ägyptischen, babylonischen, altpersischen, griechischen und römischen Tempeln, konserviert Pharaonenmumien und ist unentbehrliche Grundlage für wohlriechende Salben und Parfüms. Salomos Hohelied vergleicht die Brüste der Braut mit Weihrauchhügeln, der römische Kaiser Nero lässt – Inbegriff der Verschwendungssucht – zu Ehren seiner verstorbenen Frau Poppaea eine ganze Jahresernte verbrennen. Auch zu medizinischen Zwecken findet Weihrauch Verwendung, etwa als Wundheilmittel, bei Erkrankungen der Luftröhre und gegen das Blutspeien.

Und nicht nur Weihrauch bringen die Kamelkarawanen aus dem Süden Arabiens. Ihr Warenkatalog liest sich wie eine Aufstellung der begehrtesten Luxusgüter jener Zeit: Myrrhe und Ledanon (eine harzig-aromatische Strauchblume) für den exklusiven Geruch, Pfeffer und Zimt für den Gaumen, Baumwolle und Seidenstoffe für die Haute Couture, Gold, Edelsteine, Perlen, Elfenbein und Schildpatt für kostbaren Schmuck, Edelhölzer für den Bauluxus. Das meiste davon kommt vom indischen Subkontinent, ein Teil von der afrikanischen Ostküste und vom Persischen Golf. Aber die tatsächliche Herkunft bleibt ein lange gehütetes Geheimnis der arabischen Kaufleute, die ihr Monopol auf den Überseehandel und ihr überliefertes Wissen um die Navigation mithilfe der Monsunwinde erfolgreich hinter Schauermärchen von geflügelten Schlangen und anderen Ungeheuern verbergen. So entsteht der Mythos vom Glücklichen Arabien. Arabia Felix, so glauben die Menschen in der Antike, ist gesegnet mit Schätzen aller Art und über alle Maßen reich.

Triebfeder des schwunghaften Handels ist und bleibt der Weihrauch. Der wächst tatsächlich in Arabien: Das Dhofar, heute Oman zugehörig und seinerzeit Teil des jemenitischen Reichs Hadramawt, ist die Heimat jener Bäume, deren Harz in der Antike mit Gold aufgewogen wird. Schon Plinius berichtet, dass sich die Bäume in erblichem Besitz hochangesehener Familien befänden – das trifft bis heute zu. In der Regel brechen die Karawanen im Oktober unmittelbar nach der Weihrauchernte auf. In der Hafenstadt Samhuram, deren Reste nahe Salalah noch zu sehen sind, übernehmen sie die Waren aus Übersee und machen sich reich beladen auf den Weg in Richtung Nordwesten.

Vor der Wüste rasten sie noch einmal in Ubar, dessen legendären Reichtümern Generationen von Schatzsuchern erfolglos nachspüren. Erst in den 1990er Jahren kommen Archäologen mithilfe von Satellitenaufnahmen einer antiken Karawanenstation bei Shisr auf die Spur. Die Lage am Rand der Rub al-Khali (Leeres Viertel) und in der Nähe der einzigen Wasservorkommen weit und breit macht es sehr wahrscheinlich, hier einen wichtigen Versorgungspunkt der ehemaligen Weihrauchstraße entdeckt zu haben. Allerdings lassen die fantastischen Erzählungen über Ubar aus antiker und frühislamischer Zeit eine sehr weitläufige Oasenstadt vermuten. Die Funde bei Shisr spiegeln diese Größe bislang nicht – die Rub al-Khali, so scheint es, gibt ihr Geheimnis nicht preis.

In Ubar versorgen sich die Karawanen ein letztes Mal mit Wasser und Verpflegung. Danach beginnt die kräftezehrende Wüstenroute, deren erste Etappe ins Wadi Hadramawt und weiter in die hadramische Hauptstadt Shabwah führt. Wesentliche Voraussetzung dafür, dass die Durchquerung dieser menschenfeindlichen Umgebung überhaupt gelingen kann, ist die erstaunliche Eigenschaft des arabischen Kamels, tagelang ohne Wasser und Futter auszukommen (→ S. 85). Erst seine Domestizierung um die Mitte des zweiten Jahrtausends vor Christus macht weite Teile der arabischen Halbinsel zugänglich. Kaufleute entdecken die Wüste als Verkehrsweg, Nomaden finden hier neuen Lebensraum, Wasser und Handel nähren die Entstehung und den Aufschwung bedeutender Oasenstädte. Das Kamel hilft maßgeblich mit, den Weg der Weihrauchstraße zu ebnen.

Seine Blütezeit erlebt der Handelsweg zwischen dem 5. Jahrhundert vor Christus und dem 1. Jahrhundert nach Christus. Im Jahr 24 nach Christus wagt erstmals ein römisches Heer den Vorstoß nach Südarabien, kapituliert aber vor dem Wüstenklima und zieht sich unverrichteter Dinge zurück. Nicht lange danach gelingt es der römischen Flotte, der Piraterie im südlichen Roten Meer einen Riegel vorzuschieben. Damit ist der Seeweg von der römischen Provinz Ägypten nach Indien offen, denn mittlerweile haben griechische Nautiker das Geheimnis der Monsunwinde entschlüsselt. Im Jahre 106 erobern die Römer schließlich das Nabatäerreich, das seit dem dritten Jahrhundert vor Christus den Nordabschnitt der Weihrauchstraße kontrolliert. Das ist das Ende der Weihrauchstraße und mit ihr ist der Niedergang der südarabischen Reiche besiegelt. Ihre Bewohner ziehen nach Westen ins fruchtbare jemenitische Bergland. Andere finden im Weihrauchland Dhofar eine neue Heimat und werden zu einer der Keimzellen der heutigen Bevölkerung Omans (→ S. 260).

Kinder und Kamele – der ganze Stolz der Wüstenbewohner

Die Königin von Saba

EXTRA

Hat sie je gelebt? Und wenn ja, wo? Je unsicherer die Quellenlage, desto größer die Sehnsucht, an die schöne arabische Königin zu glauben – bis heute. Den Keim dazu legt der alttestamentarische Bericht über den Besuch der exotischen Monarchin bei König Salomo (1. Könige 10,1–10). Mit pompösem Gefolge und »Kamelen, die Balsamöle und Gold trugen in sehr großer Menge«, zieht sie in Jerusalem ein und stellt dem Israeliten Rätselfragen. Salomo, dem die Bibel eine Schwäche für »ausländische Frauen« attestiert, erntet ihre rückhaltlose Bewunderung und »gab der Königin von Saba alles, was sie sich wünschte.«

Seither wuchern die Spekulationen. Die bis 1974 in Äthiopien herrschende Habescha-Dynastie ließ aus dem mutmaßlichen Tête-a-tête gar den kaiserlichen Stammvater Menelik hervorgehen. Daran anknüpfend wollen Hamburger Forscher 2008 im äthiopischen Aksum den Palast der Königin von Saba entdeckt haben.

Das historische Reich Saba (ca. 1000 v.–200 n. Chr.) lag jedoch auf der anderen Seite des Roten Meers: im Gebiet von Marib im heutigen Jemen. Ein Königinnenpalast fand sich auch hier nicht, dafür eine Fülle anderer archäologischer Hinweise, die bis auf das späte 2. Jahrtausend vor Christus zurückgehen. Die größte regionale Ausdehnung erlangte das sabäische Reich im 7. Jahrhundert vor Christus. Einer Inschrift zufolge sicherte sich ein gewisser Mukarrib erstmals die Herrschaft über ganz Südarabien. Das Problem: Laut biblischer Chronologie waren da sowohl Salomo als auch die Königin von Saba schon seit 200 Jahren tot. Webt die Bibelgeschichte von der Begegnung der beiden also doch nur eine romantische Legende?

Historisch bedeutsam daran ist vor allem der Reichtum des sabäischen Gefolges. Er basierte auf der Kontrolle des Handels mit Weihrauch und anderen Luxusgütern. Die Gewinnung des kostbaren Baumharzes im omanischen Dhofar und den Karawanentransport in Richtung Mittelmeer ließen sich die Sabäer teuer bezahlen. Dass in der Bibel eine derart (einfluss)reiche Herrscherin zur Huldigung nach Jerusalem geschickt wird, lässt den König Salomo in besonders hellem Glanz erstrahlen.

Die Ankunft der Königin von Saba, Gemälde von Samuel Coleman (1760-1845)

Immer noch wird mit traditionellen Holzschiffen gefischt

Die persische Vorherrschaft

Nur knapp 80 Kilometer breit ist die Straße von Hormuz an ihrer schmalsten Stelle. Sie trennt die Nordspitze der omanischen Exklave Musandam von der Küste Irans. Damit liegt das Gebiet des heutigen Oman im Vorhof des altpersischen Reiches. Dessen Interesse gilt sowohl der Kontrolle des Schiffsverkehrs als auch der Einflussnahme auf die Ostküste der Arabischen Halbinsel. 563 vor Christus besetzen Truppen des Perserkönigs Kyros II. den Norden Omans. Für das entstehende persische Großreich ist dies nur ein kleiner Schachzug. Aus omanischer Sicht jedoch markiert das Datum den Beginn einer mehr als tausendjährigen Fremdherrschaft. Allerdings betrifft diese fast ausschließlich die Küstenebene Batinah und auch hier sind die Perser nicht durchgehend präsent. Dennoch prägen die fremden Eroberer nachhaltig die weitere Entwicklung Nordomans. Dies gilt auch für das 3. und 2. Jahrhundert vor Christus, als das persische Mutterland infolge der Feldzüge Alexanders des Großen vorübergehend seine Unabhängigkeit an griechische Herrscher verliert.

Ein Grund für die Hartnäckigkeit, mit der sich die Perser in Oman festsetzen, mag darin liegen, dass sie das Land nicht rücksichtslos auspressen. Im Gegenteil schaffen sie die Voraussetzungen für eine Wiederbelebung des omanischen Seehandels. So gehen die Anfänge der Hafensiedlung Mazun bei Sohar offenbar auf persische Initiative zurück. Erste Siedlungsreste stammen aus dem 5. Jahrhundert vor Christus, 800 Jahre später hat sich daraus ein bedeutender Handelsort entwickelt. Auch der römische Gelehrte Plinius nennt für die ostarabische Küste drei Hafenstädte, die zu seiner Zeit – er lebt im ersten nachchristlichen Jahrhundert – offenbar von Gewicht sind.

Die omanischen Kaufleute, so scheint es, nutzen die von den Persern gewährleistete politische Stabilität der Region, um den Faden des bronzezeitlichen Reiches Magan wiederaufzunehmen: Sie treiben einen schwunghaften Handel mit den Anrainern des Indischen Ozeans. Wie im dritten vorchristlichen Jahrtausend segeln omanische Schiffe im Süden entlang der ostafrikanischen Küste bis zu einem Land, das im 1. Jahrhundert nach Christus als Azania bekannt war – unter diesem Namen ist das heutige Tansania auf der antiken Seefahrerkarte Periplus Maris Erythraei verzeichnet. Im Osten bilden Indien und Sri Lanka die Grenze des omanischen Aktionsradius.

Bronze und Bronzeprodukte sind – neben Weihrauch aus den südarabischen Reichen – wesentlicher Bestanteil der omanischen Produktpalette, denn laut Ausweis der archäologischen Funde erlebt die Bronzeproduktion einen wahren Boom. Dagegen setzt die Eisenzeit mit deutlicher Verspätung ein. Während in Persien bereits seit etwa 1200 vor Christus zunehmend Eisenwaffen das Bild bestimmen, haben Archäologen in Oman bisher keinerlei Eisenobjekte ausgegraben, die in die frühe Eisenzeit (1300–300 v. Chr.) datieren. Das ändert sich erst um die Zeitenwende, die zugleich einen deutlichen Niedergang der Bronzeverhüttung verzeichnet.

Nicht nur der omanische Fernhandel erlebt unter den Persern einen nachhaltigen Aufschwung, auch die Landwirtschaft profitiert von der Fremdherrschaft. Die neuen Herren bringen eine hochentwickelte Bewässerungskultur mit, die selbst in der kargsten Umgebung Gartenkulturen erblühen lässt. Wer heute durch Oman reist, wird gerade im Gebirge immer wieder auf diesen Gegensatz aus kahlen Hängen und üppig grünenden Terrassenfeldern stoßen und die Kunst der Bauern bewundern. Das Geheimnis liegt in dem Aflaj-System (→ S. 92), einem ausgeklügelten Netz aus unter- und oberirdischen Kanälen, die das Wasser zum

Selbstbewusst und stolz blicken Omanis auf ihre Geschichte zurück

Teil von weit her zu den Feldern leiten und sparsam, aber in ausreichender Menge verteilen. Ihren Ursprung haben die Aflaj im persischen Hochland. Von dort gelangen sie im 6. Jahrhundert vor Christus in die Batinah und sind seitdem ein charakteristisches Merkmal der omanischen Landwirtschaft.

Inner-Oman: Die ibaditischen Imame

Die Perser, deren Mutterland unter der Sassaniden-Dynastie (224–651) eine Renaissance erlebt, dominieren mit der Batinah zwar den fruchtbarsten Teil Omans, doch entzieht sich der allergrößte Teil des heutigen Staatsgebiets ihrer Kontrolle. Das begünstigt die Besiedlung Inner-Omans durch arabische Stämme. Mutmaßlicher Auslöser dafür ist der Verfall der südarabischen Reiche, die mit dem Ende der Weihrauchstraße ihrer wichtigsten Lebensader beraubt sind. Archäologisch lässt sich dieser Niedergang besonders gut am mehrmaligen Kollaps des Staudamms von Marib im Zentrum des ehemals mächtigen sabäischen Reiches ablesen. Die dadurch ausgelösten Wanderungsbewegungen zielen auch auf Oman. Offenbar stammt ein Teil der nun einsickernden Bevölkerung aus Zentralarabien. Um das Jahr 200 tritt überdies der bedeutende Stamm der Azd in Erscheinung, der seine Ursprünge vermutlich im jemenitischen Wadi Djawf und im Gebiet der Provinz Asir im Süden Saudi-Arabiens hat. Als Stammesführer ist ein gewisser Malik ibn Fahm überliefert. Auf der Suche nach neuen Siedlungsgebieten zieht er mit einem großen Stammesverband – die Rede ist von 6000 Mann – die omanische Küste entlang in Richtung Norden. Dort trifft er auf die sassanidischen Perser, besiegt sie in einer Schlacht und schwingt sich zum Herrn über den größten Teil des heutigen Oman auf. Das Zentrum dieses ersten omanischen Reiches, das sich vom Dhofar im Süden bis zum Hajar-Gebirge im Nordosten erstreckt, ist Nizwa. In der Folgezeit werden die Perser von den inneromanischen Stämmen zunehmend zurückgedrängt und beherrschen am Ende nur noch das Gebiet von Sohar mit dem florierenden Seehafen Mazun. Julanda, wie der Stammesfürst der Azd von den Küstenbewohnern genannt wird, erhebt zeitweise sogar Tribut von den Perserstädten.

In diese historische Gemengelage platzt im Jahr 630 ein Brief, der die weitere Entwicklung Omans, Arabiens und des gesamten Orients nachhaltig beeinflussen wird. Absender ist der Prophet Muhammad. Selbstbewusst fordert er darin die ihm bekannten Herrscher der damaligen Welt auf, seiner neuen Lehre zu folgen. Andernfalls »wird eure Herrschaft vergehen, meine Reiterei wird euer Gebiet besetzen und meine Prophetenschaft wird über euer Reich siegen«.

Bei den Brüdern Abd und Jaifar al-Julandi, die Oman zu jener Zeit gemeinschaftlich regieren, trifft der Bote des Propheten auf offene Ohren. Sie und ihre Stammesangehörigen bekehren sich freiwillig zum Islam und gehören damit zu den frühesten und treuesten Anhängern Muhammads. Um den neuen Glauben zu verbreiten, fordern sie auch den sassanidischen Gouverneur in Rustaq auf, zum Islam überzutreten, doch der verweigert dem Propheten seine Gefolgschaft. Daraufhin kommt es zum Waffengang, den die Azd im Namen Allahs gewinnen. Die anschließende erfolgreiche Belagerung der sassanidischen Garnison in Mazun zwingt die Perser im Jahre 637 für immer außer Landes.

Die Flagge des Oman

Der Tod Muhammads und die Auseinandersetzungen um seine Nachfolge (632–661) versetzen Oman jedoch schon bald wieder in Unruhe. Dhu‘t Taj Lakit, ein Gegenspieler der Julandi-Brüder, wittert seine Chance zum Umsturz und ruft sich zum Gegenpropheten aus. Erst als Khalif Abu Bakr militärische Verstärkung aus Medina schickt, kann die Rebellion niedergeschlagen werden. Fortan erweisen sich die Krieger der Azd als wichtige Stütze bei den islamischen Eroberungskriegen der ersten Jahrzehnte. Wichtigster Brückenkopf für die Feldzüge ist die bedeutende Handelsmetropole Basra im heutigen Südirak, die sich vorübergehend zu einer Art omanischer Exklave entwickelt. In Basra bildet sich auch die Denkschule der Ibadiyya heraus, der die Mehrheit der Omanis bis heute folgt (→ S. 79).

Die Etablierung des Khalifats der Omayyaden in Damaskus (661–749) bedeutet für das inneromanische Reich der Azd eine schmerzliche Wende. Als Ibaditen erkennen die Azd nach der Ermordung des vierten Khalifen Ali (661) keinen der Nachfolger des Propheten als rechtmäßig an. Dadurch geraten sie ins Fadenkreuz der neuen omayyadischen Machthaber, die hart durchgreifen, um ihre gerade erst gegründete Khalifen-Dynastie dauerhaft zu abzusichern. Eine Strafexpedition zwingt die omanischen Herrscher Sulaiman und Said al-Julanda zur Flucht, besetzt Oman und bringt das Land damit auf Linie. Im Jahr 720 gehen die Omayyaden zusätzlich gegen die ibaditische Hochburg Basra vor und vertreiben dabei auch die dort lebenden omanischen Azd. Deren Rückzugsgebiet für die nächsten 30 Jahre wird das unzugängliche Hajar-Gebirge – bis dort reicht der lange Arm der Khalifen aus Damaskus nicht.

Als der letzte Vertreter der Omayyaden-Dynastie im Jahre 749 seinen politischen Gegnern erliegt, hat der Ibadismus in Oman ungeachtet aller Verfolgungen tiefe Wurzeln geschlagen. Die Gunst der Stunde nutzend, wählen die Omanis 751 in Nizwa mit Julanda bin Mas'ud ihren ersten ibaditischen Imam. Gemäß ihrer Auslegung des Islam hat er damit ihr Vertrauen als alleiniger politischer und religiöser Führer – solange jedenfalls, wie er diese Aufgabe zur Zufriedenheit der Umma, der muslimischen Gemeinschaft, erfüllt. Die Abbasiden, die 750 die Omayyaden beerben und ihr Khalifat in Bagdad errichten, sehen darin zu Recht eine offene Missachtung ihres Machtanspruchs. Wie ihre Vorgänger versuchen sie, Oman militärisch in die Knie zu zwingen. Erneut ziehen sich die Ibaditen ins Gebirge zurück, Julanda bin Mas'ud fällt im Kampf gegen die Truppen des Khalifen, doch von Dauer ist die Herrschaft der Abbasiden nicht. Im Jahre 801 küren die Omanis einen neuen Imam, dem weitere folgen. Von nun an werden die Geschicke Inner-Omans von Nizwa aus gelenkt – die omanischen Ibaditen gehen ihren weiteren Weg überwiegend unabhängig von den Entwicklungen des Khalifenreiches.

Seefahrer: Aufschwung durch Fernhandel

Die folgenden Jahrhunderte sehen eine Zweiteilung der Geschichte des Landes. Dabei erweist sich das Hajar-Gebirge als eine Art historische Wasserscheide. Während Inner-Oman mit dem Verlust des Dhofar auch seinen Kontakt zur Außenwelt verliert und ganz im Zeichen des Ibadismus steht, entwickelt sich die vorwiegend von Sunniten und Schiiten bewohnte Nordostküste Omans zum zeitweise führenden Handelsimperium des Indischen Ozeans. Wie schon in der Bronzezeit verbinden die omanischen Händler ihre günstige Lage am Ausgang des Persisch-Arabischen Golfs mit außergewöhnlichem seefahrerischen Geschick. Grundlage ihres Erfolgs ist neben ihrer Navigations- und Schiffbaukunst die genaue Kenntnis der Monsunwinde, die je nach Jahreszeit in unterschiedliche Richtungen wehen und dadurch saisonal festgelegte Segelreisen der omanischen Dhaus (→ S. 244) nach Ostafrika und Indien begünstigen. Einem gewissen Abu Ubaida' Abd Allah ibn al-Qasim wird es überdies zugeschrieben, im 8. Jahrhundert erstmals den Seeweg nach China befahren zu haben. Kanton wird fortan zum festen Bestandteil omanischer Schifffahrtsrouten. Damit erweisen sich Omans Seefahrer erneut als Pioniere eines weltumspannenden Handelsnetzes.

Abbildung einer Dhau aus dem 13. Jahrhundert

Dreh- und Angelpunkt des omanischen Fernhandels ist die ehemals persische Hafensiedlung Mazun. Un-

Im Fiberglasboot zu den Damaniyat-Inseln

ter dem Namen Sohar steigt sie im 9. und 10. Jahrhundert zum wichtigsten Umschlagplatz am Indischen Ozean auf – ein Ruhm, den Sindbad, der sagenhafte Sohn der Stadt, seither in alle Welt trägt. Als zweiter wichtiger Hafen schreibt sich Muscat in die Geschichte ein, dessen natürliche Bucht den Schiffen Schutz vor Unwettern und Piraterie bietet. Die Handelswaren jener Zeit ähneln zum Teil jenen aus Bronze- und Perserzeit, doch ist ihr Spektrum noch reichhaltiger. Beladen mit Kupfer, Weihrauch, Myrrhe, Datteln und Trockenfisch stechen die Dhaus von der omanischen Küste aus in See. Aus China bringen sie Zucker, Seide und Porzellan, aus Indien Reis, Trockenfrüchte, Gewürze, Teakholz (unentbehrlich für den Schiffsbau), Edelsteine und Baumwollstoffe, aus Afrika Elfenbein, Gold und Sklaven. Omanische Handelsniederlassungen spannen ein Netz von Sansibar an der ostafrikanischen Küste bis Kanton in China.

Die Seemacht Hormus

Diese zweifellos beeindruckende omanische Handelsmacht beruht jedoch allein auf kaufmännischem Geschick und überragenden navigatorischen Fähigkeiten. Eine nennenswerte militärische Macht ist nicht damit verbunden. Das zeigt sich ab 943 bei mehreren misslingenden Angriffen der omanischen Flotte auf Basra. Die Antwort lässt nicht lange auf sich warten: 965 verwüstet eine Flotte des Khalifen von Bagdad Sohar und versenkt alle dort liegenden omanischen Schiffe. Das Ereignis markiert den Beginn einer mehr als dreihundertjährigen Phase der politischen Instabilität. Ursache sind die Erschütterungen, denen die Abbasiden-Dynastie und die gesamte islamische Welt ausgeliefert sind. Das Gegenkhalifat der Fatimiden in Ägypten und Nordafrika, der Aufstieg der Seldschuken in der

Türkei, die christlichen Kreuzzüge und die Heerzüge der Mongolen gehen auch an Oman nicht spurlos vorbei. Im Landesinneren gibt es zwischen 1153 und 1406 laut Aussage der Quellen keinen einzigen ibaditischen Imam. Zugleich kommt in den omanischen Küstenstädten der Fernhandel weitgehend zum Erliegen. Das begünstigt den Aufstieg des Emirats von Hormuz, dessen Zentrum eine kleine, in der gleichnamigen Wasserstraße gelegene Insel ist. Hier entsteht im ausgehenden 13. Jahrhundert eine bedeutende Handelsmacht, die es geschickt versteht, ihre strategische Lage im Warenstrom zwischen Persisch-Arabischem Golf und Indischem Ozean in politischen Einfluss umzumünzen. Unter der Herrschaft von Hormuz blühen auch Sohar und Muscat wieder auf. In Qalhat, einem neu gegründeten Hafen südlich von Muscat, errichten die neuen Herren einen weiteren wichtigen Handelsstützpunkt, der die anderen omanischen Küstenstädte an Bedeutung zeitweise sogar überflügelt, bis ein schweres Erdbeben am Ende des 14. Jahrhunderts dieser Vormachtstellung einen ernsten Schlag versetzt. Oman bleibt jedoch auch weiterhin eine wichtige Basis für die Machtentfaltung der Seemacht Hormuz. Deren Emire nutzen – genau wie die sassanidischen Perser vor ihnen – neben den Häfen vor allem die Navigarionskenntnisse der omanischen Händler, die als Seefahrer an den Küsten des Indischen Ozeans und darüber hinaus einen ausgezeichneten Ruf genießen. Das bleibt auch den Portugiesen nicht verborgen.

Portugiesisches Zwischenspiel

Als der Portugiese Vasco da Gama Ende 1497 mit drei Schiffen und rund 150 Mann Besatzung das Kap der Guten Hoffnung umsegelt, läutet er in Arabien und Asien die Ära der europäischen Kolonisation ein. Motor der Entwicklung sind europäische Handelsgesellschaften, die der Vermarktung von Luxusgütern

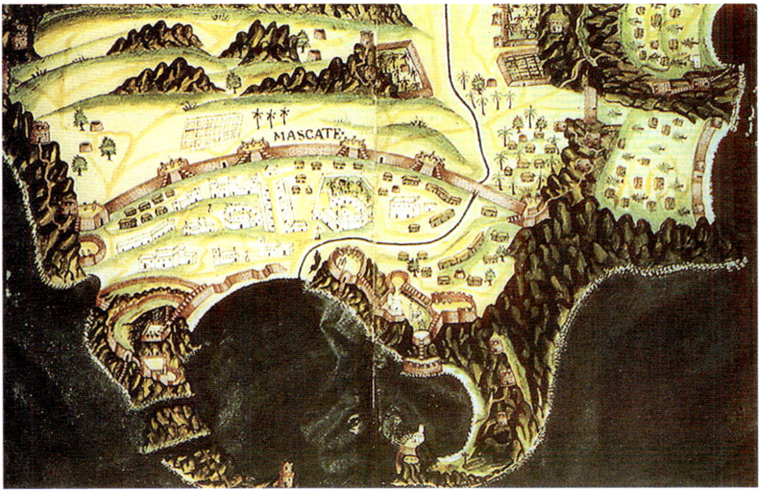

Plan von Muscat aus portugiesischer Zeit (1635), wie damals üblich ist Norden unten

aus Übersee Reichtum und Einfluss verdanken und die sich nun anschicken, die Seehandelsrouten nach Indien und Fernost unter ihr Regiment zu bringen. Dabei bedienen sie sich mit Vorliebe derer, die diese Routen einst ausfindig gemacht haben: omanische Seefahrer.

Der portugiesische Vorstoß liefert einen Vorgeschmack auf die zielstrebige und kompromisslose Vorgehensweise der aufstrebenden europäischen Großmächte. Im Schlepptau Vasco da Gamas erobert Admiral Alfonso de Albuquerque zwischen 1503 und 1510 mit Sansibar, Qalhat, Quriat, Muscat und Sohar alle strategisch wichtigen omanischen Handelszentren für Portugals Krone. Auch Hormuz, unter dessen Vormachtstellung die omanischen Hafenstädte bis dahin standen, fällt in die Hände der Portugiesen, ebenso wie die heute zum Jemen gehörende Insel Soqotra. Damit kontrollieren die Iberer die ostafrikanische Küste ebenso wie den Zugang zum Roten Meer und zum Persisch-Arabischen Golf. Mit ihren Schiffskanonen hinterlassen sie eine Spur der Verwüstung und unterstreichen ihren Machtanspruch durch die Errichtung wehrhafter Forts.

Doch ihre Herrschaft bleibt nicht lange unangefochten. Die Osmanen, die 1517 Ägypten besetzt haben, gehen immer wieder gegen die Blockade des Roten Meers vor und erobern 1550 sogar vorübergehend Muscat, ohne die Stadt jedoch dauerhaft halten zu können. Eine ernstere Gefahr droht den Portugiesen aus Europa. Insbesondere Niederländer und Briten fordern ihren Anteil am lukrativen Fernhandel und verleihen ihrem Anspruch mit eigenen Handelsniederlassungen Nachdruck. 1622 gelingt es den persischen Safawiden mit englischer Unterstützung, die Insel Hormuz in ihre Gewalt zu bringen. Portugals Macht in der Golfregion beschränkt sich nun vornehmlich auf die Bastionen an der omanischen Küste. Doch auch dort kündigen sich Veränderungen an.

Die Ya'aruba-Dynastie und die Expansion nach Ostafrika

Seit 1624 geht Imam Nasir bin Murshid al-Ya'aruba mit der Macht der vereinigten omanischen Stämme im Rücken erfolgreich gegen die Portugiesen vor. Wie vor ihnen die Perser werden sie innerhalb kurzer Zeit vertrieben. 1650 befreien sich die Omanis von der letzten Besatzungsmacht ihrer Geschichte. Zu dieser Zeit ist Sultan bin Saif – ein Cousin des mittlerweile verstorbenen Nasir, dessen Vorname Sultan nicht zu verwechseln ist mit dem gleichnamigen Amt – gewählter Imam. Für Oman bringt diese Entwicklung gleich in zweierlei Hinsicht einen einschneidenden Wandel mit sich. Erstmals wird das Amt des Imam, das offiziell ein Wahlamt bleibt, innerhalb einer Familie weitergegeben. Zugleich gelingt der Ya'aruba-Dynastie der Anschluss Inner-Omans an die Küstenstädte. In den folgenden 50 Jahren kann sich das Land – trotz erheblicher Konkurrenz durch die europäischen Handelsnationen – wieder als eine der führenden Seemächte am Indischen Ozean etablieren. Unter den Imamen Sultan bin Saif, Bil'arub bin Sultan und Saif bin Sultan drängen die Omanis die Portugiesen an der ostafrikanischen Küste bis ins heutige Mosambik zurück und kehren auch in ihre indischen Handelsstützpunkte zurück. Dazu bedienen sie sich eines neuen, mit Kanonen ausgestatteten Schiffstyps,

Die Dattel ist das wichtigste landwirtschaftliche Erzeugnis

der außerdem mehr Beladung erlaubt. Neben Eisen und Gold steigen Sklaven zum wichtigsten Handelsgut auf.

In Oman selbst entstehen in dieser Zeit die großen Forts in Rustaq, Nizwa, Jabrin und Al-Hazm. Das Bewässerungssystem der Aflaj wird renoviert und erweitert. Die Zahl der neu gepflanzten Dattelpalmen geht in die Abertausende. Der Wohlstand durch Handel führt jedoch auch zu Verteilungskämpfen und zum Verfall der Einheit entlang der Grenzen der Ghafiri und Hinawi, die bis heute die beiden großen Stammesgruppierungen Omans stellen (→ S. 83). Streitigkeiten um die Imamnachfolge münden 1722 mit der Wahl von Saif bin Sultan III. in einen offenen Bürgerkrieg. Das Ergebnis ist eine drohende neue Besatzung: Persische Truppen, ursprünglich von einer der Konfliktparteien zu Hilfe gerufen, erobern fast die gesamte Batinah. Nur die Festung von Sohar leistet den Eindringlingen erbitterten Widerstand.

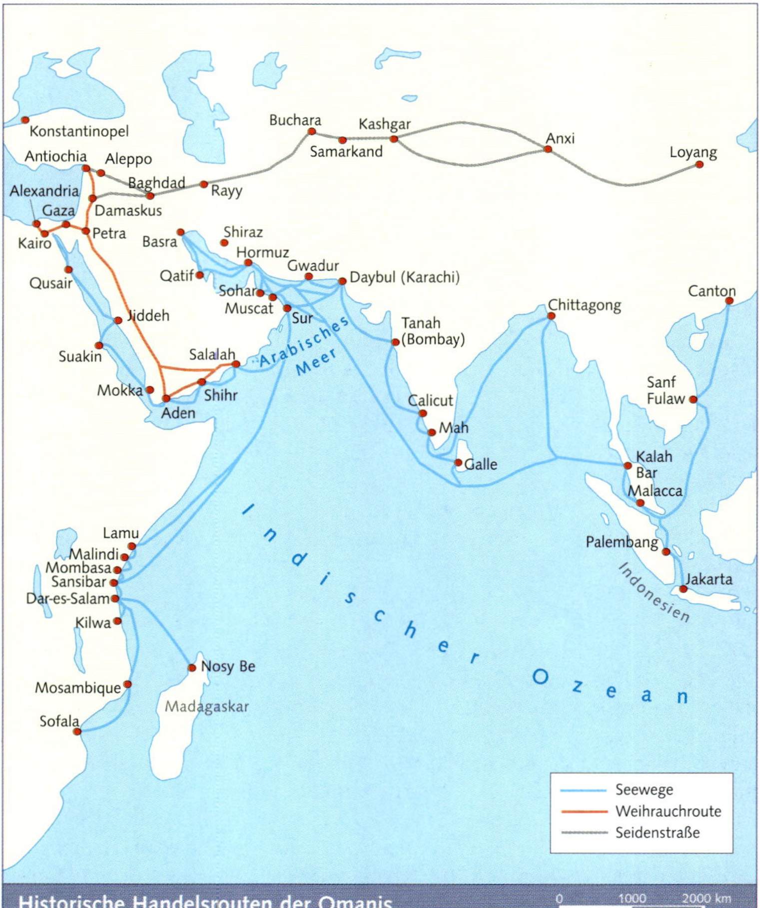

Historische Handelsrouten der Omanis

Die Al Bu Sa'id-Dynastie und die britische Kolonisierung

Befehlshaber von Sohar ist Ahmad bin Said. Mit einer List gelingt es ihm 1747, die Perser für immer aus dem Land zu jagen. Die anschließende Wahl zum Imam macht ihn zum Begründer einer neuen Dynastie, der es mit einigen Anlaufschwierigkeiten gelingt, das zerrissene Land zu befrieden. Wichtigstes Werkzeug dabei ist die erneute Stärkung des Handels und der Ausbau der omanischen Handelsniederlassungen entlang den Küsten des Indischen Ozeans, die unter Said bin Sultan (1804–1856) ihre größte Ausdehnung erfahren. Er ist es auch, der seine Residenz von Muscat, seit 1784 Hauptsitz der Al Bu Sa'id, nach Sansibar verlegt und damit den ostafrikanischen Archipel zu einem einflussreichen Handelsknotenpunkt ausbaut.

Gewürznelken, die Oman seit 1812 in seinen afrikanischen Besitzungen selbst auf Plantagen anbaut, und der lukrative Handel mit Sklaven festigen die wirtschaftliche Schlüsselstellung des Landes. Dadurch wird Oman zum willkommenen Bündnispartner für die englische Krone im Machtkampf mit Franzosen und Niederländern. Bereits 1798 schließen die Briten mit dem damaligen omanischen Herrscher Sultan bin Ahmad (1792–1804) ein Abkommen, das französischen und niederländischen Händlern den Zugang zu Muscat und anderen omanischen Häfen verwehrt. Oman erhofft sich dafür im Gegenzug die Unterstützung der Briten gegen die saudischen Wahabiten, die ihre fundamentalistische islamische Doktrin durch Bekehrungsfeldzüge verbreiten und dabei auch Oman wiederholt massiv bedrohen. Anhänger finden die Wahabiten vor allem an der nördlich von Oman gelegenen Golfküste, deren Piratenschiffe die omanischen und britischen Handelsinteressen im Persisch-Arabischen Golf empfindlich stören. Das gemeinsame Vorgehen der Bündnispartner kann diese Gefahr zwar nicht beseitigen, aber doch eindämmen und zudem eine wahabitische Invasion Omans verhindern.

In Oman selbst vollzieht sich unter der Al Bu Sa'id-Dynastie ein tiefgreifender Wandel der Herrschaftsverhältnisse. Seit Hamad bin Ahmad (1784–1792) verzichten die Al Bu Sa'id auf die geistliche Imamswürde und wählen für sich die Bezeichnung ›Sayyid‹ (Herr). Der Sultanstitel, den zunächst nur die Europäer benutzen, bürgert sich erst im Nachhinein ein. Die Trennung von Imamat und Sultanat wird später die Fliehkräfte fördern, die das Land erneut auseinanderzureißen drohen.

Überhaupt gerät Oman nach der langen und prosperierenden Regierungszeit von Said bin Sultan in zunehmend turbulentes Fahrwasser. Die Gründe dafür sind vielfältig. Bereits 1860 führt der Streit um die Nachfolge des verstorbenen Herrschers zur territorialen Teilung des Landes in ein ›Sultanat von Sansibar‹ und ein ›Sultanat von Muscat und Oman‹. Zunächst durch Zahlungsabkommen miteinander verknüpft, entwickeln sich die Teilstaaten schon bald vollkommen getrennt voneinander – in Sansibar setzt sich die Al Bu Sa'id-Dynastie immerhin noch bis 1964 fort. Zugleich – und dies gilt für beide Sultanate – brechen die Handelseinnahmen ein, weil ausgerechnet der Bündnispartner Großbritannien in mehreren Abkommen auf ein Verbot des Sklavenhandels drängt, an dem die englische Krone bis dahin selbst kräftig mitverdient hat. Damit verliert Oman ein wichtiges wirtschaftliches Standbein. Hinzu kommt, dass die Eröffnung des

Die Oase Birkat al-Mauz

Suezkanals 1869 den jemenitischen Hafen Aden am Ausgang des Roten Meers begünstigt, während die omanischen Handelshäfen ins Abseits geraten. Der verpasste technologische Anschluss an die aufkommende Dampfschifffahrt verschärft noch den ökonomischen Niedergang Omans.

Im omanischen Mutterland kann sich der Sultan in Muscat nur noch mit britischer Hilfe gegen die zunehmende Opposition wehren. Die geht vor allem von den nun wieder gewählten Imamen Inner-Omans aus, die die Macht des Sultanats auf die Küstenstädte zurückdrängen. Ein gemeinsamer Aufstand der Stammesfraktionen der Ghafiri und Hinawi unter Imam Salim bin Rashid al-Kharusi mündet 1920 durch britische Vermittlung in den Vertrag von Seeb. Er zementiert die Teilung des Landes: Der Sultan, der nun vollständig von Großbritannien abhängt, verfügt über den Küstenbereich, während den Imamen die Herrschaft über das Landesinnere zugesichert wird. Mutmaßliche Erdölvorkommen, auf die beide Seiten Anspruch erheben, lassen die Auseinandersetzungen jedoch wiederaufleben. Sultan Said bin Taimur (1932–1970) erlangt mit der Besetzung Nizwas und der brutalen Niederschlagung der folgenden Aufstände mithilfe der britischen Luftwaffe 1959 die Kontrolle über das ganze Land. Der Abhängigkeit von den Briten versucht er zu entfliehen, indem er seine Residenz von Muscat nach Salalah verlegt.

Als ›Erzkonservativer mit großem persönlichem Charme‹, wie ihn ein britischer Beobachter charakterisiert, tut Sultan Said bin Taimur fortan alles, um sein Land vom Rest der Welt abzuschirmen. Dazu gehört ein striktes Importverbot für alle Waren, die den seiner Ansicht nach verderbten Geruch des Fortschritts und des Westens tragen. Seine Rückständigkeit und die totale Isolation, in die er Oman führt, provozieren 1965 im Dhofar die Entstehung einer Guerilla-Bewegung, die Unterstützung aus dem kommunistischen Ausland erhält. Erst zehn Jahre später wird dieser Konflikt, der zeitweise die Existenz des gesamten Staates bedroht, ein formales Ende finden. Das Verdienst dafür gebührt Sultan Qaboos. Der Sohn Said bin Taimurs putscht sich am 23.Juli 1970 mit britischer Unterstützung unblutig an die Macht, schickt seinen Vater ins Exil nach England und gibt der Geschichte Omans damit eine unverhofft positive Wendung.

Aufbruch in die Moderne: Sultan Qaboos

Mit Sultan Qaboos bin Said bin Taimur Al Said betritt ein aufgeklärter Monarch die politische Bühne, dem es innerhalb weniger Jahrzehnte gelingt, Oman aus seiner mittelalterlichen Rückständigkeit ins 21. Jahrhundert zu katapultieren. Dabei geht er einen Weg, der sich ganz bewusst von der spektakulären Selbstinszenierung der übrigen Golfstaaten unterscheidet. Die Öffnung für die ›Kulturen der Technologie und des Wissens‹, die für ihn die Moderne ausmachen, kombiniert er geschickt mit einer Rückbesinnung auf Werte und Traditionen aus der langen und stolzen Geschichte Omans. Statt glitzernde Wolkenkratzerstädte zu bauen, sorgt er dafür, dass Schulen, Krankenstationen und Straßen auch die entferntesten Oasendörfer mit einbeziehen. Mit einer beispiellosen Bildungsoffensive, die vor allem den omanischen Frauen zugute kommt, legt er den Grundstein für die von seinem Vater nie erreichte Emanzipation von der ›Schutzmacht‹ Großbritannien. Früher als alle anderen Staatenlenker der Region betreibt er die Diversifizierung der heimischen Wirtschaft, um für das absehbare Versiegen der lukrativen Ölreserven gewappnet zu sein. Seine kluge Außenpolitik des Spannungsabbaus und der Friedenssicherung macht ihn regional und international zu einem verlässlichen Partner. Innenpolitisch nimmt er Rücksicht auf traditionelle Stammesstrukturen und sucht auf regelmäßigen Audienz-Reisen die Nähe zum Volk.

Demokratisierung und bürgerliche Mitbestimmung allerdings gehören nicht zu den Prioritäten des dienstältesten Staatschefs im Mittleren Osten. Stattdessen fördert er das Bild des verantwortungsvollen Landesvaters, dem allein es obliegt, die Geschicke des Landes zu bestimmen. Erst im Zuge des Arabischen Frühlings hat dieses Image Risse bekommen. Offenen Protesten gegen Arbeitslosigkeit und für höhere Löhne – vordem ein undenkbarer Vorgang – tritt Sultan Qaboos mit Regierungsumbildungen, zaghaften Reformen, Arbeitslosengeld und neuen Stellen im öffentlichen Dienst entgegen. Die Omanis wiederum wissen, dass sie die Erfolgsgeschichte des Landes in erster Linie dem umsichtigen Führungsstil ihres Monarchen zu verdanken haben. Zugleich mehren sich die Stimmen, die ein System der demokratischen Gewaltenteilung fordern – für die Nach-Qaboos-Ära.

Im alten Souq von Nizwa: Sultan Qaboos ist omnipräsent

Sultan Qaboos und die ungeklärte Nachfolge

Der am 18. November 1940 geborene Qaboos bin Said genießt in jungen Jahren eine glänzende Ausbildung. Während sein Vater Said bin Taimur das omanische Schulsystem vorsätzlich vernachlässigt und westliche Fortschrittsideen offiziell verteufelt, schickt er den Sohn auf eine Privatschule in England. Später besucht Qaboos als Offiziersanwärter die Königliche Militärakademie in Sandhurst und absolviert einen Teil seiner anschließenden Militärausbildung bei der britischen Rheinarmee in Deutschland. Zurück im väterlichen Palast in Salalah beschäftigt er sich ab 1964 mit Studien zum Islam und zur Geschichte Omans. Während dieser Zeit erlebt er im Dhofar das Auflodern einer kommunistischen Aufstandsbewegung, die die Unzufriedenheit der Omanis mit ihrem despotischen Sultan erfolgreich kanalisiert und das Land in einen zerstörerischen Bürgerkrieg zieht.

Qaboos erkennt die Gefahr, die die starre Haltung seines Vaters heraufbeschwört, und ergreift 1970 in einer Palastrevolte selbst die Macht. Sein Ziel ist die Befriedung Omans und die Aktivierung seiner Landsleute für einen Neuanfang unter vollkommen geänderten Vorzeichen. Darin weiß er sich in bester Gesellschaft: Sein Vorfahre Ahmad bin Said, der Gründer der Al Bu Sa'id-Dynastie, sammelte im 18. Jahhundert die Omanis in einer ähnlich verzweifelten Situation hinter sich und legte damit den Grundstein für eine wirtschaftliche und kulturelle Renaissance.

Überzeugungskraft, Integrität und Entschlossenheit machen den jungen Sultan Qaboos fortan zum Motor einer Entwicklung, die das ganze Land mitzieht. Trotz seiner nahezu unumschränkten Machtfülle genießt er einen Grad an Zuneigung und Respekt, den andere Alleinherrscher niemals erreichen. Das ist der Grund, warum der Arabische Frühling in Oman nur vereinzelt in Proteste mündete. Doch bei aller Umsicht der Regierungsführung versäumt es der beliebte Landesvater,

In einer Autowerkstatt: Sultan Qaboos gleich neben der Kaaba von Mekka

rechtzeitig seine Nachfolge zu regeln. Dass das die Gerüchteküche brodeln lässt, ist bei einem unverheirateten und kinderlosen Monarchen kein Wunder. Der Arabische Frühling zwingt Qaboos, sich genauer zu dem Thema zu äußern. Er tut dies im Rahmen eines Verfassungszusatzes, der vorsieht, dass sich die Königsfamilie innerhalb von drei Tagen nach seinem Tod auf einen Nachfolger einigt. Gelingt dies nicht, soll sein Testament geöffnet werden, in dem er den neuen Staatschef posthum bestimmt.

Aussichtsreichste Thronanwärter sind drei Cousins des Sultans: der Geschäftsmann Assad bin Tariq, der amtierende Kulturminister Haitham bin Tariq und der ehemalige Marinechef Shihab bin Tariq. Alle drei können eine erfolgreiche Karriere vorweisen, es fehlt ihnen jedoch an Popularität und politischer Erfahrung – und damit an unabdingbaren Voraussetzungen, um Oman zusammenzuhalten.

Sultan Qaboos verdankt seine Autorität vor allem der Fähigkeit, fremde Machtansprüche durch eine Politik der Vermittlung einzuhegen. Damit hält er sowohl ehrgeizige Stammesfürsten im eigenen Land als auch die Dominanzansprüche mächtiger Nachbarn wie Saudi-Arabien im Zaum. Gleichzeitig erwirbt er sich auf dem internationalen Parkett den Ruf eines unbestechlichen Vermittlers. Nicht umsonst ist es die omanische Metropole Salalah, in der im Frühjahr 2016 die verschiedenen Fraktionen des libyschen Bürgerkriegs versuchen, gemeinsam eine neue Verfassung für ihren Staat auszuarbeiten. Auch im aktuellen Jemenkonflikt bezieht der Sultan mit seiner Weigerung, der saudisch geführten Militärkoalition beizutreten, von Anfang an klar Position für eine Verhandlungslösung. Wie weit seine Bereitschaft, international Verantwortung zu übernehmen, geht, zeigt 2015 die Aufnahme von rund 20 Exhäftlingen aus dem US-amerikanischen Offshore-Gefängnis Guantánamo in Kuba – und das, obwohl Oman das einzige Land des Golfkooperationsrates (GCC) ist, aus dem kein einziger Staatsbürger in Guantánamo einsitzt.

Egal, ob Außen-, Regional- oder Innenpolitik: Die Fäden hält allein Sultan Qaboos in der Hand. Wer kann ihn ersetzen? Was passiert, wenn alte Stammesdifferenzen und Regionalkonflikte ausbrechen oder gar die in anderen arabischen Ländern so zerstörerisch wirkenden ethnisch-konfessionellen Spaltungen zu Tage treten? Im Hinblick auf Letztere spricht die omanische Führung offen den Religionsexport aus Saudi-Arabien an. »Es wäre naiv zu glauben, dass sich der Salafismus von ganz allein ausbreitet, ohne staatliche Unterstützung«, analysiert der Diplomat Sayyid Badr bin Hamad al-Busaidi in einem Interview mit Le Monde diplomatique im Mai 2016 nüchtern. »Er wird durch die politische Führung in Riad gefördert.« Nur: Wer soll den Saudis Paroli bieten, wenn Sultan Qaboos stirbt?

Aber nicht nur von außen drohen Probleme, auch im Inneren rührt sich Unmut. Eine der Ursachen dafür ist die hohe Jugendarbeitslosigkeit von über 20 Prozent, eine andere der schwindende Glaube an die ohnehin beschränkten politischen Mitwirkungsrechte. So kamen im Oktober 2015 nur 57 Prozent der wahlberechtigten Omaner an die Urnen, um ihre Stimme zur Majlis al-Shura abzugeben –vier Jahre zuvor waren es noch 75 Prozent. Der Grund: Das omanische Unterhaus, das den Sultan und seine Regierung berät, hat in den Augen vieler kaum Einfluss auf die Politik, wie eine Umfrage der Online-Zeitung ›Al-Balad Oman‹ enthüllt. Kritik an den Verhältnissen wird vor allem in den sozialen Online-Netzwerken laut. Bereits Anfang 2015 twitterte der omanische Autor Ali Al Rawahi: »Oman ist zu einem Familienbetrieb geworden, der von Dieben gemanagt wird, und dessen Kunden, das Volk, seine Rechte nicht kennt und nicht weiß, wie es diese einfordern kann.« Kurz darauf landete er im Gefängnis. Immer wieder werden Blogger und Autoren von den Polizeibehörden vorgeladen und mitunter auch verhaftet. Die gängigen Anklagen lauten auf Beleidigung des Sultans, Gefährdung der öffentlichen Ordnung oder Beleidigung religiöser Werte. Manchmal verfügt der Sultan die Freilassung eines Dissidenten, wie etwa im Fall des Online-Aktivisten Abdullah Habib im Mai 2016, doch für andere Inhaftierte bleiben die Gefängnistore monatelang geschlossen.

Die Beispiele zeigen, dass das Funktionieren und die Autorität der Staatsmacht fast ausschließlich an die Person des Sultans gebunden ist. Doch der 75-Jährige ist krebskrank und ließ sich in den Jahren 2014–15 neun Monate lang in Deutschland behandeln. Das hatte zur Folge, dass er erstmals seit Amtsantritt zu seinem Geburtstag am 18. November, der zugleich Nationalfeiertag ist, nicht in Oman war. Stattdessen mussten seine Landsleute mit einer vierminütigen Videobotschaft aus seiner Residenz in Garmisch-Partenkirchen vorlieb nehmen. Viele Omanis hat das zutiefst verunsichert. Vor diesem Hintergrund gewinnt eine tragfähige Nachfolgeregelung noch mehr an Bedeutung. Und die kann sich nicht nur in der Ernennung eines Thronerben erschöpfen, sondern wird Institutionen erfordern, die mehr öffentliches Mitspracherecht erlauben. Die bisherigen Reformansätze lassen das noch nicht in ausreichendem Maße erkennen.

Sultan Qaboos (2007)

EXTRA

Religion

»Gottes Gnade sei auf den Menschen in Al-Ghubaira. Sie haben an mich geglaubt, obwohl sie mich nicht gesehen haben.« Das, so will es die Überlieferung, rief der Prophet Muhammad aus, als er erfuhr, dass die omanischen Stämme – zu jener Zeit war ihr Siedlungsgebiet als Ghubaira bekannt – geschlossen den islamischen Glauben angenommen hatten. Zu den ersten Muslimen der Arabischen Halbinsel zu gehören, erfüllt viele Omanis bis heute mit besonderem Stolz.

Der Islam ist Staatsreligion im Sultanat Oman, rund 88 Prozent der Bevölkerung bekennen sich dazu. Sie folgen mehrheitlich der gemäßigten ibaditischen Lehre, die fast ausschließlich in Oman Fuß gefasst hat. Die übrigen knapp 25 Prozent omanischer Muslime verteilen sich auf die vorwiegend im Raum Sur und in der Provinz Dhofar lebenden Sunniten und die schiitische Minderheit, konzentriert auf die Batinah und die Küste von Muscat. Zu Letzerer zählen unter anderem die vorwiegend in der Altstadt von Mutrah ansässigen, iranischstämmigen Luwati.

Die Seefahrervergangenheit und die vielfältigen Kultureinflüsse, die das Land im Lauf der Jahrtausende aufgenommen hat, machen die Omanis zu vollendeten Kosmopoliten. Das äußert sich nicht zuletzt in einer äußerst liberalen Haltung gegenüber anderen Religionen. Christen und Kopten können ihren Glauben ebenso frei ausüben wie Hindus und Buddhisten. Entsprechend beherbergt insbesondere die Hauptstadt Muscat neben ungezählten Moscheen auch eine Reihe von Kirchen und Tempeln. Sie bieten ausländischen Arbeitnehmern aus Indien, Fernost und Europa eine religiöse Heimat. Vereinzelt treten nichtmuslimische Glaubensgemeinschaften auch außerhalb ihrer Gotteshäuser in Erscheinung. So hat zum Beispiel kein muslimischer Omani Bedenken, wenn Kirchenchöre zur Weihnachtszeit im Krankenhaus für die Ihren Weihnachtslieder anstimmen. Verboten ist lediglich die Missionierung. Das gilt ohne jede Einschränkung auch für Muslime.

Diese tolerante Grundhaltung speist sich neben der Weltläufigkeit einer traditionsreichen Handelsnation auch aus der liberalen Einstellung des ibaditischen Islam. Die hat in Sultan Qaboos ihren prominentesten Vertreter. Vor Studentinnen und Studenten der Sultan-Qaboos-Universität hat er das einmal so zusammengefasst: »In unserer Religion gibt es Toleranz, Moral und Offenheit, und im ehrwürdigen Koran rufen alle Verse zum Nachdenken und Überlegen auf. Diese Verse rufen nicht auf zum Erstarren und Nichtdenken oder dazu, einfach mit geschlossenen Augen mit dem Strom zu schwimmen!«

Die Entstehung des Islam

Für mehr als eine Milliarde Menschen ist das Jahr 622 der Beginn einer neuen Zeitrechnung. Es bezeichnet die Auswanderung (Hijra) Muhammads und seiner Anhänger aus Mekka in das 300 Kilometer nördlich gelegene Yathrib. Zu jener Zeit wetteifern – auf der Arabischen Halbinsel wie im gesamten Vorderen Orient – zwei Großmächte um die Vorherrschaft: das christliche Byzanz mit der Hauptstadt Konstantinopel und das von Ktesiphon aus agierende zoroastrische persische Sassanidenreich. Mekka, Muhammads Geburtsstadt, lebt vor al-

Innenräume von Wohnhäusern ähneln oft den Gebetsräumen von Moscheen

lem vom Handel. Wie in ganz Arabien ist die Gesellschaft von Stammesstrukturen geprägt. Die politische Einflussnahme von außen und die Konkurrenz der Stämme untereinander führen zu politischer Instabilität. Auch die Verehrung unterschiedlicher Gottheiten trägt nicht zur Einigkeit bei. Durch die Entstehung einer gemeinsamen Sprache wird dennoch ein kulturelles Band geknüpft.

Muhammad gehört dem Stamm der Quraish an. Sein unmittelbarer familiärer Hintergrund ist ärmlich. Weil seine Eltern früh sterben, wächst er bei seinem vermögenden Onkel Abu Talib auf, der ihn zum Kaufmann und Karawanenführer ausbildet. Muhammads Leben nimmt eine neue Wendung, als er die reiche, deutlich ältere Händlerwitwe Khadija heiratet, in deren Dienste er Jahre zuvor eingetreten ist. Sie wird zugleich die erste Anhängerin seiner religiösen Lehre. Mit ungefähr 40 Jahren (etwa 610) empfängt Muhammad seine ersten visionären Offenbarungen, die in ihm die Idee des einen Gottes verfestigen. Bald prangert er öffentlich die Vielgötterei an. Den Kaufleuten von Mekka ist er damit ein Dorn im Auge. Sie verdienen gut daran, dass sich die Kaaba, die es bereits in vorislamischer Zeit gab, als zentrales Heiligtum diverser arabischer Gottheiten etablieren konnte. Seinen Gegnern gilt Muhammad als Hanif, als ›Gottsucher‹, wie sie die Anhänger monotheistischer Ideen abfällig nennen.

Muhammads Gott, Allah, ist derselbe Gott wie jener, den er aus den schon existierenden Schriftreligionen der Juden und Christen kennt. Auf seinen Geschäftsreisen ist er vielfach mit diesen Religionen in Berührung gekommen. Ihm wird schmerzhaft bewusst, wie überlegen sie der Glaubenswelt der arabischen Stämme sind, die sich in der Verehrung einer ungeordneten Götterschar verzetteln. Nun erlebt er, wie sich erst in ihm, dem ›Siegel der Propheten‹, Gottes Offenbarung vollendet. Das zentrale Glaubensbekenntnis der neuen Religion – »Es gibt keinen Gott außer Gott, Muhammad ist der Gesandte Gottes« – bringt ihn im polytheistischen Mekka in eine immer bedrohlichere Lage. Nach dem Tod seiner Frau Khadija und des Onkels Abu Talib verliert er zusätzlich seine wichtigsten Fürsprecher. Mit der Hijra entzieht er sich der Gefahr für sich und seine Anhänger.

In Yathrib, dem späteren Medina (von Madinat al-Nabi, ›Stadt des Propheten‹), gründet Muhammad die erste muslimische Gemeinschaft (Umma). Der sogenannte Vertrag von Medina, wörtlich überliefert in einer allgemein als authentisch eingeschätzten Prophetenbiographie, schließt zunächst auch die dort ansässigen Juden mit ein: »Dies ist eine Urkunde über die Beziehungen zwischen den Ausgewanderten aus Mekka und den Helfern aus Medina. Sie sind eine Gemeinde. Das unterscheidet sie von den Ungläubigen. Die Gläubigen schützen sich gegenseitig ohne Rücksicht auf Stämme und Sippen. Gottes Schutz ist ein einziger. Die Juden, unsere Mitbürger, genießen die gleiche Hilfe und Unterstützung. Der Friede Gottes ist ein einziger.« Damit hält eine neue Ordnung Einzug: Allahs Schutz ist stärker als der Schutz, den ein Stamm gewähren kann. Die Juden allerdings verweigern Muhammad ihre Gefolgschaft. Sie werden zunächst als Ungläubige bekämpft und später als religiöse Minderheit geduldet.

Die neue, von Allah garantierte Ordnung und eine Serie überragender militärischer Erfolge bilden die Grundlage für die nun folgende rasche Ausbreitung des Islam. Dabei erweist sich die neue Religion als kraftvoll genug, um die bis dahin größtenteils untereinander zerstrittenen Stämme einem gemeinsamen Ziel zu verpflichten. Darüber hinaus legt sich der Islam nicht wie ein starres Korsett über die eroberten Gebiete. Vielmehr gelingt es ihm immer wieder, regional bedingte kulturelle Eigenheiten aufzunehmen und zu integrieren.

Die fünf Pfeiler des Islam

Ihre Attraktivität bezieht die islamische Glaubenslehre auch aus ihrer Alltagstauglichkeit. Die äußert sich zuvorderst in den religiösen Pflichten, die die fünf Pfeiler des Islam darstellen und den Gläubigen selbst als ›Ibida‹ bekannt sind:

▸ Das Glaubensbekenntnis (›Shahada‹) zum einen und einzigartigen Gott; im Qur'an (Sure 112, 1–5) heißt es dazu unter anderem: »Allah ist der alleinige, einzige und ewige Gott (der unwandelbare). Er zeugt nicht und ist nicht gezeugt, und kein Wesen ist ihm gleich.«

▸ Das rituelle Stundengebet (›Salat‹), das fünfmal am Tag zu festgesetzten Zeiten verrichtet werden muss.

Vor dem Gebet reinigt man sich nach vorgeschriebenen Ritualen

▸ Die Almosengabe (›Zakat‹); das Zakat-System dient der Unterstützung der Hilfsbedürftigen innerhalb der islamischen Gemeinde und soll die Gebenden zugleich von Geldgier und Habsucht reinigen.

▸ Das Fasten (›Saum‹) im neunten Monat des Mondjahres, dem Ramadhan. Das Gebot verpflichtet die Gläubigen dazu, vom Morgengrauen bis zum Sonnenuntergang weder zu essen noch zu trinken. Den festlichen Ausgang des Ramadhan bildet das viertägige Eid al-Fitr, zu dem – ganz ähnlich dem christlichen Weihnachtsfest – Geschenke, Verwandtenbesuche und Festessen gehören.

▸ Die Wallfahrt nach Mekka (›Haj‹); einmal im Leben sollen Muslime nach Möglichkeit die Kaaba, den ›heiligen Platz Abrahams‹ (Sure 3, 96), und die anderen geheiligten Stätten des Islam besuchen und dort die von der Tradition verlangten religiösen Riten vollziehen.

Alle Muslime verbindet zudem ihr persönliches Verhältnis zu Gott. Geistliche als Mittler zwischen Gott und den Menschen sind dem Islam fremd. Im Gebet halten die Gläubigen Zwiesprache mit Allah selbst und sind ihm gegenüber unmittelbar verantwortlich. Auch der Vorbeter (Imam) in der Moschee ist kein Geistlicher, da grundsätzlich jeder Gläubige, der den Ritus des Salat beherrscht, diese Aufgabe übernehmen kann. In der Praxis und gerade in Bezug auf die zentralen Freitagsmoscheen handelt es sich jedoch meist um Religionsgelehrte, die auch die Freitagspredigt (›Khutba‹) halten.

In der Moschee versammelt sich die Gemeinde, um zu beten, sie hat aber auch eine wichtige Funktion als Ort der Lehre, der Diskussion und des sozialen Miteinanders. Omanische Moscheen verzichten größtenteils auf aufwendigen Bauschmuck, ihnen ist gemäß der ibaditischen Auffassung (→ S. 79) die gelebte Glaubenspraxis wichtiger als der architektonische Rahmen. Auch das sonst so kennzeichnende Minarett, von dessen Turmhöhe aus der Muezzin zum Gebet

Seit alters her werden Bücher wie der Koran auf hölzernen Ständern gelesen

ruft, fehlt vielen Moscheen in Oman. In ihrer sonstigen Bauform folgen sie jedoch wie ihre Gegenstücke in anderen muslimischen Ländern dem Haus des Propheten Muhammad in Medina. So verfügen sie über Waschanlagen für die vorgeschriebene Reinigung und einen teilweise gedeckten Hof. Der eigentliche Gebetsraum ist mit seiner Kiblawand zur heiligen Stadt Mekka ausgerichtet. In ihrer Mitte befindet sich die Gebetsnische (Mihrab) mit dem Minbar, einer Art erhöhter Kanzel für die Freitagspredigt. Der Mihrab kann auch in omanischen Moscheen Ornamente und Kalligraphien tragen.

Koranständer

Koran und Hadithe

Der Koran (Qur'an, ›das Vorzutragende‹) enthält die Offenbarungen, die Muhammad von Allah empfangen und seinen Anhängern zu verschiedenen Zeiten verkündet hat. Die schriftliche Aufzeichnung stammt aus der Zeit des dritten Khalifen Othman (644–656). Die Heilige Schrift besteht aus 114 Suren mit 6206 Versen, die nach ihrer Länge geordnet sind und jeweils unterschiedliche Themen behandeln. Hier finden Muslime nicht nur religiöse Anleitung, sondern auch Speisevorschriften und andere Gebote zum täglichen Miteinander innerhalb und außerhalb der Familie. Von den anderen Schriftreligionen setzt sich der Koran deutlich ab, indem er sich als einzig richtige und wahrhaftige Offenbarung Gottes versteht: »Gott hat dir die Schrift mit der Wahrheit geoffenbart, bestätigend, was ihr vorausging. Und er offenbarte die Thora und das Evangelium zuvor als eine Rechtleitung für die Menschen, und er offenbarte jetzt die Unterscheidung.« (Sure 3, 2).

Neben dem Koran gibt es aber noch weitere Überlieferungen, die für das Selbstverständnis der Gläubigen und insbesondere für das islamische Recht (Shari'a, siehe weiter unten) von großer Bedeutung sind. Sie orientieren sich an Muhammads Vorbildcharakter für alle anderen Muslime und halten zunächst nur mündlich weitergegebene Handlungen, Aussprüche und Empfehlungen aus seinem Leben fest, die nicht Eingang in den Koran gefunden haben. Diese Sunna (›Gewohnheit, Vorbild‹) des Propheten ist in den sogenannten Hadithen zusammengefasst. Sie beschreiben zum Beispiel, wie Muhammad das Opferfest Eid al-Adha beging, das Muslime in aller Welt in Erinnerung an den Propheten Ibrahim (Abraham) begehen, der für Gott sogar bereit war, seinen eigenen Sohn zu opfern. Zuhauf finden sich in den Hadithen überdies ganz praktisch gemeinte Hinweise wie etwa die unmissverständliche Aufforderung, seine Kleidung nicht ›selbstherrlich hinter sich auf dem Boden schleifen‹ zu lassen, weil dies Allah missfalle. Aus der Vielzahl der Überlieferungen haben sich im Laufe der Zeit sechs Hadithsammlungen als gemeinsamer Standard durchgesetzt. Religionsgelehrten dienen sie als wichtigste Quelle zur Interpretation des Koran. Ihr praktischer Charakter macht sie jedoch auch für die breite Masse der muslimischen Bevölkerung zum unentbehrlichen alltäglichen Leitfaden: Indem sie Muhammad nacheifern, fühlen sie sich sicher und wohl geleitet.

Ibadismus

Nach dem Tod Muhammads im Jahr 632 fehlt der muslimischen Gemeinschaft die Führung. Zu jener Zeit beschränkt sich die Umma auf die Stämme im Westen der Arabischen Halbinsel und im Norden des heutigen Oman. Das ändert sich jedoch rasch: Innerhalb von nur wenig mehr als hundert Jahren stoßen muslimische Armeen im Osten bis zum Hindukusch, im Norden bis zum Kaukasus und im Westen bis Südspanien vor. Die Streitkräfte bestehen zunächst vor allem aus arabischen Stammesgruppen, später spielen bekehrte nichtarabische Vasallen wie Berber, Türken und Perser eine zunehmend bedeutende Rolle. Das Geheimnis der raschen Ausbreitung des Islam liegt in seiner Toleranz gegenüber bestehenden gesellschaftlichen Strukturen. Auch verzichten die Eroberer auf Massenbekehrungen, in dem sie Juden und Christen als Völkern des Buchs (›Ahl al-Kitab‹) die Annahme der neuen Religion freistellen – und sie gerade dadurch besonders attraktiv machen.

Um die Führung des muslimischen Großreiches entbrennen jedoch schon bald Streitigkeiten. Da niemand die Autorität des verstorbenen Propheten besitzt und männliche Nachkommen fehlen, fällt es seinen Anhängern schwer, sich auf geeignete Nachfolger zu einigen. Die ersten vier Khalifen (von arabisch ›Chalifa‹, ›Statthalter‹), die nach dem Verständnis der meisten Muslime als ›rechtgeleitet‹ gelten, stammen aus dem Kreis seiner treuesten Gefährten. Abu

Eine schiitische Moschee in Mutrah

Bakr, der von 632 bis 634 die Führung innehat, kommt das Verdienst zu, die verstreuten Abschriften des Koran gesammelt und zu einem Buch zusammengefasst zu haben. Seine Nachfolger Omar (634–644) und Othman (644–656) sterben beide eines gewaltsamen Todes. Dasselbe Schicksal trifft Ali ibn Abu Talib (656–661), Schwiegersohn und Cousin Muhammads. Seine Ermordung und die spätere Tötung seiner Söhne Hassan und Hussein besiegeln die Spaltung der muslimischen Gemeinschaft in Sunniten und Schiiten.

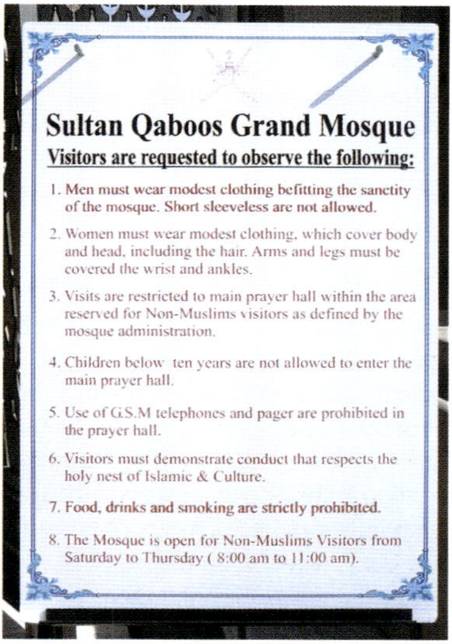

In der Sultan-Qaboos-Moschee in Muscat

Der Name der Schiiten leitet sich von ›Shi'a Ali‹ (Partei Alis) ab. Sie stellen heute rund zwölf Prozent aller Muslime weltweit und betrachten allein Ali und seine Nachkommen als rechtmäßige Erben des Propheten. Die Sunniten mit ihrer weit überwiegenden Mehrheit vertreten dagegen die Ansicht, dass das Amt des Khalifen allen offen stehen sollte, die dem Stamm Muhammads angehören und vor allem die notwendige religiöse und politische Eignung mitbringen. Im Zusammenhang mit den Nachfolgestreitigkeiten unterstützen sie daher Mu'awiya I., einen Verwandten des dritten Khalifen Othman und Begründer der Dynastie der Umayyaden (661–749).

Oman spielt in diesem geschichtlichen Panorama von Anfang an eine Sonderrolle. Das zeigt sich schon daran, dass die omanischen Stämme freiwillig zum Islam übertreten (→ S. 75). Den vierten Khalifen Ali erkennen sie jedoch ebenso wenig an wie die Vertreter der Umayyaden-Dynastie. Darin sind sie sich mit den Kharijiten einig, einer Gruppierung, die weder Sunniten noch Schiiten zugehörig ist. Maßgeblich für die omanische Glaubensauffassung wird das Wirken des islamischen Gelehrten Abdullah ibn Ibadh, der ab 683 in Basra die nach ihm benannte islamische Denkschule der Ibadiyya entwickelt. Diese Denkschule lehnt Abstammung und Sippenzugehörigkeit als Kriterien für die Nachfolge Muhammads ab. Stattdessen obliege es der Umma, aus ihrem Kreis ein Oberhaupt, den Imam, zu wählen. Imam, so die Überzeugung der Ibaditen, kann jeder Muslim werden, der ausreichend gelehrt, gebildet und moralisch gefestigt ist, um die religiöse und weltliche Führung der Gemeinschaft zu übernehmen. Wer die Erwartungen nicht erfüllt, kann jederzeit wieder abgewählt werden. Ebenso muss es nach dem Verständnis der Ibadiyya nicht zwingend einen Imam geben, wenn kein geeigneter Kandidat zur Verfügung steht.

Das ibaditische Herrschaftsmodell kann seine Herkunft aus der Stammestradition nicht verhehlen. Auch die Stammesführer, die Shaikhs, verdanken die ihnen anvertraute Leitungsfunktion ihrer Erfahrung und ihrem hohen Ansehen.

Diese herausragende Stellung müssen sie sich immer wieder neu ›verdienen‹. Dabei wird von ihnen erwartet, dass sie ihre Entscheidungen nicht einsam treffen, sondern im Schulterschluss mit den übrigen Stammesältesten. Die Überlieferung übernimmt in diesem Meinungsfindungsprozess die Rolle einer grundlegenden Richtschnur, doch kann die Gemeinschaft nur überleben, wenn sie auf neue Herausforderungen neue Antworten findet.

Derselbe Pragmatismus charakterisiert wiederum das ibaditische Glaubensverständnis. Einerseits beanspruchen die Ibaditen für sich, einem besonders ursprünglichen Islam anzuhängen, der seine Kraft aus der reinen Lehre des Propheten bezieht. Entsprechend verstehen sie Koran und Sunna als unwandelbare Basis ihrer Existenz. Diese strenge Auslegung führt bei ihnen jedoch nicht zu einem starren Fundamentalismus. Im Gegenteil – und darin zeigt sich die moderne Seite des Ibadismus – ist für Ibaditen ein Fundament nur etwas wert, wenn das Gebäude, das darauf steht, den Bedürfnissen seiner Bewohner angepasst werden kann. Wenn also geschichtliche oder kulturelle Entwicklungen es erfordern, muss es nach ibaditischer Auffassung möglich sein, Glaubensgrundsätze neu auszulegen. Überdies sind die eigenen religiösen Standpunkte maßvoll zu vertreten und dürfen niemandem mit Gewalt aufgezwungen werden. Religionskriege unter Muslimen gelten Ibaditen als verabscheuungswürdig.

Den sunnitischen Khalifen – ebenso übrigens wie den schiitischen Imamen – flößt diese Haltung von Anfang an tiefstes Misstrauen ein. Religiös fühlen sie sich von dem ›Volk der Aufrechten‹ (›ahl al-istiqama‹), wie sich die Ibaditen auch nennen, nicht ernst genommen. Überdies sehen sie das Khalifat durch das ibaditische Ideal einer demokratischen Theokratie, in der Imame vom Volk gewählt werden, unmittelbar bedroht. Das erklärt, warum die Anhänger der ›gefährlichen‹ ibaditischen Lehre erbarmungslos verfolgt werden. Die meisten von ihnen finden Unterschlupf in den unzugänglichen Bergen Nordomans.

Wandelgang in einer Moschee

Heute ist das Sultanat Oman der einzige Staat des islamischen Kulturraums, in dem die Ibaditen die Bevölkerungsmehrheit stellen. Der Aufbruch des Landes in die Moderne während der vergangenen 40 Jahre verrät viel über die charakteristischen Merkmale des Ibadismus. Die Toleranz gegenüber Andersgläubigen gehört ebenso dazu wie die Flexibilität im Umgang mit den Anforderungen einer immer schnelllebigeren Zeit. Das stolze Bewusstsein einer unverfälschten Glaubenspraxis zeigt sich in der überwiegend nüchternen Ausstattung der Moscheen – eine Regel, die Ausnahmen wie die prächtige Qaboos Grand Mosque in Muscat bestätigen. Alltag und Politik Omans prägt das Bemühen um Ausgleich und den maßhaltenden Umgang miteinander. Dieses Prinzip der Gewaltlosigkeit unterscheidet die Ibaditen zugleich elementar von den fanatischen Kharijiten, die sich im 8. Jahrhundert n. Chr. nach wiederholten blutigen Kämpfen mit den Khalifen fast vollständig aufreiben und fortan keine historische Rolle mehr spielen. Dass sich der Ibadismus behauptet, verdankt er nicht zuletzt seiner liberalen Grundhaltung und der Fähigkeit, den Islam zeitgemäß auszulegen – ob bei der Freitagspredigt, in der Koranschule oder in der Auseinandersetzung mit aktuellen Themen wie etwa der Gleichstellung der Geschlechter (→ S. 86).

Islamisches Rechtssystem: Sha'ria

Kaum ein Begriff wird unter Nichtmuslimen so dämonisiert wie die Institution der Sha'ria. Das hat vor allem mit offenkundiger Unkenntnis zu tun. So herrscht vielerorts die irrige Vorstellung vor, die Sha'ria sei ein Gesetzbuch, in dem man je nach Streitfall nur nach dem richtigen Paragraphen blättern müsse. Tatsächlich ist das genaue Gegenteil der Fall. Das zeigt schon ein Blick auf die Bedeutung des Wortes, das in etwa als ›Weg‹ übersetzt werden kann. Entsprechend bezeichnet die Sha'ria den Versuch, ein verbindliches System religiöser und rechtlicher Normen zu schaffen und damit Antworten auf lebenspraktische Fragen zu geben.

Damit stellt sich die islamische Rechtsfindung bewusst in die Tradition des Propheten und seiner Methode, Regeln zu setzen. Ein anschauliches Beispiel dafür ist die in der Hadithsammlung Sahih al-Buchari überlieferte Frage: »Auf welche Art kann man den Islam gut leben?« Darauf erwidert Muhammad: »Indem du Speisen gibst und den Friedensgruß (Salam) zu jedem sprichst, den du kennst und nicht kennst!« In ähnlicher Weise versteht sich auch die Sha'ria als Anleitung zu einem gottesfürchtigen und gerechten Verhalten. Die daraus im Laufe der Zeit entstandenen Pflichten und Verbote bestimmen heute in vielerlei Hinsicht das Leben des Einzelnen und der Gemeinschaft, sind jedoch keineswegs so starr wie oft unterstellt. Überdies setzt das islamische Rechtssystem sehr unterschiedliche, historisch bedingte Schwerpunkte. Das besondere Augenmerk gilt dabei den Vorschriften des Familien- und Erbrechts. Handelsangelegenheiten sind demgegenüber sehr viel weniger präzise geregelt. In noch höherem Maße gilt dies für straf- und verfassungsrechtliche Fragen.

Als göttlich legitimiertes Recht beruft sich die Sha'ria in erster Linie auf den Koran und die Hadithe sowie auf gelehrte Rechtsmeinungen vorzugsweise aus der Zeit Muhammads selbst. Auch Bräuche und Gewohnheitsrecht fließen in die Gesetzgebung ein, solange sie nicht in offenem Widerspruch zum Islam stehen. Das Urteil, das sich ein Rechtsgelehrter – oft auf der Grundlage von Analogieschlüssen – bildet, ist zusätzlich abhängig von der Gesetzesschule, der er angehört. Aus all dem wird leicht ersichtlich, dass die Sha'ria kein in sich geschlossenes Ganzes ist, sondern Freiräume der Auslegung lässt. Im Hinblick auf die zentrale Frage der Geschlechterrollen bedeutet das zum Beispiel, dass die islamische Gesetzgebung je nach Standpunkt sowohl Argumente für eine Gleichstellung der Frau als auch für ihre Unterordnung zulässt. Wer in solchen Fällen die Deutungshoheit hat, ist unter den Rechtsschulen umstritten.

Das erzeugt Unsicherheit, eröffnet aber auch Chancen und prägt nachhaltig die Rolle des Richters (Qadi) in muslimischen Gemeinschaften. Statt Gesetze formelhaft anzuwenden, übernimmt er nicht selten die Rolle des Vermittlers, der neben der juristischen Beurteilung eines Streitfalles auch die Wahrung des sozialen Friedens im Blick hat. Seine Fähigkeit, auf der Grundlage der Sha'ria eine Lösung zu finden, die von allen Beteiligten als gerechtfertigt akzeptiert wird, hat großen Einfluss auf seine Durchsetzungskraft und die Autorität des gesamten Rechtssystems.

Omanische Gerichte folgen insbesondere in Fragen des Personenstands und des Familienrechts den Vorgaben der Sha'ria. Die strafrechtliche Praxis orientiert sich zusätzlich an international gültigen Rechtsnormen. Auch dem UN-Menschenrechtsabkommen und allen übrigen völkerrechtlich bindenden Verträgen zwischen den Mitgliedsstaaten der Vereinten Nationen hat sich Oman durch seinen Beitritt verpflichtet.

Bevölkerungsgruppen und Stammesstruktur

Von den fast viereinhalb Millionen Einwohnern Omans ist die Mehrheit arabischer Abstammung. Ihr Ursprung lässt sich auf zwei Einwanderungswellen zurückführen. Die Stammesgruppe der Azd, die ehemals in den südarabischen Weihrauchreichen ansässig war, besiedelt seit dem 2. Jahrhundert nach Christus zunächst das Dhofar und erlangt bis 600 nach Christus von Nizwa aus die Herrschaft über weite Teile Inner-Omans. Im 4. Jahrhundert machen sich die Adnan (Nizari) aus Zentralarabien auf nach Oman. Beide Gruppen definieren sich in der Folgezeit über ihre Stammesverbände und die islamische Glaubensrichtung des Ibadismus. Politische Bedeutung erlangt die unterschiedliche Herkunft erst im 18. Jahrhundert, als Meinungsverschiedenheiten über die Besetzung des Imam-

Der Torwächter im Fort von Al-Hazm

Amtes zu einem Bruch innerhalb der Bevölkerung führen. Im Verlauf dieser Auseinandersetzung formieren sich die politischen Lager der Hinawi, die sich als Nachfahren der Azd begreifen, und der Ghafiri, deren ethnische Wurzeln bei den Adnan zu suchen sind.

Die zeitweise erbitterte Feindschaft zwischen Hinawi und Ghafiri, deren Sprengkraft erst unter Sultan Qaboos an Bedeutung verliert, spiegelt sich geografisch in den oft widerstreitenden Interessen, die Küstenbewohner und Binnenbevölkerung voneinander trennen. Darin kommt zugleich ein wesentliches Merkmal der omanischen Stammesstruktur zum Ausdruck. Jeder arabische Omani gehört einem Stamm an und nimmt dadurch innerhalb der Gesellschaft einen fest definierten Rang ein. Grundsätzlich unterscheidet man zwischen den Wüstenstämmen der nomadisierenden Bedu und den Hadr genannten Stadtstämmen der Sesshaften. Wie viele Stämme es in Oman gibt, lässt sich nicht genau sagen, da Abspaltungen und Bündnisse im Lauf der Geschichte ein unübersehbares Geflecht aus Fraktionen, Unterabteilungen und wechselseitigen Verbindlichkeiten geschaffen haben. Die Struktur der Stammesverbände folgt jedoch einem immer gleichen Muster. Charakteristisch dafür ist ein System aus Konsultation und Beratung, das denjenigen eine Führungsrolle zubilligt, die sich durch Lebenserfahrung und hohes Ansehen auszeichnen.

An der Spitze des Stammes steht der Shaikh, in Städten und Oasensiedlungen Wali genannt. Seine leitende Funktion verdankt er entweder seiner natürlichen Autorität oder einer Wahl. Die Stadtstämme kennen zusätzlich den Qadi, der die islamische Gerichtsbarkeit vertritt und eng mit dem Wali zusammenarbeitet. Shaikh oder Wali stehen der Majlis vor, dem Rat der Ältesten, der den Stamm nach außen repräsentiert und zugleich im Falle interner Streitigkeiten oder Interessenskonflikte von jedem Stammesmitglied angerufen werden kann. Fällt die Entscheidung für einen Stammesvorstand nicht einhellig, kommt es vor, dass ein Teil der Stammesmitglieder aus der Gemeinschaft ausschert und sich einem anderen Stammesverband anschließt. Noch bis in die 1970er Jahre genießen die Stämme und ihre Shaikhs großen gesellschaftlichen Einfluss. Zu den herausragenden Leistungen von Sultan Qaboos gehört es, dass er diese und andere kulturelle Wurzeln Omans nicht auf dem Altar des Fortschritts opferte, sondern stets bemüht war, sie mit der Modernisierung des Staates in Einklang zu bringen.

Stämme

Dennoch ist der Wandel des Landes tiefgreifend. Das lässt sich insbesondere am veränderten Stellenwert der Badawi (Plural von Bedu) ablesen. Vor Sultan Qaboos' Amtsübernahme prägen sie den omanischen Alltag maßgeblich mit. Ihren Lebensunterhalt verdienen sie mit Schaf-, Ziegen- und Kamelzucht, zusätzlich kultivieren sie Dattelgärten oder verdingen sich als Erntehelfer und gehen im Winter auch auf Fischfang. Im Dhofar gehört das Weihrauchsammeln zu den Vorrechten der dort lebenden nichtarabischen Jebalis, die je nach Jahreszeit zwischen dem bergigen Hinterland Salalahs und der Küstenregion pendeln. Selbst Karawanentransporte sind gefragt in einem Land, das bis weit ins 20. Jahrhundert nur über wenige Kilometer asphaltierte Straße verfügt. Heute dagegen sind

Die Kumma wird meist von den Oasenbewohnern getragen

die meisten Badawi sesshaft und ziehen allenfalls noch sporadisch umher. Das Kamel haben sie gegen den Geländewagen, das Ziegenhaarzelt gegen feste Häuser in Oasennähe eingetauscht. Neue Arbeitsplätze bieten die Erdölfelder, vor allem aber der Tourismus, der neben Wüstentouren mit und ohne Kamel auch immer mehr Touristencamps hervorbringt, die zum Teil auf ehemalige Beduinenlager zurückgehen und von Badawi betrieben werden. Badawi traditioneller Lebensweise machen nur noch rund zwei Prozent der Gesamtbevölkerung aus. Mittlerweile leben drei von vier Omanis in Städten, die weit überwiegende Mehrheit davon in Muscat und der angrenzenden Hauptstadtregion sowie in der Batinah.

Eine ganz eigenständige omanische Bevölkerungsgruppe bilden die kaum mehr als 3000 Kumzari aus dem Fischerort Kumzar. Er liegt im äußersten Norden der Halbinsel Musandam mit direktem Zugang zur Straße von Hormuz. Die Kumzari sprechen eine eigenständige Sprache, die indo-iranischen Ursprungs ist, aber auch arabische Elemente aufweist – eine Folge der Lage an der Schnittstelle zwischen arabischer und iranischer Kultur. Die Perser haben die Geschichte der omanischen Nordküste viele Jahrhunderte lang beherrscht. Im 13. bis 15. Jahrhundert entwickelt sich überdies die nahe gelegene Insel Hormuz zum Zentrum einer Handelsmacht, die sich ganz wesentlich auf omanische Häfen stützt. Die Kumzari, traditionell Fischer und Selbstversorger, haben aus diesen Einflüssen eine eigene Sprachkultur geformt, die bis heute ausschließlich mündlich überliefert wird.

Indo-iranische Wurzeln weisen auch die Balushi auf, deren Mehrheit heute in der westpakistanischen Provinz Belutschistan leben. Uralte Handelskontakte sind der Grund dafür, dass zahlreiche Balushi in den Küstenstädten Omans eine neue Heimat gefunden haben und dort oft seit Generationen leben.

Die meist dunkelhäutigen Sansibari gehen ebenfalls auf die ausgedehnte Handelstätigkeit der Omanis zurück. Sie sind die Nachfahren omanischer Kaufmannsfamilien, die unter Said bin Sultan (1804–1856) oder später in omanisch-ostafrikanische Gebiete ausgewandert sind. Viele von ihnen folgten seit 1970 dem Ruf von Sultan Qaboos zur Rückkehr nach Oman, wo sie aufgrund ihrer guten, nicht von Said bin Taimurs Isolationspolitik behinderten Ausbildung maßgeblich zum Wiederaufbau des Landes beitrugen.

Die übrigen Einwohner Omans – mit 1,78 Millionen nahezu die Hälfte der omanischen Bevölkerung – sind ausländische Arbeitskräfte. Sie kommen überwiegend aus Indien und sind vor allem im Dienstleistungs- und Baugewerbe und im Handel aktiv.

Kamele: Überlebenskünstler in der Wüste

Über Kamele kursieren jede Menge Gerüchte. Eines der hartnäckigsten behauptet, sie würden in ihren Höckern Wasser statt Fett speichern. Richtig ist allerdings, dass die arabische Geschichte ohne das Camelus dromedarius - so der wissenschaftliche Name - nicht denkbar wäre. Das wird schon allein daran deutlich, dass es in der arabischen Sprache rund 160 Bezeichnungen für das Kamel gibt - deutlich mehr, als Allah für sich beanspruchen kann. Kein anderes Säugetier ist so perfekt an das Leben in der Wüste angepasst. Seine Genügsamkeit, die es ihm ermöglicht, tagelang ohne Wasser und Nahrung auszukommen und selbst bei den höchsten Temperaturen nicht in Schweiß auszubrechen, machte das Kamel seit seiner Domestizierung um 1500 vor Christus zum idealen Gefährten der arabischen Nomaden. Kräftig und ausdauernd trug es die kostbare Ladung der Weihrauchstraße und diente auch in den folgenden Jahrhunderten als zuverlässiges Lasttier für Wüstenkarawanen. Auch als Fell-, Fleisch-, Fett- und Milchlieferanten waren die Tiere unentbehrlich, und selbst der Kot fand als Brennmaterial Verwendung. Doch schon der englische Forschungsreisende Wilfred Thesiger notiert 1946 bei seiner abenteuerlichen Durchquerung der Rub al-Khali (Leeres Viertel), dass das Zeitalter des Kamels sich wohl dem Ende nähert - er fand die arabische Wüste zunehmend »von den Spuren der Lastkraftwagen gekerbt«.

Heute sind die wenigen verbliebenen Badawi Omans längst auf Allradantrieb umgestiegen. Bei den Wahiba jedoch hat Kamelzucht nach wie vor Tradition. Die Nachfrage ist groß: In Saudi-Arabien und den Vereinigten Arabischen Emiraten gibt es genug zahlungskräftige Kunden, die hoffen, mit den Tieren lukrative Preisgelder zu gewinnen. Tatsächlich genießt das Kamelrennbusiness in den Golfstaaten ein ähnlich hohes Prestige wie der Formel-1-Zirkus. Den Omanis ist dieser Wirbel fremd. Auch sie veranstalten an hohen Feiertagen Kamelrennen, doch weil sie die Tiere selbst züchten, betrachten sie sie nicht als Geldanlage, sondern als - Gefährten.

Kamel und Allradantrieb schließen sich nicht aus

Frauen

In Oman verdienen Frauen bei gleicher Tätigkeit und Qualifikation genauso viel wie Männer. Darin hat das Sultanat selbst Deutschland etwas voraus. Auch sonst genießen omanische Frauen im Vergleich zu anderen arabischen Staaten weitgehende Rechte. Das verdanken sie Sultan Qaboos persönlich – Frauenförderung ist ihm seit jeher ein wichtiges Anliegen. Der Grund ist einfach: »Wenn Frauen nicht ausgebildet sind, können sie nichts zum Fortschritt dieses Landes beitragen«, sagt er und drückt damit zugleich auch eine klare Erwartungshaltung aus.

Die Frauen lassen sich das nicht zweimal sagen. Sie strömen an die Hochschulen des Landes, erwerben begehrte Stipendien, greifen als Bloggerinnen selbstbewusst in die öffentliche Diskussion ein, lassen sich zu Seglerinnen und Fallschirmspringerinnen ausbilden, bauen eigene Unternehmen auf, lehren an Schulen und Universitäten oder leisten ihren Beitrag als Angestellte. Frauen dürfen – anders als in Saudi-Arabien – selbstverständlich Auto fahren, üben das Wahlrecht aus und sind von keiner Berufssparte ausgeschlossen. Natürlich brauchen diejenigen unter ihnen, die Führungspositionen beanspruchen, viel Stehvermögen in einer immer noch stark von Männern dominierten Gesellschaft. Dennoch: Schon bald wird es die ersten omanischen Richterinnen geben, und nicht zufällig war Oman der erste Golfstaat, der eine Ministerin vorweisen konnte.

Das weibliche Selbstbewusstsein zeigt sich auch im Straßenbild. Kopftuch und die meist schwarze Abaya als Übergewand sind häufig zu sehen, vorgeschrieben sind sie jedoch nicht. Entsprechend reicht die Bandbreite der Kleiderordnung von Jeans und offenem Haar in der Hauptstadt bis zu Frauen auf dem Land, die selbst ihr Gesicht hinter einem Schleier verbergen. Letzteres hat nichts mit Rechtlosigkeit zu tun, sondern sehr oft mit gesellschaftlichen Konventionen.

Am Nachmittag treffen sich diese Frauen aus der Batinah auf eine Tasse Tee vor dem Haus

Allerdings herrscht zwischen Muscat und dem Rest Omans im Hinblick auf die Rolle der Frau ein erhebliches Gefälle. Die Bloggerin Dhofari Gucci aus Salalah bringt es auf den Punkt: »Unsere Regierung gibt den omanischen Frauen jeden Freiraum, um sich hervorzutun, wenn sie möchten … und wenn ihre Väter, Brüder und Ehemänner sie gewähren lassen«. Selbst in größeren Städten wie Nizwa sind die Cafés überwiegend von Männern besucht, Kino oder Disco gibt es nicht, schon gar nicht für Frauen. Auch der soziale Druck zu heiraten ist auf dem Land ungleich größer als in der Stadt. Manche Frauen dürfen trotz abgeschlossener Ausbildung nicht arbeiten, weil der Ehemann es nicht duldet, dass seine Frau mit Männern arbeitet.

Die Wahiba-Frauen sind gewiefte Kleinvieh-Händlerinnen

Gleichberechtigung ist ein Prozess, der viel Zeit erfordert – in Oman genauso wie in Deutschland. Dass die Staatsführung den Wandel will, macht sie auf vielen Ebenen deutlich. Eine Institution, die gerade auch die Frauen auf dem Land fördern soll, ist der omanische Frauenverband OWA (Omani Women's Association). In seinen zahlreichen Filialen bietet er flächendeckend Fortbildungskurse an – vom Erste-Hilfe-Kurs bis zur IT-Ausbildung. Gerade für junge Mädchen werden Angebote wie diese immer mehr zur Normalität. Auch die Sozialgesetzgebung stärkt die Stellung der Frau, indem sie ihr etwa nach einer Scheidung das Sorgerecht für die Kinder zubilligt. Die Voraussetzungen für Chancengleichheit in allen Lebensbereichen sind also da. Die eigenen Rechte gegen herkömmliche Rollenbilder durchzusetzen erfordert jedoch oft noch persönlichen Mut und viel Selbstbewusstsein. Dabei können sich die Frauen der vollen Unterstützung des Sultans gewiss sein.

Umgangsformen

Die arabische Gastfreundschaft ist sprichwörtlich. Das gilt auch für Oman. Zugleich legen die Omanis großen Wert auf die Respektierung ihrer Privatsphäre. Wenn sie Touristen – was recht häufig vorkommt – zu Kaffee (Qahwa) oder Tee (Shai) einladen, tun sie das meist in einer Teestube oder in einem Restaurant.

Zur Gastfreundschaft gehört die gebührende Achtung der omanischen Sitten und Gebräuche. Wer etwa eine Einladung ohne triftigen Grund ausschlägt, macht sich grober Unhöflichkeit schuldig. Bei Mahlzeiten ist darauf zu achten, zum Essen nie die linke Hand zu benutzen. Sie gilt als unrein, weil sie traditionell zur Säuberung nach dem Toilettengang benutzt wird. Auch bei sonstigen Gelegenheiten – zum Beispiel, wenn man jemandem Geld aushändigt oder Ge-

In der Wahiba-Wüste: Kaffeetrinken im Sand

genstände reicht – ist die Linke tabu. Zur Begrüßung zeigen Omanis gerne die erhobene offene Hand oder führen die Hand zum Herzen und erwarten eine Erwiderung der Geste. Direkter Körperkontakt per Handschlag wird Fremden gegenüber insbesondere von Frauen oft gemieden. Sehr großen Wert legen Omanis auf die angemessene Kleidung ihrer Besucher. Entsprechend sollten Schultern, Oberarme und Knie immer bedeckt sein.

Wie überall auf der Welt haben auch Omanis ein Recht darauf gefragt zu werden, ob sie mit einem Portraitfoto einverstanden sind. Digitale Datenträger und soziale Medien machen es heutzutage leicht, Fotos zu teilen und den Fotografierten zu sagen, wo sie das Bild finden. Falls der oder die Portraitierte selbst eine Kamera dabei hat, ist es ein Zeichen von Höflichkeit anzubieten, auch damit ein Foto aufzunehmen. In den wenigen Moscheen, die Nichtmuslimen den Zutritt erlauben, sollte das Fotografieren von Betenden strikt unterbleiben.

Grundsätzlich ist Omanbesuchern zu empfehlen, sich auf die Gelassenheit der orientalisch-omanischen Kultur einzustellen. Ungeduld und Hast sind in aller Regel fehl am Platze und stoßen auf allgemeines Unverständnis.

Wirtschaft

»Im Jahr der Feierlichkeiten zum vierzigsten Jahrestag der Wiedergeburt Omans in der Neuzeit unter der Führung unseres Oberhauptes, Seiner Majestät Sultan Qaboos, sind alle Omanis Zeugen, dass Hoffnungen Wirklichkeit geworden sind, sich Träume ebenso erfüllt haben wie Frieden, Fortschritt und Wohlstand.«

Was die damalige Botschafterin in Berlin Zeinab Al-Qasmiah im omanischen Jubiläumsjahr 2010 formuliert, ist nichts anderes als eine Art ›omanischer Traum‹. Tatsächlich hat sich das Land, das jahrzehntelang von der Weltöffentlichkeit abgeschottet war, seit 1970 wie ein Phönix aus der Asche erhoben. Doch könnte sich dieser Erfolg rasch in sein Gegenteil wandeln, wenn es Oman nicht gelingt, seine Abhängigkeit vom Erdöl abzuschütteln. Diversifizierung, Privatisierung und Omanisierung heißen die Antworten der Regierung auf die Herausforderungen der Zukunft. Diese Politik, die in Fünfjahresplänen umgesetzt wird, umfasst auch die Förderung traditioneller Wirtschaftsformen.

Landwirtschaft

Obwohl aufgrund der klimatischen Verhältnisse weniger als ein Prozent der Landesfläche bebaut werden, beschäftigt die Landwirtschaft rund zehn Prozent der Bevölkerung (in Deutschland ist es ein Prozent). Dennoch: Gemessen an 1970, dem Jahr des Regierungsantritts von Sultan Qaboos, ist dies ein geringer Wert. Damals war die Wirtschaft des Sultanats eine reine Subsistenzwirtschaft, die fast ausschließlich auf Landwirtschaft, Tierhaltung und Fischerei beruhte. Das hat sich in nur vier Jahrzehnten grundlegend geändert, auch wenn die Landwirtschaft nach wie vor eine wichtige Rolle spielt.

Zu den Feldfrüchten zählen heute vor allem Datteln, Hirse, Gerste und diverse Gemüsesorten, speziell im monsunbegünstigten Dhofar werden auch Zitrusfrüchte, Bananen, Mangos und Jackfrucht angebaut. Auf dem Hochplateau des Jebel Akhdar gedeihen dank des kühleren Klimas auch Aprikosen, Weintrauben, Pfirsiche und Walnüsse. Berühmt sind überdies die dort angebauten Rosen, deren destillierter Duft sich unter anderem in dem omanischen Luxusparfüm ›Amouage‹ wiederfindet. Der Großteil der landwirtschaftlichen Produktion Omans dient dem Eigenverbrauch.

Straßenbauarbeiter im Wadi Bani Awf

Exportiert werden vor allem Datteln, deren Anbau die Regierung als Rückgrat der Ernährungssicherheit des Landes einstuft. Allerdings schwankt die Zahl der Dattelpalmen deutlich. Allein 2014 ging der Bestand von über acht Millionen auf 7,6 Millionen Pflanzen zurück. Sultan Qaboos gab daraufhin die Parole aus, eine Million neue Dattelpalmen zu pflanzen. Das landwirtschaftliche Mammutprojekt, das immer noch andauert, soll den traditionellen Dattelanbau um einen agroindustriellen Sektor ergänzen. Dabei setzt Oman auf eine Ausweitung der Anbauflächen, die schon jetzt mehr als die Hälfte des Kulturlandes ausmachen, sowie auf In-Vitro-Befruchtung und andere biotechnologische Methoden.

Zentrum der Dattelproduktion – wie der omanischen Landwirtschaft überhaupt – ist die fruchtbare Küstenebene der Batinah. Dagegen ist die Tierhaltung geografisch breit gestreut. Nach wie vor befindet sich der Großteil der Herden im Besitz von Nomaden und Halbnomaden: der Shawawi-Ziegenhirten an den Flanken des Hajar-Gebirges und des Jebel Akhdar, der Dhofari, Mahra und Bait Kathir im Dhofar sowie der Duru, Janeba, Wahiba und Harasis in den Wüstengebieten Zentralomans. Diese Stämme besiedeln rund 80 Prozent des Landes, ihr Anteil an der Gesamtbevölkerung ist jedoch mit kaum zwei Prozent verschwindend gering.

Den weitaus größten Teil des Tierbestandes machen Ziegen aus – das omanische Landwirtschaftsministerium gibt ihre Zahl für 2014 mit knapp 2,1 Millionen an. Weit dahinter folgen Schafe (549 000), Rinder (367 000) und Kamele (knapp 248 000). Das bedeutet eine Fortsetzung der Steigerungsraten aus den Vorjahren. Dennoch muss Oman nach wie vor große Mengen an Lebendtieren, Fleisch und Trockenmilch einführen, um den nationalen Bedarf zu decken. Das liegt vor allem an dem starken Rückgang geeigneter Weideflächen während der Trockenzeit – ein wesentliches Merkmal der traditionellen Tierhaltung. Das spärliche Futter setzt den Herdengrößen eine natürliche Grenze, andernfalls besteht die Gefahr der Überweidung. Die hat in der Vergangenheit auch deshalb zugenommen, weil traditionelle Stammesinstitutionen wie Shaikhs (Stammesführer) und Majlis (Stammesrat) an Einfluss verlieren und dadurch die Wasser- und Weidenutzung nicht mehr im erforderlichen Maße steuern können. Hier übernimmt der Sultan als oberster, den Stammestraditionen verpflichteter Landesherr eine wachsende Verantwortung. Um etwa die Gefahr von Tierkrankheiten, die durch unzureichende Ernährung während der Trockenperiode besonders groß ist, einzudämmen, hat die Regierung im ganzen Land mehr als 60 Veterinärkliniken eingerichtet. Zugleich hat der Staat 2011 ein 14 Millionen Euro schweres Programm aufgelegt, um speziell in der Tierhaltung beschäftigte Frauen zu fördern und durch Imkerei zusätzliche Einkommen zu schaffen.

Andere Gelder fließen in Forschungsprojekte zur kontinuierlichen Ertragsmaximierung in der Landwirtschaft. So sind in der Batinah dank großzügiger staatlicher Förderung mittlerweile fast 4000 Gewächshäuser (Stand 2015) entstanden. Anwendung finden hier unter anderem erdelose Kulturverfahren, bei denen Gemüse nach zuvor genau definierter Nährstoff- und Wasserversorgung auf pflanzlichen Fasermaterialien angebaut wird, sowie der Einsatz von Sonnenenergie und entsalztem Meerwasser. Klimatisierte Rinder- und Hühnerfarmen ergänzen die traditionelle Herdenhaltung, erfordern jedoch zugleich Anbauflächen für Viehfutter, die der Nahrungsmittelproduktion verloren gehen.

Eine der treibenden Kräfte hinter diesen Innovationen ist eine bereits 1985 gegründete staatliche Behörde, die den Bauern hilft, ihre Produkte auf lokalen Märkten zu vertreiben. Das sogenannte Amt für die Vermarktung von Agrarerzeugnissen (Public Authority for Marketing Agricultural Produce, Abk. PAMAP) will dadurch zur Qualitäts- und Produktionssteigerung beitragen und die Endverbraucherkosten stabilisieren. Fernziel ist die vollständige Selbstversorgung des Sultanats mit Grundnahrungsmitteln – ein ambitioniertes Vorhaben, das bislang erst zur Hälfte umgesetzt werden konnte und bereits jetzt an seine Grenzen stößt. Arbeitsangebote, steigende Einkommen und ein höherer Lebensstandard sollen überdies die Abwanderung der Landbewohner in die Städte eindämmen.

Das alles lässt sich der omanische Staat einiges kosten. Die omanische Entwicklungsbank (Oman Development Bank, Abk. ODB) hat zwischen 2000 und 2010 mit zinsgünstigen Krediten in Höhe von 75 Millionen Euro rund 6000 Bauern in ganz Oman gefördert. Dazu kommen Ausgaben der Regierung in Höhe von über 130 Millionen Euro während des Fünfjahresplans 2011 bis 2015. Damit wurden unter anderem Sammelstationen, Getreidesilos und andere Speichervorrichtungen sowie regionale Verteilerzentren finanziert. Aktuell gibt es über das Land verteilt mehr als 50 Warenlager für landwirtschaftliche Produkte, die die Nahrungsmittelversorgung selbst in abgelegenen Gebieten sicherstellen, Ernteeinbußen abfangen und Kostensteigerungen ausgleichen.

Möwen begleiten diese Fischer am Ras Sawadi

EXTRA

Aflaj: Bewässerung mit langer Tradition

In einem Land wie Oman, das zum größten Teil aus Wüste besteht, ist kluges Wassermanagement eine Überlebensfrage. Das Falaj-System löst diese Frage seit fast 2600 Jahren auf mehr als effiziente Weise. Statt auf Brunnen stützt es sich auf die Zuleitung der kostbaren Ressource über Kanäle (›Aflaj‹, Singular ›Falaj‹). Darin gleicht es im Prinzip den römischen Aquädukten, nur dass der Großteil der Aflaj wie Bergwerksstollen unter der Erde verläuft. Oman kennt drei verschiedene Typen der Kanalbewässerung, die sich ausnahmslos beiderseits des Hajar-Gebirges entwickelt haben und auf ihre Weise das am Gebirgsfuß gespeicherte Wasser nutzen.

Dawood Aflaj zapfen unmittelbar den Grundwasserspiegel an. Ihre Anlage erfordert erheblichen Aufwand: Eine Serie von Schächten, die alle bis hinunter zum Grundwasserniveau reichen, wird unten durch einen schwach geneigten, zum Teil mannshohen Tunnel miteinander verbunden. Die Schächte dienen zugleich als Zugang und Luftzufuhr für die Arbeiter, die mitunter in beträchtliche Tiefen vordringen und diesen Weg später immer wieder nehmen werden, um Reparaturen durchzuführen. Der Tunnel am Fuß der Schächte erreicht mancherorts viele

In der Festung von Nizwa sind noch die alten Brunnenanlagen zu sehen

Kilometer Länge, bevor er an die Oberfläche tritt und das Wasser in einem ausgemauerten Kanal zur Oase befördert.

Der zweite Konstruktionstyp der Ghayl Aflaj ist allein auf Wadis beschränkt. Er nutzt den Umstand aus, dass in manchen Talböden relativ dicht unter der Oberfläche wasserundurchlässige Schichten liegen. Die dadurch entstehenden Wasserreservoirs nehmen unterirdische Stollen nach dem Prinzip der Dawood Aflaj auf und leiten sie den Oasen zu. Beispiele dafür finden sich in den Wadis Dhayqah und Mistal.

Die dritte und einfachste Art der Kanalbewässerung nutzt oberirdische Quellen (Ayn Aflaj). An der Nordostflanke des Hajar al-Gharbi entspringt eine ganze Reihe solcher Quellen. In Einzelfällen führen sie heißes Wasser, das Temperaturen von bis zu 60 Grad erreichen kann.

Die Verteilung des Wassers in den Oasen unterliegt strengen, seit Jahrhunderten erprobten Regeln. Ein besonders geschützter Bereich ist die Sharia. So heißt der Ort, an dem das Wasser aus dem Tunnel ans Tageslicht sprudelt und nur zum Trinken benutzt werden darf. In geringer Entfernung steht meist die Moschee des Dorfes, die der Falaj mit Wasser zur rituellen Reinigung vor dem Gebet versorgt. Weiter bergabwärts gibt es Stellen zum Baden und Waschen und ganz am Schluss der Versorgungskette stehen die Palmengärten. Die Zuteilung der streng reglementierten Wassermengen an jeden Bauern erfolgt nach einem Rotationssystem, das tagsüber anders funktioniert als nachts und im Sommer anders als im Winter. Die Oberaufsicht darüber führt der Waqil, die technische Wartung obliegt dem Arrif, und die von den Mitgliedern der Falaj-Genossenschaft zu zahlenden Beiträge sammelt und verwaltet der Qabidh.

In seinen Ursprüngen geht das Bewässerungssystem in Oman auf die Perser zurück, die es im 6. Jahrhundert vor Christus in der Batinah einführten. Die Dawood Aflaj entsprechen in ihrer Bauweise exakt den persischen, dort Qanat genannten Vorbildern. Fortan bestimmten die Verfügbarkeit von Wasser und der Wirkungsgrad des örtlichen Falaj-Systems maßgeblich über Größe, Einfluss und Reichtum einer Oase.

Auf die Wartung und Neuanlage der Importtechnologie haben sich besonders die Mitglieder vom Stamm der Al-Awamir in der Sharqiyah spezialisiert. Sie gelten bis heute als ausgewiesene Spezialisten auf diesem Gebiet. Allerdings fehlt es den Falaj-Experten zunehmend an Nachwuchs: Bei 50 Grad Celsius im Schatten undichte Stellen im Inneren eines schlammigen Tunnels zu reparieren oder gar neue Kanäle zu graben und auszuschachten gilt bei den Jungen nicht als erstrebenswert. Überdies hat die Anlage neuer Brunnen und die Einführung von Dieselpumpen den Grundwasserspiegel gerade in der Batinah gesenkt und bereits einige Aflaj ausgetrocknet. Noch sind von den über 4000 Kanälen an die 3000 dauerhaft in Betrieb, und die Regierung bemüht sich redlich, dieses zentrale kulturelle Erbe Omans durch Sanierungsarbeiten und Fördermittel zu bewahren. Doch die Lebensgewohnheiten haben sich geändert, die meisten Omanis betrachten Duschen und Bäder längst als Selbstverständlichkeit, und mit den Bevölkerungszahlen wächst der Wasserverbrauch. Das alles spielte 2006 bei der Entscheidung der UNESCO eine Rolle, fünf Aflaj-Systeme, darunter den Falaj Daris in Nizwa, in die Liste des Weltkulturerbes aufzunehmen.

Wassermanagement

Der massive Ausbau der Agrarwirtschaft Omans steht und fällt mit der Wasserversorgung. Die traditionelle Aflaj-Bewässerung mit ihren oft kilometerlangen Kanalsystemen reicht dafür nicht mehr aus. Überdies sind viele Kanäle durch die Abwanderung der Landbevölkerung in die Städte verfallen und nicht mehr funktionsfähig. Gleichzeitig steigt der Wasserverbrauch stetig, bedingt durch intensive Bewirtschaftung, Beregnungsanlagen und das anhaltende Bevölkerungswachstum. Dem steht eine ausgesprochen geringe Niederschlagsmenge von durchschnittlich 100 Millimetern im Jahr gegenüber. Ein intelligentes Wassermanagement ist daher für Oman eine Überlebensfrage. Bereits seit dem Jahr 2000 gibt ein nationaler Masterplan zur Sicherung der Wasserressourcen den Rahmen dafür vor.

Der besondere Fokus liegt dabei auf der Batinah. Die Grundwasserreserven der omanischen Kornkammer waren in den 1990er Jahren durch immer neue Brunnenbohrungen so stark abgesunken, dass Meerwasser in den schotterartigen Untergrund der Küstenebene eindringen konnte und die Brunnen in Küstennähe versalzte. Seither unterliegt die Wasserförderung strengster staatlicher Kontrolle. Regelmäßige hydrologische Untersuchungen liefern die notwendige Datengrundlage, um den Grundwasserpegel auf einem ausreichenden Niveau zu halten. Gleichzeitig erschließen Sondierungsbohrungen neue unterirdische Wasservorkommen. Um den natürlichen Grundwasserstrom der Batinah zu stärken, sollen Dämme in den Wadis des angrenzenden Hajar-Gebirges das oft sturzflutartig zu Tal fließende Regenwasser stauen und langsam in den Schotterkörper der Küstenebene einsickern lassen.

Überhaupt spielen Dammanlagen für das Wassermanagement Omans eine herausragende Rolle. Neben ihrer Funktion als Rückhaltebecken bieten sie auch einen effektiven Hochwasserschutz. Aktuell verfolgt die Regierung 37 Wasser-

Intelligentes Wassermanagement ist unabdingbar: Im Wadi Ghul

und Abwasserprojekte mit einem Gesamtvolumen von 3,7 Milliarden Euro. Darunter ist der 2012 eingeweihte Wadi-Daiqah-Damm bei Muscat eines der bedeutendsten Unternehmen. Von den rund 35 Millionen Kubikmetern Wasser, die dort bislang ungenutzt ins Meer abflossen, kommen nun etwa zwei Drittel der Wasserversorgung Muscats zugute. Das letzte Drittel ist für landwirtschaftliche Bewässerungsmaßnahmen in der Batinah vorgesehen.

Im Hinblick auf die Feldbewässerung setzt Oman jedoch nicht nur auf Großprojekte, sondern auch auf die Instandsetzung aufgegebener Aflaj-Systeme. Das einst von den Persern eingeführte Kanalsystem ist ideal an die Umweltbedingungen angepasst und fest in den Dorfgemeinschaften verankert. Die erklärte Wertschätzung bewährter Traditionen zieht sich durch alle Bereiche omanischer Politik.

Fischerei

Ähnlich wie die Landwirtschaft erhält auch die Fischerei staatliche Förderungen. Die Ziele sind in beiden Bereichen identisch: Sicherung der Nahrungsmittelversorgung, Schaffung von Investitionsmöglichkeiten auf dem Land, Bereitstellung von Arbeitsplätzen für omanische Staatsbürger sowie eine kontinuierliche Produktionssteigerung für den Export.

Um der Abwanderung von Fischern in die Ölindustrie entgegenzusteuern, hat die Regierung seit 2001 mehr als 15 Fischereihäfen eingerichtet oder ausgebaut. Günstige Kredite sollen Familien und Kleinunternehmer ermutigen, sich in diesem traditionellen Sektor zu engagieren. Seit 2007 unterhält Oman eine wachsende Zahl von Garnelenfarmen, mittlerweile ergänzt um die Zucht von Seeohren, einer Schneckenart, deren Fleisch in Ostasien als Delikatesse gilt. In Restaurants in China oder Hong Kong kostet eine Portion im Restaurant über 100 Euro. Entsprechend gelten Seeohren in Oman als teuerste Meeresfrucht, ein Kilo erzielt Verkaufspreise zwischen 100 und 160 Euro. Im Jahre 2014 ernteten omanische Fischer 37 000 Tonnen dieser Schalentiere mit einem Gegenwert von fast 4,5 Millionen Euro. Die hohe Gewinnspanne und die nach wie vor steigende Nachfrage haben dazu geführt, dass immer mehr unlizenzierte omanische Fischer in das lukrative Geschäft eingestiegen sind. Um die Seeohr-Population zu schützen und Überfischung zu vermeiden, hat die Regierung des Sultanats die Erntesaison 2014 von 20 auf 12 Tage verkürzt. 2015 wurde der Fang von Seeohren sogar komplett verboten. Das trifft ganz besonders Fischer im Süden des Landes, die sich auf die begehrte Schneckenart spezialisiert haben und nun ohne Verdienst dastehen.

Das Verbot zeigt das Dilemma der omanischen Regierung, die im Rahmen ihrer massiven Förderung des Fischereisektors einerseits Klein- und Familienbetriebe unterstützen will, dabei andererseits aber auch Nachhaltigkeit und die umweltgerechte Schonung der Ressourcen im Blick hat. Festgeschrieben hat sie dies mithilfe von Weltbank-Experten in einer Langfristplanung bis 2040. Dazu wurde auch die lokale Expertise und Einschätzung der Fischer abgefragt. Schätzungen zufolge hängen derzeit mehr als 280 000 Omanis von Einkommen ab, die in Fischerei und Fischzucht, Fischverarbeitung und Fischhandel verdient werden.

Rückkehr vom Fischfang

Die aktuell verfügbaren Wirtschaftszahlen (2014) spiegeln die Förderung der Klein- und Küstenfischerei unmittelbar wider. Demnach landeten in Oman rund 47 000 traditionelle Fischer (2013: 45 000) in knapp halb so vielen Booten 211 000 Tonnen Fisch an. Die kommerzielle Fischfangflotte dagegen reduzierte sich auf eine Handvoll Langleinenfischer (2008 waren es noch über 50) mit einer Ausbeute von 210 Tonnen (2015). Die Exporte, die zwischen 35 und 45 Prozent des Fangvolumens ausmachen, schwanken relativ stark, sowohl im Hinblick auf ihren Umfang als auch auf den wirtschaftlichen Ertrag. 2014 beispielsweise exportierte Oman knapp 78 000 Tonnen Fisch und Meeresfrüchte für 122 Millionen Euro, im Jahr davor waren es 95 500 Tonnen für 118 Millionen Euro. Hauptabnehmer für Frischfisch ist die Europäische Union, allen voran Italien, Frankreich und Spanien. Tiefkühlfisch, der 70 Prozent der gesamten Fischprodukton ausmacht, geht hauptsächlich nach China; Hummer und Riesengarnelen finden in erster Linie Käufer in den USA. Allerdings greift die Regierung bei den Fischexporten immer wieder regulierend ein. So wird im Bedarfsfall die Ausfuhr für Sardinen, Thunfisch, Schwertfisch oder Makrelen vorübergehend ausgesetzt, um Engpässe auf den lokalen Märkten zu vermeiden. Ein 2009 erlassenes Verbot für Trawler mit Grundschleppnetz soll die nachhaltige Bewirtschaftung der Fischbestände gewährleisten und zugleich die Meeresböden vor der omanischen Küste schützen.

Die wissenschaftliche Kontrolle der Küstengewässer übernimmt das Zentrum für Meereskunde und Fischerei (Marine Science & Fisheries Centre) in Muscat, dessen repräsentatives Gebäude unter anderem ein öffentlich zugängliches Aquarium, eine Schildkrötenausstellung und eine umfangreiche Fachbibliothek beherbergt (→ S. 163). Unter der selbstbewussten Prämisse, dass Omans Fischgründe nach dem Öl die wichtigste Devisenqelle des Landes darstellen, untersucht das Zentrum Meerwasserproben auf Verschmutzung, gibt Auskunft über die Entwicklung der Fischpopulationen und führt Studien über die ökologische Verträglichkeit von Zuchtprogrammen durch.

Speziell auf die Fischzucht setzt das Sultanat große Hoffnungen. Neuere Pläne des Ministeriums für Landwirtschaft und Fischerei sehen vor, Omans Zuchtertrag bis 2030 auf rund 220 000 Tonnen Fisch und Meerestiere zu steigern. Pro Tonne, so die optimistischen Schätzungen, könnten bis zu 50 Arbeitsplätze entstehen. Die erwarteten Einkünfte werden mit 670 Millionen Euro beziffert. Das Ministerium sieht darin vor allem eine Gelegenheit für die Privatwirtschaft, die sich seit August 2012 mit Projektanträgen um Zuchtlizenzen bewerben kann.

Um Privatinvestitionen in diesem Sektor zu fördern, hat das Ministerium 2014 und 2015 diverse Studien, Handbücher und Prospekte herausgebracht. Jüngstes Beispiel sind die ›Investment-Guidelines‹ für die Fischzucht in Oman. Ein ›Atlas geeigneter Fischzuchtstandorte‹, nach Fischarten gegliedert, erleichtert Investoren die Entscheidung, wo sie ihre Käfiganlagen am besten installieren. Auch ein Handbuch mit Fallbeispielen zum Umweltmanagement ist unter den Titeln, neuerdings erweitert um Richtlinien für ökozertifizierte Fischzuchtprogramme.

Märkte und lokaler Handel

Der lokale Handel ist in Oman traditionell stark ausgeprägt. Auf Souqs und Wochenmärkten versorgt sich insbesondere die ländliche Bevölkerung mit dem täglichen Bedarf. Die enorme Warenvielfalt geht bereits auf die Bronzezeit zurück, als omanische Kaufleute erstmals in großem Stil zu internationalen Handelsfahrten aufbrachen. Anschauliches Beispiel dieser jahrtausendealten Händlertradition ist die Vielfalt der Gewürze aus Übersee. An die Vergangenheit erinnern auch die vielen Arten und Formen, in denen Weihrauch feilgeboten wird.

Herkömmliche omanische Märkte gliedern sich, wie im Orient üblich, in einzelne, bestimmten Waren vorbehaltene Gassen. Stände mit Gemüse und Gewürzen haben hier ebenso ihren zugewiesenen Platz wie Ton- und Silberwaren, geschmiedete Produkte, Kosmetika oder Ledererzeugnisse. Bekannte historische Souqs finden sich in Bahla, Ibra und Sur. Die größte Warenvielfalt bieten Mutrah (in Muscat) und Nizwa. Nizwa ist zugleich bekannt für seinen wöchentlichen Tiermarkt, der Bedu, Oasenbauern, Händler und Handwerker aus einem großen Umkreis zusammenführt.

In der Hauptstadt Muscat dominieren mittlerweile Malls und Kaufhäuser die Einkaufsgewohnheiten, andernorts haben Straßen-Souqs das Gassengewirr der traditionellen Märkte abgelöst. Angesichts dessen ist die Renovierung historischer Souqanlagen ein besonderes Anliegen der Regierung. Abgesehen davon fördern die Behörden den lokalen Handel, wo sie können, und unterstützen die Bedeutung lokaler Märkte als belebte Umschlagplätze. Auch das hat Tradition, denn schon zu den Zeiten, als die Souqs noch durch Mauern und Tore geschützt wurden, ging es stets darum, ideale Bedingungen für einen ungestörten Handel zu schaffen und die Versorgung der Menschen zu gewährleisten. Indem das heutige Amt für die Vermarktung von Agrarerzeugnissen (PAMAP) den Bauern, Bedu

Die Märkte wie hier in Seeb haben bis in die späten Abendstunden geöffnet

und Fischern dabei hilft, ihre Waren vor Ort an die Frau und den Mann zu bringen, übernimmt es die gleichen Aufgaben wie die omanischen Imame vergangener Jahrhunderte.

Moderne Wirtschaft: Öl, Gas, Industrie

Der freie Fall des Ölpreises seit Mitte 2014 hat die omanische Wirtschaft deutlich ins Minus gedrückt. Obwohl das reale Bruttoinlandsprodukt (BIP) 2015 um schätzungsweise 3,5 Prozent gestiegen ist (2014 waren es noch 4,6 Prozent), sank die Wertschöpfung in aktuellen Marktpreisen deutlich um 14,1 Prozent auf 62,5 Milliarden Euro. Dadurch wird sich das Wachstum weiter verlangsamen – für 2016 prognostiziert der Internationale Währungsfonds einen Anstieg des realen BIP um nur noch 1,8 Prozentpunkte. Der Rückgang der Einnahmen im Ölsektor ist dramatisch. Pro Fass Rohöl erzielte Oman 2015 nur noch einen Durchschnittspreis von 56,5 US-Dollar, das entspricht einem Preisverlust von 45 Prozent gegenüber dem Vorjahr. Erstmals sind deshalb die Benzinpreise in Oman gestiegen. Mit umgerechnet 34 Eurocent für einen Liter Normalbenzin liegen sie zwar immer noch auf einem sehr niedrigen Niveau, doch für Omanis bedeutet das eine Preissteigerung von über 20 Prozent. Zusätzliche Einsparungen der öffentlichen Hand, etwa bei Militärausgaben und Investitionen, sollen helfen, das Haushaltsdefizit einzugrenzen. Gleichzeitig setzt die Regierung weiterhin auf Diversifizierung, um die bestehenden Abhängigkeiten von Öl- und Gasexporten zu verringern.

Die Geschichte der Ölförderung begann in Oman vergleichsweise spät. Während etwa Bahrain und Saudi-Arabien ihre Ölquellen schon seit den 1930er Jah-

Blick auf den Sultan-Qaboos-Hafen in Mutrah

ren ausbeuten, fällt die erste erfolgreiche Bohrung auf omanischem Boden in das Jahr 1962. Die Gründung des Staatsunternehmens Petroleum Development Oman (PDO) fünf Jahre später markiert den Beginn des Rohölexports. Jedoch machte erst der amtierende Sultan Qaboos den Ölsektor zum Motor für die Entwicklung Omans vom rück-ständigen Agrarland zur modernen Ölnation.

Heute verfügt Oman, das nicht Mitglied des OPEC-Kartells ist, über rund 5,5 Milliarden Barrel nachgewiesener Erdöl-Reserven und knapp eine Billiarde Kubikmeter Erdgas. Die 2015 erwirtschafteten Exporterlöse aus beiden Rohstoffen fielen zwar um über 40 Prozent auf rund 18 Milliarden Euro, doch generieren sie immer noch über 70 Prozent der Haushaltseinnahmen – Mittel, die dringend für den Umbau der Wirtschaft gebraucht werden. Viel Zeit bleibt nicht mehr: Neueste Berechnungen sagen das Ende der bekannten Ölressourcen des Landes für das Jahr 2030 voraus. Um das Potential optimal zu nutzen, hat Oman mit hohem finanziellem Aufwand innovative Fördertechniken entwickelt und treibt zugleich die Erschließung neuer Ölfelder – auch offshore – voran. Auf diese Weise wuchsen die Fördermengen seit 2007 um mehr als 30 Prozent. 2015 betrugen sie über 980 000 Fass pro Tag (2014: 943 000 Fass). Das auch für den 9. Fünfjahresplan (2016–2020) angepeilte tägliche Fördervolumen von einer Million Barrel wurde demnach fast erreicht. Wichtigste Abnehmerländer für omanisches Erdöl sind China, Japan und Südkorea.

Die wirtschaftliche Dominanz der beiden wichtigsten Rohstoffe Öl und Gas hat die industrielle Entwicklung Omans maßgeblich bestimmt. Bereits 1982 entstand im lange Zeit bedeutendsten Exporthafen Mina al-Fahal in Muscat die erste Erdölraffinerie des Landes, die heute über 100 000 Barrel Rohöl täglich verarbeitet. Die 2007 in Sohar errichtete Schwesterraffinerie hat dieses Volumen noch einmal mehr als verdoppelt. Eine weitere Verdoppelung auf über 400 000 Barrel pro Tag erhofft sich Oman durch deutliche Kapazitätssteigerungen in Sohar sowie durch die für Ende 2019 geplante Fertigstellung einer dritten Raffinerie in der Freihandelszone von Duqm.

Zwischen den bestehenden Standorten Sohar und Muscat verläuft eine 266 Kilometer lange Pipeline, die in Sohar installierte Anlagen zur Gewinnung von Kunststoffen, Benzol und anderen petrochemischen Produkten mit Rohstoffen versorgt. Dieser petrochemische Komplex soll – unter anderem mithilfe einer neuen Gasverflüssigungsanlage in Fahud und einer weiteren Pipeline – bis Ende 2018 ein jährliches Produktionsvolumen von 1,1 Millionen Tonnen erreichen.

Investitionsdruck besteht insbesondere im Hinblick auf die Gasproduktion, die mit dem Bedarf nicht mehr Schritt halten kann. Die steigende Inlandsnachfrage, hohe Exportverpflichtungen und neue, gasbasierte Ölfördermethoden haben zwischenzeitlich zu Versorgungslücken geführt, die Oman durch Gaseinfuhren aus Qatar deckt. Allerdings ist das Volumen dieser Importe gering. Die langfristige Wirtschaftsplanung – genannt Vision 2020, demnächst abgelöst durch die neue Entwicklungsstrategie Vision 2040 – sieht den massiven Ausbau des Gassektors als tragende Säule der Nach-Öl-Ära vor. Da die Gasfördermengen jedoch bislang hinter den Erwartungen zurückbleiben, rücken verstärkt andere wachstumsstarke Bereiche – insbesondere der Bergbau, die Baubranche, der Bereich Transport und Logistik sowie der Tourismus – in den Fokus.

Im Fokus: Der Nichterdölsektor

Im Zuge der Diversifizierung gewinnt der Nichterdölsektor der omanischen Industrie an Bedeutung. 2014 wuchs er um 3,8 Prozent und macht damit gut 18 Prozent des Bruttoinlandsprodukts aus. Allerdings soll dieser Anteil gemäß der langfristigen Wirtschaftsplanung bis 2020 auf 29 Prozent steigen. Ob das gelingt, hängt in erster Linie von der verarbeitenden Industrie ab, die den Sektor mit einem Wirtschaftswert von knapp 7,5 Milliarden Euro deutlich dominiert, deren Entwicklung jedoch stagniert. Um hier für Bewegung zu sorgen, sind neben einem Komplex zur Fertigung von Autoteilen in Duqm unter anderem Investitionen in die Nahrungsmittelverarbeitung geplant. Dazu gehört der Bau der ersten Zuckerraffinerie Omans, die in Sohar entstehen soll, zweier Mehlfabriken sowie zweier fleisch- beziehungsweise geflügelverarbeitender Betriebe in Salalah und Ibri.

Zur Steigerung der industriellen Leistung forciert Oman zudem den Auf- und Ausbau von Freihandelszonen. Die erste ging 1999 in al-Mazunah an der omanisch-jemenitischen Grenze an den Start, die vierte und bislang letzte – und zugleich mit knapp 1800 Quadratkilometern die ausgedehnteste in der Großregion Nahost und Nordafrika – entsteht seit 2011 um den neuen Exporthafen Duqm. Gerade Duqm ist für das Sultanat ein wichtiger Schritt auf dem Weg zu einem internationalen Handelszentrum. Der Hafen am Indischen Ozean liegt näher an den globalen Handelsrouten als die konkurrierenden Standorte der benachbarten Golfstaaten und könnte deren Öl mithilfe von Pipelines exportieren, ohne dass die Tanker die gefährliche Straße von Hormuz passieren müssten. Allerdings sieht es derzeit keineswegs so aus, als würden etwa Saudi-Arabien oder die Vereinigten Arabischen Emirate dem Sultanat diesen Gefallen tun. Einer der Gründe liegt darin, dass Oman sehr auf seine Unabhängigkeit bedacht ist und sich den zahlreichen politischen Vereinnahmungsversuchen durch den saudisch dominierten Golfkooperationsrat (GCC) ebenso hartnäckig wie erfolgreich entzieht.

Ein robustes Wachstum sah 2015 der Bergbau, der im Vergleich zum Vorjahr um 8,5 Prozent stieg und ein Wirtschaftsvolumen von 290 Millionen Euro erreichte. Das Sultanat verfügt über bedeutende Metallvorkommen an Gold, Silber, Kupfer, Blei, Kobalt und Zink und baut auch nichtmetallische Mineralien ab, darunter Kalkstein, Dolomit, Gips und Quarzit. Gleich mehrere neue Kupferbergbauprojekte treibt das Sultanat derzeit in der nördlichen Batinah voran. Ebendort plant ein australisches Bergbauunternehmen die Ausbeutung großer Goldlagerstätten, deren Existenz erst 2015 nachgewiesen wurde. Auch die Bauindustrie befindet sich seit Jahren im Aufwind. Allerdings leidet sie unter den seit Januar 2015 gestiegenen Gaspreisen. Die sind eine unmittelbare Folge des Ölpreisverfalls, der die Regierung in Muscat zwang, ihre Gassubventionen zurückzufahren.

Doch trotz knapper Kassen sind eine ganze Reihe industrieller Projekte auf dem Weg, die die Gewichte des Landes auch weiterhin in Richtung des Nichterdölsektors verlagern werden. Sohar, schon jetzt bedeutendster Industriestandort des Landes, erhält gleich mehrere neue schwerindustrielle Komplexe, darunter ein Stahlwerk, eine Aluminiumschmelze und eine mit deutscher Beteiligung gebaute Methanolfabrik. Eine weitere Methanolanlage und eine Chemiefabrik sind für Salalah geplant, außerdem sollen dort eine Meerwasserentsalzungsanlage und ein Kraftwerk entstehen. Erst im Mai 2016 vereinbarten Oman und China überdies den Bau einer umfangreichen gemischten Industrieansiedlung in der Freihandelszone von Duqm. Die Investitionssumme des fast 12 Quadratkilometer großen Komplexes beläuft sich auf 9 Milliarden Euro, die Fertigstellung ist für 2022 vorgesehen. Die genannten Beispiele zeigen den hohen Stellenwert der Industrialisierung bei dem Bemühen, den Erdölsektor als wichtigste Quelle des Volkseinkommens abzulösen.

Eine entscheidende Rolle zur Erreichung dieses Ziels spielt der Dienstleistungsbereich, der die nichterdölbasierte Industrie noch an Wirtschaftskraft übertrifft und dessen Anteil am nominalen Bruttoinlandsprodukt (BIP) 2015 sogar den geschrumpften Rohölsektor hinter sich lässt. Zwar gingen der in Oman traditionell starke Groß- und Einzelhandel im Vergleich zu 2014 um 2,6 Prozent zurück, doch wuchsen Transport und Kommunikation sowie Finanz- und Immobiliendienstleistungen überdurchschnittlich. Das fängt die Verluste bei den Öleinnahmen nicht auf, macht aber die Dringlichkeit der wirtschaftlichen Diversifizierung deutlicher.

Diversifizierung und Infrastrukturprojekte

Der Ölpreisverfall reißt auf absehbare Zeit ein tiefes Loch in den omanischen Haushalt. 2015 lag das Defizit bei rund 10 Milliarden Euro, was zum Teil drastische Büdgetkürzungen zur Folge hatte. Betroffen sind neben laufenden Militärausgaben vor allem staatliche Subventionen, etwa für zinsgünstige Wohnungsbaudarlehen und Förderkredite sowie für Elektrizität, Wasserversorgung, Kraftstoffe und Grundnahrungsmittel. 2015 verzeichneten allein die ersten fünf Monate einen Rückgang der Subventionszahlungen auf 1,13 Milliarden Euro – das sind 31,7 Prozent weniger als im Vergleichszeitraum des Vorjahres. Auch Investitionsvorhaben fielen dem Rotstift zum Opfer. Davon ausgenommen sind

Alle Schuljungen tragen die Dishdasha

lediglich Investitionen in die Öl- und Gasförderung, in Infrastrukturprojekte sowie öffentliche Einrichtungen und Dienstleistungen. Oman hält also auch weiterhin an der Strategie einer forcierten Diversifizierung fest, verbunden mit dem Bemühen, Lebenshaltungskosten und Binnennachfrage stabil zu halten und Ausbildungs- und Arbeitsplätze für die einheimische Bevölkerung zu schaffen.

Tradition hat der hohe Anteil der staatlichen Ausgaben für das Erziehungswesen, der im Budget 2015 mit 4,1 Milliarden Euro veranschlagt war und damit über ein Achtel der öffentlichen Ausgaben ausmachte. Das entspricht einer Steigerung von 27 Prozent gegenüber 2014 – kein anderer Sektor des Staatshaushalts verzeichnet einen vergleichbar hohen Zuwachs. Grund dafür ist die Überzeugung der omanischen Regierung, dass für die Entwicklung des Landes nichts entscheidender ist als Bildung. Entsprechend hat die beratende Versammlung Majlis al-Shura angesichts des dramatischen Rückgangs der staatlichen Einnahmen im Erdölsektor empfohlen, den Rotstift vor allem bei Militärausgaben und Entwicklungsprojekten anzusetzen, aber die Bereiche Erziehung, Gesundheit und Sozialleistungen unangetastet zu lassen. Im Erziehungsbudget enthalten waren Ausbildungskosten für mittlerweile mehr als 700 000 Schüler und Studenten sowie für den Bau und Unterhalt von 41 neuen Schulen.

Auch die Ausgaben für das Gesundheitswesen stiegen 2015 im Vergleich zum Vorjahr deutlich um 16,6 Prozent. Im Budget schlugen sie mit 3,65 Milliarden Euro zu Buche, das sind 11,3 Prozent des Gesamthaushalts. Elf neue Krankenhäuser, die Sanierung bestehender Gesundheitszentren und die Ausbildung medizinischer Fachkräfte standen auf der Liste der wichtigsten Vorhaben. Die Förderung und Errichtung von Schulen, Universitäten und Kliniken nehmen damit weiterhin einen bedeutenden Platz in der Haushaltsplanung ein.

Die Wegebeschilderung in Oman ist einfach phänomenal

Dasselbe gilt für den Aus- und Neubau von Transportwegen. Das Weltwirtschaftsforum stufte Omans Straßennetz jüngst als das drittbeste weltweit ein. Aktuell besteht es aus knapp 14 000 Kilometern asphaltierter Straßen und gut 16 000 Kilometern Piste. Bis 2018 soll der 3,43 Milliarden Euro teure Al Batinah Expressway, eine 265 Kilometer lange vierspurige Autobahn, die Hauptstadt Muscat mit den industriellen Zentren im Norden und der Grenze zu den Vereinigten Arabischen Emiraten (VAE) verbinden. Ein zweites, mit einem Investitionsvolumen von 970 Millionen Euro kalkuliertes Großprojekt ist die 247 Kilometer lange Schnellstraße zwischen Bidbid und Sur. Um die Verkehrsströme in der Hauptstadtregion neu zu ordnen, entwickelt die omanische Regierung derzeit mithilfe einer spanischen Beratungsfirma einen Masterplan für Muscat. Im Gespräch sind verschiedene Systeme des Personennahverkehrs, darunter Busse und S-Bahnen. Aktuell gehört der PKW-Bestand in Muscat zu den höchsten weltweit – auf 1 000 Einwohner kommen 215 Autos. Der öffentliche Nahverkehr besteht überwiegend aus einem informellen Netzwerk aus Minibussen und Taxis. Allerdings verkehren in der Hauptstadt schon jetzt einige der charakteristischen roten Busse der staatlichen Transportgesellschaft Mwasalat. Insgesamt 40 dieser Busse sollen im städtischen Linienverkehr eingesetzt werden, zehn weitere sind für Überlandverbindungen vorgesehen.

Im Luftverkehr sollen sechs neue Flughäfen in Sohar, al-Duqm, Ras al-Hadd, Adam, Haima und Shalim die beiden bestehenden in Muscat und Salalah ergänzen. Der Flughafen in al-Duqm ist bereits mit zwei bis drei wöchentlichen Verbindungen nach Muscat in Betrieb. Um die Auslastung zu fördern, werden die Flüge subventioniert – ein Ticket kostet umgerechnet 50 Euro. Auch Ras al-Hadd und Sohar sind am Netz, jeweils ausgestattet mit Start- und Landebahnen, die für Großflugzeuge geeignet sind. Deutliche Erweiterungen erlebten die internationalen Flughäfen in Muscat und Salalah. Für den Hauptstadtflughafen, der 2014 rund 8,7 Millionen Passagiere abfertigte, sind bereits die nächsten Ausbaustufen mit Jahreskapazitäten von bis zu 48 Millionen Passagieren geplant.

Besonders ambitioniert sind die Pläne für den Bau einer nationalen Eisenbahn. Das mit einem Investitionsvolumen von 13,77 Milliarden Euro veranschlagte Mammutvorhaben steht im Zusammenhang mit dem Beschluss des Golfkooperationsrates (Gulf Cooperation Council, GCC), die Arabische Halbinsel mit einem gemeinsamen Schienennetz auszustatten. Allerdings ist das GCC-Projekt ins Stocken geraten, weil die erhofften privaten Geldgeber ausbleiben. Zusätzlich hegen manche Regierungen offenbar den Argwohn, dass die Bahn als neuer Frachtweg Geschäft von den eigenen Häfen und Flughäfen abziehen könnte. Oman hat nun mit den Ausschreibungen der ersten Teilstrecken die Initiative ergriffen und demonstriert damit seine Entschlossenheit, seinen Teil zum GCC-Bahnnetz beizutragen und zugleich die eigenen Transportkapazitäten zu erhöhen. Denn längst ist aus dem Bahnprojekt ein Grundpfeiler der nationalen Logistikstrategie geworden. Von den insgesamt 2135 Bahnkilometern werden die ersten 207 Kilometer das Hafen- und Industriezentrum Sohar mit der VAE-Grenze in Buraimi verbinden. Um die Investitionen für das Sultanat so profitabel wie möglich zu machen, sollen möglichst viele einheimische Betriebe zum Zuge kommen und mit der neuen Technologie wachsen.

Auch in den kleinen Dörfern wie hier in Tiwi gibt es ein Postamt

Omanisierung und Privatisierung

Wie notwendig es ist, den Ausbau neuer Technologien so zu gestalten, dass insbesondere einheimische Arbeits- und Fachkräfte dadurch gefördert werden, macht ein Blick auf den Arbeitsmarkt deutlich. Offiziell waren 2014 rund 235 000 Menschen arbeitslos (11,75 Prozent). Aktuelle Schätzungen gehen jedoch von einem noch höheren Prozentsatz aus. Den höchsten Anteil an Erwerbslosen verzeichnen die Ballungsräume, allen voran Muscat, die Batinah und das Dhofar mit Salalah. Besorgniserregend ist speziell die hohe Jugendarbeitslosigkeit mit über 20 Prozent. Das Bevölkerungswachstum – fast ein Viertel der Bevölkerung ist unter 15 Jahren alt, etwa die Hälfte ist jünger als 25 – schickt jedes Jahr mehr junge Menschen auf Stellensuche. Die omanische Zentralbank sieht in der Arbeitslosigkeit denn auch das derzeit größte Risiko für die wirtschaftliche Entwicklung Omans.

Das Konzept der Omanisierung soll Abhilfe schaffen. Unter dem Motto ›Qualifizierung durch Bildung‹ soll es gezielt den einheimischen Arbeitsmarkt fördern und jungen Omanis Facharbeitsplätze – etwa im IT-Bereich oder in der Finanzbranche – zugänglich machen, die derzeit noch von ausländischen Fachkräften wahrgenommen werden. Langfristig will die Regierung damit den Ausländeranteil drastisch reduzieren. Tatsächlich passiert seit 2011 das Gegenteil: Den privaten Arbeitsmarkt dominieren mit knapp 90 Prozent wieder mehr denn je ausländische Arbeitskräfte, während umgekehrt Omanis 86 Prozent der staatlichen Stellen besetzen. Grund ist die Einrichtung von Zehntausenden neuer Arbeitsplätze im öffentlichen Dienst im Gefolge der Unruhen während des Arabischen Frühlings. Und der öffentliche Sektor wächst weiter, allein zwischen 2013 und 2014 stieg die Stellenzahl von rund 211 000 auf knapp 233 000. Einen klaren

Vorteil auf dem Arbeitsmarkt genießen Einheimische durch ihr Anrecht auf einen Mindestlohn von derzeit 750 Euro (Stand 2014) sowie eine obligatorische Erhöhung des Basisgehalts um drei Prozent im Jahr.

Um für die steigende Zahl der Berufsanfänger Arbeitsplätze zu schaffen, setzt die Regierung unter anderem auf Anreize für die Privatwirtschaft. Ausländische Investoren etwa können Mehrheitsbeteiligungen an omanischen Unternehmen erwerben und Niederlassungen gründen. Zugleich richtet die Regierung ihr Augenmerk verstärkt auf Förderinstrumente für einheimische Unternehmensgründer. Dafür wurde 2013 eigens eine Behörde zur Förderung kleiner und mittlerer Unternehmen (KMU) ins Leben gerufen. Zu deren Repertoire gehören nicht nur direkte Unterstützungsleistungen wie Fortbildungsangebote und die Bereitstellung günstiger Bankkredite, sondern auch Schulveranstaltungen, die omanischen Schülern schon frühzeitig die Vorteile einer späteren Existenszgründung nahelegen sollen. Die Schaffung von Arbeitsplätzen ist auch die treibende Kraft bei der Ausweitung der vier bestehenden Freihandelszonen in Sohar, Salalah, Duqm und Mazuna. Dort entstehen neben neuen Büro- und Lagerkapazitäten ganze Industrieansiedlungen.

Dessen ungeachtet erzeugt der private Sektor kaum Impulse für heimische Arbeitskräfte. Obwohl er rund 60 Prozent des nationalen Arbeitsmarktes ausmacht, können Omanis davon kaum profitieren. Nicht umsonst fordert der Sultan seine Landsleute immer wieder auf, sich Arbeit in der Privatwirtschaft zu suchen, statt auf die Sicherheit einer staatlichen Anstellung zu hoffen. Solange Letzteres jedoch für die Menschen die attraktivere Lösung ist, werden Appelle kaum etwas bewirken.

Tourismus

Der Ausbau des Tourismus nimmt spätestens seit der Einrichtung eines eigenen Ministeriums im Jahr 2004 eine zentrale Rolle bei den Planspielen zur Diversifizierung der omanischen Wirtschaft ein. 5,7 Millionen Passagiere fertigte der Internationale Flughafen in Muscat 2015 innerhalb der ersten sieben Monate ab – zwölf Prozent mehr als im Vergleichszeitraum des Vorjahres. Unter den Hotelgästen kommen die meisten aus Europa – gut 185 000 von Januar bis Mai 2015. Die zweitgrößte Gruppe stellen die Omanis selbst. Besonders gerne reisen sie nach Salalah, wenn der dortige Sommermonsun Kühlung und ein abwechslungsreiches Besucherprogramm verspricht, das auch viele Reisende aus dem arabischen Ausland anzieht.

Um den Tourismussektor landesweit zu fördern, treibt die Regierung seit Jahren eine ganze Reihe von Milliardenprojekten voran. Dabei setzt sie immer mehr auf den Bau ganzer Stadtviertel. Eines der größten Vorhaben dieser Art heißt ›Madinat al-Irfan‹, liegt ganz in der Nähe des internationalen Flughafens von Muscat und vereint auf einer Fläche von 7,4 Quadratkilometern Geschäftsviertel, Einkaufszonen, Hotels, Freizeit- und Kultureinrichtungen sowie Wohnsiedlungen mit Schulen und Krankenhäusern.

Angesichts derartiger Investitionen bleibt der Anteil des Tourismus am Bruttoinlandsprodukt (BIP) mit derzeit 2,6 Prozent (2014) hinter den Erwartungen zurück. Deshalb musste sich Tourismusminister Ahmed bin Nasser al-Mehrzi bereits Ende Dezember 2012 in einer Sitzung der Majlis al-Shura kritischen Fragen aus dem Plenum stellen. Mittlerweile gibt es eine neue langfristige Tourismusstrategie, die den Zeitraum bis 2040 umfasst und ein größeres Engagement privater Investoren anstrebt. Diskutiert wird zudem seit einiger Zeit, ob Oman die Fokussierung auf das obere Marktsegment beibehalten oder – wie Dubai und andere Golfstaaten – zusätzlich auf Massentourismus setzen soll, um die Einnahmen schneller und nachhaltiger zu steigern. Auf Basis der aktuellen Entwicklung sagt der World Travel & Tourism Council (WTTC) dem omanischen Tourismussektor jährliche Wachstumsraten von gut sechs Prozent voraus und schätzt den Anteil am BIP für 2025 auf 3,3 Prozent. Im weltweiten Vergleich und auch im Mittleren Osten belegt das Sultanat damit lediglich einen der hinteren Ränge.

Ein relativ junger Schwerpunkt der touristischen Entwicklung Omans ist das Engagement für nachhaltigen Tourismus. Damit sind Urlaubsangebote gemeint, die Natur und Umwelt schonen, die Kultur des Gastlandes respektieren und den beteiligten Menschen vor Ort tragfähige und ihrem Lebensstil angemessene Einkommensmöglichkeiten erschließen. 2010 verabschiedete das Tourismusministerium ein nationales Programm mit Leitlinien für eine umweltgerechte und sozialverträgliche Entwicklung. Zur Schulung seines touristischen Nachwuchses baut Oman dabei besonders auf deutsche Tourismusorganisationen. Bereits seit 2009 reisen Studierende der Sultan Qaboos University (SQU) in Muscat regelmäßig zu mehrwöchigen Sommerpraktika nach Deutschland. In Oman selbst bietet die Deutsche Technikuniversität in Muscat (German University of Technology) sogar ein komplettes Aufbaustudium für nachhaltigen Tourismus und regionale Entwicklung an. Der Bachelor-Studiengang vermittelt neben theoretischen Lerninhalten auch praktische Erfahrungen und befähigt seine Absolventen zum touristischen Nachhaltigkeitsmanagement in Oman und der gesamten Golfregion.

Am Strand des Turtle Beach Resorts in Ras al-Hadd

Politik und Verwaltung

Seit dem 19. Oktober 2011 regiert der Sultan von Oman nicht mehr unumschränkt. An diesem Tag trat der königliche Erlass 99/2011 in Kraft, der die Verfassung um 45 Artikel ergänzt und dem bis dahin absolutistisch regierten Land zaghafte Ansätze einer Gewaltenteilung verordnet. Auslöser für diesen Wandel war der Arabische Frühling, der auch Sultan Qaboos zu politischen Zugeständnissen zwang. Im Unterschied zu anderen arabischen Staaten richteten sich die Demonstrationen im Frühjahr 2011 allerdings nie gegen ihn selbst. Das heißt nicht, dass die genannte Verfassungsänderung von der Bevölkerung als ausreichend angesehen wird. Gewicht erhält die Reform allein durch das hohe Ansehen, das der Sultan als Landesvater genießt. Auch international hat er sich den Ruf eines verlässlichen Partners erworben, der mit diplomatischem Geschick und durch ausgezeichnete Kontakte zur arabischen ebenso wie zur westlichen Welt eine Politik des Interessenausgleichs verfolgt. Die große Frage bleibt, wer seine Position einmal ausfüllen soll. Ein Thronerbe ist mangels direkter männlicher Nachkommen nicht in Sicht. Da niemand im Land über die Autorität des seit 46 Jahren regierenden Sultans verfügt, wird sich ein potentieller Nachfolger weiteren Reformforderungen gegenüber sehen – vorgetragen von einer überwiegend sehr jungen und gut gebildeten städtischen Bevölkerung, der es trotz bestehender Restriktionen immer besser gelingt, sich über das Internet zu informieren und zu vernetzen.

Staatsaufbau und politische Kultur

Sultan Qaboos hat aus seinem Herrschaftsanspruch nie einen Hehl gemacht. Doch hat er früh begriffen, dass in Oman nur als Führer akzeptiert wird, wer seine Entscheidungen auf der Grundlage von Konsultation und Beratung trifft. Diese Balance, eine Wesensmerkmal der bis heute lebendigen Stammestradition, liegt den staatlichen omanischen Institutionen zugrunde.

1981, elf Jahre nach seiner Machtübernahme, ernennt Sultan Qaboos erstmals einen Staatsrat, der ihm dazu dient, seine Politik vor Stammesführern und anderen angesehenen Persönlichkeiten der Gesellschaft zu erläutern. Ein Jahrzehnt später formt er daraus die Majlis al-Shura, eine ›Beratende Versammlung‹ mit zunächst 59, heute 84 gewählten Mitgliedern. 1996 folgt ein Grundgesetz, das erstmals staatliche Funktionen, politische und wirtschaftliche Leitlinien sowie grundlegende Bürgerrechte festschreibt. Zudem entsteht mit der Majlis al-Dawla ein zweites beratendes Gremium, dessen Mitglieder vom Sultan ernannt werden. Beide Volkskammern gemeinsam bilden den Omanischen Rat, der allerdings bis 2011 über keinerlei Entscheidungsbefugnisse verfügt: Weder darf er Gesetzentwürfe vorlegen noch Regierungserlasse oder gar Dekrete des Sultans in Frage stellen.

Fortschritte gibt es dagegen beim Wahlrecht. Für die Wahlen zur Majlis al-Shura 1994 und 1997 – damals betrug die Legislaturperiode noch drei Jahre – stellt der Sultan die endgültige Kandidatenliste noch selbst zusammen. 2000 finden die ersten Direktwahlen statt, allerdings dürfen nur rund 25 Prozent der

Die Frauen dirigieren den Handel mit Kleinvieh auf dem Freitagsmarkt in Nizwa

volljährigen Omanis ihre Stimme abgeben. Im November 2002 erhalten alle omanischen Frauen und Männer ab 21 Jahren das Wahlrecht. 2007 ist es den Kandidaten erstmals erlaubt, auf Wahlplakaten, in Fernsehspots und Zeitungsannoncen für sich zu werben.

Der Sultan selbst ist und bleibt unwählbar und vereint in sich alle staatliche Gewalt. Er ist Staatschef, Premierminister, Außenminister, Verteidigungsminister und Oberbefehlshaber in einer Person, erlässt Gesetze per Dekret und ernennt bzw. entlässt Minister und Richter. Diese absolute Machtfülle hält ihn nicht davon ab, einmal im Jahr mit großem Gefolge durch das Land zu reisen und Sprechstunde mit seinem Volk zu halten – so, wie es seit jeher auch omanische Stammesführer tun. Diese ›Meet-the-people-Tour‹ ist fester Bestandteil der Innenpolitik und kommt bei den Omanis gut an. Die Mehrheit von ihnen verehrt den Sultan als integren und weitsichtigen Staatslenker, der das rückständige Land in nur viereinhalb Jahrzehnten zu Wohlstand und Ansehen geführt hat.

Minister und andere hochrangige Regierungsbeamte stehen dagegen eher im Ruf der Korruption. Deren Bekämpfung war neben der Forderung nach angemessenen Arbeitsplätzen für die zunehmende Zahl der Schul- und Hochschulabgänger eines der Hauptanliegen der Demonstranten im Februar und März 2011. Auch der Ruf nach mehr Mitbestimmung wurde laut in einem Land, in dem politische Parteien nicht erlaubt sind und Bürgerrechte zwar qua Verfassung gewährt werden, aber nur, wenn sie den ›sozialen Frieden‹ und die ›öffentliche Sicherheit‹ nicht gefährden. Dass die Omanis dennoch auf die Straße gingen, ist nicht zuletzt eine Folge der wachsenden Bedeutung der mobilen Kommunikation – aktuell gibt es etwa 6,4 Millionen Mobilfunkverträge in Oman (Stand Mitte 2015). Trotz zweier Todesopfer, die die Frühjahrsproteste forderten, gelang es Sultan Qaboos relativ rasch, den Volkszorn zu besänftigen, indem er das Kabinett umbildete, 50 000 zusätzliche Arbeitsplätze im öffentlichen Sektor in Aussicht stellte, den Mindestlohn anhob und Arbeitslosengeld einführte.

Die ebenfalls versprochene Aufwertung der Majlis al-Shura führte dazu, dass sich am 15. Oktober 2011 mehr als 1100 Kandidaten um einen Sitz in dem Gremium bewarben. Vier Tage später verfügte eine Verfassungsänderung, dass Gesetzentwürfe fortan beiden Kammern des Omanischen Rates zur Genehmigung und etwaigen Änderung vorgelegt werden müssen, bevor der Sultan sie verabschieden kann. Außerdem wurde der Rat ermächtigt, selbst Gesetzentwürfe auszuarbeiten und Minister mit innenpolitischen Aufgaben in Bezug auf die Qualität ihrer Arbeit zu bewerten. Damit ist der erste Schritt zu einer parlamentarischen Kontrolle der Regierung getan.

Verwaltung

Als Sultan Qaboos 1970 den Thron bestieg, drohte das Land an widerstreitenden Interessen und verfeindeten Allianzen zu zerbrechen. Zu den größten Verdiensten des neuen Herrschers gehört daher der Aufbau einer flächendeckenden Zivilverwaltung, deren fünf Regionen (arab. manaatiq) und drei Gouvernements (arab. muhaafazaat) die traditionellen Stammesbindungen nicht außer Kraft setzen, sondern nutzen und ergänzen. Das wird besonders an den Walis deutlich, die den insgesamt 61 Regierungsbezirken (arab. wilayat) vorstehen. Als regionale Zivilbeamte setzen sie in ihrem Zuständigkeitsbereich Politik und Verordnungen der Zentralregierung um. Dabei kooperieren sie eng mit den Stammesältesten, mit denen gemeinsam sie auch die monatliche Audienz (arab. barzah) bestreiten, um individuelle Anfragen zu beantworten und Streitfälle zu schlichten. Oft sind die Walis selbst Stammesoberhäupter, die dann allerdings außerhalb ihres Stammesgebietes eingesetzt werden, um Interessenskonflikte zu vermeiden.

Die Einbindung des komplizierten Stammesgefüges (→ S. 83) führt dazu, dass Zivilbeamte häufig aufgrund ihrer Verwandtschaftsbeziehungen ausgewählt werden. In den gleichen Kontext gehört die massive Zentralisierung der Regierungsgewalt in Muscat: Sie soll verhindern, dass sich anderswo rivalisierende Machtzentren herausbilden. Kompetenzmangel und Bürokratisierung sind daher bestimmende Merkmale des Verwaltungsapparats und machen ihn vielfach ineffizient und korruptionsanfällig.

Bildungs- und Gesundheitssystem

Das Erziehungswesen bildet einen wichtigen Schwerpunkt der Regierungspolitik. Dabei kann der Staat, der 1970 praktisch bei Null anfing, enorme Erfolge aufweisen. Heute zählt das Land über 1068 staatliche Schulen. Der Unterricht ist frei, die Alphabetisierungsrate beträgt über 90 Prozent. Seit 1999 sind auch private Bildungsträger zugelassen. Rund 574 kostenpflichtige private Schulen ergänzen seither das Bildungsangebot. Im Hochschulbereich folgten der 1986 gegründeten staatlichen Sultan-Qaboos-Universität unter anderem private Uni-

Eine Mädchenklasse besucht das Museum im Bait al-Baranda in Muscat

versitäten in Nizwa, Buraimi, Sohar und Salalah sowie – im Oktober 2007 – die German University of Technology (GUtech) in Muscat. Großes Gewicht liegt auf der Förderung von Mädchen und Frauen, die mittlerweile die Mehrheit der Schüler und Studierenden ausmachen.

Im Zusammenhang mit der Omanisierung des Arbeitsmarktes (→ S. 104) spielt der Bildungssektor eine tragende Rolle. Dabei stehen auch berufsbildende Maßnahmen im Fokus. In Kooperation mit der Deutschen Gesellschaft für Internationale Zusammenarbeit (GIZ) hat das omanische Arbeitsministerium eine Institution aufgebaut, die Ausbildungsprogramme für die Qualifizierung einheimischer Arbeitskräfte entwickelt. Gerade die Privatwirtschaft braucht dringend solche Impulse, da sie nur wenige Omanis auf meist niederen Positionen beschäftigt.

Das omanische Gesundheitssystem blickt auf eine ähnlich rasante Entwicklung zurück wie das Erziehungswesen. Seit 1970 ist die Lebenserwartung von 49 Jahren auf 76,6 Jahre (2014) gestiegen. Die Kindersterblichkeit sank auf ein Prozent. Der verbesserte Zugang zu sauberem Trinkwasser hat ebenso dazu beigetragen wie die flächendeckende medizinische Versorgung. 2014 besaß Oman 67 Krankenhäuser mit 6322 Betten. Größtes Projekt derzeit ist die 1,3 Milliarden Euro teure ›Gesundheitsstadt‹, die Sultan Qaboos Medical City, mit allein fünf geplanten Kliniken. Die fast fertig gestellte Salalah Medical City zielt mit ihren Hotels, Einkaufszentren, Konferenzgebäuden sowie einer Diabetes-Klinik in erster Linie auf ausländische Patienten.

Außenpolitik

Der Machtwechsel 1970 markiert den Beginn der außenpolitischen Öffnung Omans. Die Gründung des Golfkooperationsrates (GCC) 1981 stabilisiert zunächst die Beziehung zu den unmittelbaren arabischen Nachbarn und ebnet darüber hinaus den Weg für Freihandelsabkommen mit der Europäischen Union sowie mit Singapur und Indien. Neben Indien genießen vor allem Pakistan und Iran als seit jeher wichtige Handelspartner besondere Aufmerksamkeit. Ein dritter Schwerpunkt der omanischen Diplomatie liegt auf der ebenfalls historischen Partnerschaft zu Großbritannien. Freundschaftlich ist auch das Verhältnis zu den Vereinigten Staaten und ihren arabischen Verbündeten, allen voran Ägypten und Jordanien. Die betont pragmatische, an strategischen und wirtschaftlichen Kooperationen orientierte Politik verschafft Oman eine natürliche Vermittlerposition, die unter anderem bei den Geheimverhandlungen über das Atomabkommen mit Iran zum Tragen kam.

Zugleich legt das Sultanat großen Wert auf Eigenständigkeit und verwahrt sich gegen jegliche Form der Einmischung. Selbst nach den Verheerungen des Zyklons Gonu 2007 wurden ausländische Angebote zur Katastrophenhilfe mit einem respektvollen, aber bestimmten Nein beschieden. Auch (saudische) Hilfsangebote zur Eindämmung der Proteste im Frühjahr 2011 lehnte Oman höflich ab. Der Sicherung der eigenen Autonomie diente nicht zuletzt die einvernehmliche Beilegung historischer Grenzstreitigkeiten mit Saudi-Arabien und Jemen Mitte der 1990er Jahre.

Kultur, Kunst und Kunsthandwerk

Omans Aufbruch in die Moderne heißt im offiziellen Sprachgebrauch der Sultan-Qaboos-Ära nicht umsonst ›Renaissance‹: Die damit gemeinte Wiedergeburt geschieht ganz bewusst und ausdrücklich auf der Basis überkommener Werte und Traditionen. Diese speisen sich im Wesentlichen aus dem Islam und jahrhundertealten Stammesüberlieferungen. Insofern ist Oman – allen modernen Errungenschaften zum Trotz – im Kern ein konservatives Land. Familienstrukturen, Stammesherkunft und genealogische Hierarchien bestimmen die Position des Einzelnen innerhalb der omanischen Gesellschaft. Zwar eröffnet das breitgefächerte und dichte Bildungsangebot eine Vielzahl von individuellen Aufstiegsmöglichkeiten, doch schmälert das nicht zwangsläufig die Macht sozialer Konventionen, die gerade auf dem Land noch eine beherrschende Rolle spielen und im Zweifelsfall die Interessen der Familie oder anderer Gesellschaftsgruppen über persönliche Wünsche stellen. Als ungeschriebene Gesetze bilden sie den allgegenwärtigen Rahmen der Modernisierung, stützen die Position des Sultans, setzen zuweilen aber selbst seinem Handeln Grenzen. In demselben Kontext bewegen sich bislang auch alle kulturellen und künstlerischen Äußerungen: Sie sind in erster Linie der Traditionspflege verpflichtet und beschränken sich daher weitgehend auf die gemeinsamen kulturellen Wurzeln.

Sprache, Literatur, Musik

Trotz der multikulturellen Zusammensetzung der omanischen Gesellschaft dominiert das Arabische den Alltag. Anders als in den Vereinigten Arabischen Emiraten ist die offizielle Landessprache zugleich die Muttersprache der Mehrheit der Bevölkerung. Das Tourismusgewerbe allerdings tragen überwiegend Englisch sprechende Angestellte indischer Herkunft, die in der Regel billiger und qualifizierter sind als einheimische Arbeitskräfte.

Auch Kummas sind der Mode unterworfen

Das gesprochene Arabisch in Oman kommt dem klassischen Schriftarabisch sehr nahe. Im Landesinneren ist es oft die einzige Sprache, während in den größeren Städten insbesondere die jüngeren Menschen auch Englisch verstehen. Verkehrsschilder tragen in der Regel sowohl arabische als auch englische Ortsbezeichnungen. Zeitgenössische omanische Literatur wird im Sultanat kaum wahrgenommen und hat auch international bislang keine nennenswerten Spuren hinterlassen. 2006 gründete sich die ›Gesellschaft oma-

Die Kinder der Beduinen lernen auch heute das Leben in der Wüste

nischer Wissenschaftler und Schriftsteller‹ unter der Schirmherrschaft des Kulturministers, der in diesem Zusammenhang die Erwartung äußerte, der neue Verband möge fortan ›mehr zur kulturellen Renaissance des Landes‹ beitragen.

Zwei Jahre zuvor hatte Oman anlässlich des Themenschwerpunktes ›Arabische Welt‹ das erste und bislang einzige Mal an der Frankfurter Buchmesse teilgenommen. Als zunehmend lebendiges Diskussionsforum erweist sich die (leider nur auf Arabisch erscheinende) Kulturzeitschrift ›Nizwa‹. Hier und in ähnlichen Publikationen setzt sich eine neue Generation von Intellektuellen, Schriftstellern und Dichtern durchaus kritisch mit überholten Denkweisen, Sitten und Gebräuchen auseinander und versucht eine Neuorientierung der omanischen Gesellschaft.

Die Kunstszene hat in der 1993 ins Leben gerufenen ›Omanischen Gesellschaft für schöne Künste‹ eine Dachorganisation gefunden. Diese zeichnet sich durch ein ambitioniertes Ausstellungsprogramm aus, das unter anderem regelmäßige Werkschauen omanischer Künstlerinnen umfasst. Gleichzeitig veranstaltet sie nationale Wettbewerbe um das beste Portrait von Sultan Qaboos und steht damit deutlich im Dienste der Staatsraison. Die rund 240 Mitglieder des Verbandes betätigen sich hauptsächlich in den Bereichen Malerei, Skulptur, Installation und Kalligrafie.

Die musikalische Bildung liegt dem Sultan ganz besonders am Herzen. Dabei verlässt er – seinen persönlichen Vorlieben folgend – ganz bewusst den Boden omanisch-arabischer Tradition, indem er klassisch europäische Musikrichtungen fördert. Prominentestes Beispiel ist die jüngst erfolgte Eröffnung der Oper von Muscat, in der ein über Jahre aufgebautes königliches Symphonieorchester sowie ausländische Ensembles sozusagen musikalische Erziehungsarbeit leisten. Ausdruck für das gewachsene Engagement auf diesem Gebiet sind auch Dutzende von

Musikschulen und Musikgruppen verschiedenster Couleur. Das althergebrachte Musikerbe des Landes dokumentiert seit 1984 das ›Omanische Zentrum für traditionelle Musik‹.

Moderne Medien und Kommunikation

Das erste Programm von Radio Oman ging 1970 auf Sendung – nur eine Woche nach Sultan Qaboos' Machtergreifung. Oman TV startete vier Jahre später. Bis heute betreibt die Regierung beide Sendeanstalten selbst. Private Radio- und Fernsehstationen gibt es erst seit 2005. Um die Leser des Landes konkurrieren über 20 Tages- und Wochenblätter, acht davon befinden sich in privater Hand. Rasch an Bedeutung gewinnt der Konsum digitaler Medien – 6,4 Millionen Mobilfunkverträge sprechen eine deutliche Sprache.

Alle öffentlichen Publikationen, egal ob Zeitung oder Online-Forum, unterliegen staatlicher Zensur. Zwar garantiert Artikel 31 der omanischen Verfassung grundsätzlich die Pressefreiheit, verbietet jedoch zugleich die Verbreitung von Inhalten, die Unfrieden stiften oder die Sicherheit des Staates gefährden. Kritik an der Person des Sultans steht per se unter Strafe. Entsprechend berichten staatliche wie private Medien über innenpolitische Themen in der Regel betont regierungsfreundlich. Die PR-Sprache, derer sich die Journalisten bedienen, lässt echte Debatten oder Analysen nicht zu.

Lediglich im Internet erheben sich gelegentlich oppositionelle Stimmen, doch auch hier beansprucht der Staat die alleinige Meinungshoheit und fahndet systematisch nach ›Unruhestiftern‹. Aufsehen erregte 2009 der Fall eines Web-Moderators, der zu elf Tagen Gefängnis verurteilt wurde, weil er in einem anonymen Beitrag Korruptionsvorwürfe gegen das staatliche Telekommunikations-Unternehmen Omantel erhoben hatte. Nach den Protestdemonstrationen im Frühjahr 2011 verschärfte die Regierung noch die Kontrolle der Online-Medien. Ihren Höhepunkt fand diese Entwicklung im Mai und Juni 2012, als Dutzende von Schriftstellern, Bloggern und politischen Aktivisten Opfer einer Verhaftungswelle wurden. Die Anklage lautete auf Majestätsbeleidigung, Internet-Kriminalität und Teilnahme an illegalen Demonstrationen und endete in zahlreichen Fällen mit langen Haftstrafen. Die Lage spitzte sich zu, als 20 der Inhaftierten aus Protest in einen Hungerstreik traten. Am 22. März 2013 verkündete Sultan Qaboos die Begnadigung aller Dissidenten. Eine Lockerung der Zensur und die in Zukunft striktere Einhaltung der Presse- und Meinungsfreiheit folgte daraus allerdings nicht, wie die fortgesetzten Verhaftungen der jüngeren Zeit zeigen (s. Exkurs zu Sultan Qaboos).

Feste und Veranstaltungen

Zur arabischen Kultur gehören islamische Feste. Auch in Oman bilden sie einen wesentlichen Bestandteil der nationalen Identität. Für Reisende eröffnen sie lebendige Eindrücke, sofern sie die Bereitschaft aufbringen, dafür gewisse Einschränkungen in Kauf zu nehmen. Das gilt vor allem für den Fastenmonat Ramadhan, der es Muslimen untersagt, zwischen Sonnenauf- und -untergang Getränke, Speisen oder Genussmittel zu sich zu nehmen. Entsprechend bleiben in Oman alle Restaurants außerhalb der Hotels tagsüber geschlossen. Die Öffnungszeiten von Behörden und Museen beschränken sich oft auf die Morgenstunden. Der Trägheit der frühen Nachmittagsstunden folgt kurz vor der Dämmerung hektische Betriebsamkeit, wenn jeder versucht, rechtzeitig zum Iftar, dem Fastenmahl, nach Hause zu kommen. In den Abend- und Nachtstunden holen die Menschen nach, was am Tag zu kurz kam: Lokale und Läden öffnen bis tief in die Nacht ihre Tore, Souqs und Shopping-Malls können den Besucherandrang kaum fassen.

Eid al-Fitr, das große Fastenbrechen, steht am Ende des Fastenmonats. Gemeinsam mit dem Eid al-Adha zur Feier der Wallfahrt nach Mekka (Haj) bildet es den Höhepunkt des islamischen Festkalenders. Beide Feste sind in Oman ausgesprochene Familienereignisse und haben als solche viele Gemeinsamkeiten. Zentraler Bestandteil ist ein Tieropfer, das im Fall des Eid al-Adha an die Bereitschaft des Propheten Ibrahim (Abraham) erinnert, auf Allahs Geheiß seinen Sohn Ismail (Isaak) auf dem Altar darzubringen. Doch Allah genügt das Gottvertrauen, das Vater und Sohn ihm zeigen, und er gebietet rechtzeitig Einhalt. Ibrahim und Ismail opfern daraufhin aus Dankbarkeit einen Widder.

Im Gedenken daran haben heute alle Muslime die Pflicht, zur Feier des Festes selbst ein Tier zu opfern, sofern sie es sich finanziell leisten können. Das Fleisch des Tieres – meist ein Schaf oder eine Ziege – sollen sie auch unter Bedürftigen verteilen. Ein für Oman in diesem Zusammenhang typisches Festgericht ist Al-Arsiah, bei dem Fleisch mit Reis gekocht und unter tatkräftiger Mithilfe aller Familienmitglieder zu einer Art Brei gerührt wird. Auch über Holzkohle gegrillte Fleischspieße (Mashakik) erfreuen sich großer Beliebtheit. Den größten Aufwand erfordert die Zubereitung der omanischen Spezialität Shoowah (→ S. 112).

Die beiden Eid-Feste versetzen regelmäßig das gesamte Sultanat in Feiertagsstimmung. Die Häuser werden geputzt und geschmückt und bereits Wochen zuvor arbeiten die Schneidereien im ganzen Land rund um die Uhr an maßge-

Markt am Vorabend des Eid al-Fitr in Sur

schneiderter Couture. Gleichzeitig heizen Rabatte und Sonderaktionen das Shopping-Fieber an. Der Verkauf von Kleidung, exklusivem Schmuck, Möbeln und Haushaltswaren verzeichnet rasante Zuwächse, auch Kühlschränke, Waschmaschinen, Fernseher und sogar Neuwagen wechseln den Besitzer. Wer Freunde oder Familienangehörige erfreuen möchte, greift aber eher auf traditionelle Geschenke zurück. Hierzu gehören vor allem Parfüms, Weihrauchprodukte und getrocknete Früchte, allen voran Datteln. Die Festtage selbst versprechen vielerorts öffentliche Unterhaltung in Form von Pferderennen und traditionellen Tänzen.

Unter den nicht-islamischen Veranstaltungen steht das Muscat Festival an erster Stelle. Mit Feuerwerk und Lasershows, karnevalistischen Umzügen, einem traditionellen omanischen Kulissendorf im Qurum-Park, Konzerten, Zirkusvorstellungen, einer Modewoche und kulinarischen Genüssen der omanischen Küche lockt das vierwöchige Kulturereignis jedes Jahr im Januar und Februar mehr als eine Million Besucher an – Tendenz steigend. Ausstellungen, Workshops und Lesungen in der Sultan-Qaboos-Universität und anderswo geben omanischen Künstlern die Möglichkeit, ihre Arbeiten der internationalen Kunstszene zu präsentieren und ein großes Publikum zu erreichen. Ein sportliches Highlight setzt die ›Tour of Oman‹, die ein Feld von mehr als 100 Radprofis aus aller Welt auf eine fast 1000 Kilometer lange Strecke bringt. Ein ähnliches, wenn auch kleineres Festival feiert Salalah während der Monsun-Saison, wenn Touristen aus der gesamten Golfregion in die Hauptstadt des Dhofar strömen. Das breite Unterhaltungsprogramm für alle Altersklassen bietet Aktivitäten unterschiedlichster Couleur, von Kulturveranstaltungen über Wirtschafts-Meetings und religiöse Angebote bis hin zu Sportereignissen.

Omanische Küche

Kamelfleisch-Briyani, Datteleis, ja sogar Weihraucheis: Wer möchte, kann solche Speisen in Oman probieren. Typisch omanisch sind sie jedoch nicht. Ohnehin ist das Typische an der omanischen Küche schwer zu fassen. Sie erweist sich vielmehr als Mischung aus einer Vielzahl fremder Einflüsse. Darin spiegeln sich die hundertfältigen Handelsbeziehungen, die die Seefahrernation seit dem 3. Jahrtausend vor Christus zu den verschiedenen Erdteilen knüpfte. Von ihren Reisen brachten die Kaufleute auch jene Gewürze mit, die omanische Speisen heute ausmachen. Ingwer, Koriander und Kurkuma kamen aus Indien, Kardamom und Tamarinde aus Indien und Ostafrika, Zimt aus Sri Lanka, Safran aus Kleinasien, Kreuzkümmel aus Ägypten, Gewürznelken von den Molukken und später aus Sansibar und

Geemat, in Fett gebackene Teigbällchen, die meist im Ramadan serviert werden

Zubereitung von Madhbi, einem Fleischgericht für Festtage

schwarzer Pfeffer von der südindischen Malabarküste. Eine typisch omanische Gewürzmischung ist Bizar, das mit seiner Kombination aus Nelken, Kardamom, Kreuzkümmel, Zimt und schwarzem Pfeffer sehr unterschiedliche Geschmacksnoten zusammenführt. Im Unterschied zu den Herkunftsländern der verschiedenen Aromen bevorzugen Omanis ihre Speisen allerdings nicht scharf gewürzt. Der starke asiatisch-afrikanische Einschlag unterscheidet omanische Gerichte überdies grundlegend von den Küchen anderer arabischer Länder.

Eine der wichtigsten Nahrungsgrundlagen bildet das runde Fladenbrot (Khobs), das mal flacher, mal dicker serviert wird und von den Beduinen früher mangels Ofen auf einem glühendem Holzkohlebett im Sand gebacken wurde. Die zweite Konstante ist Reis in verschiedenen Sorten und Variationen, gekocht oder gebraten, zum Teil mit Nüssen, Rosinen oder Gemüse vermischt und fast immer mit Gewürzen abgeschmeckt. Gerichte wie Hareis basieren alternativ auf gekochtem Weizen. Unter den Hülsenfrüchten dominieren wie in der übrigen arabischen Welt Erbsen, Bohnen und Linsen – sie sind ausgesprochen nahrhaft und lassen sich gut konservieren. Fleisch liefern Ziege, Lamm, Huhn oder auch das Kamel, Letzteres allerdings meist nur zu festlichen Anlässen. Überhaupt treten die wirklich typischen omanischen Gerichte in erster Linie an den Festtagen des Eid in Erscheinung. Dann grillen schmackhaft gewürzte Fleischspieße (Mashakik) über dem Feuer, gart Shoowah in Erdgruben und dampft Kabuli (→ S. 119) auf den Speiseplatten. Wohl am reichhaltigsten zeigt sich die omanische Küche während des Ramadhan, wenn abends das Fastenmahl (Iftar) serviert wird.

Allein anhand der verschiedenen Brotsorten wird deutlich, wie sich eigene kulinarische Kreationen und fremde Einflüsse gegenseitig befruchten. Zu den einheimischen Spezialitäten gehört Mandazi, ein weiches, mit Kardamom gewürztes Brot von der ehemals omanischen Insel Sansibar. Lola, ein ähnlich dem indischen Puri ballonartig aufgehendes, frittiertes und zum Teil mit Anissamen und Datteln verfeinertes Süßbrot, geht ebenfalls auf einheimische Traditionen zurück. Dasselbe gilt für das hauchdünne, knackige Khobs Rakhal, das auch gern zum Frühstück genossen wird. Andere omanische Teigwaren des Iftar-Menüs umfassen das mit Hühnerfleisch gefüllte Masanif, das mit Datteln gebackene Mardouf und die Reismehlpfann-kuchen Chilo. Demgegenüber verraten Chapattis, Paratha, Puri und Tandoori Roti den indo-pakistanischen Einfluss.

Regionale Unterschiede innerhalb der omanischen Küche haben sich weitgehend verflüchtigt. Ursprünglich basierte die Kost der Oasenbauern und Beduinen auf Brot und Datteln, ergänzt um Reis, Limonen und Bananen. Die Beduinen aßen zudem getrocknetes Fleisch (Maqdeed) und ernährten sich überdies von Nüssen und getrockneten Früchten. An der Küste bestimmte vor allem Fisch (Samak) den Speiseplan, den die Menschen im Landesinneren bestenfalls in seiner getrockneten Form kannten. Heute stellt ein Netz aus Kühltransporten sicher, dass Fisch und Gemüse überall gleich frisch auf den Tisch kommen.

Mahlzeiten in Oman sind, arabischer Gewohnheit gemäß, ein geselliges Ereignis. Die Beteiligten sitzen jeweils um große Speiseplatten und nehmen das Essen auf, indem sie das Fladenbrot als eine Art Gabel oder Greifer benutzen. Dafür wird allein die rechte Hand benutzt – die Linke ist für die Körperhygiene zuständig und gilt daher als unrein. Dazu trinkt man Tee (Shai) oder das gewürzte Joghurtgetränk Laban, zum Abschluss gibt es den ebenfalls gewürzten Kaffee (Qahwa). Wer als Gast in ein omanisches Haus eingeladen wird, erhält bereits vor dem Essen den obligatorischen Begrüßungskaffee (→ S. 137). Private Einladungen sind zugleich die beste Gelegenheit, omanische Speisen kennenzulernen. Restaurants dagegen bieten diese nur selten an. Deren Menükarte wird eindeutig von der arabisch-indischen Küche dominiert.

In einem Restaurant in Nizwa

Typische Rezepte

Die Küche Omans ist genauso kosmopolitisch wie die Seefahrernation selbst. Entsprechend prägen vielfältige fremde Einflüsse die Esskultur des Landes. An den Tagen der beiden Eid-Feste jedoch und während des Ramadhan, wenn das abendliche Fastenbrechen die Enthaltsamkeit eines heißen Tages beendet, duftet es in den Häusern nach Speisen, die tief in der omanischen Tradition wurzeln. Die folgenden Rezepte sollen dafür ein paar Beispiele geben.

Shoowah

Dieses Gericht, eine klassische Festtagsspeise, erfordert Platz und umfangreiche Vorarbeiten. Dazu gehört in erster Linie das Ausheben einer etwa zwei Meter tiefen und mindestens einen halben Meter im Radius messenden Erdgrube. Idealerweise enthält sie große Flusskiesel oder ähnliche Steine, die die Hitze des nun zu entzündenden Feuers speichern.

Zubereitung: Während der Erdofen auf Temperatur kommt, bleibt Zeit zum Präparieren des Fleisches – in der Regel Lamm oder Ziege, als ganzes Tier oder in Stücke zerteilt. Als Marinade dienen Honig oder Dattelsirup, außerdem Zitronen- oder Limonensaft, Salz sowie die Gewürzmischung Bizar (→ S. 117). Weniger traditionelle Zutaten wie Ingwer, Knoblauch und Chili ergänzen auf Wunsch die Würzsoße. Sobald der Erdofen durchgeheizt ist, wird das Fleisch in Dattelbastmatten eingewickelt und in die Grube gelegt. Die Kiesel kommen oben drauf, ein Deckel aus Holz oder Metall mit einer dicken Schicht aus Erde und Steinen darüber schließt den Ofen luftdicht ab und löscht zugleich die Flammen. In der zurückbleibenden Glut gart das Fleisch einen vollen Tag lang (24 Stunden). Um es anschließend herauszuholen, bedarf es einiger Geschicklichkeit, denn der Ofen ist immer noch glutheiß. Shoowah wird mit Reis und selbstgebackenem Fladenbrot, Datteln und Joghurt serviert.

Mashakik

Die Marinade dieser gegrillten Fleischspieße gleicht dem Shoowah-Rezept. Sie bestehen ebenso aus Lamm- oder Ziegenfleisch. Mashakik eröffnet traditionell die Speisenfolge der Eid-Feiertage.

Samak bil Narjeel

Die Küstengewässer Omans gehören zu den fischreichsten der Welt. Sie füllen die Netze mit Königsmakrelen, Thunfischen, Haien, Schnappern, Zackenbarschen, Sardinen, Sardellen, Tintenfischen und mehr. Samak bil Narjeel hat seinen Ursprung auf der Insel Sansibar (wo einst omanische Sultane residierten).

Zutaten für die Marinade: 1 kg Fisch (nach Wahl), ganz oder filetiert, 1 Teelöffel Kardamom, 1 Teelöffel Ingwer, fein gehackt, 2 kleine Chillis, zerkleinert, 60 ml Limettensaft, 60 ml Wasser, Salz zum Abschmecken

Alle Zutaten mischen, den Fisch damit bestreichen und mehrere Stunden marinieren.

Zutaten für die Soße: 3 Zehen Knoblauch, gehackt, 1/2 l und 250 ml Kokosmilch, 1/2 l Wasser, 1 Prise Kardamom, gemahlen, Salz zum Abschmecken

Zubereitung: Den Knoblauch zusammen mit dem 1/2 l Kokosmilch und dem Wasser auf kleiner Flamme bei offenem Deckel 1,5 Stunden kochen. Den abgetropften Fisch hinzufügen, zum Kochen bringen, danach die Hitze reduzieren und 45 min. köcheln lassen. Die übrige Kokosmilch mit Kardamom und Salz mischen und dazu geben. Weiter köcheln lassen, bis die Soße sämig wird, und heiß servieren.

Hareis

Diese einfache, gehaltvolle Beilage aus Weizen und Huhn spielt eine wichtige Rolle in der traditionellen omanischen Küche.
Zutaten: 500 g Weizenkörner, 2 geschälte und zerkleinerte Tomaten, 3 Esslöffel Zitronensaft, 500 g Hühnerfleisch, zerkleinert und ohne Knochen, 30 g Butter oder Ghee (Butterschmalz), 1 Teelöffel Salz, 1 Teelöffel weißer Pfeffer
Zubereitung: Die Weizenkörner reichlich mit Wasser bedecken und über Nacht einweichen. Das Wasser abgießen, die Körner gut abspülen und restliches Wasser herauspressen. Butter oder Ghee in einem großen Topf auf kleiner Flamme erhitzen. Alle Zutaten und die Gewürze einrühren, mit Wasser auffüllen, bis der Topfinhalt bedeckt ist, und die Temperatur erhöhen. Unter häufigem Rühren kochen und bei Bedarf Wasser zugeben, bis der Weizen weich und das Hühnerfleisch zart ist. Die Hitze leicht reduzieren, den Topfinhalt weiter kochen lassen und kräftig rühren, bis das Gemisch verklebt und die Konsistenz eines sehr zähen Breis annimmt. Durch das Pressen mit der Rückseite eines Kochlöffels zu einer glatten Paste verarbeiten. Auf eine große Platte füllen und in die Mitte eine Schale mit geschmolzener Butter (oder Ghee) setzen. Nach Wunsch mit sehr dünn geschnittenen, scharf gebratenen Zwiebeln dekorieren.

Kabuli

Kabuli ist ein herzhaftes Hauptgericht. Die besondere Würze erhält es durch die Kombination von Knoblauch, Zwiebeln, Rosinen und Bizar.
Zutaten: 1 1/2 kg Huhn- oder Lammfleisch, nicht zu klein zerteilt, 2 große Zwiebeln, gehackt, 3 Zehen Knoblauch, gehackt, 250 g Ghee (Butterschmalz) oder Öl, 4 Kapseln Kardamom, 4 ganze Gewürznelken, 1 Teelöffel Kreuzkümmelsamen, 18 schwarze Pfefferkörner, 2 Stangen Zimt, 1 1/2 Teelöffel Salz, 1 Teelöffel schwarzer Pfeffer, gemahlen, 1 Teelöffel Zimt, gemahlen, 2 getrocknete Limonen (Schale einstechen), 500 g Reis, 750 ml Wasser, 150 g Rosinen, in etwas Öl gebraten
Zubereitung: Den Reis in warmem Wasser 15 bis 20 Min. einweichen, dann abgießen. In einem großen Topf Zwiebeln und Knoblauch in Ghee oder Öl goldbraun anbraten. Fleisch hinzufügen und solange braten, bis es braun wird. Den Topfinhalt mit Wasser bedecken, die nicht zerkleinerten Gewürze und die Limonen hinzugeben. Zwei Stunden lang köcheln, bis das Fleisch zart ist. Die Fleischstücke entnehmen und beiseite stellen. Den restlichen Topfinhalt mit Wasser auffüllen, bis er ungefähr einen Liter ergibt. Die gemahlenen Gewürze einrühren und das Ganze zum Kochen bringen. Das Fleisch zugeben und den abgegossenen Reis einrühren. Bei geschlossenem Deckel weitere 25-30 min. köcheln lassen. Die Rosinen in etwas Öl anbraten und anschließend auf ein Küchentuch schütten, um sie von dem Öl zu trennen. Kabuli auf einer Platte anrichten, sodass das Fleisch oben liegt. Die gebratenen Rosinen darüber streuen und heiß servieren.

Architektur

Die traditionelle Architektur Omans steht ganz im Zeichen der Forts und Verteidigungsanlagen. Zu Hunderten verteilen sie sich über das Sultanat. In den vergangenen dreißig Jahren hat die Regierung große Anstrengungen unternommen, um dieses architektonische Erbe zu bewahren. Im Jahre 2013 konnte die größte und wahrscheinlich älteste Festung des Landes in Bahla nach 25-jähriger Restaurierung der Öffentlichkeit übergeben werden.

Kennzeichnend für Omans Baukultur sind überdies die Spuren, die die Lage des Landes im Schnittpunkt internationaler Handelsrouten hinterlassen hat. Indische Reminiszenzen, wie sie in den Fassaden der alten Kaufmannshäuser an der Corniche in Mutrah zum Ausdruck kommen, portugiesische Einflüsse im Festungsbau, aber auch ostafrikanische und britische Anklänge verraten die wechselhafte Geschichte und die multikulturelle Prägung der Gesellschaft. Omanische Baumeister entwickelten daraus eine Formensprache, die sich durch klare Linien und sparsam eingesetzten Bauschmuck auszeichnet. Gerade diese Mischung lässt die Architektur des Landes oft besonders monumental erscheinen. Die 1970 angebrochene Moderne knüpft erstaunlich konsequent daran an und stellt sich damit in wohltuenden Gegensatz zu den himmelwärts strebenden, großspurigen Skylines der emiratischen Boomtowns.

Obwohl Steinmaterial in Hülle und Fülle vorhanden ist, vertrauen Omans Festungsanlagen fast ausschließlich auf den Baustoff Lehm. Dessen Eigenschaft, Temperaturunterschiede auszugleichen und selbst bei großer Hitze für ein angenehmes Raumklima zu sorgen, gab dafür den Ausschlag. Reiche Tonvorkommen am Fuß der Gebirge und andernorts lieferten das Rohmaterial. Durch die Vermischung mit Wasser und Stroh ergibt sich jene zähe Masse, die, in rechteckige Formen verfüllt, an der Sonne zu Bausteinen trocknet. Eine besondere Entwicklung omanischer Lehmbaukunst ist Saruj, eine sehr widerstandsfähige Substanz, die als Mörtel und Putz gleichermaßen Verwendung findet. Die aufwendige Herstellung beginnt mit der Aufschichtung eines Scheiterhaufens aus Palmstämmen und kalkhaltigen Steinen. Darauf werden, einem Kohlenmeiler ähnlich, Lehmpakete in einem mehrere Tage dauernden Prozess verbrannt. Die am Ende daraus entstehende Asche ergibt unter Zugabe von Wasser Saruj.

In Bergregionen sitzen die Lehmmauern in der Regel auf einem Steinfundament, um den Gebäudesockel bei Starkregen vor Fließwasser zu schützen. Besonders starke Mauern, etwa in größeren Festungen und Moscheen, enthalten manchmal Bruchsteinmaterial zur Stabilisierung. Ganz aus Stein bestehende Wände oder Wandfassaden kommen sehr selten vor und sind als solche in der Regel gar nicht zu erkennen, weil sie mit einer Schicht Saruj kaschiert werden.

Zu den charakteristischen Merkmalen der omanischen Festungsarchitektur zählen neben Zinnenkränzen vor allem die Türme. In Anordnung und Konstruktion erleben diese seit der Ankunft der Portugiesen im 16. Jahrhundert einen grundlegenden Wandel. Die fremden Eroberer läuten in Oman das Zeitalter der Kanonen ein. Deren größere Feuerkraft macht die bis dahin übliche Ausstattung mit vier Ecktürmen überflüssig. Fortan weisen omanische Forts daher nur noch zwei Türme auf, die einander diagonal gegenüberliegen und mit ihrem

Lehmarchitektur: Die Zinnen der Festung von Nizwa

Schussfeld jeweils zwei Flanken der Festung kontrollieren. Um das Gewicht und den Rückstoß der Kanonen aufzufangen, werden die Turmplattformen erweitert und verstärkt. Mächtigere Fortmauern sollen überdies angreifenden Geschützen mehr Widerstand entgegensetzen.

Die Holztore der Forts tragen oft Schnitzverzierungen, deren Qualität und Umfang mit der Bedeutung der Festung zunehmen. Auf der Innenseite befindet sich in der Decke eine schmale Öffnung, die feindliche Soldaten im Falle eines Durchbruchs mit einer Ladung siedend heißen Dattelsirups empfing. Alternativ konnte hier auch Löschwasser herunterregnen, wenn das Tor in Brand geraten war. Eiserne Spitzen an manchen Toren gehen auf indischen Einfluss zurück. Sie dienten dort der Abwehr von Kriegselefanten. In Oman galten sie als zusätzlicher Ausdruck des Wehrhaftigkeit.

Die traditionelle Hausarchitektur Omans zeigt deutliche Anklänge an den Festungsbau. Rechteckige Grundrisse, Schießscharten im Untergeschoss und mächtige Mauern verraten die bauhistorische Herkunft. Die auffälligste Ähnlichkeit besteht in den Zinnen, deren quadratische, abgestufte, dreieckige oder runde Form der jeweiligen Mode der Zeit folgt. Auch die moderne Architektur orientiert sich an den klassischen Vorbildern. Das zeigt sich etwa an der vielseitigen Gliederung des Baukörpers der neuen Oper in Muscat mit ihren Türmen, Torvorsprüngen und Portalen. Die große Sultan-Qaboos-Moschee wiederum trägt an der Dachkante ihres Hauptgebäudes einen doppelten Zinnenkranz. Noch sehr viel weiter gehen Neubauten, die den historischen Festungsstil bis in die Einzelheiten nachahmen. Zu den prominentesten Beispielen zählen das Ausstellungszentrum Öl und Gas in Qurum sowie das als Gästehaus des Sultans genutzte Husn al-Shumookh südlich von Nizwa.

Dass derlei Architekturzitate kein Zufall sind, zeigt ein Blick in die aktuellen Bauverordnungen. Diese schreiben ausdrücklich vor, dass Neubauten den spezifischen Charakter des arabischen und islamischen Erbes Omans zu respektieren haben. Das umfassende Regelwerk vereint grundlegende Vorgaben zu Gebäudehöhen und Farbgebung (vorzugsweise weiß) mit Detailvorschriften, die etwa fordern, dass abgeschrägte Decken von außen nicht zu sehen sein dürfen. Über die Einhaltung der Richtlinien wacht die jeweils zuständige Stadtverwaltung.

Kunsthandwerk

Omanische Handwerkskunst war ursprünglich nichts weiter als Mittel zum Zweck: Sie lieferte das notwendige Werkzeug für andere Gewerbe. So waren Brennöfen und Schmelztiegel aus Ton oder lederne Blasebälge unerlässlich für Omans erstes kommerzielles Gewerbe: den Abbau und die Verarbeitung der Kupfervorkommen im Hajar-Gebirge. Der Transport des Kupfers zur Küste erforderte ledernes und gewebtes Zaumzeug für die Esel, das später auch für Kamele Verwendung fand. Den Bedarf der Oasenbauern deckten gleich mehrere Handwerkszweige. Zimmerleute lieferten Pflüge und Joche sowie Brunnenwinden zum Hochziehen der Ledereimer, die wiederum aus der Gerberei kamen. Metallwerker steuerten Hacken, Sensen, Schaufeln und Pflugklingen bei, Töpfer und Korbmacher stellten Vorratsgefäße für Samen und Erntegut zur Verfügung.

Wehrhafter Hauseingang an der Küste der Sharqiyah

Letztere fanden auch im Haushalt Verwendung, ebenso wie kupferne Schalen, Schöpflöffel, Siebe und andere Küchenutensilien, Kleider aus Wolle und Seide, Türen und Truhen aus Holz sowie gewebte Teppiche für den Wohnkomfort.

Neben der Zweckmäßigkeit der Produkte stand vor allem ihre vielseitige Verwendung im Vordergrund. Die aus Palmfasern gewickelte und mit Leder ausgekleidete Schale (Karmah), die die Beduinen traditionell zum Melken ihrer Kamele und Ziegen benutzten, wanderte, wenn das Leder einmal spröde geworden war, nicht auf den Müll, sondern nahm fortan Schmuck, Parfüms oder Kosmetika auf. Ebenso diente ein Silberhalsband oder Ring nicht nur als Ornament, sondern auch als schützender Talisman oder als religiöses Symbol. Selbst Handwerkstechniken wurden den jeweiligen Erfordernissen angepasst, wie die Verwandtschaft der Herstellung von Palmkörben und Fischreusen zeigt.

Künstlerische Ansprüche erfüllen am ehesten Handwerksartikel des persönlichen Bedarfs. Schmuck war in der traditionellen omanischen Kultur keineswegs nur Selbstzweck. Vielfach definierte er den sozialen Status und die Stellung innerhalb des Stammesverbandes (und tut dies teilweise bis heute). Frauen boten Schmuckgegenstände die notwendige materielle Sicherheit, Männer betonten ihren gesellschaftlichen Rang durch den besonders verzierten Kamelstock, den sorgfältig gearbeiteten Lederbeutel für Geld oder Tabak und den erlesenen Krummdolch (Khanjar). Große Bedeutung kommt in diesem Zusammenhang auch dem persönlichen Gebrauch von Parfüms und Kosmetika zu. Weihrauchbrenner und Zerstäuber für Rosenwasser gehören zur Standardausstattung eines omanischen Haushalts. Dufthölzer und Öle, die Rußsalbe Khol zum Schminken der Augen, Hennapulver und andere Substanzen werden sorgfältig in kleinen Döschen aus Silber und Kupfer, in Lederetuis oder eigens für diesen Zweck hergestellten Körbchen aufbewahrt.

Höchstes handwerkliches Können erforderten zudem festliche Ereignisse. Um bei Geburten, Hochzeiten, Beerdigungen, Beschneidungszeremonien oder Eid-Feiertagen große Menschenmengen zu verköstigen, bedurfte es gewaltiger Kupferkessel, großer Speiseplatten für Berge aus Reis und Fleisch sowie überdimensionaler Weihrauchbrenner. Frauen trugen und tragen zu diesen Anlässen feinste, aufwendig bestickte Kleider, die Männer legen ihre wertvollsten Krummdolche an. Die Gesänge und Tänze begleiten handgeschnitzte Trommeln, Hörner und andere traditionelle Musikinstrumente.

Bei aller Vielfalt der Form und Funktion greift das omanische Handwerk seit jeher auf die immer gleichen Ausgangsstoffe zurück. Die Basis lieferten ihnen Bauern und Beduinen in Form von Holz, Garnen, Knochen, Wolle, Leder, Gerbmitteln und Farbstoffen. Andere Materialien wie Metalle für Waffen und Schmuck oder Hartholz für den Bootsbau fehlten jedoch in Oman. So waren handwerkliche Erfordernisse eine der Triebfedern für die internationalen Handelsfahrten omanischer Kaufleute.

Silberschmiedekunst

Traditioneller omanischer Silberschmuck zeichnet sich durch einen hohen Silberanteil aus, der zwischen 84 und 90 Prozent liegt. Den wichtigsten Rohstoff lieferten die Maria-Theresia-Taler, die auf die gleichnamige österreichisch-ungarische Kaiserin zurückgehen und dank ihres zuverlässigen Materialwerts im gesamten Handelsraum des Indischen Ozeans als Zahlungsmittel in Umlauf waren. Häufig erscheinen sie – oder auch andere Münzen, etwa indische Rupien – in ihrer Originalgestalt als medaillonartige Anhänger an Halsketten oder Kopfschmuck. In eingeschmolzener Form bildeten sie die Grundlage für Armreife, Arm- und Fingerringe, Amulette und andere Zierelemente. Auch Gold genoss hohe Wertschätzung, etwa als hauchzarter Überzug besonders feinen Silberschmucks.

Die Lehmmauern von Al-Minzafah verfallen

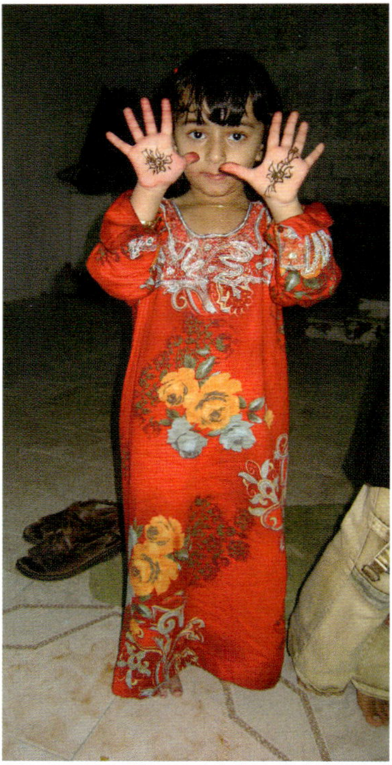

Mädchen mit hennaverzierten Händen

Häufig treten Silberobjekte in Kombination mit bunten Glasperlen und Halbedelsteinen auf. Korallenrote Exemplare kamen in der Regel vom indischen Subkontinent. Die heute sehr seltenen echten Korallen (Marjan), die entweder in ihrer verzweigten Gestalt oder zu Glasperlen geschliffen Verwendung fanden, stammten vom Roten Meer und von der Südküste der Arabischen Halbinsel.

Mit den Importen von Schmuckbestandteilen aus anderen Ländern und Kulturen hielten auch entsprechende Verzierungsmuster Einzug in die omanische Silberschmiedekunst. Enge Parallelen bestehen in dieser Hinsicht vor allem zu Südindien, Pakistan und Südiran. Eine andere unerschöpfliche Quelle stellen geometrische oder pflanzliche Motive islamischer Herkunft dar, darunter ineinandergreifende Kreise und Spiralen, kalligrafische Elemente und Arabesken.

Die bemerkenswert lückenlose, oft jahrhundertealte Überlieferung der Verzierungsstile, Materialien und Verarbeitungsmethoden macht es heute nahezu unmöglich, erhaltene Schmuckstücke zeitlich oder regional zuzuordnen. Viele Objekte sind überdies im Laufe eines Lebens durch immer neue Perlen, Münzen oder Ornamente ergänzt worden. Außerdem war es üblich, den Silberschmuck nach dem Tod seiner Besitzerin einzuschmelzen und für die nächste Generation neu zu schmieden.

Ein besonderes Feld der Silberschmiedekunst war die Verzierung von Waffen. Ehemals zum Jagen und zur Verteidigung benutzt, treten sie heute vor allem bei feierlichen Anlässen in Erscheinung. So kreisen traditionelle Tänze der Männer oft um Säbel und Schutzschilde, begleitet vom Schwenken silberverzierter Stöcke und Gewehre. Unter allen Waffen hat der Khanjar die größte Bedeutung erlangt. Als männliches Statussymbol schlechthin und prominenter Bestandteil im Wappen der regierenden Al Bu Sa'id-Dynastie weht der Krummdolch sogar auf der Staatsflagge. In Musandam nimmt seine Stelle die langstielige Axt Jirz ein, die ebenfalls am Gürtel getragen wird.

Traditionelle omanische Waffen zeichnen sich durch hohe Handwerkskunst und den Gebrauch erlesener Materialien aus. Häufige Dekorationsformen umfassen ziselierte, getriebene und gestempelte Silberbleche sowie Filigranarbeiten und Granulation.

Holzschnitzerei

Traditionelle Holzgegenstände reichen vom einfachen Kochlöffel über den mit Schnitzereien verzierten Kamelsattel bis zur aufwendig mit Schnitzmotiven oder Messingknöpfen verzierten Truhe. Das in Oman seltene und daher kostbare Hartholz fand hauptsächlich für Werkzeuge, Waffen und Ackergeräte Verwendung. Auch Brunnenwinden bestanden oft aus diesem widerstandsfähigen Material. Importierte Harthölzer waren dem Schiffs- und Hausbau vorbehalten und erhielten in Form kunstvoll geschnitzter Haustüren und Festungstore einen besonderen Ehrenplatz. Mangels Alternativen fand aber auch das vergleichsweise weiche Holz der Dattelpalme seinen Nutzen, etwa als Schwimmkörper für Fischernetze oder als grob ausgehauene Tiertränke.

Färberei und Weberei

In regionaler Hinsicht beschränkt sich die herkömmliche Kunst des Spinnens und Webens in Oman bis heute auf die Beduinen der zentralen Wüstenregionen und die Hirtenstämme des Östlichen und Westlichen Hajar. Beide Gruppen benutzen einfache, transportable Standwebstühle, die leicht zu transportieren und daher der nomadischen Lebensweise ideal angepasst sind. Als Material dienen Schurwolle und Tierhaar. Bei den Beduinen ist der gesamte Verarbeitungsprozess traditionell Sache der Frauen, die mit Zelten, Teppichen, Satteltaschen, Bändern und Zaumzeugzubehör einen wesentlichen Teil der Ausstattung eines Beduinenhaushalts selbst produzieren. Als Farben dominieren Schwarz, Weiß und alle anderen natürlichen Woll-, Kamel- und Ziegenhaarfarben sowie mit pflanzlichen Substanzen gefärbte Wolle in den Farbtönen Orange bis Rubinrot. Mit Ausnahme der gezwirnten Hochzeitsdecken (Abyah) wenden die Frauen ausschließlich kettenartige Webtechniken an. Damit kreieren sie zum Teil komplizierte geometrische Muster (Raqma), die Taschen, Kamelzaumzeug und Teppiche zieren.

Omanischer Goldschmuck in traditionellem Design

In den Gebirgsregionen spinnen sowohl Frauen als auch Männer, besonders wenn sie allein mit ihren Herden in abgelegenen Berggegenden unterwegs sind. Das Färben und Weben dagegen obliegt allein den Männern. Das Garn, das sie benutzen, ist rauer und schwerer als das der Wüstenstämme und macht das Gewebe besonders widerstandsfähig. Der traditionelle Hirtenmantel (Mansul) ist ein gutes Beispiel dafür. Bekannt für ihre Webarbeiten sind speziell die Bewohner des Wadi Ghul gleich unterhalb des Jebel Shams (→ S. 210).

Korbwaren und Flechterei

Die Verarbeitung von Pflanzenfasern zu Körben und anderen Erzeugnissen ist in ganz Oman verbreitet. In der traditionellen Oasenkultur, aber auch bei Fischern und Beduinen gab es stets Bedarf an robusten und zugleich leichten Behältern, um Fisch, Futter, Früchte, Milch oder sonstige Waren des täglichen Gebrauchs zu sammeln, aufzubewahren oder zu transportieren. Die wichtigste Grundlage dieses Handwerks bilden die Fasern und Blätter der Dattelpalme. Seltener kommen Baumwolle, Schilfrohr und Kokospalmfasern zum Einsatz. Die einzelnen Arbeitsschritte umfassen das Schälen, Aufspulen, Flechten, Zusammennähen, Weben und Zwirnen. Überwiegend geht es dabei um Haltbarkeit und Funktionalität. Fächer, Matten als Unterlage und zum Abdecken von Speisen oder auch Gebetsmatten weisen jedoch oft eine dekorative farbliche Verzierung auf. Unter den Spiralkorbwaren der Beduinen tragen insbesondere die Melkkörbe (Karmah) und die verschließbaren Schmuckbehälter (Fatiyyah) ein oft erlesenes Farbdekor.

Töpferei

Besonders zwei Orte in Nordoman blicken auf eine lange Töpfertradition zurück: Bahla und Muslimat. Die fruchtbaren Oasen liegen beiderseits des Westlichen Hajar jeweils in einem Gebiet, dessen Böden reichliche Tonvorkommen enthalten. Überdies liefert die Oasenwirtschaft genügend Holz für die Feuerung der Brennöfen. Die für die Tonsättigung erforderlichen Wassermengen fließen den Töpferbetrieben über das Falaj-System aus Quellen vom Fuß des Gebirges zu.

Beide Orte produzieren sowohl scheibengedrehte als auch handgeformte Gefäße. Wahrzeichen der Töpferware aus Muslimat ist ihre helle, knochenweiße Farbe. Die Kunstfertigkeit der örtlichen Handwerker kommt besonders in dem eleganten, henkellosen Wasserkrug (Jahlah) zum Ausdruck, der mithilfe von leichten Schlägen auf den Boden des noch lederharten Gefäßes so lange bearbeitet wird, bis er seine charakteristische ovale Form erhält. Bahlas Töpfer benutzen zwei verschiedene Tonsorten, die sich durch Hitzebeständigkeit beziehungsweise gute Formbarkeit auf der Drehscheibe auszeichnen. Die Bandbreite der Erzeugnisse reicht von meterhohen Vorratskrügen bis zu kleinen Medizinfläschchen, Gewürzschälchen und Schnabeltassen für Kinder.

Lima, ein Fischerort auf der Halbinsel Musandam, ist ein weiteres traditionsreiches Keramikdorf. Charakteristisch für den lokalen Stil sind Weihrauchbrenner mit einer reich strukturierten Oberfläche, die durch winzige hölzerne Stech- und Stempelwerkzeuge erzeugt wird. Ähnliche Verzierungselemente weisen auch manche Weihrauchbrenner aus dem Dhofar auf, die ansonsten durch ihre außergewöhnliche Formenvielfalt beeindrucken.

Omanische Korbwaren

»Der Bazar oder Markt [von Maskat] ... bestand aus bedeckten und teils auch gewölbten Gassen. Sie waren reich versehen mit halb- und ganzseidenen Leinwandwaren, Gewürzen, ... Kaffee und Esswaren: große, süße, fleischige Mangopflaumen - die besten und lieblichsten, die ich jemals in indischen Ländern gefunden - .... ferner allerhand süße, kleine, steinige, frische und vom vorigen Jahre eingepackte Datteln...«

Engelbert Kaempfer (1688)

An der Uferpromenade im Stadtteil Mutrah

MUSCAT UND DIE HAUPTSTADTREGION

Metropole an der Küste

Eine Luftaufnahme von Muscat aus der Mitte der 1960er Jahre zeigt die omanische Hauptstadt als überschaubare Küstensiedlung. Auffälligste Bauwerke sind die portugiesischen Forts Al-Mirani und Jalali sowie die ebenfalls zuletzt von den Portugiesen erneuerte Stadtmauer. Diese umschließt niedrige, meist weiß getünchte Stadthäuser und Verwaltungsgebäude, dominiert von dem weitläufigen Komplex des Sultanspalastes. Außerhalb des Mauerrings tasten sich überwiegend kleine Häuser und Hütten aus Lehm oder Palmwedeln in loser Ordnung in die umliegenden, von scharfgratigen Bergkämmen beherrschten Täler vor.

Der Kontrast zur Gegenwart könnte stärker kaum sein. Seit der Entdeckung der ersten kommerziell relevanten Erdölvorräte 1964, vor allem aber im Kielwasser der Machtergreifung von Sultan Qaboos 1970 hat sich Muscat in schwindelerregendem Tempo zu einer Millionenmetropole entwickelt, die fast ein Drittel der Gesamtbevölkerung des Landes auf sich vereinigt. Wer heute Muscat sagt, meint in der Regel die sogenannte Capital Area oder, verwaltungstechnisch korrekter, das Gouvernement Muscat. Dieses erstreckt sich von Seeb, das noch jenseits des Flughafens weit im Westen liegt und bereits den Beginn der Küstenebene Batinah markiert, bis nach Quriyat tief im Süden und schon auf halbem Wege nach Sur. Damit umfasst Muscats Küstenlinie mehr als 200 Kilometer.

Das Wappen des Sultans am Palast

▲ Karte hintere Umschlagklappe

Das schnelle Wachstum bedeutet zugleich, dass der weit überwiegende Teil der Hauptstadt modernen Ursprungs ist. Aufwändige Hotelneubauten entlang der Sandstrände westlich des Ras al-Hamra, mehrspurige Schnellstraßen, markante Kreisverkehre im Zeichen gigantischer Krummdolche, Weihrauchbrenner und anderer Sinnbilder omanischer Tradition, glitzernde Shopping Malls, stattliche Regierungsgebäude und ganze Stadtviertel aus der Retorte belegen die rasante Dynamik, mit der sich Muscat fortwährend neu erfindet und zugleich zum Symbol eines modernen, die herkömmlichen Stammesbindungen überwindenden Nationalbewusstseins wird. Dabei fällt auf, dass die Architektur bis auf die Bürotürme im Hauptgeschäftsviertel von Ruwi bewusst niedrig gehalten ist – ein Understatement à la Oman, das den Vorlieben des in Großbritannien ausgebildeten Sultans entspricht.

Trotz der tiefgreifenden Veränderungen der jüngsten Zeit verrät das Stadtbild Muscats das Bemühen, die historischen Wurzeln nicht zu verwischen. Der erste Schritt in diese Richtung erfolgt bereits 1972 mit dem Beitritt des Sultanats zur UNESCO. Eine anschließend von der omanischen Regierung in Auftrag ge-

Das Kastell Jalali beschützt die Altstadt

gebene Studie kommt zu dem Ergebnis, dass das Land mehr historische Bauwerke besitzt als die meisten übrigen arabischen Staaten. Da es sich dabei zum größten Teil um Lehmarchitektur handelt, erfordert die Restaurierung einen besonders hohen Aufwand und Sachverstand. Allein für die Bezirke Muscat und Mutrah listet die Studie zehn erneuerungsbedürftige Gebäudekomplexe auf. Die Bedrohung für diese und andere Baudenkmäler geht allerdings nicht nur von Witterungseinflüssen aus, sondern auch von dem zunehmenden Raumbedarf der sich ausbreitenden Städte sowie dem wohlmeinenden, jedoch fatalen Versuch, erodierende Lehmwände mithilfe von modernen Materialien wie Zement zu ›reparieren‹. Auch die durch Landflucht und Neubausiedlungen verursachte Vernachlässigung ganzer Dörfer und Viertel gefährdet vielerorts die Bausubstanz. Umso höher ist es den Verantwortlichen anzurechnen, dass trotz all dieser Schwierigkeiten so viele Forts, Türme, Stadtmauern, Residenzen, Moscheen und Wasserkanäle in der Capital Area und landesweit entweder schon wiederhergestellt sind oder derzeit restauriert werden.

Stadtgeschichte

Archäologischen Funden zufolge siedelten die ersten Steinzeitmenschen der Region bereits um 6000 vor Christus am Felssporn des Ras al-Hamra. Historische Bedeutung erlangt Muscat allerdings erst sehr viel später. Der griechische Gelehrte Claudius Ptolemäus, Verfasser eines umfangreichen geografischen Handbuchs, verzeichnet auf einer Karte des ersten Jahrhunderts nach Christus für die omanische Küste einen ›Cryptus Portus‹. Dieser ›verborgene Hafen‹ könnte sich auf die Lage der Insel Jazirat Muscat beziehen, die die Bucht von Muscat vom offenen Meer abschirmt und sie zugleich für herannahende Schiffe unsichtbar macht. Ungleich mehr Gewicht jedoch kommt zu jener Zeit Sohar im heutigen Nordoman zu, das unter persischer Führung steht und seine Handelsbeziehungen

Im Souq von Mutrah

bis nach Ostafrika und zum indischen Subkontinent ausdehnt. Erst die Emire von Hormuz machen im ausgehenden 13. Jahrhundert auch Muscat zu einem wichtigen Handelsstützpunkt und fördern außerdem den von ihnen weiter südlich gegründeten Hafen Qalhat.

Die Ankunft der Portugiesen im Jahr 1508 bedeutet für Muscat Schrecken und Entwicklungsschub zugleich. Der portugiesische Admiral Alfonso de Albuquerque notiert beim Anblick des Ortes: »Muscat ist eine große und reich bevölkerte Stadt. ... Der Hafen ist klein, wie ein Pferdehuf geformt und vor allen Winden geschützt. Als wichtigster Umschlagplatz des Königreichs von Hormuz müssen alle passierenden Schiffe hier einfahren. ... Der Ort ist sehr elegant und besitzt sehr schöne Häuser.« Als Verhandlungen über die Übergabe scheitern, schießt Albuquerque die Stadt mit der Feuerkraft seiner Schiffskanonen in Trümmer und setzt seinen Weg nach Sohar und Hormuz fort. Später bauen die Portugiesen Muscat zum Festungshafen aus, während Sohar, Quriyat und das durch die Eroberung und ein schweres Erdbeben doppelt geschlagene Qalhat nicht wieder an ihre frühere Bedeutung anknüpfen können.

1650 sind die Tage der Portugiesen in Oman gezählt. Imam Sultan bin Saif erobert ihre letzten Bastionen und jagt sie außer Landes. Unter der fortan regierenden Ya'aruba-Dynastie gewinnt Oman seine Position als Handelsmacht zurück. Insbesondere der aufkommende Sklavenhandel spült Geld in die Kassen. Davon profitiert auch Muscat – bis Erbfolgestreitigkeiten unter den Ya'aruba-Imamen einen Bürgerkrieg entfachen und einer der Kontrahenten den Fehler begeht, die Perser um Unterstützung zu bitten. Die erobern bei der Gelegenheit gleich die ganze Küstenebene Batinah einschließlich Muscats. Doch schon 25 Jahre später hat das Intermezzo ein Ende – dank einer List des späteren Sultans Ahmad bin Said, der die in Muscat stationierte persische Garnison in eine tödliche Falle lockt.

Die Dynastie der Al Bu Said (etwa 1744 bis heute) beschert Muscat eine bis dahin nie erreichte Blüte. Die Beschreibung eines englischen Händlers namens Parson aus dem Jahr 1775 liefert die Erklärung: »Muscat ist eine sehr bedeutende Hafenstadt. Seine zahlreichen Schiffe handeln mit Surat, Bombay, Goa, segeln die Küste von Malabar [Südwestindien] entlang und fahren bis nach Mokkha und Jiddah im Roten Meer. Aus all diesen Ländern lagern Waren in den Magazinen. Außerdem kommen Frachtsegler aus jedem persischen Hafen, aus Bussora [Basra] und all den arabischen Häfen am Golf sowie von der Küste von Caramania [Kerman] außerhalb des Golfes und sogar vom Indus und seinen vielen Städten. ... Die Einwohner handeln auch mit dem Hinterland in großem Stil und empfangen häufig Karawanen, die gro-

▲ Karte hintere Umschlagklappe

ße Mengen an Gummiarabicum und anderen Arzneien, Straußenfedern, Fellen, Schaf- und Lammleder, Honig, Bienenwachs, Rindern und Schafen bringen. Im Austausch dafür geben die Muscater Kaufleute Pfeffer, Ingwer, Reis, Tabak, Kaffee, Zucker und jede Menge andere Waren, außerdem englisches Tuch, Besteck, Spielzeug und vieles mehr.«

Dank Sultan Hamad bin Ahmad erhält Muscat 1784 erstmals in seiner Geschichte das Privileg, Regierungssitz zu sein. Nun erst kann die neue Hauptstadt ihre Vorteile - die Lage am Meer, der gut zu verteidigende Hafen, die mächtigen Befestigungswerke und die schützenden Berge in ihrem Rücken - zu voller Entfaltung bringen. Die folgenden Jahrzehnte sehen ihren Aufstieg zum Zentrum einer beherrschenden Handelsnation am Indischen Ozean. So sehr floriert der Handel, dass in der Nachbarbucht mit Mutrah ein weiterer Hafen entsteht. Konkurrenz erwächst Muscat schließlich aus den omanischen Handelsniederlassungen in Sansibar, deren wachsende Bedeutung Said bin Sultan (1804-1856) dazu veranlasst, sein Reich von dort aus zu regieren. So kommt es, dass Muscat zum Zeitpunkt der größten Machtentfaltung Omans seine Rolle als Kraftzentrum verliert. Eine doppelte Spaltung ist die Folge: Nicht nur gehen seit 1860 Oman und Sansibar getrennte Wege (mit jeweils einem eigenen Sultan), auch die wieder erstarkten Imame Inner-Omans sagen sich vorübergehend von der Hauptstadt los. Rückläufige Handelseinnahmen und die zunehmende Abhängigkeit von der Schutzmacht Großbritannien tun ein Übriges, um Muscat ins Abseits zu manövrieren. In Reaktion darauf sucht Sultan Said bin Taimur (1932-1970) sein Heil in der totalen Abschottung des Landes von der Außenwelt. Er selbst zieht sich nach Salalah zurück und besucht Muscat nur selten.

Sein Sohn und Nachfolger Sultan Qaboos vollzieht die vielleicht krasseste Kehrtwende in der Geschichte der Hauptstadt. Wie keiner seiner Vorgänger unterstreicht er die Führungsrolle Muscats und macht sie zum Motor für die Entwicklung des ganzen Sultanats. Der historische Kern der rasch wachsenden Metropole rückt dabei immer mehr in den Hintergrund.

Die regionale Gliederung der Hauptstadtregion

Der Versuch, sich in Muscat zu orientieren, stellt Neuankömmlinge vor eine Bewährungsprobe (→ Übersicht in der hinteren Umschlagklappe). Ein zusammenhängendes Stadtbild ist selten zu erkennen, weil ständig Berge die Sicht versperren. Deren einstige Schutzfunktion, der Muscat einen Gutteil seiner historischen Bedeutung als leicht zu verteidigender Hafen verdankt, erweist sich nun als Hindernis der Stadtentwicklung. Insbesondere östlich der Landspitze Ras al-Hamra treten die Ausläufer des Östlichen Hajar-Gebirges mit ihren charak-

Das Crowne Plaza Hotel in Qurum

teristischen dunklen Felsmassen unmittelbar ans Meer. Entsprechend drängen sich die östlichen Stadtteile wie Muscat, Mutrah, Darsayt, Bait al-Falaj oder Ruwi in kleinen Buchten oder schmalen Tälern zusammen. Weiter westlich treten die Berge etwas zurück und lassen Platz für Qurum und die daran anschließenden Neubauviertel Al-Ghubrah, Al-Khuwair und Madinat Qaboos.

Die gebirgige Topografie zwingt die Stadt dazu, sich in die Länge auszudehnen. Tatsächlich besteht die Capital Area aus einer Aneinanderreihung immer neuer Stadtteile entlang der Küstenlinie. Den historischen Ausgangspunkt dieser Entwicklung markiert das **alte Muscat** (→ S. 138), dicht gefolgt von dem zweiten und heute maßgeblichen **Hafen von Mutrah** (→ S. 141). **Qurum** (→ S. 151) entsteht im Zuge der ersten großen Stadterweiterung während der 1970er Jahre. **Ruwi** (→ S. 147) ist das Ergebnis der Ausbreitung von Mutrah ins Landesinnere und dient als Geschäfts- und Bankenquartier. Die ehemals hier untergebrachten Verwaltungsgebäude haben sich mittlerweile in **Khuwair** (→ S. 156) angesiedelt, das mit seinen Einkaufszentren, Dienstleistungsbetrieben und dem diplomatischen Viertel zum neuen Zentrum avanciert ist. Ganz neue Räume erschließt **Al-Amerat**, dessen ausgedehnte Siedlungsgebiete der N17 in Richtung Süden folgen. Moderne Industrieansiedlungen konzentrieren sich auf die Raffinerie in **Mina al-Fahal** und die Industriegebiete in **Ghala** und **Rusayl**. Für den Zusammenhalt der ausufernden Stadt sorgt ein modernes Schnellstraßennetz. Von zentraler Bedeutung ist die **Sultan Qaboos Street (N1)**, eine Autobahn, die vom Flughafen bis nach Qurum verläuft und sich kurz darauf teilt, um Richtung Osten weiter nach Mutrah und Muscat zu führen beziehungsweise im Süden Ruwi, Wadi Kabir und Al-Bustan zu erschließen. Für Entlastung sorgt seit einigen Jahren der parallel zur N1 nach Süden versetzte mehrspurige **Expressway**. Ein neuer Abzweig führt über die Berge direkt nach Al-Amerat und vermeidet dadurch die bisherigen Umwege. Zugang zu den **südöstlichen Buchten und Fischerorten** (→ S. 163) gewährt die **Al-Bustan Street** von Ruwi aus. Die schönere Alternativroute (**Al-Saidiyah Street**) nimmt ihren Ausgang in Muscat und führt direkt an der Küste entlang.

Das neue Opernhaus von Muscat

▲ Karte Karte hintere Umschlagklappe

Qahwa

Egal, ob Beduinenzelt oder Sultanspalast: Die Begrüßung eines Gastes mit dem bitteren, nach Landessitte mit Kardamom gewürzten Kaffee (Qahwa), begleitet vom süßen Geschmack frischer oder getrockneter Datteln, gehört zu den grundlegendsten Bräuchen Omans. Mit unfehlbarer Gewissheit geht er Einladungen zum Essen, Geschäftstreffen oder sonstigen Besuchsanlässen voraus und erhebt damit die charakteristische Schnabelkanne aus Kupfer oder Silber, in der der Kaffee serviert wird, zum Wahrzeichen für omanische Gastfreundschaft. Ebenfalls zum Ritual gehört es, die kaum eierbechergroße Kaffeetasse so lange unaufgefordert wieder aufzufüllen, bis der Gast das leere Gefäß deutlich sichtbar schüttelt. Drei Tassenfüllungen gelten für gewöhnlich als schicklich.

Die Heimat der Kaffeepflanze liegt in Äthiopien, doch ihre Kultivierung ist eng mit den fruchtbaren Terrassen des jemenitischen Berglands verbunden. Die Jemeniten hielten bis ins 17. Jahrhundert das Monopol auf den Kaffeeanbau. Von dem jemenitischen Hafen Mokha aus gelangte der Kaffee nach Muscat. Die omanische Hauptstadt entwickelte sich in der zweiten Hälfte des 18. Jahrhunderts zu einem bedeutenden Umschlagplatz für den Kaffeehandel. Rund 20 000 Ballen der begehrten Bohnen landeten hier pro Jahr an, um gleich weiter nach Norden verschifft zu werden und über Basra die Kaffeehäuser in Konstantinopel zu erreichen. Das brachte Muscat Ansehen und hohe Zolleinnahmen und beschäftigte etwa 50 Dhaus meist omanischer Herkunft.

Die Omanis selbst haben bis auf vereinzelte Anbauflächen auf dem Plateau des Jebel Akhdar nie eigenen Kaffee produziert, gehörten aber bereits früh zu den besonders enthusiastischen Konsumenten. Daraus ist eine ganz eigenständige Kaffeekultur erwachsen, die bis heute den Alltag prägt. Typisch omanischer Qahwa enthält etwa zehn Prozent zerstoßenen Kardamom und wird aus festlichem Anlass manchmal zusätzlich mit einer Prise Safran und einigen Tropfen Rosenwasser aromatisiert. In den Souqs lagern entsprechend Kaffeebohnen aus aller Herren Länder – aus Sri Lanka, dem Jemen, Afrika und sogar Mittelamerika – neben kleinen Dosen mit Safran (Zi'faran), Säcken voller Kardamomschoten (Hil) und Fläschchen mit Rosenwasser (Ma al-Ward). Einige Ladenbesitzer rösten die Bohnen vor Ort und mischen sie mit dem frisch gemahlenen Kardamom.

Für Kunden, die die Zutaten auch zu Hause frisch zubereiten möchten, werden zusätzlich Mörser zum Verkauf angeboten. Puristen können hier sogar die Utensilien erstehen, die zum Kaffeerösten erforderlich sind: flache Tonschalen (Muqla) oder langstielige Eisenpfännchen (Mahmas) sowie paddelartige Rührstäbe (Maqlab).

Symbol arabischer Gastfreundschaft

Muscat-Altstadt

Das alte Muscat existiert heute nur noch in historischen Reisebeschreibungen. Eine besonders detaillierte Schilderung stammt von dem deutschen Forschungsreisenden Carsten Niebuhr, der im Januar 1765 vor Ort ist und »in und außerhalb der Stadt viel spazierte«. Die Stadtmauer, so schreibt er, weise an der Nordwestseite »ein großes Gitter von Holz« auf, »um dem Wasser, das in der Regenzeit mit großer Gewalt von den umherliegenden Bergen herabstürzt, Ablauf zu verschaffen«. Außerhalb der Stadt bemerkt er »eine ziemlich große Ebene mit einigen Gärten, die in der heißen Jahreszeit wegen des Schattens, den man hier von Datteln- und anderen Bäumen haben kann, angenehm genug sind«. Die Wasserversorgung gewährleistet ein Brunnen, der »sehr mühsam von einem Ochsen in einem großen ledernen Sack in die Höhe gezogen, in ein Wasserbehältnis geschüttet, und durch Röhren bis an den Hafen geleitet« wird. Auffällig findet der Autor den Gegensatz zwischen kahlen Bergen und intensiv bebauten Tälern. »Zu Maskat ist daher ein Überfluß von allerhand schönen Früchten, das Fleisch ist hier in Menge und sehr gut, und die See liefert einen Überfluss von Fischen«. Ausdrückliches Lob erntet die Polizei, die »hier so vortrefflich« sei, ›daß man gar nicht von Diebstahl hört, obgleich es nicht selten ist, Kaufmannswaren ganze Wochen lang an der Straße liegen zu sehen«.

Heute bestimmen moderne Paläste und Regierungsgebäude das Erscheinungsbild Muscats. Das städtische Leben spielt sich anderswo ab. Dennoch haben sich Relikte der Vergangenheit erhalten, wenngleich die ursprüngliche Bausubstanz vielfach dem Wunsch weichen musste, Muscat zu einer Art repräsentativem Empfangszimmer des Sultans zu machen.

■ Sultanspalast

Die 1972 errichtete Sultansresidenz Qasr al-Alam bildet den kaum zu übersehenden Mittelpunkt des Stadtteils. Ihre ausladenden Gebäudeflügel liegen etwa auf halber Strecke zwischen den Forts Al-Mirani und Jalali und grenzen

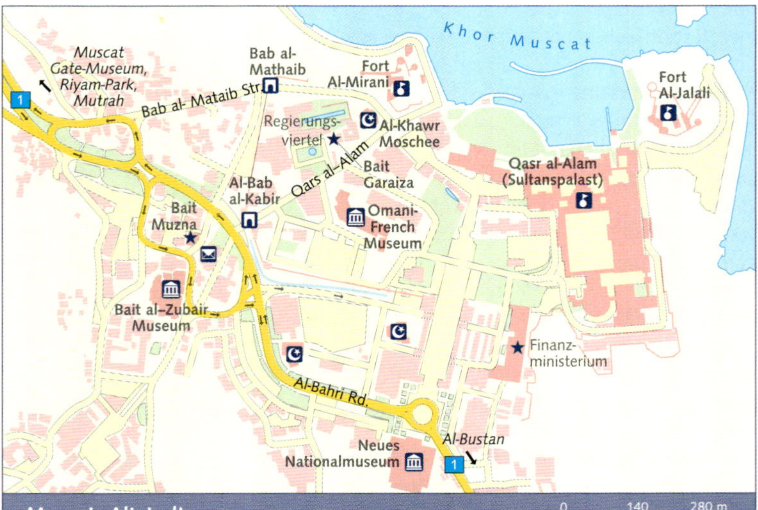

Muscat, Altstadt

mit der Rückseite an das Hafenbecken. Der eigenwillige Baustil des zentralen Empfangsgebäudes mit seinen farbigen, kopflastigen Säulen ist in Oman ein Fremdkörper und als solcher entsprechend umstritten. Ein Prachtboulevard mit opulenten Arkaden und viel Marmor, flankiert von blütenweißen Regierungsgebäuden, unterstreicht noch die Inszenierung des Palastes und bildet den Rahmen für festliche Staatsempfänge. Der Realisierung dieses aufwendigen Bauensembles ging der Abriss fast eines Drittels der Altstadt voraus. Als Residenz wurde Qasr al-Alam nie genutzt – der Sultan bevorzugt seinen Wohnpalast bei Seeb. Der Palast ist nicht öffentlich zugänglich.

Ungenutzte Residenz: der Sultanspalast

Neues Nationalmuseum

Gegenüber dem Sultanspalast hat am 1. August 2016 das neue Nationalmuseum seine Pforten geöffnet. Hier werden die Kunst- und Kulturschätze des bisherigen National-Museums in Ruwi und dem Museum für Cultural Heritage in einem großzügigen Neubau mit 15 Ausstellungsschwerpunkten präsentiert, und um zahlreiche ›neue‹ Artefakte wie zwei Bienenkorbgräber aus Bat ergänzt.

Renovierte Stadthäuser

Der Westen der Altstadt beherbergt einige sorgfältig restaurierte Handelshäuser, die sich in ihrer Bauweise weitgehend gleichen. Der eigentliche Wohnbereich beschränkt sich auf das obere Stockwerk, während sich im Erdgeschoss eine Vielzahl kleiner, fensterloser Lagerräume um eine zentrale Halle gruppiert. Auffällig sind die bis zu einem Meter dicken Mauern, die es ermöglichten, Waren selbst bei großer Hitze kühl zu lagern. Das größte dieser alten Häuser ist das **Bait Garaiza**, dessen Name sich von einem portugiesischen Vorgängerbau mit einer Kapelle beziehungsweise kleinen Kirche (portugiesisch igreja) ableitet. Heute dient es als Gästehaus der Regierung und ist daher nur von außen zugänglich. Auch der Besuch des **Bait Nadir** hundert Meter weiter auf der gegenüberliegenden Straßenseite bleibt auf die Außenansicht beschränkt. Innenansichten erlaubt dagegen das **Bait Muzna** jenseits der Stadtmauer, das heute eine Kunstgalerie beherbergt und mit seinem Café im Innenhof zu einem Zwischenstopp einlädt.

Bait al-Zubair

Gleich gegenüber dem Bait Muzna liegt das Bait al-Zubair. Sheikh Al-Zubair bin Ali, Minister und Berater dreier Sultane, hat das Haus 1914 errichten lassen. Es befindet sich nach wie vor in Privatbesitz. Das darin eröffnete **Museum** zeigt seit 1998 eine der hochwertigsten Privatsammlungen omanischen Kunsthandwerks. Zu den Objekten zählen neben omanischen Dolchen (khanjar), frühen Feuerwaffen und traditionellem Schmuck auch Trachten der verschiedenen Regionen des Landes. Im Garten hinter dem Haus gibt es darüber hinaus eine Hütte aus Palmwedeln (barasti), einen Falaj-Kanal und einen im

Modell nachgebauten Souq zu sehen. In zwei weiteren Häusern dem Haupthaus gegenüber setzt sich die Ausstellung fort: Die Ausstattung des **Bait Dalalil** spiegelt den omanischen Wohnstil um 1900 wider, während das **Bait al-Oud** die Rekonstruktion einer Residenz ist, die in den 1940er Jahren einer Zufahrtstraße zum damaligen Palast weichen musste. In seinen Räumen präsentiert es unter anderem historische Schwarz-Weiß-Aufnahmen von Muscat und frühe europäische Karten der Arabischen Halbinsel.

Omani-French-Museum

Das Bait Fransa geht ursprünglich auf Sultan Said bin Sultan zurück, der es kurz nach der Mitte des 19. Jahrhunderts als Wohnhaus für eine seiner Nichten in Auftrag gab. Von 1894 bis 1920 residierte dort der französische Konsul. Zu jener Zeit gewann Frankreich vorübergehend an Einfluss auf Oman, weil die Briten als traditionelle Schutzmacht des Sultanats untätig geblieben waren, als eine Allianz inneromanischer Stämme Muscat kurzzeitig einnehmen konnte. Aus Wut lud daraufhin Sultan Faisal bin Turki die Franzosen ein, in der noch heute Bait Fransa – ›französisches Haus‹ – genannten Stadtresidenz ihre Botschaft einzurichten. Das darin untergebrachte Museum zeigt unter anderem das Arbeitszimmer des Konsuls in seinem Originalzustand und verfügt überdies über eine Sammlung französischer und omanischer Mode des ausgehenden 19. Jahrhunderts.

Verteidigungsanlagen

Der natürliche Schutz durch das Gebirge im Rücken und die der Bucht vorgelagerte Insel reichte auf Dauer nicht aus, um Muscat zu sichern. Schon vor Ankunft der Portugiesen besaß der Hafenort daher zur Landseite hin eine Stadtmauer, die die portugiesischen Besatzer später verstärkten. Auch errichteten sie erste einfache Verteidigungswerke auf den Felsvorsprüngen beiderseits des Hafenbeckens. Weitere historische Wehranlagen sind das weiter westlich gelegene Fort Sirat al-Gharbiyah und eine kleine Festung auf der Insel Jazirat Muscat. Die Reste der Stadtmauer wurden im Zuge der Veränderungen seit 1970 massiv modernisiert.

Demgegenüber haben die beiden **Kastelle Jalali und Mirani** nichts von ihrer ursprünglichen Gestalt eingebüßt und beherrschen nach wie vor das Stadtbild. Scheinbar uneinnehmbar thronen die beiden Forts rechts und links des Sultanspalastes am Ufer der Altstadt. Ihre für Oman ungewöhnliche Bauart geht auf die Portugiesen zurück. Gleich zweimal im Verlauf des späteren 16. Jahrhunderts verloren sie Muscat an die Osmanen. Die Lehre, die sie daraus zogen, manifestiert sich in einer massiven Befestigung des Hafens. In nur zwei Jahren, 1587 und 1588, stampften sie mit den Forts Jalali und Mirani zwei Bastionen aus dem Boden, deren Kanonen sowohl Angreifer zur See als auch auf dem Land beschießen konnten. Das nahende Ende der portugiesischen Vorherrschaft im Indischen Ozean war dennoch nicht aufzuhalten. 1650 gelang es Sultan bin Saif, die beiden Festungen für Oman zurückzuerobern und die Portugiesen nach fast 150-jähriger Besatzung in die Flucht zu schlagen. Seither wurden die Forts innen zum Teil mit prächtigen Räumen ausgestattet. Zwischenzeitlich dienten sie auch als Gefängnis. Noch bis 1973 donnerten bei feierlichen Gelegenheiten Salutschüsse über die Bucht von Muscat, abgefeuert von den historischen Kanonen auf den Festungswällen. Die Restaurierung der beiden Forts erfolgte 1980. Sie sind beide nicht für die Öffentlichkeit zugänglich.

▲ Karte S. 138

Blick über die Altstadt mit Palast und den Forts Jalali und Mirani

Muscat Gate Museum

Omans Geschichte im Allgemeinen und die von Muscat im Besonderen erhält in diesem Museum einen Platz. Dabei schlägt die Ausstellung einen Bogen von geologischen Modellen über detaillierte Darstellungen des Falaj-Systems bis hin zu den alten hölzernen Stadttoren Muscats vor 1970. Das Gebäude selbst spannt sich in Form eines historisierenden Torgebäudes über die Straße und bezeichnet die ehemalige Stadtgrenze Muscats.

Muscat-Altstadt

Bait al-Zubair Museum, Tel. +968/ 24736688, www.baitalzubairmuseum.com; Sa–Do 9.30–18 Uhr, Eintritt 3 OMR.
Muscat Gate Museum, Tel. +968/ 24739005; Sa–Do 8–14 Uhr, Eintritt frei.
Omani-French Museum, Tel. +968/ 24736613; Sa–Do 9–13 Uhr, vom 01.10. bis 31.03. auch 16–18 Uhr, Eintritt 500 Bs.
Neues Nationalmuseum, im August 2016 eröffnet, Tel. +968/22081500, www.nm.gov.om ; Sa–Di 9–15 Uhr (vorläufig), Eintritt 5 OMR (Kinder und Jugendliche bis 25 Jahren frei).

Muscat-Mutrah

Ähnelt das alte Muscat einem eleganten Empfangssalon, so kann Mutrah zugleich als Wohnzimmer und Ladenlokal der Hauptstadt gelten. Besonders entlang der grandiosen Corniche mit ihren Souqs und ihrer Promenade pulsiert von morgens bis abends das Leben. Noch geschäftiger geht es lediglich im Hafen Mina Qaboos zu, wo Portalhubwagen wie Ameisen zwischen Frachtschiffen, Brückenkränen und Containerstapeln hin und her flitzen. Wohl kein anderer Ort des Landes ist besser geeignet, um das moderne Oman mit seiner charakteristischen Melange aus Vergangenheit und Zukunft kennenzulernen.

Was Bevölkerungszahl und wirtschaftliche Bedeutung angeht, hat Mutrah das nur drei Kilometer entfernte Muscat längst hinter sich gelassen. Dabei stand es lange im Schatten der alten Hauptstadt und ist auch erst viel später entstanden.

Muscat, Mutrah und Ruwi

Das liegt vor allem an seiner Topografie. Zwar streckt auch hier das Östliche Hajar-Gebirge seine Ausläufer bis zum Wasser vor, doch riegeln die Berge den Ort landseitig nicht vollkommen ab, sondern machen ihn durch Wadis zugänglich. Unter dem Gesichtspunkt der Verteidigungsfähigkeit war das lange Zeit ein Nachteil und erklärt die Bevorzugung Muscats, das als der sicherere Hafen und bessere Ausgangspunkt für die maritime Ausbreitung des Landes galt. Nach der Abspaltung des Sultanats von Sansibar 1860 und dem dadurch verursachten Niedergang des omanischen Seehandelsimperiums richtete sich das Interesse der Kaufleute jedoch zunehmend auf den Binnenmarkt. Für Kamelkarawanen allerdings war Muscat unerreichbar. Mutrah dagegen konnten sie ungehindert erreichen. Zudem verfügte der Ort über eine natürliche Hafenbucht, die jener in Muscat an Qualität kaum nachstand. Es ist daher kein Zufall, dass die erste – und lange Zeit einzige – Asphaltstraße Omans seit 1929 von Muscat nach Mutrah führte. Sie verband das alte politische mit dem neuen wirtschaftlichen Zentrum. Zwar verhinderte die Abschottung des Landes durch Sultan Said bin Taimur damals die weitere Entwicklung Mutrahs, doch schöpfte sein Sohn und Nachfolger Sultan Qaboos das Potential umso energischer aus. Insbesondere der 1974 gebaute und seither wiederholt erweiterte Hafen Mina Qaboos – lange Zeit die modernste und größte Anlage ihrer Art in Oman – zeigt den gewachsenen Stellenwert. In naher Zukunft und nach entsprechenden Umbauten wird der Hafen in Mutrah nur noch Kreuzfahrtschiffen zur Verfügung stehen. Auch die gewachsenen Strukturen in den Wohnvierteln von Mutrah werden sich in absehbarer Zeit verändern, denn derzeit arbeitet die omanische Regierung an einem ›Redevelopment Plan‹ für die gesamte Bucht.

Heute beherbergt Mutrah rund 190 000 Menschen und bietet Besuchern jede Menge orientalisches Flair. Zentrale Verkehrsachse ist die **Corniche** oder Sharia al-Bahri (›Meeresstraße‹). Mit ihren breiten Bürgersteigen, Steinbänken und sitzfreundlichen Mauerbrüstungen verwandelt sie sich gegen Abend in die Flaniermeile des Viertels. In den Gesichtern und in der Kleidung der Spaziergänger zeigt sich – ähnlich wie im Warenangebot der Souqs – die kosmopolitische Vergangenheit Omans. Pakistaner und Inder – die Männer in knielangen Kurtas, die Frauen in bunten Saris – wechseln sich ab mit Omanis und den meist dunkelhäutigeren Sansibaris in ihren unverkennbaren Dishdashas.

Eine besondere Gruppe in Mutrah bilden die Lawatis, ursprünglich ismaelitische Schiiten, die sich aber im 19. Jahrhundert vom Aga Khan lossagten. Sie bewohnen ein eigenes Viertel gleich neben dem Souq, das von einer hohen Mauer umgeben ist und in dem Fremde nicht gern gesehen sind. Als arabischer Stamm haben sie ihre Wurzeln in Oman, sind aber zahlreich nach Indien ausgewandert und unterhalten dorthin ausgezeichnete Handelskontakte. Überhaupt sind sie traditionell im Handel tätig, was auch ihre Nachbarschaft zum Souq erklärt. Laut einer Inschrift, die sich in ihrem Viertel befindet, leben sie seit mindestens 400 Jahren an Ort und Stelle.

Das Viertel der Lawatis liegt gleich hinter den noch erhaltenen **Händlerhäusern des 19. Jahrhunderts**, die der Corniche nordwestlich des Souq-Tors ihre blütenweißen Fassaden zuwenden. Zierliche Galerien, filigran verzierte, zum Teil mit buntem Glas eingelegte Balkongitter und üppig geschmückte Fenster verraten die Nähe zu indischen Vorbildern und zeu-

Lauschiges Plätzchen an der Corniche

gen vom einstigen Reichtum der hiesigen Kaufleute. Die Baghlah, Boum und Sambuq, in deren geräumigen Bootsrümpfen sie einst ihre Waren nach Indien und Ostafrika verschiffte, liegen allerdings immer seltener im Hafen. Stattdessen schauen die alten Hausfassaden gleich gegenüber auf den jetzt schon bestehenden **Anleger für Kreuzfahrtschiffe** – da treffen Welten aufeinander.

Das Tor zum Souq rechts liegen lassend, erreicht die Corniche das **Fort von Mutrah**, das deutlich kleiner ist als seine Pendants in Muscat. Die überraschend schmale Konstruktion nutzt den Felshügel, auf dem es sitzt, optimal aus. Die portugiesische Kanonenfestung wurde später mehrfach aus- und umgebaut, ist seit 1980 restauriert und wird allabendlich dramatisch angestrahlt.

Das östliche Ende der Bucht von Mutrah ziert die **Skulptur eines gewaltigen Weihrauchbrenners**. Als Teil eines landesweiten urbanen Verschönerungsprogramms beschwört er die gemeinsamen kulturellen Wurzeln. Sensationeller als das Monument ist allerdings das wohl gepflegte Grün des umgebenden Riyam Parks, der einen willkommenen Gegensatz zum Getriebe der Souqs bietet.

▲ Karte S. 142

Souq

Der größte und ›orientalischste‹ Markt des ganzen Landes ist ohne Zweifel die herausragende Attraktion in Mutrah. Der Souq vereint ein unübersehbares Gassengewirr mit immenser Warenvielfalt und fast schon penibler Sauberkeit. Damit kommt er den Erwartungen westlicher Touristen sehr entgegen. Ein großer Pluspunkt ist zudem die respektvolle Höflichkeit der Omanis, die dieselben Umgangsformen natürlich auch von ihren Besuchern erwarten. Diese Atmosphäre der gegenseitigen Wertschätzung macht den Einkauf nicht nur angenehm, sondern auch sicher.

Eine umfassende Renovierung im Jahr 2006 hat den Souq so geschickt modernisiert, dass davon nur wenig durchscheint. Das liegt vor allem daran, dass die überbordenden Ladenlokale den neu verbauten Beton wirkungsvoll verbergen. Das Angebot ist in der Tat überwältigend. Ob Silberschmuck, Schnabelkanne

Laden im Souq

oder Gewürze: Was immer der Orient an Kostbarkeiten zu bieten hat, ist hier zu haben. Gold, Weihrauch und Myrrhe sind nur drei bis vier Stände voneinander entfernt. Insbesondere typisch omanische Waren gibt es hier im Überfluss, von Turbantüchern und Kappen (Kumma) über Krummdolche (Khanjar) bis zum Rosenwasser vom Jebel Akhdhar (→ S. 45).

Um die Orientierung zu erleichtern, teilt sich der Souq entlang einer Hauptgasse in zwei ungleiche Hälften: Die größere ist dem Großhandel vorbehalten, die kleinere den Einzelhändlern. Auch wenn diese Trennung nicht mehr so streng gehandhabt wird, hat sie im Großen und Ganzen doch noch Gültigkeit. Für eine gewisse Ordnung im Gewirr der Gassen sorgt überdies die auf arabischen Märkten übliche Gliederung in Warengruppen: Kleider liegen bei Kleidern, Tonwaren bei Tonwaren, Duftstoffe bei Duftstoffen und so fort. Wer es einrichten kann, sollte unbedingt mehrmals kommen, denn abgesehen davon, dass der Souq von Mutrah alle traditionellen Erzeugnisse Omans unter einem Dach vereint, spielt sich hier ein wesentlicher Teil des omanischen Alltags ab.

Fischmarkt und Bait al-Baranda

Wer früh aufsteht und zum modernen Hafen läuft, wird gleich das Gewimmel kleiner Fischerboote am Westende der Bucht bemerken. Sie beliefern den dortigen Fischmarkt, der eine enorme Fülle frisch gefangener Meerestiere bietet. Europäische Besucher dürften vor allem von

Mutrah am Abend

den prallen Thunfischen angetan sein. Bis zum Mittag hat das gesamte Sortiment seine Käufer gefunden. Gleich nebenan haben Obst, Gemüse und Fleisch ihren Platz. So lassen sich alle Frischwareneinkäufe in einem Rundgang erledigen. Jenseits des Fisch-Kreisverkehrs (Al-Samakh) liegt das sorgfältig restaurierte Herrenhaus Bait al-Baranda aus dem späten 19. Jahrhundert. Die Datumsangabe über der Eingangstür (sie entspricht dem Jahr 1931) bezieht sich vermutlich auf die Fertigstellung des Vordertraktes. Die moderne Benennung des Hauses wird gewöhnlich mit einer Veranda im ersten Stock in Verbindung gebracht. Erbauer des Hauses war ein gewisser Nasib bin Mohammed, später diente das Gebäude unter anderem als Klinik und in den 1970er Jahren als Sitz des British Council. Heute beherbergt es ein Museum, das mit vielen interaktiven Stationen ein Panorama der Stadtgeschichte Muscats malt – von den steinzeitlichen Funden bei Bowshar, Ras al-Hamra und Wattayah bis in die Gegenwart.

Mutrah

Mutrah Hotel**, Mutrah High Street, PO BOX 1131, Tel. +968/24798401, www.mutrahotel.com. Preiswertes und einfaches Hotel, sauber, ca. 15 Gehminuten vom Souq entfernt; DZ ab 50 Euro.

Al Fanar Hotel*, Corniche Road, PO Box 3738, Tel. +968/24712385, alfanarcorniche@hotmail.com. Sehr einfach, günstig, zentral am Fischmarkt gelegen; DZ ab 35 Euro.

Corniche Hotel*, Corniche Road, PO Box 1800, Mutrah 114, Tel. +968/24714636, corniche_hotel@mjsoman.com. Ganz in der Nähe des Al Fanar, einfach und günstig; DZ ab 45 Euro.

Marina Hotel**, Mutrah 112, Tel. +968/24713100, marina1@omantel.net.om. Gegenüber vom Fischmarkt, untere Stockwerke laut wegen Kellerbar/Disco; DZ ab 80 Euro.

Naseem Hotel*, PO Box 360, Mutrah 114, Tel. +968/24712418, 24712419 naseemhotel@gmail.com. Von den Hotels an der Corniche sicher die beste Wahl, nur wenige Minuten vom Souq entfernt, einfach, sauber, Frühstück sehr einfach; DZ ab 45 Euro.

Mina Hotel*, PO Box 504, Ruwi, Mutrah, minahotel@omantel.net.om. Am Samak-Kreisverkehr, gute Lage, einfach; DZ ab 50 Euro.

Al Boom, im obersten Stockwerk des Marina Hotels, Tel. +968/24713100; 12–15

▶ Karte S. 145

u. 19–24 Uhr. Ein paar Tische stehen auf der Dachterrasse. Das Beste an diesem Ort ist der fantastische Blick über die abendliche Corniche und über den Hafen. Indische und arabische Küche, einfache, preiswerte Kost; Suppe mit Meeresfrüchten ca. 4 Euro.

Al-Rafee/Saiseas, Tel. +968/24713949; 11–23 Uhr. Die richtige Stärkung am Haupteingang zum Souq leider in etwas einfallslos biederem Interieur, indische Küche; Suppen ca. 2 Euro, frittierte Meeresfrüchte 11 Euro.

Bait al-Luban, Tel. +968/24711842,www.baitalluban.com. Direkt neben dem Corniche Hotel mit Hafenblick, traditionelle omanische Küche in stilvollem Ambiente

Café Chef A; 1.30–23 Uhr, direkt an der Corniche mit Außenbereich, nett dekoriert, viele arabische Snacks, Qualität eher durchschnittlich.

Fast Food 'n Juice Centre, Snacks, Sandwiches und Burger für den Hunger zwischendurch, neben dem Haupteingang zum Souq.

Fisher's Grilled Restaurant, Tel. +968/99463561. Gegenüber dem Fischmarkt mit nur 3 Tischen und einem Family's Room. Exzellenter fangfrischer, gegrillter Fisch, der nach Gewicht gezahlt wird.

Kurkum, Tel. +968/24714114, www.kurkumoman.com; 11–23 Uhr. Zwischen dem Haupteingang zum Suq und der Bank Muscat Filiale an der Corniche. Elegantes, in weiß gehaltenes Interieur. Indische Küche von exzellenter Qualität zu vertretbaren Preisen. Große Auswahl an Desserts, u.a. Datteleiscreme. Suppen ab 5 OMR, Hauptgerichte im Schnitt zwischen 8 und 11 OMR.

La Brasserie, Tel. +968/24713707; 11.30–15 Uhr u. 19–23 Uhr. Französische Küche dem Fischmarkt gegenüber (zwischen den Hotels Al Fanar und Marina), vielgelobtes Menü für besser gefüllte Brieftaschen (Hähnchenbrust in Senfsauce ca. 20 Euro).

Bait al-Baranda, Sa–Do. 9–13 u. 16–18 Uhr, Eintritt 1 OMR, Tel. +968/24714262; direkt am Samak-Kreisverkehr.

Riyam Park, kleiner Vergnügungspark ohne spektakuläre Fahrgeschäfte, ideal geeignet für kleinere Kinder, Blick aufs Meer, Sa bis Do 15–24 Uhr, Fr 8–24 Uhr. Der Dienstag ist Frauen und Kindern vorbehalten.

Auf der **Corniche** (Uferstraße) gibt es viele Souvenirhändler.

Mutrah Souq, meist 9-12.30 u. 16.30–21 Uhr, freitags teilweise geschlossen.

Obst-, Gemüse-, Fleisch- und Fischsouq, am Hafen Mina Qaboos, besonders lohnenswert ist ein Besuch in den frühen Morgenstunden.

Muscat-Ruwi

Das Wadi, in dem sich nur drei Kilometer südlich von Mutrah der Stadtteil Ruwi mit seinem modernen Großstadtflair ausbreitet, war noch vor 40 Jahren weitgehend unbesiedelt. Im Norden des Tals liegt das 1845 errichtete **Fort Bait al-Falaj**, das die Eingänge der beiden nach Mutrah führenden Wadis kontrolliert und ein wichtiger Verteidigungsposten der Sultane gegen die rebellierenden Stämme Inner-Omans war. Ein mittlerweile dort untergebrachtes Museum (Sultan's Armed Forces Museum) geht neben Waffen überraschend ausführlich auf historische Themen wie die Entstehung des Ibadismus oder die Navigationskünste der frühen Seefahrer ein.

Südlich von Bait al-Falaj schließt sich das zentrale **Geschäfts- und Bankenviertel** der Capital Area mit seiner – allerdings recht gemäßigten – Hochhausbebauung an. Hier schlägt das kommerzielle Herz des Sultanats. Seiner Bedeutung wegen wird Ruwi deshalb oft auch als Central Business District (CBD) bezeichnet. Im **Währungsmuseum** im Gebäude der omanischen Zentralbank erfährt der überraschte Besucher, dass in Oman noch bis 1970 drei verschiedene Währungen in Umlauf waren, darunter indische Rupien und die altertümlichen Maria-Theresia-Taler.

Einen ganz eigenen Kosmos bildet die Umgebung der **Souq Ruwi Street**. Die zahlreichen Geschäfte erfüllen fast alle Wünsche – von Haushaltswaren bis zu Baumaterialien. Viele Läden gehören Indern und Pakistanern, die auch die Mehrheit der Bevölkerung in den umliegenden Wohnvierteln stellen. Die ebenfalls zu Ruwi gehörigen südlichen Stadtteile Wadi Kabir und Hamriyah sind aufgrund der geringeren Lebenshaltungskosten bei Arbeitern aus dem asiatischen Ausland sehr beliebt. Entsprechend groß ist – gerade entlang der Souq Ruwi Street – die Dichte guter und oft preiswerter indischer Restaurants und Imbisse.

Ruwi

Sheraton Ruwi*****, Tel. +968/22377777, www.starwoodhotels.com. Soll im Herbst 2016 nach fast zehnjähriger Pause wieder eröffnet werden. Einst war es das beste Geschäftshotel in ganz Muscat.

Al Falaj Hotel****, Tel. +968/24702311, www.alfalajhotel.com. Angenehmes Stadthotel; DZ ab 95 Euro.

Haffa House Hotel****, Tel. +968/24707207, www.shanfarihotels.com/hhh-muscat/, reservations@shanfarihotels.com. Ruhiges Mittelklassehotel am Südostrand des Geschäftsviertels von Ruwi; DZ ab ca. 100 Euro.

Crystal Suites***, Tel. +968/24826100, www.crystalsuites.om, info@crystalsuites oman.com. Stilvolles Hotel, nur 1 km vom Hauptmarkt in Ruwi entfernt, 78 gut ausgestattete und moderne Suiten in verschiedenen Größen mit Balkon und Küchenzeile, kostenloses WLAN; DZ (ohne Frühstück) ab 70 Euro.

Ruwi Hotel***, Tel. +968/24704244, www.omanhotels.com/ruwi, reservation ruwi@omanhotels.com. Gutes, sauberes, zentral gelegenes Hotel zu einem angemessenen Preis; DZ ab 60 Euro.

Golden Oasis Hotel**, Tel. +968/24811655, www.hotelgoasis.com, info@

In Ruwi wirkt Muscat großstädtisch

Karte S. 134

hotelgoasis.com. Einfaches Hotel am Freitags-Souq in Wadi Kabir; DZ ab 50 Euro.
Sun City Hotel*, Tel. +968/24789801, PO Box 1665, Ruwi, PO Box 1665, Ruwi, hotel.suncity@hotmail.com. Einfaches Hotel am Zentralen Busbahnhof; DZ ab 50 Euro.
Hala Hotel Apartments, Tel. +968/ 24810442. Einfache Aparthotel-Anlage neben dem derzeit im Umbau befindlichen Sheraton; DZ ab 90 Euro.

A = Alkoholausschank
L = Live-Unterhaltung/Musik
P = preiswert
E = gehoben/exklusiv

Arabische Restaurants

Arab World Restaurant (P), Tel. +968/ 24798119, 8–23 Uhr. Einfache arabische Speisen, Souq Street Ruwi.
Bin Ateeq, Tel. +968/24702727, 9–23 Uhr, gute Adresse für omanische Gerichte, Gäste sitzen nach Landessitte auf dem Boden; neben der National Bank of Oman an der Al-Tijari St.
Cave Restaurant, an der Schnellstraße Qurum–Muttrah, 8 Restaurants mit unterschiedlichen Schwerpunkten in künstlichem Höhlenkomplex, bei omanischen Familien äußerst beliebt; relativ teuer.

Asiatische Restaurants

Curry House (P), Tel. +968/24564076; 12–15 u. 19–24 Uhr. Indische Küche mit gutem Biryani (Reisgericht; wird hier im Tontopf serviert) in eleganter Atmosphäre, am Wadi-Aday-Kreisverkehr.
Fusion (E), Tel. +968/24817266, Vegetarische Gerichte, aber auch Grillgerichte, die am Tisch zubereitet werden, modernes Ambiente in Gelb- und Grautönen, 3501 Way (neben der ehem. indischen Botschaft).
Golden Oryx (A, E), Tel. +968/24792266; 12–15 u. 19–23.45 Uhr. Ein Restaurant für besondere Gelegenheiten, chinesische und mongolische Küche, umfangreiche Weinkarte (Preisklasse bis zu 400 Euro!), Al-Noor St.
Lazeez (P), Tel. +968/24707090; 12–15 u. 18.30–01 Uhr. Indische und chinesische Küche mit Mittagsbuffet, Rex Rd. (in der Nähe vom Khimji Supermarkt an der Ruwi St. gleich südwestlich der Kreuzung mit der Bait Al-Falaj St.).
Passage to India (P), Tel. +968/24563452; 12–15 u. 19–24 Uhr. Gute und umfangreiche Auswahl an indischen Gerichten, abends mit traditioneller Live-Musik, Service etwas langsam, im Hatat-Gebäude am Wadi Adai Kreisverkehr.
Puranmal (E), Tel. +968/24707172; 9–15 u. 18–24 Uhr. Indische vegetarische Küche. Ausgezeichneter Brunch an Freitagen, Bank Al Markazi Street.
Tokyo Taro (E), Tel. +968/24702311; 12–15 u. 19–23 Uhr. Eine der ersten Adressen in Muscat für japanische Küche und das älteste Spezialitätenrestaurant seiner Art in der Hauptstadt, im Al Falaj Hotel.
Venus (P), Tel. +968/24481881, 8.30–15 u. 18.30–23 Uhr. Internationale und asiatische Küche, Ruwi High Street (gleich neben dem Mutrah Hotel).

Internationale Restaurants

Die meisten Restaurants mit internationaler und europäischer Küche finden sich in den westlichen Stadtteilen und in den internationalen Hotels.

Sultan's Armed Forces Museeum im Bait al-Falaj, So-Do 7.30–13.30 Uhr, Sa 9–12 u. 15–18 Uhr, Eintritt 1 OMR, Tel. +968/24312648, www.safmuseum.gov.om. Geschichte und neuere Militärgeschichte Omans auf zwei Etagen.
Währungsmuseum in der Central Bank of Oman, Sa–Mi 8.30–12.30 Uhr, Eintritt 500 Bs., Tel. +968/24796102.

Golf von Oman
Ras Al-Hamra
Golf Club
Al-Qurum
Oil & Gas Exhibition Centre & Museum
Planetarium
Mina Al-Fahal
Darsayt
Mutrah-Bucht
Bayt Al-Falaj St.
Bait al-Falaj
Armed Forces Museum
Ruwi St.
Al-Falaj
Ruwi
Al-Burj St.
Al-Qurum Heights Rd.
Youth Theatre
National Museum & Islamic Library
Al-Wutayyah
Maydan Al-Fath St.
Al-Nahdah St.
Sultan & Al-Harthy Centre
Sayh Al-Malih St.
Al-Qurum Heights Rd.
Café Ceramiquez
Qurum Commercial Center
Arosa of Switzerland
Jean's Grill
Al-Qurum St.
Alexandria
Qurum-Kreisverkehr
Qurm Park
Chocomania Café
Ramee Guestline
Asas
Fisherman's Lodge
Crowne Plaza
City Amphiteater
Children's Museum
Mumtaz Mahal
Madinat Al-Sultan Qaboos
Muscat Expressway
Al-Shati St.
Al-Qurum Beach
Mangroven (Naturpark)
Königliches Opernhaus
Inter-Continental
Sultan Qaboos St.
Rest. D'Arcy's Kitchen
Qurum Resort
Rest. O Sole Mio
Beach Hotel Muscat
Café Barbera
Al-Deyar
Ramada Muscat Hotel
Grand Hyatt
Bar-Rest. Pavo Real
Madinat Al-Sultan Qaboos
Rest. Golden Dragon
Golf Club
Einkaufszentrum Madinat Qaboos
0
500
1000 m
Muscat, Qurum

Muscat-Qurum

Für Besucher bietet Qurum die größte Dichte an Hotels und Restaurants der oberen Preisklasse. Die meisten liegen direkt am längsten Strand von Muscat, der im Quartier Shatti al-Qurum beginnt und sich bis nach Seeb im äußersten Westen der Capital Area zieht. Der breite, feinsandige Küstenstreifen ist eine Hauptattraktion des Viertels – und einer der wenigen Orte, an denen man ungestört vom Verkehr ausgedehnte Spaziergänge unternehmen kann. Besonders lebhaft geht es hier am späten Nachmittag zu, wenn Jogger und Fußballspieler den Ton angeben.

Das östliche Strandende markieren die Felshügel der Landzunge **Ras al-Hamra**, auf denen heute ein nobles Villenviertel steht. Auffälligstes Gebäude ist das Crowne Plaza Hotel, das neben dem Al-Bustan lange Jahre als eine der ersten Adressen in Muscat galt. Mittlerweile zählt Muscat gleich eine ganze Reihe von Luxushotels, darunter das an überladenem Prunk kaum zu übertreffende Grand Hyatt. Allein die extravagante Lobby mit ihren 25 Meter hohen Fenstern und der rotierenden Bronzestatue eines Falkners zu Pferd lohnt einen Abstecher. Neuestes architektonisches Juwel des Viertels ist die Königliche Oper (siehe unten).

In seiner dem Meer abgewandten Hälfte besitzt Qurum eine Reihe von zum Teil spezialisierten Museen. Einen umfassenden Ansatz verfolgt das **Omanische Kulturmuseum** (Oman Museum) an der Grenze zur Madinat Qaboos. Ausführlich erläuterte Themen wie Weihrauchhandel, traditioneller Schiffbau und Aflaj-Bewässerung fügen sich hier zu einem großen historischen Panorama zusammen. In Richtung Qurum Park wölben sich direkt an der Stadtautobahn die UFO-artigen Kuppelbauten des **Kindermuseums** (Children's Museum) . In der Art eines Science Centers versetzen seine interaktiven Installationen mit ihren naturwissenschaftlichen Experimenten Kinder wie Erwachsene in Erstaunen.

Ganz im Osten Qurums, in unmittelbarer Nachbarschaft des Raffineriehafens Mina al-Fahal, dreht sich im **Ausstellungszentrum Öl und Gas Gas** (Oil & Gas Exhibition Centre) alles um die wichtigsten modernen Rohstoffe Omans und die Geschichte ihrer Förderung. Gleich daneben erhebt sich das im Jahr 2000 eröffnete **Planetarium**. Beide Gebäude ahmen den omanischen Festungsstil nach und verstehen sich als moderner Teil der omanischen Identität.

Etwa auf halber Strecke zwischen Kinder- und Ölmuseum haben sich rechts und links des Wadi Adai innerhalb weniger Jahre große Einkaufszentren niedergelassen. Ihre Popularität erklärt sich aus der günstigen Lage zwischen den Hauptverkehrsachsen Sultan Qaboos Street, Expressway und Al-Nakhdah Street. Spätestens hier wird deutlich, wie sehr eine Autostadt wie Muscat große Grünanalagen wie den Qurum Park braucht.

Qurum Park

Qurum heißt übersetzt Mangrove. Der Name erinnert daran, dass der Küstenstreifen vor kaum 50 Jahren außer einem Fischerdorf keine nennenswerte Besiedlung aufwies und stattdessen dicht mit Salzwasserpflanzen bewachsen war. Die Überreste dieses Biotops schützt das Naturreservat Qurum Park im Mündungsgebiet des Wadi Adai. Das dortige Marschland bietet Mangroven ideale Lebensbedingungen, ist sehr artenreich und darf nicht betreten werden. Südöstlich schließt sich die ebenfalls Qurum Park genannte größte Grünfläche der Capital Area an. In ihrer Mitte befindet sich ein

Im Kindermuseum

künstlicher See mit Inseln, Wasserfall, gewaltiger Wasserfontäne und bepflanzten Ufern. Besucher nutzen bereitstehende Boote zu einer Paddeltour. Das angrenzende Amphitheater dient als Bühne für Musikaufführungen während des alljährlichen Muscat Festival, das die Hauptstadt im Januar und Februar mit seinen kulturellen Veranstaltungen vier Wochen lang unterhält. Als zusätzliche Attraktion wird dann um den See herum ein traditionelles omanisches Dorf aufgebaut.

Königliches Opernhaus

Das 2011 eröffnete Königliche Opernhaus beschenkt die Hauptstadt mit einer wahren Architekturikone (Abb. → S. 136). Zugleich schlägt es ein neues Kapitel des omanischen Kunst- und Kulturverständnisses auf. Bereits seit Jahren investiert Sultan Qaboos in den Aufbau eines königlichen Symphonieorchesters, das ausschließlich aus omanischen Musikern besteht. Mit dem ersten Opernhaus auf der Arabischen Halbinsel geht der bekennende Liebhaber klassischer Musik nun noch einen bedeutenden Schritt weiter. Der neue Musiktempel zielt keineswegs auf eine gesellschaftliche Elite oder gar ausschließlich auf ausländische Besucher. Vielmehr hat er den Anspruch, für alle Omanis offen zu sein und mit seinem Musikprogramm den gemeinsamen Kulturschatz des Landes zu erweitern. Damit fügte Qaboos der bisher gepflegten kulturellen Identität, die bewusst auf traditionelle Werte setzte, einen vollkommen neuen Aspekt hinzu. Die Prachtentfaltung der Architektur versetzt ganz und gar auf omanische Handwerkskunst. Der tatsächliche Bauaufwand erschließt sich vor allem im Inneren: Die gewaltige Dimension der Eingangslobby mit ihrer an Renaissancebauten erinnernden Freitreppe, kostbare Marmorintarsien, buntes Fensterglas, handgefertigte und aufwendig gestaltete Lampen, die präzise und flächendeckende Reliefverzierung sind eines Sultanspalastes würdig. Der Opernsaal selbst ist (übrigens von einer Firma aus Sachsen) so konzipiert, dass er sich binnen kurzer Zeit und ohne Zugeständnisse an die akustische Qualität von einem Theater in ein Konzerthaus verwandeln lässt. Ob Opern, Symphonien oder Ballett, ob Jazz oder Multimedia-Musicals, ob traditionell islamische Musikdarbietungen oder Konzertabende mit Größen des arabischen Showbiz – die variable Multifunktionsbühne setzt dem Repertoire keine Grenzen.

Um die Neugier der Omanis zu wecken, bieten Tage der offenen Tür abwechslungsreiche Themenführungen durch das Haus an, die sich besonders an Familien richten. Hemmschwellen abbauen sollen auch die stark subventionierten Eintrittspreise, die zwischen sechs und 160 Euro liegen. Die Resonanz ist bislang positiv. Ob sich die Oper als offenes Haus für Kunst und Kultur etablieren kann, müssen die kommenden Jahre zeigen.

▶ Karte S. 150

Muscat-Qurum

Grand Hyatt Muscat*****, Tel. +968/ 24641234, www.muscat.grand.hyatt.com, muscat.grand@hyatt.com. Luxushotel am Strand im ungezügelten arabischen Barockstil; DZ ab 390 Euro.

InterContinental*****, Tel. +968/ 24680000, www.intercontinental.com, muscat@icmuscathotel.com. In die Jahre gekommenes 5-Sterne-Hotel ganz in der Nähe der neuen Oper, ausgedehnte Gartenanlage zum Strand; DZ ab 340 Euro.

Crowne Plaza****, Tel. +968/24660660, www.cpmuscat.com, reservations@cpmuscat.com. Ältestes Luxushotel Muscats, im Stil eines Kreuzfahrtschiffes auf dem Felsvorsprung von Qurum gelegen, fantastischer Blick über die Bucht der westlichen Stadtteile; DZ ab 190 Euro.

Ramada Muscat Hotel****, Tel. +968/ 24603555, www.ramadamuscat.com, info@ramadamuscat.com. Gutes Hotel der gehobenen Mittelklasse in Strandnähe, leider nur sehr kleiner Pool; DZ ab 120 Euro.

Ramee Guestline Hotel****, Tel. +968/ 24564443, www.rameehotels.com, bahjahtl@omantel.net.om. Solides 4-Sterne-Hotel nahe Qurum Beach, großes gastronomisches Angebot; DZ ab 85 Euro.

Qurum Resort****, Tel. +968/24605945, reservations.qbr@gmail.com. Kleines, freundliches Strandhotel mit nur sieben Zimmern, gleich neben dem InterContinental; DZ ab 110 Euro.

Beach Hotel Muscat***, Tel. +968/ 24696601, www.beachhotelmuscat.com, reservations@beachhotelmuscat.com. Etwas verwohntes 3-Sterne-Haus gleich gegenüber der Oper, Zimmer zur Hauptstraße (Al-Kharjiyah St.) recht laut; DZ ab 60 Euro.

ASAS Oman Hotel Apartments, Tel. +968/24568555. Entspricht dem Standard eines Dreisterne-Hotels, Apt. für 4 Personen ab 100 Euro.

A=Alkoholausschank
L=Live-Unterhaltung/Musik
P=preiswert
E=gehoben/exklusiv

Asiatische Restaurants

Golden Dragon (A), Tel. +968/24697374; 12–15 u. 19–23 Uhr. Konventionelle chinesische Speisekarte, Inneneinrichtung etwas altmodisch und dunkel, im Madinat-Qaboos-Einkaufszentrum.

Mumtaz Mahal (A, E), Tel. +968/ 24605907; 12–15 u. 19–24 Uhr. Das beliebteste und teuerste indische Restaurant der Hauptstadt (unbedingt reservieren), schön gelegen auf dem Hügel hinter dem Qurum-Naturpark.

Royal China, Tel. +968/24571339; 11–15.30 u. 18–24 Uhr. Etwas versteckt gegenüber dem Qurum Park liegendes Restaurant mit sehr umfangreicher Karte, aus

Am Strand von Qurum

der man beim Genuß eines grünen Tees und von Kimchi in Ruhe auswählen kann. Besonders empfehlenswert sind die ›RC special noodles‹.

Shiraz (A, E), Tel. +968/24560100-4508; 12–15 u. 19–23 Uhr. Opulent ausgestattetes Restaurant mit persischer Küche, ebenso opulente (und kostenfreie) Appetizer in Form von Käse, Brot und Salaten. Demgegenüber wirken die Hauptgerichte manchmal etwas farblos. Die Lage im Crowne Plaza Hotel beschert der Restaurant-Terrasse einen der wohl spektakulärsten Küstenpanorama-Blicke Muscats.

Arabische Restaurants

Automatic Restaurant (P), Tel. +968/24561500; 08–24 Uhr. Fast Food auf Libanesisch: Mezze (Vorspeisen), Salate, Gegrilltes und Meeresfrüchte, große Portionen zu günstigen Preisen, Rückseite Sabco Center Qurum (Kreuzung Al-Nahdhah St./Qurum St.) gegenüber dem Radisson Blu Hotel (Al-Khuwair, → S. 153).

Café Kargeen, Tel. +968/24699055, 99332323, Al Bashair Street, www.kargeencaffe.com; 7.30–01 Uhr. Uriges, stilistisch abwechslungsreich eingerichtetes Café-Restaurant mit einem einladenden tropischen Garten. Die meisten Gäste kommen hierher, um Wasserpfeife zu rauchen und abends zu speisen. Neben arabischen Gerichten (darunter Shoowah → S. 119) gibt es auch Burger, Pizza und Steak. 2009 und 2010 als bestes Restaurant des Mittleren Ostens ausgezeichnet.

Jenin (P), Tel. +968/24696049. Luftiges und geräumiges Restaurant mit traditioneller arabischer Küche (Kebabs und Grillgerichte), Sitzen an Tischen und auf bequemen Sofas, am Ramada Hotel/Sarooj-Kreisverkehr.

Le Mermaid Cafe (P), Tel. +968/24489007, 99274949; 11–02 Uhr. Ägyptische und libanesische Spezialitäten sowie Grill- und Fischgerichte, gleich neben dem Grand Hyatt Muscat.

Tché Tché, Tel. +968/24571313, Al Shatti Street, Qurum, www.tchetchecafe.com, 09–24 Uhr. Angeblich die besten Wasserpfeifen in Muscat, in Kombination mit einer großen Auswahl an frischen Salaten und Snacks sowie Grillgerichten.

Internationale Restaurants

Come Prima (E, A), Tel. +968/24660660; 19–23 Uhr. Gehobene italienische Küche, im Crowne Plaza gleich neben dem Restaurant Shiraz.

D'Arcy's Kitchen (P), Tel. +968/24600234; 09–23 Uhr. Gemütliches Café-Restaurant, ideal für Frühstück oder Brunch, vornehmlich europäische und amerikanische Snacks, aber auch Nudeln und andere vollwertige Gerichte, Shatti al-Qurum (Nähe InterContinental). Eine neuere Filiale mit noch größerer Speiseauswahl liegt in der Madinat Sultan Qaboos (Jawharat Al-Shati, Nähe Oman Museum).

Jean's Grill (P), Tel. +968/24560567; 08–24 Uhr. Preiswerte internationale Buffets (Suppen, Salate, Pasta, Grillfleisch, Fisch und Meeresfrüchte) in einem geräumigen, nüchternen Ambiente, im zweiten Stock des Sultan Center Qurum.

Mani's Gourmet Café, Tel. +968/24607015, +968/99335160; 07–21 Uhr, www.manisoman.com, im Einkaufszentrum neben dem InterContinental Hotel. Gutes Frühstück mit exzellenten Kaffeespezialitäten, leichte Snacks und Mittagessen; beliebt bei Expatriates und Frauen. Weitere Filialen in Baushar und Sohar.

O Sole Mio (E, A), Tel. +968/24601343; 12–15 u. 19–24 Uhr. Eines der besten italienischen Restaurants in Muscat mit einem großen und sehr guten Speisenangebot, schneller Service, Interieur leider etwas einfallslos; ebenfalls im Einkaufszentrum neben dem InterContinental Hotel.

Pavo Real (A, L), Tel. +968/24602603; 12–15 u. 18–24 Uhr, www.pavorealthemexican.com, mexikanische Küche, Themenabende (Karaoke Mo, Western Mi, Party Do); junges Publikum.

Slider Station, Tel. +968/24698990, 12.30–23 Uhr, im Oasis by the Sea, Shatti al-Qurum, www.sliderstation.com. Ausge-

▶ Karte S. 150

fallene Burger-Kreationen direkt am Meer. Der Laden im Industrie-Design ist bei jungen Omanis derzeit äußerst beliebt.

Tuscany (E, A), Tel. +968/24641234; 12–15.30 u. 19–23 Uhr, exquisite italienische Küche in einem Rausch aus Stuck und Marmor, höchst umfangreiche Weinkarte, im Grand Hyatt Muscat.

Zanzibar Island Restaurant, Tel. +968/24497783; 09–16 u. 18–23 Uhr,nahe der Porsche-Filiale in Ghubrah, preiswerte Küche mit großer Auswahl an ostafrikanischen Speisen, mit kleinem Außenbereich.

Chatime, Tel. +968/22005800; 12–23 Uhr, www.chatimecafe.com. Riesige Bandbreite an kalten und heißen Tees, Milk Shakes, Fruchtsäften und Smoothies. Filiale einer taiwanesischen Kette, nahe dem City Cinema in Shatti al-Qurum.

Chocomania Café, Tel. +968/24560989; 10–23.30 Uhr. Junges Café nicht nur für Chocoholics, Qurum Gardens Complex am Qurum Park.

Glacier, Tel. +968/98007111; 9.30–22 Uhr. Eines der ältesten Cafés der Hauptstadt, seit Mitte der 1990er Jahre berühmt für Waffeln und Eiscreme, führt außerdem Sandwiches und warme Speisen im Programm, Zakher-Einkaufszentrum, Al-Khuwair-Kreisverkehr.

Al-Ghazal Pub, Tel. +968/2468 0000; 12–01.30 Uhr (samstags geschlossen) Zweitältestes Pub der Hauptstadt, very british und gut besucht, Darts und Pool-Billard, Sportübertragung auf mehreren Bildschirmen, regelmäßige Quiz- und Bingo-Events, am Wochenende Live Rock, im InterContinental.

Copacabana, Tel. +968/24641234; 22–03 Uhr. Streetparty-Feeling à la Karneval in Rio, Musikmischung aus Latin, R'n'B, Hip-Hop und Techno, diverse Themen-Events, im Grand Hyatt Muscat.

Duke's Bar, Tel. +968/24660660; 12–01 Uhr. Bei britischen Expats beliebte Hotelbar mit dem wahrscheinlich größten Bierangebot des Landes und monatlich wechselndem Menue, im Crowne Plaza Hotel.

John Barry Bar, Tel. +968/24641234; 14–02 Uhr. Ruhige Pianobar im Stil eines Schiffes, mit Terrasse, Speisen und Snacks etwas überteuert, im Grand Hyatt Muscat.

Rock Bottom Cafe, Tel. +968/24564443; 12.30–15 Uhr u. 19–03 Uhr. Live-Rock-Location und Steak-Bar mit Kneipen-Interieur und Harley Davidson, im Ramee Guestline Hotel, Qurum Beach.

The Bank, Tel. +968/24693699; 18–24 Uhr, stilvoller Nachtclub mit Chrom-Glas-Interieur und Außengelände mit Blick über den Qurum-Park, neben dem Mumtaz Mahal.

Safari Bar, Tel. +968/24641234; 18–03 Uhr. Ostafrikanische Rhythmen live, im Grand Hyatt Muscat.

Trader Vic's, Tel. +968/2468 0080; 18–02 Uhr. Restaurant-Bar mit guten Cocktails, Live-Band, kleine Tanzfläche und Außenbereich, im InterContinental.

Ausstellungszentrum Öl und Gas (Petrol Exhibition Center), Tel. +968/24677834; Sa–Mi 07–12 u. 13–15.45 Uhr sowie Do 08–12 Uhr. Interaktiver Rundgang durch die Geschichte des omanischen Öls, Sayh al-Malih St. (gleich neben Tor 2 zum Raffineriegelände Mina al-Fahal), Eintritt frei.

Bait Adam, Tel. +968/24605013; Sa–Mi 09–13 Uhr u. 16–19 Uhr. Sehenswerte Privatsammlung zur Geschichte Omans, Madinat Sultan Qaboos; Eintritt 5 OMR.

Children's Museum, Tel. +968/24605368; Sa–Do 09–13 u. 16–19 Uhr. Naturwissenschaften interaktiv erleben, am Sultan Qaboos Highway gleich neben dem Amphitheater am Qurum-Park (Beschilderung ›Amphitheatre‹ folgen); Eintritt 500 Bs.

Planetarium, Tel. +968/24675542. Gleich neben dem Ausstellungszentrum Öl und Gas (s.o.), Voranmeldung erforderlich, Eintritt frei.

Royal Opera House Muscat, Tel. +968/ 24403300; Besichtigungen 8.30–10.30 Uhr. Tickets via www.rohmuscat.org.om, am Sultan Qaboos Highway (südlich des Hotels InterContinental), Shatti al-Qurum.

Qurum Park (Qurum Natural Park), öffentliche Parkanlage; 15–22 Uhr (am Wochenende 9–22 Uhr, montags nur für Familien), 5 ha großer See (Bootsverleih) mit 30 m hoher Fontäne, ausgedehnte, Grünflächen mit breiten Wegen und diversen Kinderspielplätzen, Marah-Land (Vergnügungspark, abends geöffnet, Eintritt 1500 Bs, Fahrgeschäfte kosten extra).
Qurum Equestrian School, Tel. +968/ 99422401. Mehr als 40 Pferde und Ponys für Trainingseinheiten aller Niveaus, Trainer verschiedener Nationalitäten, im Qurum Park.

Das Tragen von Badebekleidung ist in Oman nur an offiziellen oder zu den Hotels gehörenden Stränden gestattet. Omanis suchen die Strände gern zum Picknicken und für Barbecues auf.
Strand Shatti al-Qurum, öffentlich zugänglich, liegt im Herzen der touristisch erschlossenen Strandzone der Hauptstadt. Badekleidung erlaubt, Palmen sorgen für Schatten, diverse Picknick-Plätze. Bei Ebbe kann man eine rund vier Kilometer lange Strandwanderung vom östlichen Ende am Crowne Plaza bis zum Diplomatenviertel unternehmen (vorbei an den Hotels InterContinental und Grand Hyatt).

Al-Khuwair und die westlichen Stadtteile

Das Gebiet westlich von Qurum bis zum internationalen Flugplatz hat während der vergangenen Jahre enorme Veränderungen erlebt – ein Prozess, der bei weitem noch nicht abgeschlossen ist. Immer neue Viertel werden auf dem Reißbrett geplant und zügig erschlossen, um mit der steigenden Einwohnerzahl Schritt zu halten.

Die Wohnsiedlung **Madinat al-Sultan Qaboos**, unter Hauptstädtern gewöhnlich als MQ abgekürzt, befindet sich von Qurum kommend in leicht erhöhter Lage linker Hand der Sultan Qaboos Street und erfreut sich besonders bei Arbeitskräften aus dem Westen großer Beliebtheit. Al-Khuwair, dessen vier kleeblattförmig angeordnete Siedlungskomplexe bei Baubeginn noch am Rand des städtischen Erschließungsraums lagen, ist mittlerweile in dessen Zentrum gerückt. Der Teil Al-Khuwairs nördlich der Sultan Qaboos Street beherbergt das neue **diplomatische Viertel** (die deutsche Botschaft residiert noch in Ruwi) und eine imposante Reihe strahlend weißer Ministerien. Deren östlichen Abschluss bildet das Ministerium für Kulturangelegenheiten (Ministry of National Heritage and Culture).

Auf demselben Grundstück steht das **Museum für Naturkunde**, das einen guten Überblick über Versteinerungen und andere geologische Besonderheiten Omans bietet. Außerdem haben Besucher hier wahrscheinlich die einzige Gelegenheit, einen Leoparden zu sehen – in ausgestopfter Form. Mit anderen präparierten Wildtieren illustriert er die Fauna Omans. Einen Teil der charakteristischen Flora – darunter Weihrauchbäume und Hennasträucher – hält ein kleiner **botanischer Garten** bereit. Zu den eindrucksvollsten Objekten des Hauses gehört das Skelett eines 14 Meter langen, ehemals bei Barka gestrandeten Pottwals.

Südlich von Al-Khuwair und jenseits des Expressway erstreckt sich das neue Siedlungsgebiet von **Bawshar,** das in die Dörfer Al-Fath und Sayh Ramdah übergeht.

▲ Karte S. 157

In Sayh Ramdah erinnert das restaurierte **Wohnfort Bait al Makham** aus der Wende zum 20. Jahrhundert an die Zeit, als sich die Stämme Inner-Omans wiederholt gegen den Sultan erhoben. Der Rückweg über die Bawshar Street führt nach Al-Ghubrah, ein ausgedehntes Wohnviertel westlich von Al-Khuwair, dessen Strand seit 2005 das bereits mehrfach ausgezeichnete Designerhotel The Chedi Muscat ziert. Noch weiter im Westen folgt die jüngste Erweiterung Muscats, Al-Udhaybah (auch als Azaiba bezeichnet), im Süden flankiert von Ghala mit seinem

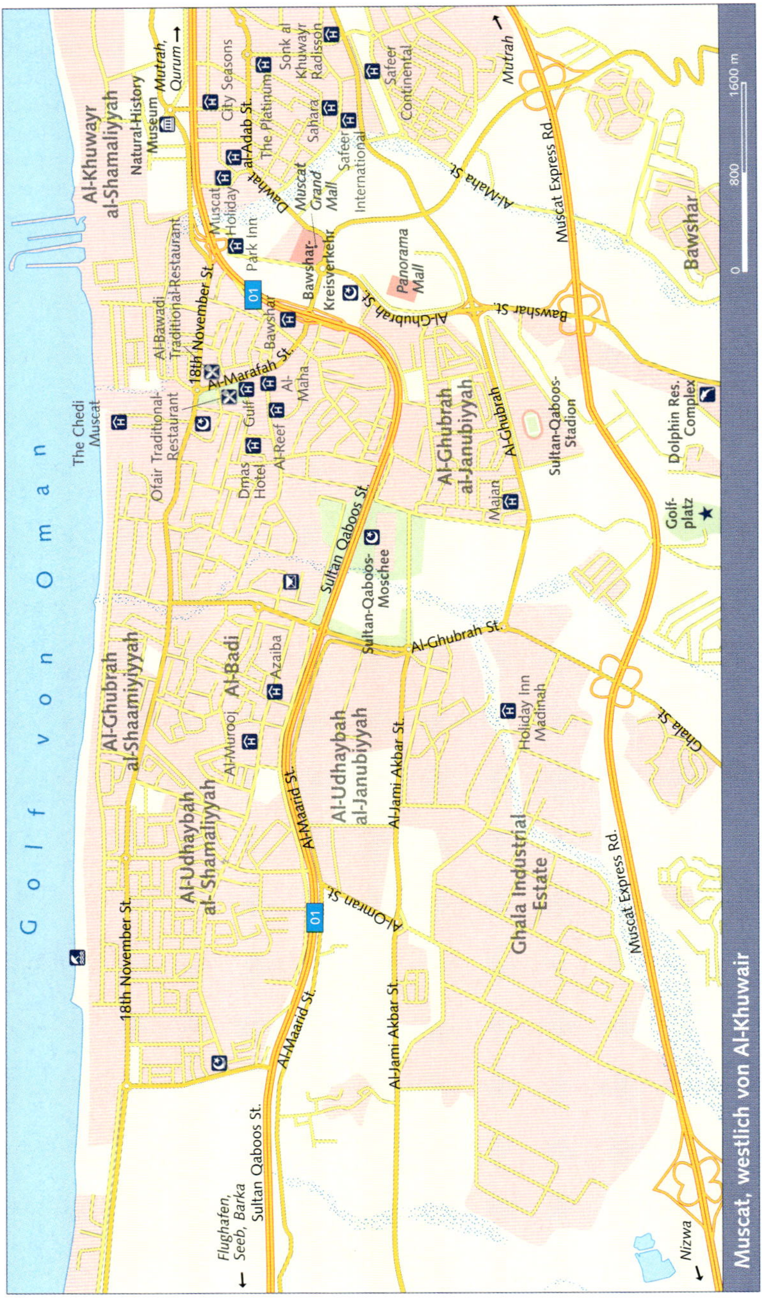
Golf von Oman
Al-Khuwayr al-Shamaliyyah
Natural-History Museum
Mutrah, Qurum →
The Chedi Muscat
Al-Bawadi Traditional-Restaurant
Ofair Traditional-Restaurant
18th November St.
Al-Marafah St.
Muscat Holiday
City Seasons
al-Adab St.
The Platinum
Souk al Khuwayr
Radisson
Sahara
Dawhat
Muscat Grand Mall
Safeer International
Safeer Continental
Park Inn
Bawshar-Kreisverkehr
Bawshar
Al-Maha
Gulf
Al-Reef
Dmas Hotel
Panorama Mall
Al-Ghubrah St.
Bawshar St.
Al-Maha St.
Muscat Express Rd.
Mutrah →
Bawshar
Al-Ghubrah al-Janubiyyah
Al-Ghubrah
Majan
Sultan-Qaboos-Stadion
Dolphin Res. Complex
Golfplatz
Sultan Qaboos St.
Sultan-Qaboos-Moschee
Al-Ghubrah St.
Al-Ghubrah al-Shaamiyiyyah
Al-Badi
Azaiba
Al-Murooj
Al-Udhaybah al-Shamaliyyah
Al-Maarid St.
Al-Udhaybah al-Janubiyyah
Al-Jami Akbar St.
Holiday Inn Madinah
Ghala St.
Ghala Industrial Estate
Muscat Express Rd.
Al-Omran St.
01
18th November St.
Al-Maarid St.
Al-Jami Akbar St.
← Flughafen, Seeb, Barka
Sultan Qaboos St.
← Nizwa
0 800 1600 m
Muscat, westlich von Al-Khuwair

ausgedehnten Gewerbegebiet und den daran anschließenden Wohnsiedlungen von Al-Ansab. Besucher, die vom Flughafen aus diese Stadtteile durchfahren, passieren unweigerlich die grandiose Sultan-Qaboos-Moschee gleich rechts neben dem Highway.

Sultan-Qaboos-Moschee

Omans Hauptstadt wächst und wächst, jedoch stets in geordneten Bahnen. Ein besonders augenfälliges Beispiel dafür ist die Sultan-Qaboos-Moschee. Die sorgfältige Komposition des Bauwerks beginnt schon mit der akribischen Anlage des umgebenden Parkareals: Jeder Strauch, jede Palme, jedes abgezirkelte Beet hat seinen unverrückbaren Platz. Darüber, auf einem Sockel, thront die Moschee: die äußeren Galerien in rotem Sandstein, der eigentliche Baukörper mit weißen Marmorplatten getäfelt. 20 000 Gläubige kann das Gotteshaus in seinen Mauern aufnehmen. Seine fünf Minarette, deren höchstes gut 90 Meter misst, versinnbildlichen die fünf Säulen des Islam. Dass diese Moschee ihre Tore auch für Nichtmuslime öffnet, passt zu dem Anspruch Sultan Qaboos', den Kulturaustausch zu fördern, und entspricht zugleich der multikulturellen Natur der Omanis. Die zunehmende Zahl westlicher Besucher nimmt das Angebot dankend an.
Kaum jemand lässt es sich entgehen, einen Blick in die große **Gebetshalle** zu werfen. Weißer Marmor in verschwenderischer Fülle, filigrane Kachelmosaiken, vergoldete Holzdecken in der Tradition der Versammlungsräume omanischer Forts, eine üppig mit Arabesken verzierte Gebetsnische und über allem eine 50 Meter hohe Kuppel, deren floral dekorierte Fenster in den zartesten Farbtönen leuchten: Der ganze Saal zeigt keine einzige Fläche, die nicht durch kostbare Materialien oder Ornamente geadelt würde. Für Aufsehen sorgt der 14 Meter hohe und acht Meter breite zentrale Kristallleuchter, der eine Zeit lang als der größte der Welt galt. Er hängt über einem 60 mal 70 Meter großen Teppich, an dem angeblich 600 Iranerinnen vier Jahre lang geknüpft haben und der ebenfalls beispiellos war. Beide Rekorde hat die Sheikh-Zayed-Moschee in Abu Dhabi 2007 übertroffen. Das ändert jedoch nichts an der herausragenden Qualität der omanischen Objekte. Insbesondere der 21 Tonnen schwere Teppich mit seinen Millionen von Knoten und den feinen, meist aus Pflanzen extrahierten Farben steht für höchste Handwerkskunst. Sechs Jahre nahm die Bauzeit der Großen Moschee in Anspruch. Am 4. Mai 2001 weihte Sultan Qaboos sie persönlich ein. Die goldene Kuppel mit der kunstvoll durchbrochenen Marmorkappe ist längst ein Wahrzeichen der Stadt geworden.

The Wave

Auf einem sechs Kilometer langen Küstenstreifen in unmittelbarer Nachbarschaft des internationalen Flughafens entsteht seit 2006 ›The Wave Muscat‹. Das bereits weitgehend fertig gestellte Megaprojekt verfolgt das Konzept einer gemischten Wohn- und Urlaubsstadt,

Im Naturkundemuseum

Die Sultan-Qaboos-Moschee

in der erstmals auch Nicht-Einheimische eine Immobilie im Sultanat erwerben können. Die künstliche Insel samt Strandanlage bedeckt eine Fläche von 2,5 Millionen Quadratmetern. Den Kern bildet der Yachthafen **Almouj Marina** mit 400 Liegeplätzen und hochwertigen Einkaufsmöglichkeiten. Dazu kommen 4000 Villen und Apartments, vier Luxushotels – darunter ein Kempinski, das allerdings erst 2016 in Betrieb gehen soll – sowie ein meisterschaftstauglicher 18-Loch-Golfplatz. ›The Wave Muscat‹ wirbt für sich als das ›neue Herz von Muscat‹.

Khuwair und westliche Stadtteile

The Chedi*****, Tel. +968/24524400, www.chedimuscat.com, reservation@chedimuscat.com. Preisgekröntes Luxushotel direkt am Strand von Ghubra, mit seinem schlichten Edel-Design das Gegenprogramm zum barock überladenen Grand Hyatt Muscat; DZ ab 220 Euro.

City Seasons Hotel Muscat****, Al Sultan Qaboos Street, Tel. +968/24394800; info@cityseasonsmuscat.com, www.cityseasonsmuscat.com. Gutes und preiswertes Mittelklassehotel, das mit seiner Lage am Sultan Qaboos Highway einen guten Ausgangspunkt zur Erkundung der Hauptstadt bietet; DZ ab 100 Euro.

Golden Tulip Seeb****, Tel. +968/24514444, www.goldentulipseeb.com, rm@goldentulipseeb.com. Preiswertes, etwas abgewohntes Flughafenhotel mit guter Anbindung durch einen kostenlosen Flughafen-Shuttle; DZ ab 80 Euro.

Park Inn****, Tel. +968/24507888, www.parkinn-muscat.com. Gutes Mittelklassehotel mit geräumigen, modern eingerichteten Zimmern, am Sultan Qaboos Highway in Al-Khuwair; DZ ab 125 Euro.

Radisson Blu Hotel****, Tel. +968/24487777, www.radissonblu.com, reservations.muscat@radissonblu.com. Modernes Komfort-Hotel, gepflegte Zimmer mit gut isolierten Fenstern, Gartenanlage mit großem Pool, gegenüber dem Al-Khuwair Park, gute Verkehrsanbindung durch Lage an Autobahnausfahrt; DZ ab 110 Euro.

Safeer Hotels****, Tel. +968/24479957, www.safeerhotels.com; unter diesem Namen laufen drei preiswerte Häuser der unteren Mittelklasse im Umkreis des Radisson Blu; DZ ab 60 Euro:

Safeer International, Al-Kuleiah Street, sih@safeerhotels.com, Tel. +968/24473900,

Safeer Continental, Al-Maha Street, sch@safeerhotels.com, Tel. +968/24471111.

▶ Karte S. 158

Safeer Hotel Suites, Al-Khuwair Kreisverkehr, shs@safeerhotels.com.

The Platinum Hotel****, Tel. +968/24392500, www.theplatinumoman.com, info@theplatinumoman.com. Neues Mittelklassehotel, ›Bügeleisenhaus‹ im Stil eines Schlosses mit Zinnenbekrönung, Zimmer mit arabischer Deko, Nähe Al-Khuwair Park; DZ ab 120 Euro.

Dmas Hotel***, Tel. +968/24614400, www.dmasho tel.com, info@dmashotel.com. Ordentliches Hotel für Preisbewusste, ruhige Lage in einem Wohnviertel in Al-Ghubrah; DZ ab 80 Euro.

Eastin Residences Muscat***, Tel. +968/24429300, (Nähe Tankstelle Al-Maha), www.eastinhotelsresidences.com, reserve @eastinmuscat.com. Modern eingerichtete Zimmer mit Kochnische, Strandnähe (eher zum Joggen als zum Baden), 20 Autominuten zum Flughafen, etwas abgelegen, Parkplätze und WLAN kostenlos; DZ ab 60 Euro,

Holiday Hotel***, Tel. 24487123, www.holidayhotelsoman.com, ordentliches Mittelklassehotel mit recht großzügigem Pool; DZ ab 130 Euro

Ibis Muscat***, Tel. +968/24489890, www.ibishotel.com. Verkehrsgünstig an der Dohat al-Adab St. gelegenes neues Mittelklassehotel mit der bewährten Ibis-Ausstattung; DZ ab 95 Euro.

Tulip Inn***, Tel. +968/24471500, www.tulipinnmuscat.com, reservations@tuli pinnmuscat.com. Freundliches, zentral gelegenes Stadthotel in Khuwair, auch gut für Familien geeignet, in der Nähe der Al-Zawawi-Moschee; DZ ab 75 Euro.

Waves International Hotel***, Tel. +968/24486999, Dohat Al Adab St., Al-Khuwair, www.wavesinternationalhotel.com. Solides Mittelklassehotel, wie das Ibis Muscat verkehrsgünstig an der Dohat al-Adab St. in Al-Khuwair gelegen; DZ ab 75 Euro.

Samara Hotel**, Tel. +968/24481666, www.samara hoteloman.com, reservation@samarahoteloman.com. Einfach, sauber, zentrale Lage in Al-Khuwair; DZ ab 65 Euro.

Villa Behly's, Tel. 93356310, www.behlys.com, behlys.g.h@gmail.com, in Athaiba in Strandnähe, 6 Zimmer; DZ ab 100 EUR.

A=Alkoholausschank
L=Live-Unterhaltung/Musik
P=preiswert
E=gehoben/exklusiv

Arabische Restaurants

Al-Angham (E), Tel. +968/22077777, www.alanghamoman.com. Eines der exklusivsten Restaurants des Landes mit exzellentem Service und typisch omanischen Gerichten, darunter Qabuli, Arsiah und Kabuli. Unbedingt reservieren. Im Royal Opera House

Al-Bawadi Traditional Restaurant, Tel. +968/24601273; 12–16 u. 18.30–24 Uhr. Omanische Küche, in einem Wohnviertel in Al-Ghubrah nicht weit vom Dmas Hotel.

Bin Ateeq, Tel. +968/24478225; 9–02 Uhr. Traditionell omanisches Restaurant, das vor allem von Einheimischen frequentiert wird, vielleicht weil die einfache Ausstattung, das Sitzen auf dem Boden und das Essen von großen Platten in abgetrennten Räumen ausländische Gäste abschreckt. Dafür ist das Essen von guter Qualität und besonders authentisch (z. B. Gerichte wie Hareis oder Shoowah → S. 119). Al-Khuwair St., schräg gegenüber dem City Seasons Hotel.

Ofair Restaurant, Tel. +968/24482965; 12–22 Uhr. Traditionell omanisch, wie im Bin Ateeq kommen die Gerichte auf großen Platten und werden auf dem Boden serviert,im selben Wohnviertel in Al-Ghubrah wie das Dmas Hotel.

Olivos (A), Tel. +968/24487777; 6.30–24 Uhr. Hotelrestaurant im Radisson Blu mit umfangreichem Buffet, Gartenareal, donnerstags BBQ-Buffet mit freier Nutzung des Hotel-Pools bis 22 Uhr, freitags Sekt-Brunch (unbegrenzter Sektnachschub im Preis inbegriffen).

Semsom Restaurant, Tel. +968/24398718; 13–22 Uhr. ›Lebanese Cuisine with a Twist‹ ... sehr trendy! In der Muscat Grand Mall, Level 1.
Turkish House Restaurant, Tel. +968/2448 8071; 11–01 Uhr. Gut besuchtes Lokal, serviert werden vor allem Grillspezialitäten und Fisch, zentral in Khuwair an der Dohat al-Adab St. gelegen.
Ubhar Restaurant (A, E), Tel. +968/ 24699826, www.ubharoman.com; 12.30–15.30 u. 18.30–23 Uhr. Omanische Küche in modern-orientalischem Ambiente. In der Bareeq al-Shatti Mall.

Asiatische Restaurants

Begum's (P), Tel. +968/93070808, samstags Brunch (10–12 Uhr). Indische ›Mughlai cuisine‹; derzeit ein bei Indern in Muscat sehr beliebtes Restaurant auf der Al Khuwair Street nahe der Zawawi-Moschee.
Grand Lounge, Tel. +968/24391681; 09–24 Uhr. Ofenfrisches Pide, Kebabs und andere typisch türkische Gerichte professionell zubereitet und serviert. Nahe dem Ibis Hotel in Al Khuwair.
The Great Kabab Factory (P), Tel. +968/ 24478373, Al Kuleiyah St. nahe den Safeer Hotels; 12–15 Uhr u. 19–24 Uhr. Geräumiges indisches Restaurant, das eine Auswahl an Kebabs in unbegrenzter Menge serviert, ordentliche Qualität, gutes Preis-Leistungs-Verhältnis, sehr guter Service.
Yellow Chilli Muscat, Tel. +968/24541717 (im Al Mouj) u. +968/24582588 (Panorama Mall, al-Ghubrah Street), www.theyellowchilli.me. Zwei Filialen der indischen Sanjeev-Kapoor-Kette, die schmackhafte indische Fusion-Küche zubereiten. Meist brechend voll!

Internationale Restaurants

Al-Aktham (P), Tel. +968/2448 9292; 12–15 u. 18–23 Uhr. 1984 gegründetes, traditionsreiches Restaurant mit umfangreicher Speisekarte und qualitätvoller Küche. Serviert werden über 300 Gerichte arabischer, indischer, chinesischer und kontinentaler Provenienz. Al-Khuwair, nicht weit vom City Seasons Hotel.
The Beach Restaurant (A, E), Tel. +968/ 24524343; 19–22.30 Uhr; Do. u. Fr. bis 23 Uhr; Sept–Mai. ›Dining with a view‹ in edlem Ambiente direkt am Strand vor dem Luxushotel The Chedi. Spezialisiert auf Fischgerichte. Kurze Hosen und Sandalen sind selbstverständlich ein no-go. Unbedingt vorreservieren.

Churchill's, Pub im englischen Stil im Hotel Muscat Holiday, Tel. +968/2439 9100; 12–15 u. 18–23 Uhr, Khuwair (Nähe Al-Zawawi-Moschee).
O'Malleys, Tel. +968/24487777, im Radisson Blu. Irish Pub, urige Atmosphäre, tagsüber Sportübertragungen, ab 21 Uhr Live-Musik.

Naturkundemuseum (Natural History Museum), Tel. +968/24641510; Sa–Mi 08–13.30, Do 09–13 u. So 16–18 Uhr, Khuwair (auf der Nordseite des Sultan Qaboos Highway gegenüber Eisbahn und Al-Zawawi-Moschee). Kleines Museum zu Flora und Fauna Omans einschließlich Fossilien, Eintritt 500 Bs.
Sayyid Faisal bin Ali Museum, Tel. +968/24641650; Sa–Mi 08–14 Uhr, gegenüber dem Naturkundemuseum. Alles über Forts und Waffen, Eintritt frei.
Sultan Qaboos Grand Mosque; Sa–Mi 08–11 Uhr, meist auch Do, auch für Nichtmuslime (nicht aber Kinder) zugänglich.
Der **Botanische Garten** westlich der Stadt am Fuß des Hajar-Gebirges soll mit 420 ha einmal der größte botanische Garten der Arabischen Halbinsel werden, befindet sich augenblicklich jedoch noch in der Entstehungsphase und ist daher nicht zugänglich.

Al-Khuwair Ice Skating Center, → S. 173
Almouj Golf, → S. 173.

▶ Karte S. 157, 158

Fischerorte und Buchten im Südosten

Die Gebirgsregion südlich der Altstadt von Muscat gehört noch zur Capital Area, ist aber nur sehr dünn besiedelt. Die wenigen Küstenorte waren in der Vergangenheit oft nur per Boot oder allenfalls über Bergpisten erreichbar. Mittlerweile jedoch ist die touristische Erschließung in vollem Gange. Eine asphaltierte Küstenstraße führt via Al-Bustan nach Qantab und in die Al-Jissah-Bucht. Parallel dazu verläuft die aus Ruwi kommende Yiti Street bis Al-Sifah. Beide Strecken gewähren unterwegs spektakuläre Blicke auf die zerklüftete Küste und ihre kleinen Buchten.

Sidab und Bandar Rawdah

Nur einen Kilometer südlich von Muscat schmiegt sich das alte Fischerdorf Sidab mit seinem kleinen Hafen in eine felsige Bucht. Gleich darauf folgen – jeweils eigene Buchten besetzend – der Ort Harامel und der Yachthafen der Hauptstadt. Letzterer ist ein Stück weiter südlich um die **Marina Bandar Al-Rowdha** erweitert worden, von der Straße aus gut erkennbar an ihrer geschwungenen Mole. Der Freizeithafen besitzt ein Fischrestaurant und ein **Tauchzentrum**, das neben sportlichen Angeboten auch Bootsfahrten zur Wahl- und Delfinbeobachtung im Programm hat. Überdies findet sich hier das **Zentrum für Meereskunde und Fischerei** (Marine Science & Fisheries Centre), das die nachhaltige Nutzung der Küstengewässer erforscht. Ein kleines öffentliches **Aquarium** (mit bemerkenswerten Wandbildern) informiert über die lokale Meeresfauna.

Den folgenden Kreisverkehr schmückt die ›**Sohar**‹, der originalgetreue Nachbau eines alten arabischen Segelschiffes, dessen Planken mit Kokosfäden statt mit Nägeln zusammengehalten werden. Zum Beweis der Hochseetüchtigkeit dieser traditionellen Bauweise segelte der Ire Timothy Severin 1980 mit der ›Sohar‹ von Oman nach China. Noch bis vor kurzem stand die Dhau recht verloren in der Landschaft. Nun hat sie eine

Das Hotel Sifawy liegt an einer privaten Marina

Fischerorte und Buchten im Südosten

enorme Aufwertung erfahren, liegt sie doch genau in der Flucht des Eingangs zum brandneuen Gebäudekomplex des **Omanischen Rates** (Majlis Oman) gleich nebenan. Seit der Eröffnung der repräsentativen Anlage im November 2012 tagt hier die omanische Volksvertretung aus Ober- und Unterhaus (Majlis al-Dawla und Majlis al-Shura).

In der entgegengesetzten Richtung sind an der Küste die massiven Umrisse des **Al Bustan Palace Hotel** zu sehen. Das derzeit von der Ritz-Carlton-Gruppe geführte Haus begann seine Karriere 1985 als Konferenzzentrum und galt anschließend in Oman und der gesamten Golfregion als Inbegriff eines Luxushotels. Mittlerweile ist der klotzige Achteckbau, der an die arabische Version eines Star-Trek-Raumschiffes erinnert, etwas aus der Zeit gefallen. Das sollte jedoch niemanden daran hindern, einen Blick in die Lobby zu werfen, deren zentraler gläserner Brunnen von einer Halle pharaonischen Ausmaßes gerahmt wird.

Qantab und Bandar Jissah

Die Qantab Road verbindet Al-Bustan mit dem Fischerort Qantab und führt weiter zu der malerischen Bucht von Bandar Jissah. Deren Strände rahmen weit ins Wasser ragende Felsen, die im Wasser kleine Inseln bilden. Einen der Strände nutzt das **Oman Dive Cente**r für seine Tauchschule. Die südlichste Landzunge, die in einem natürlichen Felsentor ausläuft, besetzt seit 2006 das **Shangri-La's Barr Al Jissah Resort and Spa**, dessen leider privatisierter Strand zwischen November und März von Karettschildkröten zur Eiablage aufgesucht wird.

Al-Sifah

Noch rund 20 Kilometer folgt die gewundene Yiti Street der zerklüfteten Küste Richtung Süden. Teilweise verläuft sie mehr im Landesinneren, teilweise tritt sie unmittelbar ans Meer heran und führt in der Gegend von Bandar al-Khayran streckenweise an Mangroven entlang. Der Fischerort Al-Sifah liegt am Ausgang eines recht breiten Wadis und verfügt über einen ausgedehnten Strand. Etwa einen Kilometer weiter südlich ist in den letzten Jahren eine neue Freizeit- und Urlaubsanlage mit einer Marina und mehreren Hotels entstanden. Hier endet zugleich die Asphaltstraße.

Buchten im Südosten

Al Bustan Palace*****, Tel. +968/24799666, PO Box 1998, Mutrah 114, www.albustanpalace.com, albustan@ritzcarlton.com. Luxushotel der Extraklasse in 1980er-Jahre-Ästhetik (frisch renoviert) mit imposanter Kuppelhalle, ausgezeichnet durch seine Lage in einer kleinen, von Felsen gesäumten Bucht, modern ausgestattete Zimmer, 4 Restaurants, 5 Außenpools, 1 km langer Privatstrand mit Kajaks und Schnorchelausrüstung zur Benutzung, Gartenanlage; DZ ab 210 Euro.

Shangri-La's Barr Al Jissah Resort and Spa*****, Tel. +968/24776666, www.shangri-la.com/muscat/barraljissahresort. Spektakulär in einer Felsbucht gelegenes und in die Felsen hinein gebautes Luxus-Resort. Der Komplex besteht aus drei Hotels mit jeweils zugehörigen Pools und privaten Stränden, verfügt über einen ausgedehnten Wellness-Bereich und 8 Restaurants; DZ ab 220 Euro (Al-Waha) bzw. 240 Euro (Al-Bandar) bzw. 260 Euro (Al-Husn).

Sifawy Hotel****, Tel. +968/24749111, PO Box 1719, Jebel Sifah, Muscat PC 130, www.sifawyhotel.com, reservations@sifawyhotel.com. Komfortables Hotel im neu angelegten Resort Jebel Sifah an einer künstlich angelegten Hafenbucht, modernes Farbdesign, 45 Autominuten nach Muscat, kostenloser Transfer zum 55 km entfernten Flughafen Muscat; DZ ab 190 Euro.

A=Alkoholausschank
L=Live-Unterhaltung/Musik
P=preiswert
E=gehoben/exklusiv

Al-Khiran (A, E), Tel. +968/24799666; Frühstück 07–11 Uhr, Themendinner 6.30–22.30 Uhr, im Al Bustan Palace. Restaurant mit einzigartigem Meerblick, kontinentale Küche, freitags umfangreiches Brunch-Buffet.

Asia, (A, E), Tel. +968/24776565; 17–23 Uhr, im Hotel Shangri La Barr Al Jissah. 2012 eröffnetes, sehr geräumiges Restaurant mit japanischer, chinesischer, thailändischer und malayischer Küche, sehr gute Qualität, trotz der Vielfalt der Speisen übersichtlich gestaltetes Menü, aufmerksamer Service.

Blue Marlin (A, P), Tel. +968/2474 0038; 8.30–23 Uhr. Fischrestaurant mit einfachen, aber guten Fischgerichten, Poolbenutzung für Restaurantbesucher gratis, schöner Blick über die Marina Bandar Al Rowdha (von Muscat kommend eine Bucht vor dem Hotel Al Bustan Palace).

Surf Café und **Zafran Café**, beide im Hotel Shangri La Barr Al Jissah, Tel. +968/2477 6565; 11–22 Uhr (Surf Café) bzw. 10–24 Uhr (Zafran Café). Snacks und leichte Mahlzeiten, das Surf Café dient auch als Internetcafé.

The Long Bar & Zyro, Tel. +968/24776565; 18–2 Uhr. Cocktails im Lounge-Ambiente, im Hotel Shangri La Barr Al Jissah.

Zentrum für Meereskunde und Fischerei (Marine Science & Fisheries Centre), Tel. +968/24740061, oberhalb der Marina Bandar Al Rowdha (von Muscat kommend eine Bucht vor dem Hotel Al Bustan Palace); Sa–Mi 8–14 Uhr, Do 8–13 Uhr, Fr 15–18 Uhr, Eintritt frei. Ozeanologisches Institut mit kleinem Aquarium zur Fauna der omanischen Küstengewässer (darunter auch Meeresschildkröten). Das Aquarium ist sozusagen ein Nebenprodukt der wissenschaftlichen Forschungen des Instituts und daher mit ähnlichen Einrichtungen andernorts nicht zu vergleichen.

Die Hotels Al Bustan Palace, Shangri-La's Barr Al Jissah Resort und Sifawy Hotel bieten eine breite Auswahl an Sport- und speziell Wassersport-Aktivitäten.

Gulf Leisure, Tel. +968/7443463415; 9–20 Uhr, www.gulfleisure.com. Bietet neben Ausflügen in die Wüste und einer meist sportlichen Erkundung der Berge (Caving, Canyoning, Mountain Biking, Trekking) alle Arten von Wassersport und Küstenfahrten an, darunter Delfin- und Walbeobachtung, Ausflüge im Glasbodenboot, Scuba Diving und Schnorcheln.

Marina Bandar Al Rowdha, Tel. +968/24737286, Marina Bandar Al Rowdha (von Muscat kommend eine Bucht vor dem Hotel Al Bustan Palace), PO Box 940, PC 100, Muscat, www.marinaoman.net. Ausgangspunkt eines umfangreichen Boots- und Wassersportangebots, darunter eine Tour mit einem sog. Semi-Unterseeboot, in dem die Passagiere in einem klimatisierten verglasten Panoramaraum unterhalb der Wasseroberfläche sitzen.

Oman Dive Center, Tauchbasis unter deutscher Leitung, einfache Bungalows, Fahrzeit zu Tauchplätzen 5 min bis 1,5 h, in der Bucht des Shangri-La's Barr Al Jissah Resort and Spa, ca. 45 Autominuten vom Flughafen, Taucher aus anderen Hotels in Muscat werden kostenlos abgeholt, Tauchgenehmigung 3 OMR pro Person und Tag, www.omandivecenter.com.

Weitere **Tauchbasen** (geführt von Extra Divers) befinden sich im Hotel Shangri La und Sifawy Boutique: www.extradivers-worldwide.com

▶ Karte S. 164

Informationen Muscat und die Hauptstadtregion

Polizei

Royal Oman Police: Tel. +968/24560021; am Qurum-Kreisverkehr.
Verkehrspolizei: Tel. +968/24560099.
Telefonnotruf: Polizei u. Feuerwehr, Tel. +968/9999.

Post

Muscat: Barid Street am Bab Kabir (außerhalb der Stadtmauern); Sa–Mi 8–13.30 u. 15.30–18 Uhr, Do u. Fr 9–11 Uhr.
Ruwi: Hauptpostamt, am Omantel-Turm; Sa–Mi 8–14 u. 15.30–17.30 Uhr, Do u. Fr 8–11 Uhr. Postamt Al-Nahdha Street, am Hamriyah-Kreisverkehr; Sa–Mi 7.30-21 Uhr, Do u. Fr 8–11 Uhr.
Qurum: Im Al-Harthy Commercial Centre; Sa–Mi 7.30–14.30 u. 19–21 Uhr.
Mina al-Fahal: Seih al-Malih Street in der Nähe der General Technical Library; Sa–Mi 8–14 Uhr, Do 8–11 Uhr.
Madinat Qaboos: Neben der Oman-Oil-Tankstelle beim British Council; Sa–Mi 8–14 Uhr.
Seeb: Hauptpostamt der Capital Area gegenüber dem Flughafen; Sa–Mi 8–15 u. 17–24 Uhr, Do 8–11 Uhr.

Kurierdienste

EMS (Express Mail Service), in allen Postämtern.
DHL, Tel. +968/24563599, Wattayah.
Federal Express, Tel. +968/24793311, Sinaw House gegenüber vom Al-Nahdhah Hospital, Ruwi.
TNT, Tel. +968/24605155.

Bank und Geldwechsel

Große Hotels haben meist Wechselschalter, allerdings zu schlechteren Kursen als die Banken und Wechselstuben.
Fast alle Banken haben ihre Hauptfilialen im **Ruwi/Mutrah Business District.** Außerdem gibt es in vielen der **Einkaufzentren** Banken. Kleine **Wechselstuben** findet man im Mutrah Souq, in der Ruwi Souq Street sowie in den Einkaufszentren.
Mustafa and Jawad Exchange Co., Tel. +968/24707025; in Ruwi gegenüber vom O.C. Center am Ruwi Kreisverkehr; in Mutrah an der Corniche.
Hamdan Exchange, Tel. +968/24791801; Ruwi Souq Street.

Internet

Alle größeren Hotels bieten Internetzugänge an.
Qurum: Cyberworld, Tel. +968/24566740, im Alasfoor Plaza, beim Sabco Centre.
Weitere kleine Internetcafés befinden sich in fast allen Stadtteilen.

Reisebüros

Arabica Orient Tours, Tel. +968/24490500, PO Box 239, PC 101 Muscat, Al-Ghubrah. Kleine, aber feine und sehr engagiert geführte Agentur für Individual-, Gruppen- und Geschäftsreisende, Pauschalreisen und maßgeschneiderter Service.
Bahwan Travel Agencies, Tel. +968/24704456, www.bahwantravels.com; P.O. Box 282, Central Business District, Ruwi, Muscat 112, gegenüber dem Sheraton Hotel. Full Service Agentur, die nach eigenen Angaben ein Viertel des Tourismusgeschäfts in Oman abwickelt.
Eihab Travels, Tel. +968/24683900, www.eihabtravels.com; PO Box 889, PC 100, ggü. OHI Telecom House, 87 Dohat Al Adab St., Al-Khuwair, Muscat, Sa–Mi 8.30–18 Uhr, Do 8.30–13 Uhr. Reise- und Tourismus-Angebote für Privat- und Geschäftsreisende, arbeitet u. a. mit lokalen Initiativen und Kooperativen. Kurier- und Cargoservice, Autovermietung, Campingverleih.
Mark Tours, Tel. +968/24782727, www.marktoursoman.com; Al-Iskan St., PO Box 3310, Ruwi, PC 112, Muscat. Geführte Rundreisen und Selbstfahrerreisen, Wüstenexpeditionen, Bird Watching, Tauch- und Schnorchelangebote, Autovermietung.
Muscat Diving Adventure Centre, Tel. +968/24485663, www.holiday-in-oman.com; PO Box 552, Al-Athaiba, PC 130.

Umfangreiches Tourangebot für Wassersportler, Individualreisende und Familien.
Zahara Tours, www.zaharatours.com; PO Box 833, PC 112 Ruwi. Älteste Reiseagentur Omans, preisgekrönter Service, u. a. spezialisiert auf Individual-Packages und die Abwicklung von Kreuzfahrt-Ausflügen sowie Incentive-Reisen.

Medizinische Hilfe

Krankenhäuser und Ärzte

► **KIMS Oman Hospital,** Tel. +968/24760123, www.kimsoman.com; PO Box 1522, PC 114 Darsait, Muscat. Hinter der Shell-Tankstelle an der Ruwi St. (ca. 400 südlich der Kreuzung mit der Bait al-Falaj St.).

► **Muscat Private Hospital**, Tel. +968/24583791 (Notfälle) oder +968/24583601 (Terminvereinbarung), www.muscatprivatehospital.com; PO Box 79, PC 133 Al-Ghubrah, Muscat, an der Bawshar St. rd. 1,5 km südlich des Muscat Expressway.

► **The Royal Hospital**, Tel. +968/24599000, www.royalhospital.med.om; PO Box 1331, PC 111 Al Ghubrah, Muscat. Südlich der Sultan-Qaboos-Moschee.

► **Al Shatti Hospital**, Tel. +968/24604263, PO Box 956, PC 133 Qurum, Muscat. Etwa auf halber Strecke zwischen InterContinental Hotel und Grand Hyatt.

► **Al-Nahdha Hospital**, Tel. +968/24837800, PO Box 937, PC 112 Ruwi. Ruwi St. (beim Wadi Aday Kreisverkehr).

► **Atlas Hospital**, nähe Sheraton Hotel, Tel. +968/2481 1688 (Notfall) oder 2418 1743 (Terminvereinbarung), PO Box 1101, PC 133 Ruwi, healthcare.atlasera.com.

Kinderarzt

► **Al Massaraat Medical Centre**, Tel. +968/24566435, 24571033, 99465316 (Notfall), massaraat@gmail.com, House No. 5700, Way 661, Qurum,

Zahnarzt

► **Harub Dental Surgery**, Tel. +968/92993128 (Notfall), +968/24563217 (Terminvereinbarung), www.harubdental.com (mit Lageplan); 1826 Way, Qurum Heights (Nähe Sayh al-Malih Kreisverkehr).

Apotheken

► **Muscat Pharmacy**, 32 Filialen in der Hauptstadtregion, z. B. Qurum Heights (Tel. +968/24561942, hinter der Qurum-Moschee/Qurum St.), Al Sarooj Commercial Centre (Tel. +968/24695536, Sultan Qaboos Highway, neben dem Einkaufszentrum Al-Masa, 24-Std-Dienst), Madinat al-Sultan Qaboos (Tel. +968/24699457, Dawat al-Adab St., 150 m südlich der Madinat al-Sultan Qaboos St), Sabco-Einkaufszentrum (Tel. +968/24564471, Nähe Qurum-Kreisverkehr), Al-Ghubrah (Tel. +968/24497264, Sultan Qaboos Highway, nahe Tankstelle Al-Maha, 24-Std-Dienst).

Botschaften und Konsulate

Botschaft der Bundesrepublik Deutschland, Hillat Al-Jazeera (Nähe Al-Nahdha-Krankenhaus), Tel. +968/24832482, +968/24832164, Fax +968/24835690, Sa–Mi. 9–12 Uhr, PO Box 128, Ruwi 112, Way No. 4911, Villa 953.

Botschaft der Republik Österreich, Tel. +968/24793135, +968/24793145, Fax +968/24793669, Sa–Mi. 8–12 Uhr, in Ruwi, P. O. Box 2070, Ruwi 112.

Schweizerisches Konsulat, Tel. +968/24568202 u. +968/24564357, Fax +968/24562663, Sa–Do. 8–14 u. 16.30–19 Uhr, Asfoor Plaza Building, 1.Stock, Apt. 104, Qurum.

Transport

Flughafen

Der Flughafen **Muscat International Airport** liegt etwa 40 km westlich von Muscat in Seeb. Taxis und Minibusse fahren vom Flughafen in die Stadt (s.u.). Auskunft des Flughafens, Tel. +968/24519223, +968/24519456, +968/24521174, Ankunfts- u. Abflugszeiten, Tel. +968/1101, www.omanairports.com.

Büros der Fluggesellschaften

► **Air Arabia**, Tel. +968/24700828.

► **British Airways**, Tel. +968/24565123, +968/24568777.

► **Egypt Air,** Tel. +968/24794113, +968/24796134.

- **Emirates**, Tel. +968/24786700, +968/24792222.
- **Etihad Airways**, Tel. +968/24823555, +968/24817861.
- **Gulf Air**, Tel. +968/24703222, +968/24703544.
- **Kuwait Airways**, Tel. +968/24701262, +968/24704455.
- **Lufthansa**, Tel. +968/24796692, +968/24510400.
- **Qatar Airways**, Tel. +968/24787070.
- **Royal Jordanian**, Tel. +968/24796693.
- **Swiss**, Tel. +968/24703303, +968/24787416.

Inlandsflüge mit Oman Air
Büro in Ruwi, gegenüber der Zentralbank, Tel. +968/24707222 u. +968/24798096 (Reservierung), +968/24750812 (Tickets), www.omanair.com.

- **Salalah**: ca. 5x tägl. (76 OMR).
- **Khasab**: 2x tägl., freitags nur 1x (48 OMR).
- **Duqm**: So, Mo, Mi, Do, (197 OMR) buchbar über das Travel-City Büro in Khuwair, nahe dem Oman Chamber of Commerce, Tel. +968/24760830, 24760829, duqmair@travelcity-oman.com.

Taxis

Die meisten Taxis in Muscat haben kein Taxameter, so dass der Fahrpreis zuvor ausgehandelt werden muss. Als grobe Orientierung: Muscat–Ruwi 3 OMR, Mutrah-Seeb 8–10 OMR. Günstiger wird es, wenn man sich ein Taxi teilt.

Vom Flughafen gibt es dank dem zentralen Taxikiosk Festpreise, z.B. nach Qurum 8 OMR.

Taxisstände: in Ruwi (Al-Jaame St.), Mutrah (beim Fischmarkt u. beim oberen Ausgang des Souqs), am Flughafen und vor den größeren Hotels. Man kann freie Taxis aber auch überall in der Stadt anhalten, oft hupen die Taxifahrer einen an, um zu sehen, ob man ein Taxi benötigt.

Außerdem gibt es **Funktaxis** mit Taxametern, die man zu seinem Hotel bestellen kann:

- **Allo Taxi,** Tel. +968/24697997.
- **City Taxi**, Tel. +968/24603363.
- **Comfort Line**, Tel. +968/24702191.
- **Hello Taxi**, Tel. +968/24607011 u. +968/24607012.

Busse

Neue rote **Stadtbusse** von Mwasalat (früher Oman National Transport Co.) fahren nach festgelegten Fahrplänen in kurzer Taktung (So–Do ca. alle 15 Minuten ab 6 Uhr bis 23 Uhr; während des Ramadan abernds länger) inzwischen fast 50 Stationen im Stadtgebiet zwischen Flughafen und Wadi Kabir an; Kosten pro Fahrt 200 Bs (Fahrpläne: www.mwasalat.om)

Hop-on-hop-off-Busse fahren auf einer festgelegten Route die wichtigsten Sehenswürdigkeiten zwischen dem al-Bustan und Haj as-Saruj an. Erste Abfahrt morgens um 9 Uhr in Mutrah Suq, dann alle halbe Stunde bis 17 Uhr (Gesamtfahrzeit 2 Stunden). Aus- und Einstieg an allen Stationen möglich. Erw. 26 OMR, Kinder 10 OMR für 24-Stunden-Ticket. Tickets im Bus oder vorab in vielen Hotels oder per Website erhältlich. Tel. +971/43407709, infomuscat@bigbustours.com; www.eng.bigbustours.com/muscat

Minibusse fahren überall in der Stadt und sind etwas günstiger als Taxis, meist sind es weiße Kleinbusse. Durch Handzeichen kann man sie stoppen und durch Klopfen an die Wand signalisieren, dass man aussteigen möchte. Die wichtigsten Standorte sind Ruwi (Kreisverkehr), Mutrah (Corniche beim Fischmarkt) und der Flughafen. Fahrpreise variieren je nach Strecke, Mutrah–Ruwi 300 Bs., längere Strecken durch die Stadt 400–500 Bs. und zum Flughafen ca. 600 Bs.

ONTC Fernbusse, Tel. +968/24590046 u. +968/24708522, www.ontcoman.com. Abfahrt ist an der Busstation in Ruwi, Al-Jami St. bei der Sultan-Quaboos-Moschee.

- **Sur** (via Ibra, al-Kamil): 7.30, 14 Uhr, 4.45 Std. (3,6 OMR)
- **Jalan Bani Bu Ali (Quriyat, Sur)**: 15 Uhr; 4.30 Std. (3 OMR)
- **Yanqul (Nizwa, Bahla, Ibri)**: 8, 14.30 Uhr, 4.29 Std. (nach Nizwa 1,6 OMR)

► **Buraimi (Sohar)**: 6.30, 13, 16 Uhr, 4.40 Std. (3,6 OMR)
► **Sanaw (Al-Mudhaybi)**: 17.30, 3.20 Std. (2 OMR)
► **Salalah**: 7, 10 u. 18 Uhr, ca. 13 Std. (8 OMR)
► **Dubai (Sohar)**: 6 u. 15, 23 Uhr, 5.30 Std. (9 OMR hin u. zurück 16 OMR).

Mietwagen

Arabia Cars
► Hauptbüro: Said Plaza (gegenüber Al Khamis Plaza in Qurum), Tel. 24661800, arabiacars@travelcity-oman.com, http://www.arabiacars-oman.com/
► Am Flughafen, Tel. 24512498

AVIS
► **Hauptbüro**: im InterContinental Hotel (Shatti al-Qurum, ganz in der Nähe der neuen Oper), Tel. +968/246012245, www.avisoman.com.
► **Al Bustan** Palace, in einer Bucht am Ende der Al-Bustan St. (rd. 6 km südlich der Altstadt), Tel. +968/24703242, PO Box 1998, Mutrah 114.
► **Grand Hyatt**, nördlich vom Al-Khuwair Kreisverkehr, Tel. +968/24696596, Shatti al-Qurum, PO Box 951, Muscat 113, www.muscat.grand.hyatt.com.
► **Shangri La Hotel**, in einer Bucht rund 12 km südlich der Altstadt, Tel. +968/24776808, PO Box 644, Muscat 100.
► **Am Flughafen**, Tel. +968/24510342.

Budget
► **Hauptbüro**, Tel. +968/24794721, Hala Building, Street 49, 100 Muscat, budgetom@omantel.net.om.
► **Ruwi Hotel**, am Ruwi Kreisverkehr,Tel. +968/24794721, Al Farahidi Street, P. O. Box 2195, Ruwi 112.
► **Al-Falaj Hotel**, Tel. +968/24700521, Al Mujamma Street, PO Box 2031, Ruwi 112.
► **Am Flughafen**, Tel. +968/24510816, +968/24510817.

Europcar
► **Radisson Blu Hotel**, (gegenüber dem Al-Khuwair Park), Tel. +968/24487777, P.O. Box 939, P.C. 133, Khuwair, eurmct@omatel.net.om.
► **Am Flughafen**, Tel. +968/24521369.

Global Car Rental
► **Al Hashar Trading**, P.O.Box 124, Jawaharat Al Shatti, Tel. 24697140 global@alhashargroup.com, www.globalcarrental-oman.com

Hertz
► **Hauptbüro**, Tel. +968/24566208 u. +968/24566949, Al- Nahdha St., Wattayah, nttoman@omatel.net.om.
► **Am Flughafen**, Tel. +968/24521187.

Sixt
► **Majan House** (Nähe Wadi al-Kabir Kreisverkehr), Tel. +968/24600793, Wadi al-Kabir, tracbest@omantel.net.om.
► **Am Flughafen**, Tel. +968/24510224.

Thrifty Car Rental
► **Hauptbüro**, Tel. +968/24604248, Dohat al-Adab St., Way 3341, Gebäude 3067, Al-Khuwair, haditha@omantel.net.om.
► **Am Flughafen**, Tel. +968/24510224.

Fähre

Hochgeschwindigkeitsfähre, Muscat–Musandam, Fahrzeit 6 Std., Do 12 Uhr (rück Sa), 23 OMR pro Erw, 12 OMR pro Kind (jew. einfache Strecke), 50 OMR pro Fahrzeug (hin und rück), Tel. +968/24495453, Call-Center (Reservierungen) 80072000, reservation@nfc.om www.nfc.om. Buchung der Tickets über die Website via E-Mail, über das NFC Callcenter oder über das Hauptbüro, 18th November Road (Ecke Way 3649, ganz in der Nähe des Hotels The Chedi). Das Boarding Office befindet sich in der Al-Mina St. in Muttrah, rund 300 m westlich des Al-Mina-Kreisverkehrs (unweit einer Shell-Tankstelle).

Einkaufen

Bücher und Landkarten

Family Bookshop, in Qurum (gegenüber dem Sabco-Einkaufszentrum, am Qurum-

Kreisverkehr), englischsprachige Literatur über Oman. In geringerer Auswahl: Bestseller, wissenschaftliche Bücher, Kinder- und Kochbücher. Tel. +968/24564391, PO Box 376, Qurum.

House of Prose, in Qurum (im Al-Wadi-Einkaufszentrum gleich neben dem Sabco-Einkaufszentrum, am Qurum-Kreisverkehr), Gute Auswahl an gebrauchten englischen Taschenbüchern, Tel. +968/24564356, Al-Wadi Centre, PO Box-302, Qurum.

WHSmith, mit seiner breitgefächerten Auswahl über alle Literatursparten einer der beliebtesten Buchläden in Oman, Headoffice Tel. +968/2479 3590, elvis@akgc.net, www.ashaoman.net, PO Box 3275, 112 Ruwi, außerdem drei Filialen am Flughafen, eine Filiale in der Jawahrat A'Shati Mall sowie eine weiter Filiale in der Opera Galleria im Royal Opera House.

Bekleidung und Stoffe

Die größte Auswahl an preiswerter Kleidung findet man im Souq von Mutrah (→ S. 144), hier werden neben traditioneller omanischer Kleidung und Stoffen auch importierte Waren vom indischen Subkontinent angeboten.

Einkaufszentren

Verschiedene Einkaufszentren bieten neben Boutiquen, Läden u. Restaurants auch Supermärkte.

Eine vollständige Übersicht findet sich unter www.destinationoman.com/shopping-malls/87.

Muscat City Centre, gleich westlich des Flughafens an der Straße Richtung Sohar, www.muscatcitycentre.com

Muscat Grand Mall, in Al-Khuwair (Al-Marafah St., Ecke Dohat al-Adab St.), www.muscatgrandmall.com

Capital Commercial Center (Sabco Centre, Al-Araimi Complex, Al-Khamis Plaza, Alasfoor Plaza u. Al-Wadi Centre), am Qurum-Kreisverkehr.

Al-Harthy Complex, Al-Nahdhah St. Qurum (ca. 500 m vom Qurum Commercial Center entfernt auf der gegenüberliegenden Seite).

Zakher Sopping Mall, Dohat al-Adab St. (ca. 300 m südlich vom Al-Khuwair Kreisverkehr).

Al Khamis Plaza Qurum, am The Wave

Al-Masa Mall, Shatti Al Qurum, Al Sarooj St. (am Al-Sarooj Kreisverkehr).

Supermärkte

Lulu, Filialen in Ruwi (am Bayt al-Falaj Kreisverkehr) und in Al-Khuwair (zwischen Hotel Park Inn und Bawshar Kreisverkehr).

Al-Fair, 18th November St., Al-Udhaybah (etwa auf halber Strecke zwischen Flughafen und The Chedi Hotel).

Sultan Centre, Filialen in Qurum neben dem Al-Harthy Centre (s. o.) und in Al-Udhaybah (18th November St., etwa auf halber Strecke zwischen Flughafen und The Chedi Hotel).

Fotobedarf und Elektrowaren

General Electric and Trading Co. (Genetco), TV, Audio, Digitalkameras etc., Showrooms in Mutrah (Tel. +968/24713138), Ruwi (Tel. +968/24830919), Qurum (Tel. +968/45619480, Canonprodukte), Seeb (Tel. +968/24422797).

Photocentre, Tel. +968/24561015, +968/24560157, Al-Araimi Complex (Sabco Centre) und Al-Harthy Complex, Qurum.

Shah Nagardas Manji Co., Tel. +968/24703817, +968/24703946, Kodak und Yashica, im Sohar House am Qurum-Kreisverkehr (gleich hinter dem Sabco Centre/Qurum Commercial Center, s. o.).

Gewürze

Ein großes Angebot an Gewürzen findet man im **Souq von Mutrah** (→ S. 144).

Oman Coffee Mills, Gewürze, Nüsse, Kaffee und Süßigkeiten, im Oman Commercial Centre am Ruwi-Kreisverkehr.

Goldschmuck

Im Mutrah Souq (→ S. 144) gibt es eine große und günstige Auswahl an Goldschmuck. Außerdem bieten die Juweliergeschäfte der großen Einkaufszentren exklusive Schmuckstücke an.

Märkte

Mutrah: Souq entlang der Corniche (→ S. 144), Fischmarkt (→ S. 145).
Ruwi: Souq Ruwi Street (→ S. 147).
Wadi al-Kabir: Freitagsmarkt, Waren des täglichen Bedarfs bis hin zu Autos.

Kunsthandwerk und Antiquitäten

Die größte Auswahl an omanischen Handwerksartikeln findet man im Souq von Mutrah (→ S. 144).
Bait al-Turath al-Omani, Ghubrah (neben dem omanischen Firmensitz von Porsche), Tel. +968/24593719, 18th November St. (am Sultan Qaboos Highway gegenüber dem Hotel Park Inn).
Bait Muzna Gallery, Kunst made in Oman, Tel. +968/24739204, Al-Mujammah St. (Nähe Bait al-Falaj Kreisverkehr, gegenüber dem Armed Forces Museum), Ruwi, www.baitmuznagallery.com.
National trading Company, restaurierte omanische und ostasiatische Möbel, omanischer Silberschmuck, Waffen etc. Madinat Sultan Qaboos, Tel. +968/24697014, PO Box 3545, No. 195 Al-Inshirah St.
Omani Heritage Gallery (NGO), traditionelle omanische Handwerksprodukte (Webstoffe, Korb- und Lederwaren, Keramik etc.) und Souvenirs, Tel. +968/24696974, PO Box 1598, PC 114 Shatti Al Qurum (im Jawharat Al Shatti Shopping Complex, am InterContinental Hotel), www.omaniheritage.com.
Raj Relics, traditionelle omanische und arabische Möbel sowie andere Handwerksprodukte, Tel. +968/24490620, Ghubrah, Way 3616 (Abzweig von der Al-Izdihar St., hinter der Bahr Seifen-Fabrik), Haus 1094, www.rajrelics.com.

Sport und Campingausrüstung

Haji Dawood, Tel. +968/24712647, in Mutrah kurz vor dem Samak (Fisch)-Kreisverkehr
Muscat Sports, Tel. +968/24707623, Qurum, Tel. +968/24564364, Al-Araimi Centre (Am Qurum-Kreisverkehr), Tel. +968/246987871.
Sports4all, Tel. +968/24560086, im Oman Commercial Centre am Ruwi-Kreisverkehr.
Supa Sportsman, Tel. +968/2483 4825, Al-Masa Mall (Shatti Al Qurum, am Al-Sarooj-Kreisverkehr).
Muscat Diving & Adventure Center, alles für Taucher und Kletterer, Tel. +968/24543002, Al-Khuwair (beim Radisson Blu Hotel, Al-Khuwair Park).
Außerdem findet man Sport u. Campingausrüstung in den Supermärkten Al-Fair und Sultan Centre. Die Tauchbasen bieten Tauchausrüstung zum Mieten (→ S. 166, 173).

Teppiche

Al-Raid, Tel. +968/24702205, im Al Bustan Hotel, im InterContinental Hotel, im Sabco Centre u. im Capital Commercial Centre.

Weihrauch

Wird sowohl in den Supermärkten als auch im Souq von Mutrah verkauft. Je heller die Farbe des Harzes, desto besser die Qualität. Eine noch größere Auswahl an Weihrauch findet man in Salalah, der ›Hauptstadt‹ des Weihrauchs (→ S. 271).

Unterhaltung

Veranstaltungstipps und Informationen zu Konzerten, Theateraufführungen, etc. findet man im Magazin ›Oman Today‹.

Festivals

Muscat Festival, omanische Traditionen, Handwerk u. Kultur, Mitte Januar bis Mitte Februar, drei bis vier Wochen, an verschiedenen Orten in Athaibah, Qurum und Seeb, Eintritt 200 Bs., www.muscat-festival.com.
Handwerksaustellung, Web-, Flecht- u. Töpferarbeiten, jährlich im November, im Sabco Centre in Qurum.
Pferde- u. Kamelrennen, am Nationalfeiertag (18. November), Eid-Feiertagen u. nach Ankündigung, in Seeb und Al-Felaij.
Klassische Musik, gelegentlich im Auditorium des Al Bustan Hotel.

Kinos

City Cinema, Shatti Al Qurum, Tel. +968/24567668, Way 3005, Al-Muntazah St. (auf halber Strecke zwischen Hotel InterContinental und Grand Hyatt).

City Cinema, Ruwi, Tel. +968/24831358, Way 4381 (Nähe Kreuzung Souq Ruwi St./37 Way).

City Cinema, MGM, Al- Khuwair, Tel. +968/24567668, Muscat Grand Mall (am Bawshar-Kreisverkehr).

Star Cinema Complex, Ruwi, Tel.24791641, Rundgebäude an der Kreuzung Bait al-Falaj St./Al-Burj St. (gleich neben dem Omantel-Gebäude).

Al-Bahja Cinema, Tel. +968/24540856 , albahjacinemaoman.com, im Einkaufszentrum Markaz Al Bahja (gleich nordwestlich vom Flughafen), Seeb.

Sport und Aktivitäten

► **Bootstouren, Surfen, Wasserski, Angelausflüge, Tauchen**

Hotel Al Bustan Palace, Tel. +968/24799666. Tennis, Kajak-Touren, Aqua-Fitness, Schnorcheln (→ S. 165).

Grand Hyatt, Tel. +968/24602888. Golf (→ S. 145).

Shangri-La Hotel, Tel. +968/24776666, Tennis, Schnorcheln, Gerätetauchen (verschiedene Kursangebote), Segeln (→ S. 165).

Sifawy Boutique Hotel, Tel. +968/24749111, Beach-Volleyball, Gerätetauchen (verschiedene Kursangebote), Fischen.

Gulf Leisure, Tel. +968/24693561, Komplettprogramm vom Gerätetauchen bis zum Wadi Bashing, tours@gulfleisure.com (→ S. 166).

Capital Area Yacht Centre, Tel. +968/24737712. Boots- und Kajaktouren, Tauchen und Schnorcheln zwischen Muscat und Al Bustan, caycoman.com (→ S. 166).

Semi-Unterseeboot, Tel. +968/24737286. Unterwasser-Panoramafahrten, tägl. 9, 10.30, 13 u. 14.30 Uhr, ab Marina Bandar al-Rowdha, www.marinaoman.net/khayran.html.

Marina Bandar al-Rowdha, Tel. +968/24737288, tägl. 16.30–18.30. Tauchen, Segeln, Delfinbeobachtung, Dhau-Touren, www.marinaoman.net (→ S. 166).

► **Golf**

Ghalla Valley Golf Club, www.ghalagolf.com, an der Straße nach Bowshar, Tel. +968/92194957.

Muscat Hills Golf & Country Club, die erste 18-Loch-Grasplatzanlage Omans, Tel. +968/24514080, PO Box 3358, P.C. 111 Hay Al Urfan (gleich südlich des Flughafens), www.muscathills.com.

Almouj Golf, eine der Attraktionen von ›The Wave Muscat‹ (→ S. 160), einer künstlichen Insel am Nordrand des Flughafens, Tel. +968/22005990O Box 87, PC 118 Muscat, www.almoujgolf.com.

► **Radfahren**

Oman Bicycle Shop, Tel. +968/99664710, +968/99664710 und +968/99469951, frans@omanbicycleshop.com, www.omanbicycleshop.com. Ausleihe vom Mountainbikes sowie Roadbikes und Fatbikes.

Bike and Hike Oman, Tel. +968/24400873, +968/95165038 und +968/98518778, manager@bikeandhikeoman.com, www.bikeandhikeoman.com. Geführte Touren unterschiedlichster Art, z.B. Oasentour oder Stadttour in Nizwa. Außerdem diverse Wandertouren.

► **Schlittschuhlaufen**

Al-Khuwair Ice Skating Center, Tel. +968/24662951, tägl. 9–22 Uhr (mit Ausnahme von Zeiten für Sportvereine), 2 Std. 4 OMR, Al-Khuwair, auf der Südseite des Sultan Qaboos Highway gegenüber dem Naturkundemuseum (→ S. 162).

► **Sonstiges**

Minigolf, im Al Bustan Hotel, Tel. +968/24799666.

Qurum Equestrian School, Tel. +968/99422401, mehr als 40 Pferde und Ponys für Trainingseinheiten aller Niveaus, Trainer verschiedener Nationalitäten, im Qurum Park (→ S. 156).

Der schmale Küstenstreifen ist seit der Bronzezeit die Kornkammer des Landes. Während in anderen Ländern Flüsse für Fruchtbarkeit sorgten, bildeten hier kunstvolle Bewässerungsmethoden die Grundlage für den Aufstieg und Fall schwer befestigter Oasen- und Hafenstädte.

Fischerboote an der Küste westlich von Muscat

DIE BATINAH

Entlang der Küste nach Westen

Die Batinah ist eine flache Küstenebene, die sich von der Capital Area Muscat über rund 400 Kilometer bis zur felsigen Halbinsel Musandam erstreckt. Ihr nördliches Viertel – in etwa das Gebiet zwischen der Oase Hatta und dem Küstenort Dibba – gehört politisch zu den Vereinigten Arabischen Emiraten. Die komplizierte Grenzziehung in dieser Region geht auf Volksentscheide in den 1950er Jahren zurück, deren Ausgang unter anderem die kleine omanische Exklave Mahdha hervorgebracht hat.

Im Landesinneren stößt die Batinah an den **Gebirgszug des Westlichen Hajar** (Hajar al-Gharbi). Das Wasser aus den Bergen ermöglicht intensive Landwirtschaft und damit eine dichte Besiedlung seit frühgeschichtlicher Zeit. Den ergiebigen Rohstoffvorkommen, die im Wadi Jizzi bis heute ausgebeutet werden, verdankt Oman überdies seinen Aufstieg zur Handelsmacht während der Bronzezeit. Mit der Entwicklung der Aflaj-Bewässerung unter den Persern breiten sich die Siedlungen auch abseits der Wadis in der Ebene aus.

Weite Strände ohne natürliche Häfen kennzeichnen die **Seeseite** der Batinah. Die schutzlose Öffnung zum Meer macht den flachen Küstenstrich seit jeher angreifbar. Zur Verteidigung errichteten die Bewohner zahlreiche **Forts**, die sich vielfach erhalten haben. Zu den sehenswertesten Festungsanlagen gehören Barka, Bait Na'aman und Sohar an der Küste sowie Nakhl, Rustaq und Al-Hazm im Landesinneren.

Wichtigster moderner Verkehrsweg durch die Batinah ist der **Highway 1** (N 01) von Muscat bis zur Grenze der Vereinigten Arabischen Emirate bei Khatmat Milahah und von dort weiter bis Dibba am Südrand der Halbinsel Musandam. Von dieser küstennahen Nordsüd-Verbindung zweigen zwei weitere Autobahnen nach Westen ab: die N 05 über Hatta in Richtung Dubai und die N 07 über Buraimi/Al-Ayn in Richtung Abu Dhabi. Der achtspurige **Al-Batinah Expressway** ist in einem ersten Abschnitt zwischen Muscat und Barka fertig gestellt.

Die Verbindung zum Hinterland stellen zahlreiche größere und kleinere Asphaltstraßen her. Zu empfehlen ist hier insbesondere die Schleife über Nakhl, Rustaq und Al-Hazm.

▶ Karte S. 177

Seeb

15 Minuten Autofahrt trennen Seeb vom internationalen Flughafen Muscat. Seeb ist die lebhafteste und wahrscheinlich interessanteste aller Küstenstädte nördlich von Muscat. Die Nähe zur Hauptstadt und die geringeren Lebenshaltungskosten machen den Ort für viele Omanis attraktiv. Kaum irgendwo sonst lässt sich der moderne omanische Alltag so gut beobachten.

Ein Spaziergang entlang der **Wadi-al-Bahais-Street** während der Abendstunden ist zwar kein Erlebnis in architektonischer Hinsicht, bietet dafür aber einen repräsentativen Querschnitt des omanischen Handels: Bekleidungsgeschäfte, Schneidereien, Möbelmagazine, Schmuckläden und Parfümerien mit traditionellen Duftmischungen ziehen ein vielfältiges Publikum an.

Überraschend verwinkelt zeigt sich der kleine **Souq** mit seinen überdachten Gassen und dem kleinen zentralen Platz. Dort befindet sich auch ein Zentrum für traditionelle Kräuterbehandlungen, das sogar Krebstherapien auf Kräuterbasis anbietet. Offenbar gibt es genügend Abnehmer, die diese Art der Medizin trotz des gut entwickelten omanischen

Küstenebene Batinah
Golf von Oman
Daymaniyat-Inseln
Sawadi-Inseln
Sawadi Beach Resort
MUSCAT
Mutrah
Seeb
Bail al-Barakah
Al-Naseem-Park
Hochwasserdamm
Al-Felaij
Al-Khawd
Halban
Bienenkorbgräber
Al-Sawmahan
Kamelrennstrecke
Barka
Bait Na'aman
Ras al-Sawadi
An Nahda
Wadi al-Maqawil
Nakhl
Al-Ghayl
Jamma
Al-Abyad
Al-Shumokh
Rustaq
Awabi
Musannah
Al-Mieladdah
Al-Suwaiq
Al-Khadra
Khadra al-Bu Rishayd
Al-Hazm
Al-Mazahit
Al-Ghalil
Al-Khaburah
Al-Qasabiyah
Dil al-Burayk
Maqaisah
Saham
Sohar
Al-Rawdah
Al-Hijari
Digal
Al-Qasi
Al-Ghizayn
Al-Furfar
Halhal
Al-Mabrah
Al-Haylayn
Al-Huwayl
Hayl al-Ghafah
Bahbah
Kahnat
Murri
Al-Hajir
An Nizuh
Khafdi
Ad Difa
Al-Kharda
Amq
Dar al-Uqur
Ar Rumaylah
Al-Banah
Al-Ghubrah
Suma'il
Nizwa
Bidbid
Luzugh
Dosir
Al-Ansab
Al-Khufaygi
Tunis
Hiyyam
Al-Amrat
Samkat
Al-Bustan
01
9
10
11
13
15
17
0
15
30 km

Die Batinah

Das Fort in Barka

Gesundheitssystems nach wie vor wertschätzen. Seeseitig schließt sich die **Corniche** mit der Fischauktionshalle an. Der benachbarte Strand verwandelt sich gegen Abend in eine Spielwiese für Freizeitkicker.

Jenseits von Seeb liegen zum Meer hin die **Königlichen Reitställe** und der **Sultanspalast Bait al-Barakah** (›Haus des Segens‹). Beide Anlagen sind nicht öffentlich zugänglich. Das Bait al-Barakah, erkennbar an einer langen Mauer mit Wachtürmen, hat bereits jetzt die Ausmaße einer Stadt, wird aber noch weiter ausgebaut und gibt in der Bevölkerung immer wieder Anlass zu Diskussionen über öffentliche Geldverschwendung.

Auf dem Weg nach Barka, rund einen Kilometer hinter dem öffentlichen **Al-Naseem-Park**, dessen gepflegte Gartenanlagen eindrucksvoll die Bewässerungskunst der Omanis demonstrieren, zweigt links eine Straße zu den **Bienenkorbgräbern von Halban** ab (WGS 84: 606176 – 2608251). Wer keine Zeit hat, die besser erhaltenen Grabbauten bei Ibri (→ S. 224) zu besuchen, kann hier ohne großen Aufwand einen Blick in Omans archäologische Vergangenheit werfen. Der Fundort liegt nur etwa fünf Kilometer südlich des neuen Expressway. Ganz in der Nähe, von Halban aus in Richtung Nordwesten, nutzt das vor einigen Jahren vom Tourismusministerium eingeweihte **Burgtheater Felaij Castle Theatre** ein anno 1799 errichtetes und gut restauriertes Fort als Bühne. Jedes Jahr zwischen Januar und März gibt es hier Tanz- und Musikdarbietungen mit zum Teil internationaler Beteiligung zu sehen. Gleich nebenan befindet sich der sieben Kilometer lange **Rundkurs einer Kamelrennbahn**. Das bei weitem größte Bauwerk der Gegend ist jedoch ein imposanter **Hochwasserschutzdamm** (→ S. 95).

Barka

Barka verrät von seiner einstigen Bedeutung als Umschlagplatz des regionalen Golfhandels nicht mehr viel. Neuerdings schlägt der in Bau befindliche **Al-Batinah Expressway** eine breite Schneise durch den Ort. Die neue Autobahn verläuft un-

▶ Karte S. 177

mittelbar am Strand entlang, verschlingt Häuser, Souq und Fischmarkthalle und trennt die Hafenstadt vom Meer. Bleibt zu hoffen, dass dieser äußerst zweifelhaften stadtplanerischen Maßnahme nicht auch die zahlreichen kleinen Teppichwebereien zum Opfer fallen, die einen wichtigen Zweig der örtlichen Kleinindustrie ausmachen.

Unbehelligt von den Bauarbeiten bleibt das 1986 restaurierte **Fort**, dessen Ursprünge auf die Ya'aruba-Dynastie (1624–1742) zurückgehen. Omanis ist es vor allem durch das ›Bankett-Massaker‹ von 1747 bekannt. Zu jener Zeit war das Land durch einen Bürgerkrieg geschwächt und Ahmad bin Said, Befehlshaber von Sohar, musste mit ansehen, wie persische Truppen fast die gesamte Batinah besetzten. Nur Sohar selbst leistete unter seiner Führung erfolgreich Widerstand und schloss ein Sonderabkommen mit den Besatzern. Unter dem Vorwand, den Freundschaftspakt zu bekräftigen, lud er die in Muscat stationierte persische Garnison zu einem Festbankett in das Fort von Barka ein, was der Überlieferung zufolge keiner der ausländischen Gäste überlebte. Mit dieser List vertrieb Ahmad bin Said die Perser für immer von omanischem Boden und begründete zugleich die bis heute regierende Al-Bu-Said-Dynastie.

Im Fort von Barka erwartet den Besucher die beste und informativste **Ausstellung zum Fischfang** und zum Leben an der Küste, die Oman zu bieten hat. Infotafeln, historische Karten sowie Bilder und Zeichnungen zu den verschiedenen traditionellen Schiffstypen bieten einen umfassenden Überblick über die Entwicklung der omanischen Fern- und Küstenschifffahrt von der kupferzeitlichen Handelsmacht Magan bis zur Ankunft der Portugiesen. Der omanische Navigator Ahmad ibn Majid, der als Entdecker des Seewegs nach Indien gilt, kommt hier ebenso zur Geltung wie das in Sohar gewebte Lateinsegel, dessen Dreiecksform das Segeln gegen den Wind erheblich beschleunigte. Besonders spannend sind die Interviews mit noch lebenden Seefahrern, die von früheren Handelsreisen nach Sansibar berichten. Eine Abteilung zu Fischfanggründen und zu Methoden der nachhaltigen Fischerei rundet den Museumsrundgang ab.

■ Stierkämpfe auf omanische Art

Jeden zweiten Freitagnachmittag gehen in Barka die Bullen aufeinander los. Dieser Sport, der in der Batinah bis hinauf in das benachbarte Emirat Fujairah Tradition hat, gleicht allerdings in nichts den Stierkämpfen iberischer Provenienz. Das fängt schon mit dem Ort des Geschehens an. Zwar nennt Barka das einzige ›Stierkampfarena‹ des Landes sein eigen – ein flaches Betonrund am Westrand der Stadt -, doch sind die Wettkämpfe nicht darauf beschränkt. Das Areal ist für Uneingeweihte oft gar

Unblutig: Stierkampf auf omanische Art

Mann mit Pfau in Seeb

nicht zu erkennen. Es handelt sich in der Regel um eine nicht näher gekennzeichnete Sandfläche, um die sich manchmal ein niedriger Sandwall für die Zuschauer zieht. Der Kampf besteht darin, dass zwei Stiere sich mit gesenkten Köpfen gegeneinander stemmen, bis der schwächere Kontrahent zurückweicht und der Schiedsrichter den Sieger festlegt. Für den Fall, dass sich die Tiere verkeilen oder in einer Pattsituation verharren, zerren Hilfsschiedsrichter sie an Fußfesseln auseinander. Diese Fesseln sind auch als Bremse nützlich, falls ein Bulle ausbricht und in die Zuschauermenge gerät. Alles in allem ist das ›Stier-Stoßen‹ à la Oman ein Kräftemessen, bei dem niemand zu Schaden kommt. Preisgelder oder Star-Toreros gibt es nicht. Den Besitzern der Tiere geht es um die Ehre und darum, dabei zu sein.

Bait Na'aman

Das Wohnfort vor den Toren Barkas bleibt den meisten Omanreisenden länger in Erinnerung als die zahlreichen übrigen Festungsanlagen des Landes. Das liegt ganz wesentlich an der reichen Innenausstattung, die das Gebäude anlässlich seiner Instandsetzung 1991 erhielt. Wo vorher verfallene Ruinenwände in den Himmel ragten, zeigen sich heute sorgfältig restaurierte Räume, die komplett im omanischen Stil eingerichtet sind. Spitzbogige Wandnischen mit repräsentativem Geschirr und kostbaren Koranausgaben wechseln sich ab mit kleinen glaslosen Fenstern in Bodenhöhe, aus denen mühelos gucken konnte, wer hier bequem auf weichen Teppichen und bestickten Kissen ruhte. Hohe, mit Palmblättern belegte Balkendecken, Oberlichter zur Belüftung und mächtige Lehmmauern sorgen für ein angenehmes Raumklima. Im Erdgeschoss befindet sich das noch original erhaltene Badezimmer samt Steintoilette. Für den Wasserzufluss sorgte eine Zuleitung durch ein unterirdisches Falaj-System. Rinnen im Boden eines weiteren Raums deuten darauf hin, dass hier auf traditionelle Art Dattelsirup gewonnen wurde. Der Saft der in Palmblätter eingewickelten und gepressten Früchte gelangte dabei durch die Rinnen in einen Sammelbehälter.

Das Bait Na'aman entstand Ende des 17. Jahrhunderts im Auftrag der Imame Bil'arub oder Saif bin Sultan und diente als befestigter Etappenhalt zwischen den Residenzen in Rustaq und Muscat. Damals wie heute umgeben riesige Dattelpalmenhaine das Wohnfort. Ein traditioneller Ziehbrunnen lässt noch erkennen, wie mühevoll das Wasser einst mit Hilfe von Zugtieren aus der Tiefe gehoben und dann über Kanäle auf die umliegenden Gärten verteilt wurde.

Ras al-Sawadi

Unmittelbar hinter Barka schwingt die Küstenlinie zum Ras al-Sawadi aus. Der Landspitze unmittelbar vorgelagert erheben sich die flachen Konturen der Namen gebenden **Sawadi-Inseln**, deren größte bei Ebbe sogar zu Fuß zu erreichen ist. Weiter draußen, etwa 30 Bootsminuten entfernt, folgt mit den **Daymaniyat-Inseln** ein weiterer Archipel. Die neun kleinen felsigen Eilande, die seit 1996 unter Naturschutz stehen, sind eine wichtige Station für Zugvögel und werden von verschiedenen Schildkrötenarten zur Eiablage benutzt.

Besucher dieser Küstenregion finden in dem türkisblauen Wasser und den weiten Stränden ideale **Bade- und Wassersportmöglichkeiten**. Von dort starten auch Tauchtouren zu den rund 20 Tauch- und Schnorchelgründen um die Daymaniyat-Inseln, die zu den besten Omans gehören. Die reichhaltige Unterwasserwelt bietet neben Korallen

Touristenressort am Ras al-Sawadi

eine bunte Vielfalt tropischer Fische. Leopardenhaie und Barracudas sind hier ebenso zu sehen wie Rochen, Delfine und besonders große Seepferdchen. Zu den saisonalen Gästen zählen Wasserschildkröten, Buckelwale und Walhaie.

Masna'ah

Die Hafenstadt Masna'ah jenseits des Ras al-Sawadi besitzt ein **Fort**, das anders als die übrigen Festungen der Batinah größtenteils aus Stein statt Lehmziegeln besteht. Der **Yachthafen** westlich des Ortes dient dem omanischen Segelverband Oman als eine der Ausbildungsstätten für sein ambitioniertes Segelprogramm. Seit 2008 haben mehr als 7000 Kinder an Segelkursen teilgenommen. Mittlerweile gibt es speziell für Mädchen und Frauen entwickelte Trainingseinheiten. Die Begabtesten unter ihnen sollen 2024 an den Olympischen Spielen teilnehmen. Abgesehen vom Spitzensport soll das Segelprogramm Frauen jedoch auch attraktive Arbeitsplätze erschließen. Ausbildungen zur Bootsbauerin, Segelmacherin und Trainerin befähigen die Teilnehmerinnen zu leitenden Positionen in Hotels, Segelschulen und Yachtwerften.

Die Weiterfahrt auf der kleinen Küstenlandstraße zwischen Masna'ah und Al-Suwaiq bietet spannende Einblicke in das Leben am Meer. Das **Fort in Al-Suwaiq** ist eine imposante Lehmfestung mit geräumigem Innenhof. An den Stränden stehen Palmzweighütten, unter denen die Fischer ihre Gerätschaften lagern. Manchmal bekommt man hier auch noch die traditionellen Shashah zu sehen: vorn und hinten spitz zulaufende, aus Palmwedelrippen und Palmfaserseilen zusammengezurrte Boote, mit denen die Fischer im nahen Küstenbereich fischen.

Fischer bei der Arbeit

▲ Karte S. 177

Küste der Batinah

Polizei Batinah, Tel. +968/26840096.

Die N1 ist gut ausgebaut. Ins Landesinnere zweigen entlang der bedeutenderen Wadis Asphaltstraßen ab. Lohnenswert ist die Schleife über Nakhl und Rustaq. Ein normaler PKW ist ausreichend.

ONTC-Busse halten in den Orten entlang der Küstenstraße. Ausstieg auf Wunsch an der Strecke, kein Zustieg. Ins Landesinnere kommt man nur mit Sammeltaxis.

Seeb

Hormuz Grand****, (südlich vom neuen Flughafen Muscat), Tel. +968/24350500, reservations@hormuzgrand.com, www.quorvuscollection.com; DZ ab 150 Euro

Holiday Inn Muscat Al Seeb****, Al Mawaleh (westlich vom neuen Flughafen Muscat), Tel. +968/2208055, HolidayInnMuscatAlSeeb@ihg.com, www.ihg.com; DZ ab 170 Euro.

Oman Palm Hotel Suites***, Al Mawaleh (westlich vom neuen Flughafen Muscat), Tel. +968/24537886; DZ ab 55 Euro.

Al-Bahjah Hotel**, Tel. 24624400, bahjah@rameehotels.com , www.rameehotels.com, einfacheres Hotel im Zentrum von Seeb mit Discobetrieb am Donnerstag; DZ ab 60 Euro.

Ramee Dream Resort***, Seeb (am Westende des neuen Flughafens), Tel. +968/24 453399, dreamreservation@rameehotels.com, www.rameehotels.com.

Remas Hotel Suites, Seeb (neben Yas Hypermarket), Tel. + 968 24 260000, www.remasmuscat.com, Appartments mit Küche nahe am Highway N1; ab 110 Euro.

Barka

Al Nahda Resort & Spa*****, Tel. +968/26883710, www.alnahdaresort.com. In einem großen Park im Landesinneren, zahlreiche Wellness-Angebote.

Dunes by Al Nahda, *****, Tel. +968/9723 5700, www.dunesbyalnahda.com. Im Wadi Abiyad weiter im Landesinneren mit 30 luxuriösen ›Zelten‹.

Oriental Site Hotel, Tel. +968/26884623. Am Barka-Kreisverkehr (vor dem Lulu Hypermarket) rechts Richtung Stadtzentrum, dann erste Straße rechts und erste Straße links. Einfaches Hotel mit zweckmäßigen Zimmern; keine Website; DZ ab 55 Euro.

Al Masan'ah

Millenium Resort Mussanah****, Tel. +968/26871518, www.milleniumhotels.com; DZ ab 110 Euro. Von Muscat direkt hinter dem Abzweig nach Rustaq nach rechts (Norden) abbiegen und der Straße zum Meer folgen. Das Hotel riegelt eine Marina halbkreisförmig zum Land hin ab. Die Zimmer sind elegant in hellen, kühlen Farben gehalten. Zahlreiche Wassersportmöglichkeiten und ein kleiner hoteleigener Strand.

Gulf Sand Motel, Tel. +968/26869999, gulfsandmotel@hotmail.com; DZ ab 70 Euro, an der Zufahrtstraße zum Millenium Resort nahe des Highway, einfaches, nach omanischem Geschmack eingerichtete Zimmer (teils mit Terrasse).

Zelten ist überall am Strand möglich, aber nur mit Geländewagen, die Strände sind teilweise vermüllt.

Barka: **Jasmine Garden Restaurant**, am Barka Highway.

Café Bene, am Highway N1 neben dem Mars Hypermarket, Tel. +968/95141225 Italienischer Kaffee, preiswerte Küche.

Chettiar Restaurant, an der N13 (wenig südl. von Barka auf dem Weg nach Nakhl), Tel. +968/95141225.

Fort Al-Suwaiq, So-Mi 9–14 Uhr, Eintritt 500 Bs.

Fort Al Masan'ah, geschlossen wegen Restaurierung.

Fort Barka, tägl. 8.30–14.30 (abhängig vom Wächter), Eintritt 500 Bs.
Bait Na'aman, Fort & Museum, Tel. +968/24641300, Sa–Mi 9–13 Uhr, 500 Bs, sehr kundiger engl. Guide, 5 km westlich von Barka.
Straußenfarm Barka, Tel. +968/26884869, Sa–Mi, 500 Bs, 4 km ins Landesinnere Richtung Nakhl.

Al-Naseem-Park, Mo–Mi 16–23 Uhr u. Do–Fr 9–23 Uhr, Di nur für Frauen und Kinder geöffnet, zwischen Seeb und Barka.

Oman Sail Dive Centre, Tel. +968/24181400, dive@seaoman.com, www.seaoman.com. Im Millenium Resort in Al Masan'ah, Schnorchel- und Tauchausflüge zu den vorgelagerten Inseln; außerdem Tauchkurse, Wakeboarding, Wasserski, Kayaking, Segelkurse

Bootsausflüge zu den Al-Sawadi-Inseln, werden von den Fischern am Strand von Sawadi angeboten.
Bootsausflüge zu den Daymaniyat-Inseln, von Anfang Mai bis Ende Oktober ist Anlanden verboten. Chartertouren können bei Nomad Tours (Tel. 968/95495240, nomads@nomadtours.com, www.nomadtours.com, ab 300 Euro pro Boot) gebucht werden.

Felaij Castle Theatre, in den Wintermonaten kulturelle Veranstaltungen.
Kamelrennstrecke, an Eid-Festtagen und am Nationalfeiertag finden Rennen statt.
Stierkämpfe in Barka und anderen Küstenorten: in Barka jeden zweiten Fr im Winter, am westlichen Ortsausgang.

Souq Seeb, Stoffe und Haushaltswaren, sehr ursprünglich.
Fischmarkt Seeb, in neuer moderner Halle.
Souq Barka, Fisch- u. Gemüse-Souq, berühmt für sein Halwa, am besten morgens besuchen.
Barka Grand Centre, Barka (am Highway), moderne Shoppingmall mit Markenshops, etlichen Restaurants und Cafés

Sohar

▲ Karte S. 185

Sohar ist eine der ältesten Städte Omans und das wichtigste urbane Zentrum der Batinah. Seine Lage an der Mündung des rohstoffreichen Wadi Jizzi und am Ausgang der Straße von Hormuz machte es früh zum Umschlagplatz für den Überseehandel. Im heutigen Stadtbild allerdings hat die illustre Geschichte bis auf das Fort kaum Spuren hinterlassen. Umso deutlicher spiegelt Sohar die rasante Entwicklung Omans während der letzten Jahrzehnte wider – mit allen Höhen und Tiefen, die ein aufstrebender Industriehafen erlebt. Nicht umsonst war es Sohar, wo im Frühjahr 2011 die ersten Demonstranten auf die Straße gingen, um gegen Arbeitslosigkeit, schlechte Arbeitsbedingungen und korrupte Politiker zu protestieren (→ S. 107). Für Touristen bietet das Sohar Beach Hotel eine komfortable Zwischenstation auf dem Weg nach Musandam oder in die benachbarten Vereinigten Arabischen Emirate. Die Stadt überrascht durch ihre weitläufige Anlage mit breiten Straßen, gesäumt von Palmen, Bougainvilleen und einer erstaunlichen Fülle an herausgeputzten Villen. Der neue Wohlstand verdankt sich einer Renaissance, die mit der Aktivierung der antiken Kupferbergwerke im Wadi Jizzi zu Beginn der 1980er Jahre einsetzte und mit dem Ausbau des Industriehafens seit 2004 ihre erfolgreiche Fortsetzung fand. Ein wichtiger Wirtschaftsfaktor ist auch die eng mit dem

Golf von Oman
Wadi
Muscat
Al-Suwaijhrah
Al-Suwayhrah
Al-Bustan St.
Al-Shati St.
Mashal-al-Nur St.
Ghayl al-Shabul
1
Hillat al-Shizaw
Al-Basatin St.
Al-Hambar
Wadi Hibi St.
Spicy Village
Lulu
Polizei
Sultan-Qaboos-Moschee
Sohar Fort und Museum
Al-Qa'la-Kreisverkehr
Al-Hambar St.
Al-Nahda St.
Sohar St.
Telefonamt
Sohar-Kreisverkehr
Al-Masarrat St.
Soug
Al-Suk St.
Freitags-markt
Handwerker-markt
Al-Wiqaybah-Kreisverkehr
Al-Wiqaybah St.
Dhow Marina
Al-Hadhirah
Al-Mahmudi St.
Muwaylah St.
GreenOasis Hotel
Fischmarkt
Karwan
Al-Batha St.
Safeer Hypermarket
Al-Turayf St.
Al-Turayf
Sallan
Al-Sultan Qaboos Rd.
Kashmir St.
Sallan-Kreisverkehr
Super-markt
Sohar Beach
Sohar Park
Sultan Qaboos Rd.
Wadi Sallan
Butterfly Suites
Al-Manar St.
Al-Wadi
Airprt, Hotel Al-Sadarah, Hotel Crowne Plaza Sohar Port, Vereinigte Arabische Emirate
0
1000
2000 m
Sohar

Das Fort von Sohar

Hafen verknüpfte Freihandelszone. Deren Ausbau bestätigte einmal mehr die historische Bedeutung der Stadt: 2010 stießen Archäologen auf Kammergräber mit Glasgefäßen, Achatsteinen, Goldperlen und anderen kostbaren Funden, die bis in die späte Kupferzeit zurückreichen. Im Museum des Forts werden diese Objekte hoffentlich schon bald einen angemessenen Rahmen finden.

Geschichte

Seit dem 3. vorchristlichen Jahrtausend wird im Wadi Jizzi im Hinterland Sohars Kupfer gefördert. Zu dieser Zeit war die Region Teil des Reiches Magan und Ausgangspunkt für Handelsbeziehungen bis ins Industal (→ S. 229). Sohar selbst nimmt erstmals zur Zeit der Perserherrschaft im 5. Jahrhundert vor Christus Gestalt an und entwickelt sich rasch zum wichtigsten Hafenzentrum an der omanischen Küste. Im 8. Jahrhundert nach Christus ist die Stadt Ausgangspunkt der ersten arabischen Handelsfahrten nach China. Rund 200 Jahre später schwärmt der persische Geograf Abu Iskhak al Farisi al-Istakhri von dem »bevölkerungsreichsten und wohlhabendsten Ort in Oman. Weder an der persischen Küste noch in irgendeinem anderen Land der islamischen Welt gibt es eine Stadt, die prächtigere Gebäude und Waren ihr Eigen nennt«. Sein Zeitgenosse Muhammad ibn Ahmad al-Muqaddasi prägt das Wort vom ›Vorzimmer Chinas und Warenhaus des Ostens‹.

Der Reichtum Sohars und seine ungeschützte Lage rufen fast zwangsläufig fremde Eroberer auf den Plan. Gleich zweimal, 971 und 1041, plündern die mittlerweile aus Oman vertriebenen Perser die Hafenstadt, 1276 erleidet sie dasselbe von mongolischen Truppen. In der Folge verliert Sohar seine herausragende Bedeutung an Qalhat südlich von Muscat. Dennoch bleibt es als Handelszentrum präsent und wird als solches eines der wichtigsten Angriffsziele der portugiesischen Flotte, die die Hafenstadt um 1510 erobert und das örtliche Fort ausbaut.

Dass Sohar vor dem glanzvollen Hintergrund seiner Geschichte für sich in Anspruch nimmt, Geburtsort von Sindbad dem Seefahrer zu sein, ist nachvollziehbar, jedoch nicht zu belegen, zumal Sindbad kaum als historische Person angesehen werden kann.

Fort mit Museum

Das Fort von Sohar liegt weithin sichtbar auf einer kleinen Anhöhe nahe dem Meer zwischen der Sultan-Qaboos-Moschee und dem alten Souq. Anders als bei omanischen Festungsanlagen üblich sind die Lehmmauern mit einer weißen Deckschicht verputzt. Die Ursprünge der Anlage gehen wahrscheinlich auf vorislamische Zeit zurück. Im Zuge des jüngsten Aufschwungs der Stadt wurde das Fort wieder instand gesetzt und 1992 der Öffentlichkeit übergeben. Allerdings ist es seit 2008 erneut auf unbestimmte Zeit wegen Restaurierung geschlossen.

▲ Karte S. 185

Besucher mögen sich darüber ärgern, doch macht die Lehmarchitektur diese Konservierungsarbeiten notwendig. Das **Fortmuseum** illustriert mit Waffen, Navigationsinstrumenten und anderen Objekten die Geschichte Sohars im Zeichen des Überseehandels. Zu den herausragenden Zeugnissen gehört überdies der Brief, mit dem der Prophet Muhammad im Jahr 630 Omans Herrscher aufforderte, sich zum Islam zu bekennen (→ S. 59).

■ Souq und Fischmarkt

Etwa fünf Gehminuten vom Fort entfernt liegt der **Freitagsmarkt**, der ungeachtet seines Namens täglich abgehalten wird. Nahebei zeigt eine Ummauerung im historisierenden Stil den **Handwerker-Souq** an, dessen Läden allerdings größtenteils verwaist sind. Folgt man der Corniche Richtung Norden, erscheint ein neues großes **Souqgebäude** im Stil einer alten Festung. Das klimatisierte Bauwerk ersetzt, wie andernorts in Oman auch, die alten Souqanlagen. Etwas weiter Richtung Norden steht die **Fischmarkthalle**, deren geschwungene Architektur an einen Schiffsrumpf erinnert. Beide Bauten sind Bestandteil einer Neugestaltung der Corniche zwischen Fort und Sohar Beach Hotel. Letzteres markiert zugleich den Beginn der schönsten Strandabschnitte.

Die Küste von Sohar zur Grenze

Der Küstenabschnitt bis zur Grenze der Vereinigten Arabischen Emirate im Norden bietet wenig Abwechslung. Gleich hinter dem riesigen Container- und Industriehafen folgt der Ort **Liwa**, dessen massives (leider nicht für Besucher geöffnetes) Fort entgegen sonstiger Gewohnheit etwa einen Kilometer von der Küste entfernt errichtet wurde. Im Schatten der nahen Dünen versteckt sich eine kleine, von dichten Mangroven bewachsene **Lagune** mit vielen Vögeln.

Die nördlichste Stadt Omans – von der Exklave Musandam einmal abgesehen – ist **Shinas**, ein lebendiger Fischereihafen, dessen sorgfältig **restauriertes Fort** besichtigt werden kann. Der Hafenort dient auch als Zwischenstation für die modernen **Hochgeschwindigkeitsfähren**, die seit einigen Jahren zwischen Muscat und Khasab in Musandam verkehren (→ S. 170).

Auf dem Landweg geht es von Shinas aus entweder nördlich über den Grenzposten Khatmat Milahah in Richtung Dibba an der Ostküste Musandams oder, dem Abzweig der N5 folgend, über Hatta nach Dubai und Shardjah. Die emiratischen Grenzposten an der N5/E44 sind derzeit (Juli 2016) für Ausländer gesperrt; eine Weiterreise in die Emirate ist derzeit nur über den Posten Khatmat Milalah möglich.

Wadi Jizzi

Das Tal verbindet die Küste bei Sohar mit der Oase Buraimi (→ S. 226). Von herausragender Bedeutung sind **archäologische Funde**, die den Abbau und die Weiterverarbeitung von Kupfererz seit dem dritten Jahrtausend vor Christus belegen. Kupferadern, Spuren von Bergbaugruben und -stollen, gewaltige Schlackehalden sowie Reste von Röst- und Schmelzöfen untermauern die Vermutung, dass hier einst das kupferzeitliche Reich Magan lag, von dem die Schriftquellen sprechen (→ S. 229). Die genannten Zeugnisse konzentrieren sich auf die Orte Lasail und Arja. Seit den 1980er Jahren sind dort und im nahegelegenen Baida nach mehr als 1000 Jahren wieder Bergwerke aktiv. Die Ausbeutung weiterer Kupferlagerstätten in Darus und Rakah ist bereits projektiert. Damit knüpft Oman im Wadi Jizzi unmittelbar an eine Jahrtausende alte Vergangenheit an.

Sohar

Polizei: Tel. +968/26840099, Sohar Street nahe dem Highway.

Post: Sa–Mi 7.30–13.30 Uhr, Do 8–11 Uhr, Al-Nahdha Street im Zentrum.

Geldwechsel: In der Al-Nahdha Street gibt es zahlreiche Geldautomaten und Banken.

Reiseveranstalter: **Majan Tours**, Tel. +968/26842261, **National Travel and Tourism**, Tel. +968/26843109, **Sindbad Travel & Tourism**, Tel. +968/99366114 u. 99440621, im Sohar Beach Resort.

Sammeltaxis fahren nach Muscat, Dubai und in die Umgebung, ab Al-Nahdha Street.

ONTC Busse, tägl. 15 Uhr Muscat, tägl. 16 Uhr Buraimi, am Hospital Al-Nahdha Street im Zentrum.

Dubai- u. Abu-Dhabi-Express, Tel. +968/24590046 u. 24708522, tägl. 10 u. 19 Uhr Dubai, tägl. 11 u. 21 Uhr Muscat, die Abfahrt erfolgt an der Shell-Tankstelle am Highway.

Crowne Plaza****, Tel. +968/26850850, cpsohar@ihg.com. Im Landesinneren, ruhig gelegen, recht beliebt bei Geschäftsreisenden.

Sohar Beach Hotel****, Tel. +968/26841111, www.soharbeach.com, älteres direkt am Strand gelegenes Hotel.

Al Wadi Hotel***, Tel. +968/26840058, www.omanhotels.com/alwadi. Direkt an der Durchgangsstraße gelegen, mit Pool.

Butterfly Hotel Suites****,Tel. +968/26843501, www.butterflyoman.com.

Al Sadarah Hotel Apartments** Tel. +968/26755222, www.alsadarahhotels.com. Am Abzweig der N7 vom Batinah Highway (N1) verkehrsgünstig gelegen.

Karte S. 185

A=Alkoholausschank
L=Live-Unterhaltung/Musik
P=preiswert
E=gehoben/exklusiv

Al-Sallan Restaurant, Tel. +968/26840058, 6.30–24 Uhr, internationale Küche, im Al Wadi Hotel.

Al-Sallan Coffee Shop (A), Tel. +968/26841111, 6–01 Uhr, im Sohar Beach Hotel.

Al-Zafran Restaurant (A, L), Tel. +968/26841111, 21–01 Uhr, Meeresfrüchte und Grillgerichte, im Sohar Beach Hotel.

Dhow Marina Restaurant, Tel. +968/2204 6999, 11–16 u. 19–24 Uhr, www.dhowmarina.com. Fischrestaurant, abends Buffet, am Fischmarkt.

Kleinere Restaurants und **Imbisse** finden sich hauptsächlich nördlich des Forts und beim Souq (u.a. eine Filiale des Omar al-Khayyam Restaurants).

Al-Jizzi Lounge, Tel. +968/26841111; 12–15 u. 18.30–01 Uhr, Sohar Beach Hotel.

Al-Magez Bar, Tel. +968/26840058, 18.30–24 Uhr, im Al Wadi Hotel.

Al-Taraif, Tel. +968/26841111; 12–15 u. 18.30–01 Uhr, Sohar Beach Hotel, indische Musik und Tanz.

Al-Wagbah Bar, Tel. +968/26840058, 18.30–24 Uhr, im Al Wadi Hotel.

Sohar Fort u. Museum, derzeit wegen Restaurierung geschlossen; der Turm ist weitgehend fertiggestellt.

Bullenkämpfe, Bullfight-Platz, im Winter etwa alle vier Wochen, freitags nach dem Mittagsgebet um ca. 16 Uhr

Sohar Hospital, Tel. +968/26844555, Al-Nahdha Street im Zentrum. **Muscat Pharmacy**, Tel. +968/26840211, 24h-Dienst.

Navigation

Seit der Bronzezeit befuhren arabische Seeleute die Küstengewässer des Indischen Ozeans in Richtung Ostafrika, Indien und in den Persischen Golf. Im Laufe der Jahrhunderte lernten sie die jahreszeitlich wechselnden Monsunwinde zu nutzen, die im immer gleichen Rhythmus den Sommer über aus Südwesten und den Rest des Jahres aus entgegengesetzter Richtung wehen. Aus dieser Erfahrung, ergänzt um das Wissen griechischer Astronomen und Navigatoren, erwuchs die Dominanz arabischer Handelsschiffe in islamischer Zeit. Dabei entfernten sich die Kapitäne immer weiter von der sicheren Küste und reduzierten die Fahrzeit, indem sie mitten über den Indischen Ozean kreuzten. Dabei legten sie Seefahrerhandbücher (Rahmani) an. Diese enthielten Sternenkunde, astronomische Tabellen, die Breitengrade der Anlaufhäfen, Informationen über Windverhältnisse, Küstenverläufe, Riffe und Landmarken sowie Hinweise auf Naturerscheinungen (Isharat), die – wie etwa Schwärme von Seeschlangen – die nahende Küste anzeigten. Die daraus entwickelten Seekarten beeindruckten die portugiesischen Eroberer nachhaltig.

Grundlegend war die Fähigkeit, aus der Höhe des Polarsterns über dem Horizont den aktuellen Breitengrad des Schiffes abzuleiten. Die einfachste Daumenregel dieser auf Arabisch ›Qiyas‹ genannten Kunst besagte, dass der Polarstern bei nördlicher Fahrt nach einem Tag rund einen Fingerbreit (im arabischen Messsystem eine ›Isbá‹) nach oben rückt. Exaktere Aussagen erlaubte das sogenannte Kamal, ein kleines Plättchen aus Holz oder Horn, durch dessen aufgebohrte Mitte ein Faden mit Knoten in genau berechneten Abständen verlief. Diese Abstände entsprachen in etwa einer Isbá. Nahm der Navigator das eine Ende des Fadens zwischen die Zähne und richtete das Plättchen am entgegengesetzten Ende mit der Unterkante an der Horizontlinie aus, konnte er durch das Verschieben des Plättchens entlang dem Faden die Höhe jedes beliebigen Sterns berechnen und daraus mit Hilfe der Rahmani auch die Höhe des Polarsterns erschließen.

Ab etwa 830 waren arabische Seefahrer in der Lage, die von den Griechen übernommenen Astrolabien (scheibenförmige Instrumente zur Veranschaulichung des sich drehenden Sternenhimmels) nachzubauen und zu verfeinern. Im späteren 11. Jahrhundert gelang es ihnen, die von den Chinesen entdeckten Eigenschaften des Magneten für die Orientierung auf See zu nutzen. Die Erfindung des magnetischen Kompasses, die im 13. Jahrhundert auch nach Europa gelangte, und die Fähigkeit zur astronomischen Positionsbestimmung (›Qiyas‹) machten es fortan möglich, große Distanzen auch ohne Landmarken zu überwinden. Um die Perfektion dieser Methode hat sich insbesondere Ahmad ibn Majid (ca. 1435–1500) verdient gemacht, der mutmaßliche Navigator Vasco da Gamas auf dessen erster Reise nach Indien.

Holzboote am Strand bei Barka

Zwischen Küste und Gebirge

Im geschützten Hinterland der Batinah erheben sich einige der bedeutendsten Fortanlagen Omans. Durch ihre strategisch günstige Lage am Saum des Westlichen Hajar-Gebirges waren sie leichter zu verteidigen als die Küstenforts und dienten im Falle einer Invasion als befestigte Rückzugsorte. Zugleich bewachten sie wichtige Verkehrsachsen ins Landesinnere. Per Asphaltstraße (N 13) sind heute die drei Festungen in Nakhl, Rustaq und Al-Hazm besonders gut zu erreichen. Dabei führt der Weg durch teilweise spektakuläre Gebirgslandschaften. Von Muscat oder vom Ras al-Sawadi aus ist der insgesamt rund 130 Kilometer lange Rundkurs, der bei Barka die Küstenautobahn verlässt und bei Masna'ah wieder auf sie trifft, in einem Tag zu bewältigen. Dies gilt insbesondere, solange das Fort von Rustaq wegen Restaurierung auf unbestimmte Zeit geschlossen ist (Stand Herbst 2014). Wer die Gebirgstäler in der Umgebung der Festungen erkunden möchte, sollte mehr Zeit und außerdem einen Geländewagen mitbringen. Zwar sind Asphaltstraßen durch die Wadis Bani Awf und Sahtan derzeit in Bau beziehungsweise nahezu fertiggestellt, doch laden zusätzlich jede Menge kleinere, noch nicht oder nicht durchgehend mit PKW zugängliche Täler zur Erkundung ein (nähere Informationen im Kapitel Westlicher Hajar, → S. 196).

Nakhl und Al-Thowarah

Je weiter die Küste bei Barka zurückweicht, desto deutlicher wird der Horizont von der gezackten Silhouette des **Jebel Nakhl** dominiert. Dieser bis zu 2000 Meter hohe Ausläufer des Westlichen Hajar bildet den Hintergrund für eine **Festung**, die aus dem Felssockel, auf dem sie errichtet wurde, förmlich emporzuwachsen scheint. Tatsächlich kennt die Geschichte des Forts von Nakhl eine ganze Reihe von Um- und Ausbauten, die allmählich zu seinem heutigen Aussehen geführt haben. Vermutlich vorislamische Strukturen nutzend bauten Ya'aruba-Imame die Lehmburg seit 1649 zu einem ihrer Hauptstützpunkte

Touristen auf der Festung in Nakhl

▲ Karte S. 177

aus. Das monumentale Tor, die äußere Umfassungsmauer und die sechs Wehrtürme gehen dagegen erst auf das Jahr 1834 zurück. Sie fallen in eine Zeit, in der Oman unter der Führung Said bin Sultans seine größte Ausdehnung erlebte und die zahlreichen Handelsniederlassungen am Indischen Ozean entsprechend viel Geld in die Staatsschatulle spülten. Den besten Überblick über das Fort bietet der nächstgelegene Hügel des Jebel-Nakhl-Massivs. Die ausgedehnten **Dattelhaine** der Umgebung erklären auf sehr bildhafte Weise den Namen der Oase, der sich von einem arabischen Wort für Dattel herleitet. Durch diese Palmengärten hindurch führt eine gewundene Straße, die nach knapp drei Kilometern an den heißen **Quellen von Al-Thowarah** endet. Hier, im **Wadi Hammam**, sprudelt eine der wichtigsten Lebensgrundlagen des Oasenortes aus dem Felsen. Der Name Hammam, ›Bad‹, ist dabei durchaus praktisch zu verstehen, denn die Einheimischen nutzen die warmen Becken ungeachtet der Verbotsschilder als öffentliche Badestelle. Auch zum Wäschewaschen und Wasserholen kommen sie hierher. Am Wochenende verwandeln Picknickgäste den Ort in einen wahren Rummelplatz. Wer bis zum Ende des Picknickareals läuft, trifft dort auf die Hauptquelle von Al-Thowarah. Dass das Wasser oberirdisch entspringt und nicht mühsam aus Ziehbrunnen geschöpft werden muss, war von Beginn an ein entscheidender Standortvorteil für die örtliche Plantagenwirtschaft.

Rustaq

Der weitere Weg nach Rustaq führt zunächst durch kleingeröllige Hügelketten und dann weiter entlang dem Wadi Mistal bis Awabi. Unterwegs zweigen zwei sehenswerte Pisten ab. Die erste führt links in die **Ghubrah Bowl** (die Straße

Blick von der Festung über die Dattelhaine von Nakhl

dorthin ist frisch geteert), kurz darauf zweigt rechts eine größtenteils nur mit Geländewagen befahrbare Piste ins **Wadi Abiyad** ab. Einen Abstecher wert ist auch das **Wadi Bani Kharus**, das in Awabi beginnt und auf den ersten 25 Kilometern über eine neue Asphaltstraße zugänglich ist.
Rund fünf Kilometer hinter Awabi biegt links die ebenfalls frisch geteerte Straße ins **Wadi Bani Awf** ab.
All diese Exkursionen vermitteln einen sehr lebendigen Eindruck von den Gebirgstälern, Lehmdörfern und Terrassenkulturen der Region. Sie werden im Kapitel ›Nizwa und der Westliche Hajar‹ ausführlicher beschrieben (→ S. 196).
Rustaq, von Nakhl ungefähr 50 Kilometer entfernt, liegt am Ausgangspunkt gleich mehrerer Wadis, die eine wichtige Verbindung zu den Höhenlagen des westlichen Hajar-Massivs darstellen. Schon in historischer Zeit boten die Bergbewohner auf dem Souq von Rustaq Trauben, Pfirsiche, Granatäpfel, Feigen, Pflaumen und andere Früchte feil, während Händler von der Küste Fisch, Zitronen und Bananen im Angebot hatten. Bis heute genießen

In Rustaq

überdies Honig und Halwa aus der Region landesweit einen ausgezeichneten Ruf. Die Bedeutung als Marktort zog bereits früh Handwerker an, unter denen die Metall- und Silberschmiede eine besondere Kunstfertigkeit entwickelten. Im modernen Ortsbild hat sich von dieser Vergangenheit leider wenig erhalten. Wahrzeichen der einstigen Größe ist vor allem das mächtige **Fort Qal'at al-Qesra**, das in den letzten Jahren wegen starker Regenfälle immer wieder Renovierungsbedarf hatte. Die erste Festung am Ort ging auf die Perser zurück, die hier ihre Grenze gegen die inneromanischen Imame sicherten. Letztere haben die Verteidigungsanlage nach der endgültigen Vertreibung der Perser 637 n. Chr. vermutlich selbst genutzt und weiter ausgebaut. 1624 wählte Nasir bin Murshid, Begründer und erster Imam der Ya'aruba-Dynastie, Rustaq als Regierungssitz und errichtete auf den Ruinen des Vorgängerbaus eine neue Festung, die weitgehend dem heutigen Erscheinungsbild glich. In der Folge verlor der Ort seine Stellung als Hauptresidenz des Herrschers wiederholt an Jabrin, Al-Hazm und Nizwa, erlebte jedoch eine Renaissance unter Ahmad bin Said, der hier den Grundstein der aktuell regierenden Al Bu Said-Dynastie legte. Nach dem Wechsel der Hauptstadt nach Muscat blieb das Fort von Rustaq noch bis zur Mitte des 20. Jahrhunderts ein wichtiger Vorposten der im Landesinneren herrschenden Imame.

Al-Hazm

Drei Kilometer hinter Rustaq zweigt links eine neue Asphaltstraße (N 10) durch das Wadi Bani Ghafir in Richtung Yangkul und Ibri ab. Sie stellt einen der wichtigsten Verbindungswege durch das westliche Hajar-Massiv nach Inner-Oman dar (Siehe ›Nizwa und der Westliche Hajar‹ → S. 196). Die N 13 dagegen führt ab hier als Highway 11 weiter in nördlicher Richtung und erreicht etwa auf halber Strecke zur Küste die Oase Al-Hazm. Deren **Fort**, das bereits in der Ebene liegt und zu den eindrucksvollsten Festungen Omans zählt, erscheint mit seiner quadratischen Anlage und den nur zwei Wehrtürmen von außen zunächst schmucklos. Lediglich das reich mit Schnitzereien verzierte Eingangstor verrät seine Bedeutung als einstige Herrscherresidenz. Im Inneren entpuppt sich

Die Festung Al-Hazm

▲ Karte S. 177

die Anlage als ein undurchschaubares Gewirr aus Wohnräumen, Vorratskammern, Verliesen, versteckten Gängen, verborgenen Trakten und Fluchtwegen. Die beiden diagonal angeordneten Türme sind so konstruiert, dass sie die Mauern des Forts in ihrer gesamten Länge mit Kanonenfeuer belegen können. Eine Meisterleistung ist die Wasserversorgung: Die Festung umschließt nicht weniger als drei Brunnen sowie eine eigene Fließwasserversorgung durch ein von außen nicht sichtbares Falaj-System und zusätzlich ein großes unterirdisches Wasserbassin. Bauherr dieses ausgeklügelten Verteidigungswerks, das für den Festungsbau in Oman vorbildhaft werden sollte, war Sultan bin Saif II. 1711, drei Jahre nach Fertigstellung, bezog er das Fort als frisch gewählter Imam und regierte von hier aus Oman bis zu seinem Tod 1718. Seine Gebeine ruhen seither im Westturm der Festung. Unter seinen zerstrittenen Nachfolgern taumelte das Land in einen mehr als zwei Jahrzehnte währenden Bürgerkrieg.

Arabische Inschrift am Festungstor von Al-Hazm

Zwischen Küste und Gebirge

Die Strecke Nakhl–Rustaq–Al-Hazm ist mit PKW befahrbar. Abstecher in die Wadis teilweise nur mit Allradantrieb möglich (nähere Informationen im Kapitel Westlicher Hajar, → S. 188).

Minibusse fahren unregelmäßig vom Kreisverkehr in Barka und ab der Hauptstraße am Rustaq Fort.

Sammeltaxis verkehren zwischen allen Ortschaften und der Küste.

Al-Shimookh Tourist Resthouse*, Rustaq, Tel. +968/26877071, ismailo001@hotmail.com.

Roob al-Salam, hinter der Shell-Tankstelle in Rustaq.

Fort Nakhl, Tel. +968/26781384, Sa–Do 9–16 Uhr u. Fr 8–11 Uhr, Eintritt 500 Bs.
Fort Rustaq (Qala'at al-Qesra), Eintritt 500 Bs.
Awabi Fort, derzeit geschlossen.
Fort Al-Hazm, Sa–Do 9–14 Uhr u. Fr 8–11 Uhr, Eintritt 500 Bs.

Ain Al-Thowarah Hot Springs, 3 km hinter Nakhl.
Ain al-Kasfah Springs, beim Rustaq-Fort.

Rustaq Souq, Obst, Gemüse, Honig und Halwa.

Shell-Tankstelle, in Rustaq.

Rustaq Hospital, Tel. +968/26875055.

»Die Stadt [Nizwa] liegt am Fuße eines Berges und ist von Gärten und Flüssen umgeben. Sie hat wunderbare Basare, und ihre Moscheen sind groß, sauber und vorbildlich. Es ist Brauch, daß die Menschen ihre Mahlzeiten im Moscheehof essen. Sie sind von einer stolzen und tapferen Rasse, und die Stämme stehen ständig im Krieg miteinander.«

Ibn Batuta (1329)

NIZWA UND DER WESTLICHE HAJAR

Blick vom Fort Nizwa über die Stadt

Der Westliche Hajar

Wie ein Riegel legt sich der Gebirgszug des Hajar al-Gharbi, des ›westlichen Gebirges‹, zwischen die Küstenebene Batinah und die Wüsten Innerarabiens. Sein zerklüfteter Rücken erstreckt sich über rund 600 Kilometer vom Wadi Suma'il im Südosten bis zur Halbinsel Musandam im Norden. Dieser Bogen beschreibt zugleich die Ostgrenze der Verwaltungsregionen Al-Dakhiliyah, Al-Dhahirah und Al-Buraimi.

Der Hajar al-Gharbi prägt Oman jedoch nicht nur geografisch, sondern auch historisch. Al-Dakhiliyah, ›die Innere‹, ist traditionell der Lebensraum von Oasenbauern und Nomaden, entwickelte sich über lange Zeiträume vollkommen unabhängig von der Küstenebene, wurde nie von fremden Eroberern unterworfen und hat mit dem Ibadismus eine gemäßigte Spielart des Islam hervorgebracht, die fast nur noch in Oman existiert und das Selbstverständnis der Menschen bis heute nachhaltig prägt.

Die ehemalige Landeshauptstadt Nizwa, mächtige Forts wie jene in Bahla und Jabrin sowie zahlreiche lebhafte Oasenmärkte gehören zu den Hauptsehenswürdigkeiten Inner-Omans. Das kupferzeitliche Reich Magan wird weiter nördlich in Al-Ayn, Bat und im Wadi Jizzi lebendig. Dem stehen die Schluchten, Gipfel und Terrassendörfer des Hajar-Gebirges gegenüber, das mit dem 3009 Meter hohen Jebel Shams den höchsten Gipfel des Landes besitzt.

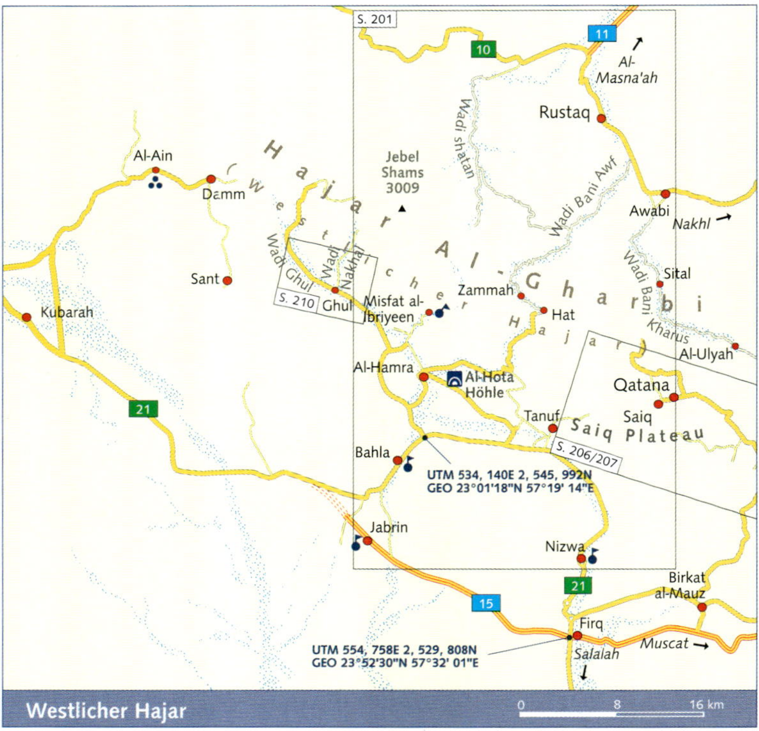

Allen geografischen Herausforderungen zum Trotz verbindet ein Netzwerk von Handelswegen die zahlreichen Bergoasen des Westlichen Hajar mit dem Tiefland. Auf ihnen trugen Lastesel Waren aller Art auf und ab. Heute sind diese Wege zum Teil zu modernen Verkehrsachsen ausgebaut. Autobahnen verbinden Muscat und Nizwa im Süden (N 15) sowie die nördlichen Zentren Sohar und Buraimi (N 07).

Weitere wichtige Asphaltstrecken führen von Ibri aus in östlicher Richtung über Rustaq nach Muscat (N 09, N 10, N 11) und nach Nordosten zur Küste bei Sohar (N 08). Geländewagen können den Hajar al-Gharbi außerdem auf einer schönen Gebirgsstrecke über die sehenswerte Oase Balad Seet mit ihren Terassenfeldern überwinden.

Auf der Autobahn über den Suma'il-Pass

Die **Suma'il-Kluft**, wie diese Hauptverkehrsachse ins Landesinnere auch genannt wird, ist Durchlass und geologische Schranke zugleich. Sie trennt den aus Sedimenten aufgeschichteten Westlichen Hajar von den überwiegend vulkanischen Gebirgsmassen des Östlichen Hajar (›Hajar al-Sharqi‹ → S. 230). Auf der Autobahn N 15 dauert die Fahrt von Muscat nach Nizwa knapp zwei Stunden. Es lohnt sich jedoch, die 140 Kilometer lange Strecke etwas langsamer anzugehen.

Gleich hinter dem flughafennahen **Kreisverkehr am Sahwa-Park** steht rechter Hand der Hauptsitz der omanischen **Parfümfirma Amouage**. Omans einziges Luxus-Markenprodukt, Anfang der 1980er

Jahre von dem Pariser Parfümeur Guy Roberts aus 120 natürlichen Ölen und Essenzen kreiert, kostet es als Sonderedition mehrere tausend Euro, ist aber in abgespeckter Version auch für weniger pralle Brieftaschen erschwinglich.

Eine Kurve später rücken der Komplex der **Sultan-Qaboos-Universität** und kurz darauf das **Industriegebiet von Rusayl** ins Blickfeld. Nach rund 30 Kilometern erreicht die Straße den **befestigten Ort Fanja**. Wehranlagen und Wachtürme entlang der Strecke erinnern immer wieder an die ehemals enorme strategische Bedeutung des Wadi Suma'il.

Das kleine **Fort von Bidbid**, dem nächsten zu passierenden Ort, ist besonders in restauratorischer Hinsicht interessant. Hier wurde in den 1990er Jahren erstmals versucht, ein historisches Bauwerk mithilfe der originalen Materialien Lehm, Gips und Stroh wiederherzurichten. Allerdings blieben die Wände unverputzt, so dass das Stroh an einigen Stellen zutage tritt.

Hinter Bidbid zweigt die N 23 nach Süden in die Sharqiyah und nach Ibra ab.

Auch ins Wadi Mistal wird eine Asphaltstraße gebaut

▲ Karte S. 196/197

Es empfiehlt sich, ihr für rund zehn Kilometer zu folgen und in **Luzugh** rechts zur **Oase Suma'il** abzubiegen. Dichte, scheinbar endlose Dattelgärten, überragt von Dutzenden von Wachtürmen und einem Fort, prägen das Bild dieses einst umkämpften Ortes an der Nahtstelle zwischen Inner-Oman und Küstenebene. Bei der **Festungsruine von Al-Hobe** trifft die Straße wieder auf die Autobahn N 15.

Im weiteren Verlauf tritt das **Jebel-Akhdar-Massiv**, der südlichste Teil des Westlichen Hajar, immer näher an die Straße heran. An der Ausfahrt nach Izki, deren ursprünglicher und heute verlassener Ortskern als älteste Stadt Omans gilt, beginnt die alte Landstraße, die über **Birkat al-Mauz** wahlweise nach Nizwa oder hoch auf den Jebel Akhdar führt. Die Autobahn verläuft etwas weiter südlich, passiert unterwegs den Abzweig der N 31 nach Sinaw und erreicht schließlich ebenfalls **Nizwa** (→ S. 212).

Zwischen Ibri und der Küste

Abgesehen vom Wadi Suma'il gibt es drei historisch bedeutende Verbindungswege zwischen der Küstenebene und Inner-Oman. Alle drei führen durch abwechslungsreiche Gebirgslandschaften und beginnen (oder enden) in Ibri (→ S. 224) in der Provinz Al-Dhahirah. Durchgehende Asphaltstraßen erschließen die drei Täler mittlerweile auch für PKW.

Das **Wadi Bani Ghafir** überwindet den Sattel des Hajar-Gebirges nordwestlich des markanten Jebel Misht und verläuft von dort an unterhalb des Jebel Shams und des Jebel Akhdar in westlicher Richtung bis zu den Forts der Rustaq-Schleife (→ S.190).

Die teilweise parallel verlaufenden **Wadis Hawasina und Hibi** verknüpfen Ibri mit den Hafenstädten Al-Khaburah und Sohar an Omans Nordküste.

Gebirgslandschaft im Westlichen Hajar: auf dem Jebel Akhdar

Durch die Wadis des Westlichen Hajar

Einige der folgenden Strecken sind nur teilweise für Autos erschlossen und enden in spektakulär gelegenen Bergoasen wie Wukan, Al-Ulyah oder Wijmah. Von dort führen Wanderrouten hinauf auf das zentrale Plateau des Jebel Akhdar und zum Jebel Shams. Für die hier beschriebenen Touren sollte man in jedem Fall einen Geländewagen nutzen, auch wenn die Pisten in manchen Wadis nach und nach asphaltiert werden.

■ Wadi Mistal und Ghubrah Bowl

Etwa auf halber Strecke zwischen Nakhl und Awabi (→ S. 191) zweigt von der N 13 links das **Wadi Mistal** nach Süden ab (→ Karte S. 196). Die Straße ist inzwischen geteert. Der Bewuchs rechts und links zeigt die trotz geringer Regenfälle erstaunlich vielfältige Vegetation omanischer Gebirgstäler. Akazien, zweifarbig blühende Ziegenraute und Knöterichgewächse in verschiedenen Variationen wechseln ab mit wilden Feigen und Christusdorn. Eine schmale Schlucht leitet über zur sogenannten **Ghubrah Bowl**, einem weiten Talkessel, um dessen Schotterebene sich die gezackten Umrisse des Jebel Nakhl wie eine Krone ausnehmen.

Am Südostrandrand des Kessels schraubt sich eine Serpentinenstraße hinauf nach **Wukan**, einer der schönsten Bergoasen Omans. Von dem restaurierten Wachturm des Ortes bietet sich ein fantastischer Rundblick über die Ghubrah Bowl und das umliegende Gebirge. Es empfiehlt sich, ein Stück den Berg hinaufzusteigen, die sorgfältig angelegten Terrassen mit ihren sattgrünen Obstgärten zu bewundern und sich dabei von dem Falaj leiten zu lassen, der den Treppenweg plätschernd begleitet. Nach etwas mehr als 15 Minuten Fußweg kommt ein kleines, auf einem Vorsprung errichtetes **Café** in Sicht, auf dessen Terrasse man sich ausruhen und den Blick ins Tal genießen kann. Das Café wird von den Einwohnern Wukans betrieben, weswegen die Öffnungszeiten sehr variabel sind.

Rundweg über das Saiq-Plateau

In **Wukan** startet eine anspruchsvolle sieben- bis zehnstündige und ca. 14 km lange **Wanderung**. Sie führt südlich in Richtung auf das **Saiq-Plateau** und dann wieder hinab in die Ortschaft **Hadash**, von wo aus man durch die Ebene in weiteren drei Stunden zurück nach Wukan gelangt. Alternativ können zwei Wanderteams Wukan bzw. Hadash mit dem Auto anfahren, von dort aufeinander zuwandern und etwa auf der Mitte der Strecke die Wagenschlüssel tauschen. In diesem Fall empfiehlt sich eine Zwischenübernachtung im Zelt auf dem Scheitelpunkt der Wanderung. Der Höhenunterschied beträgt nur etwa 500 Meter, allerdings sind die Pfade teils geröllig und an zwei Stellen so eng, dass die Mitnahme eines Sicherungsseiles (5–10 m) sinnvoll ist. Der Anfangspunkt dieser Wanderung befindet sich in Wukan direkt neben dem Parkplatz (GPS UTM 575.247E 2.559.593N). Die Wanderroute trägt die Namen ›W25‹ (Wukan bis Abzweig al-Manakir), ›W24a‹ (vom Abzweig wieder hinunter nach Hadash) und ›W24b‹ (von Hadash zurück nach Wukan). Die Wanderstrecke ist gut sichtbar mit gelb-weiß-roten Markierungen versehen und führt den Falaj entlang zunächst bis zu einer oberhalb der Gärten gelegenen Moschee. Von hier aus orientiert man sich an den genannten Wanderzeichen bergaufwärts und erreicht – vorbei an zwei Engstellen, deren Passage man am besten mithilfe des Seiles absichert – zum Abzweig nach al-Manakir auf dem Djabal Akhdar. Der beste Zeltplatz befindet sich etwa zwei Kilometer östlich des Abzweigs. Ab hier beginnt der Abstieg entlang der Bergflanken hinunter nach Hadash (GPS UTM 577.383E, 2.557.779N).

Im Wadi Abiyad

▲ Karte S. 196/197

Wadi Abiyad

Zurück auf der N 13 öffnet sich westlich des Abzweigs zum Wadi Mistal rechts das Wadi Abiyad, das ›weiße Tal‹, nach Norden in Richtung Küste (→ Karte S. 177). Eine Asphaltstraße führt die ersten 20 Kilometer bis **Al-Subaykhah**, danach können Geländewagen dem Wadi noch rund sechs weitere Kilometer folgen. Allerdings wird die Schotterpiste zunehmend schlechter und führt teilweise über Felsgrund. Deswegen ist es ratsam, den Wagen an einer geeigneten Stelle zu parken und den Weg zu Fuß fortzusetzen. Die Gehzeit beträgt nur 20 bis 30 Minuten und führt weiter ins Tal hinein. In den Vertiefungen des anstehenden Felsens glitzert vielfach Wasser, das aufgrund des hohen Kalkgehalts (Magnesit) milchig erscheint. Algen geben manchen Becken zusätzlich einen Anstrich von Rosa. Ein Besuch des Tals lohnt sich besonders am späteren Nachmittag, wenn die schon tiefer stehende Sonne die rotbraunen Hügel der Umgebung in flammendes Abendlicht taucht.

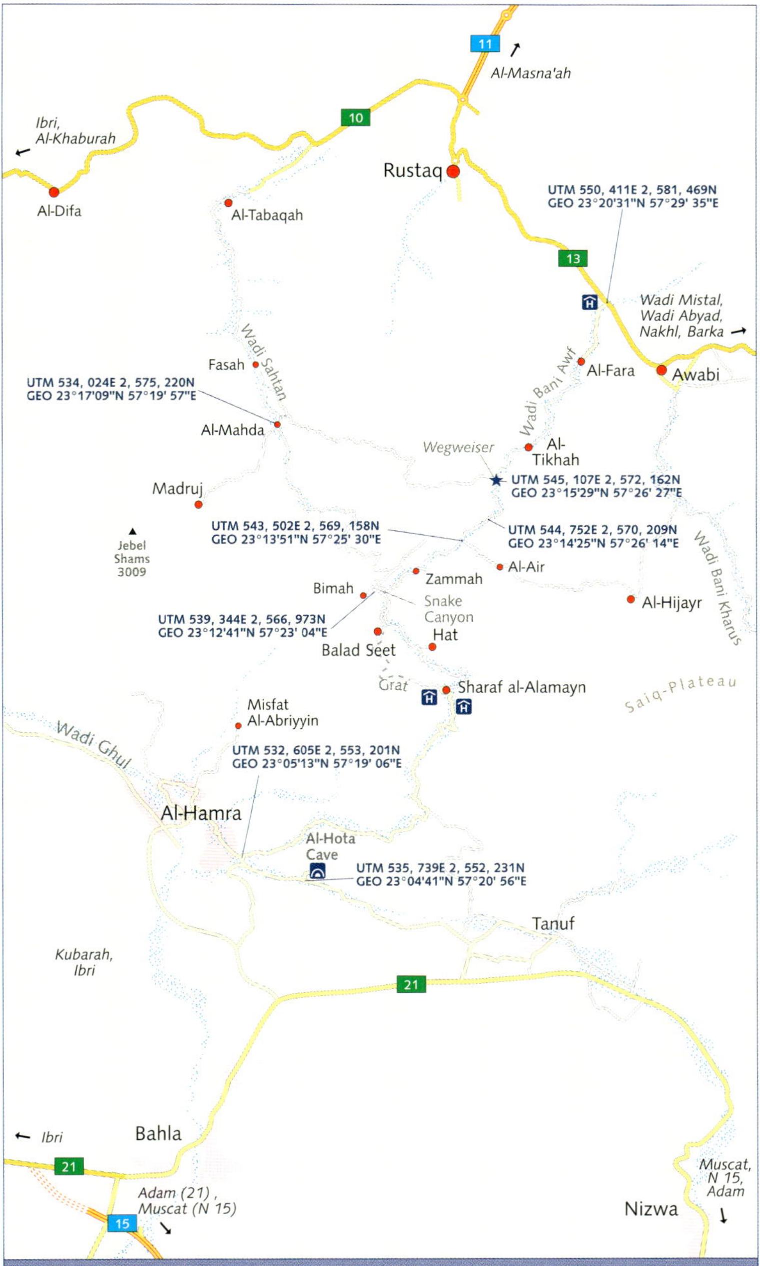

Wadi Bani Kharus, Wadi Bani Awf, Wadi Sahtan

Von Al-Subaykhah aus kann man – sofern es einen zweiten Wagen mit entgegengesetzt laufenden Wanderern gibt – einen **Fußmarsch bis zum Dorf Abiad** unternehmen. Die durchwegs ebene Strecke beträgt etwa 15 Kilometer und führt immer entlang dem Flussbett des Wadi Abiyad. Zwischendurch bieten sich zahlreiche tiefere Pools für ein Bad an. Nach Regenfällen sind die Engstellen meist komplett mit Wasser überflutet, so dass aus der Wanderung ein spannendes Schwimm-Trekking wird. Dafür ist optimal gerüstet, wer Schwimmzeug und einen wasserdichten Rucksack mit sich führt.

Wadi Bani Kharus

In diesem Tal, das bei Awabi (Karte → S. 196/197) von der N 13 nach Süden abzweigt, entfalten sich die Epochen der Erdgeschichte in geradezu schulbuchartiger Weise: Jüngere Gesteine begleiten die ersten Kilometer der Talstrecke und wandeln sich unterwegs zu immer älteren Schichten. Rätsel gibt lediglich die chronologische Lücke auf, die die Felswände kurz vor dem **Ort Sital** verraten (N23 14.322 E57 32.673): In etwa 20 Metern Höhe über dem Talboden zeigt sich dort ein **Sedimentband**, das eingekeilt ist zwischen erdgeschichtlich mehr als 300 Millionen Jahre auseinander liegenden Gesteinsformationen!

Das Flussbett des Wadis wird von einer Reihe von **Dörfern** mit alten Wurzeln gesäumt. Häufig zeigen sich die Ruinen der Vorgängersiedlungen weiter oben an den Talhängen, während die modernen Orte unten in den Oasen liegen. Die **Palmengärten** folgen dem bewährten Stockwerkmuster: Am Boden wächst Alfalfa (Luzerne), darüber Bananen und anderes Obst, die oberste ›Etage‹ bilden die Blätter der Dattelpalmen. Die Terrassen der Dörfer sind gut gepflegt und über Treppenwege miteinander verbunden. Riesige Mangobäume dienen als willkommene Schattengeber.

Das Wadi Bani Kharus führt das ganze Jahr über Wasser. Die mittlerweile durchgehend geteerte Straße endet nach rund 28 Kilometern in **Al-Ulyah**. Der kleine Ort ist Ausgangspunkt mehrerer Fußwege auf das **Plateau des Jebel Akhdar** (→ S. 205).

Drei Kilometer vorher lohnt ein Stopp im kleinen Örtchen **Musaynah**, das hoch oben an der Flanke des Wadis liegt. Bei einem Rundgang durch das Dorf entdeckt man allerorten die einfachen, mit Lehmputz verkleideten kubischen Wohnbauten. Manche dieser alten Häuser prunken noch mit aufwendig gestalteten Rundbögen über den Eingängen und Fenstern. Von dem kleinen Ort auf etwa 900 Metern Höhe startet ein **Fußweg auf das Plateau des Jebel Akhdar** zur Ortschaft Dar al-'Itim auf 2300 Metern. Die sechs- bis bis achtstündige Wanderung ist technisch einfach, aber wegen der großen Höhendifferenz konditionell anspruchsvoll. Für weniger ambitionierte Wanderer bieten sich die ganzjährig wasserführenden **Pools** an, die etwa eine halbe Stunde talaufwärts von al-Ulyah liegen. Sie sind auch bei der lokalen Jugend beliebt.

Eine weitere, wegen der Höhendifferenz von 1300 Metern anspruchsvolle **Wanderung** führt von der weiter unterhalb gelegenen Ortschaft **al-Hajar** in etwa vier bis fünf Stunden zur **Moschee bei Talhat** und weiter nach **Ru'us** auf dem **Jebel Akhdar**. Diese Tour kann die End- oder Anfangsetappe einer kompletten, etwa viertägigen Überquerung des Jebel Akhdar bis hinunter ins **Wadi Muaydin** sein. Eine solche Tour wird von spezialisierten deutschen Reiseveranstaltern mit erfahrenen lokalen Guides und Gepäcktransport angeboten.

▲ Karte S. 201

Wadi Bani Awf

Eine neue Teerstraße durchzieht den unteren Abschnitt des Wadi Bani Awf und macht es damit teilweise auch für PKW zugänglich. Ein Wegweiser an der N 13 zeigt rund elf Kilometer vor Rustaq (→ S. 191) den Abzweig in Richtung Süden an. Das Tal ist einer der Hauptabflüsse für das Regenwasser aus dem Jebel-Akhdar-Massiv, was dazu führt, dass die Falaj-Kanäle bei starkem Gebirgsregen überlaufen. Reste von Algenbewuchs an den Kanalwänden sind daher häufig zu beobachten.

Nach knapp 13 Kilometern zweigt rechts eine inzwischen asphaltierte Strecke ab, die zum Wadi Sahtan (s.u.) führt. Diese Strecke – an dem Abzweig mit ›al-Gefr‹ und ›Wadi A'Sahaten‹ ausgeschildert – verläuft auf insgesamt 16 Kilometern parallel zum **Abbruch des Jebel Shams** im Süden und erreicht schließlich eine T-Kreuzung, an der es rechts in Richtung Norden weiter nach Rustaq geht oder links in Richtung Süden zu den Bergdörfern an den Flanken des Jebel Shams. Nach etwa der Hälfte der Strecke zwischen Wadi Bani Awf und Wadi Sahtan bieten sich für Camper nahe dem Abzweig nach al-Jafr gute Übernachtungsplätze mit einem ungetrübten Blick auf den Jebel Shams.

Lässt man die Abzweigung zum Wadi Sahtan rechts liegen und folgt stattdessen dem Wadi Bani Awf in Richtung der Schilder ›Bald Sait‹ und ›Al-Zamah‹, erscheint nach rund acht Kilometern das Dorf **Zammah**. Dort beginnt die steile Piste hinauf nach Balad Seet und weiter auf die Südseite des Gebirges.

Über die Berge via Balad Seet

In der Nähe von Zammah mündet das **Wadi Bimah** (auch bekannt als ›Schlangenschlucht‹), ein extrem schmales und steiles Tal mit zahlreichen natürlichen Wasserbecken. Die Piste, die von Zammah den Berghang hinaufführt, passiert nach fünf Kilometern den oberen Taleingang des Wadi Bimah und führt weiter nach **Balad Seet**. Dessen sehenswerter Ortskern thront über sorgfältig angelegten Terrassenfeldern. Ein anspruchsvoller Wanderweg erklimmt

Oase im Wadi Bani Awf

von hier aus den **Sattel des Jebel Akhdar** und windet sich jenseits hinunter nach **Misfah** (Misfat Al-Abriyyin).

Dieser als ›W8‹ und ›W10h‹ ausgeschilderte Wanderweg startet an der Schule in Balad Seet (GPS UTM 539.605E, 2.564.508N) und überwindet bis zum Pass bei Sharaf al-Alamayn auf einer Länge von 8,5 Kilometern immerhin 1100 Meter, die geübte Wanderer in etwa sechs Stunden zurücklegen. Wegen der teils an fast senkrechten Felswänden entlang führenden alten Eselspfade sind Schwindelfreiheit und Erfahrung gerade für den ersten Teil der Tour (›W8‹) unabdingbar.

Mit dem Auto geht es durch ein gerölliges Flussbett nach **Hat** und anschließend in Serpentinen hoch zum Gebirgsgrat bei **Sharaf Al-Alamayn**, der eines der spektakulärsten Panoramen Omans zu bieten hat: Der Blick umfasst den gesamten Westlichen Hajar bis zur Küste. Am Grat gibt es zwei einfache Hotels, die im Kapitel zum Jebel Shams beschrieben sind (→ S. 211). Die Strecke hinunter nach Al-Hamra ist ab hier komplett asphaltiert.

Fußgänger können die Ortschaft **Misfat al-Abriyyin** von diesem Aussichtspunkt in etwa sechseinhalb bis acht Stunden erreichen. Diese, als ›W 10‹ ausgeschilderte Tour startet am Parkplatz auf etwa 2500 Metern und führt für die ersten 3,7 Kilometer ziemlich genau auf dem Berggrat entlang gen Westen. Der Blick schweift weit nach Norden, hinunter in die Bergoasen al-Hajjir und Balad Sayt und bietet fantastische Fernblicke entlang der trutzig aufragenden Steilkanten des Djabal Shams. Etwa an der höchsten Stelle (2140 m) verlässt der Pfad den Grat. Zunächst auf einem schmaleren Bergsattel, beginnt nach etwa 5.5 Kilometer der Abstieg in die immer tiefer werdenden Schluchten eines Wadis, das die Gärten und Felder von al-Hamra bewässert. Bei Kilometer 8,4 liegen rechter Hand (gen Süden, auf etwa 1500 m) die meist unbewohnten Steinhäuser von Hayl al-Jawari an einer Bergschulter. Kurz darauf muss man das Wadi al-Hamra queren und einen leichten Anstieg (etwa 120 Höhenmeter) hinter sich bringen, um in das parallele Wadi von Misfat al-Abriyyin zu gelangen. Auf einem Zickzackpfad

Inmitten von Terrassenfeldern: Hat

Karte S. 201

gelangt man hinunter in das Bett des Wadis und kann diesem nun bis in die palmenüberschatteten Oasengärten von Misfat al-Abriyyin folgen. Insgesamt sind bei der Tour 1050 Höhenmeter bergabwärts zu überwinden. Die Strecke folgt in weiten Teilen einst von Eseln benutzten Saumpfaden.

Wadi Sahtan

Das fruchtbare, ganzjährig Wasser führende Wadi Sahtan gleich unterhalb des Jebel Shams beherbergt zahlreiche Dörfer, die vorzugsweise um die **Sahtan Bowl** herum liegen, an der sich das Tal zu einem großen Kessel weitet. Derzeit wird die Piste asphaltiert, sodass die südlich von Rustaq gelegenen Bergdörfer wahrscheinlich schon bald auf einem Rundkurs per PKW erkundet werden können. Einen Geländewagen erfordert dagegen der Abstecher zu der bereits hoch in den Bergen gelegenen **Oase Wajmah** mit weiten Blicken über die umliegenden Täler. Die am Pistenende gelegene Ortschaft schmiegt sich höchst malerisch an die Felswände und bietet mitsamt den unterhalb verlaufenden Terrassenfeldern ein schönes Fotomotiv, sollte aber – wie Balad Seet – aus Rücksicht auf die Bewohner nicht besucht werden.
Sowohl von Wajmah als auch von den benachbarten Ortschaften Madruj (westlich) und Al Hiwayb (östlich von Wajmah) aus kann man die steile Nordflanke des Jebel Shams erklimmen. Wegen der teils fast senkrecht abfallenden Felswände und kaum erkennbarer Routen sind für diese Touren unbedingt lokale Führer und sowie Kletterkenntnisse erforderlich.

Jebel Akhdar (Saiq-Plateau)

Der ›Grüne Berg‹, der sich im Hinterland von Nizwa bis zu einer Höhe von 3000 Metern aufschwingt, ist im eigentlichen Sinne weder grün noch ein Berg.

Gegenverkehr im Wadi Sahtan

Die Farbe Grün beschränkt sich im Wesentlichen auf die Gartenterrassen einer Handvoll Dörfer auf dem Saiq-Plateau. Dessen ansonsten kahle Ebene aus verwittertem Kalkstein wiederum will so gar nicht zur gängigen Vorstellung eines Berggipfels passen. Das Bild ändert sich bei einem Blick auf die Karte. Die Geografen nämlich bezeichnen mit dem Begriff Jebel Akhdar den gesamten südlichen Abschnitt des Westlichen Hajar einschließlich des Jebel Shams. Aus dieser Perspektive kann der ›Grüne Berg‹ gleich eine ganze Reihe von Gipfeln für sich beanspruchen.
Das folgende Kapitel beschäftigt sich ausschließlich mit dem Saiq-Plateau. Ein mediterran anmutendes Klima lässt hier trotz einer durchschnittlichen Höhe von 2000 Metern Nutzpflanzen gedeihen, die in der Hitze der Ebenen keine Überlebenschance hätten. Vermutlich hat es in geschichtlicher Zeit hier oben sehr viel mehr Dörfer gegeben als heute, was wiederum eine Begründung für das Attribut ›grün‹ liefern würde. Noch bis vor kurzem war das Plateau nur über

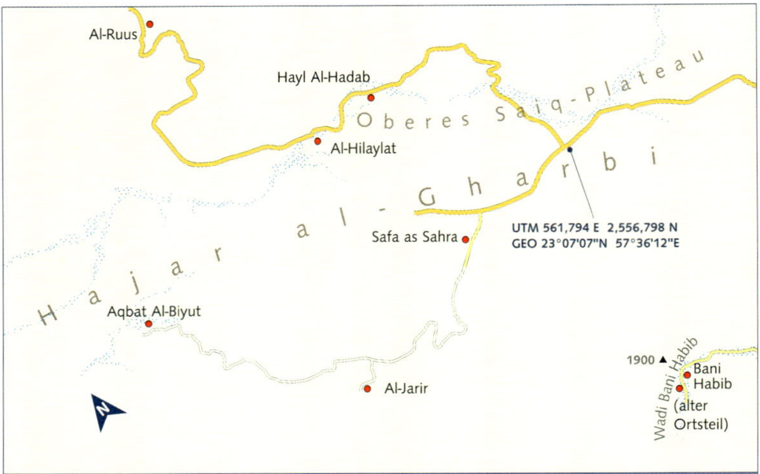

Saiq-Plateau, West

Eselpfade zugänglich und bildete eine Welt für sich. Die 2005 fertig gestellte Asphaltstraße vom Fuß des Gebirges bei Birkat al-Mauz hat die Versorgungslage der Bergbewohner deutlich verbessert: Der Warenaustausch mit dem Tiefland hat sich intensiviert, außerdem gibt es nun ein Krankenhaus, mehrere Schulen und eine Poststation.

Historisch trat der Jebel Akhdar zuletzt in den 1950er Jahren in Erscheinung, als Sultan Said bin Taimur, Vater und Vorgänger des amtierenden Herrschers, die Unabhängigkeitsbestrebungen der inneromanischen Imame mit Waffengewalt niederschlug. Das gelang ihm allerdings nur mit massiver britischer Militärhilfe. Nach dem erfolglosen Versuch der aufständischen Stämme, das zuvor an den Sultan verlorene Nizwa zurückzuerobern, zogen sich die Rebellenführer in die Dörfer am Jebel Akhdar zurück. Der Konflikt endete mit einem vernichtenden Angriff der britischen Luftwaffe auf den Ort Tanuf (→ S. 221).

Heute ist es möglich, das Saiq-Plateau im Rahmen eines Tagesausflugs von Nizwa aus zu erkunden. Ein Polizeiposten am Beginn der Serpentinenstraße hinter Birkat al Mauz lässt **nur Geländewagen** passieren, weil die Auf- und insbesondere die Abfahrt für ungeübte PKW-Fahrer ausgesprochen gefährlich ist. Für Wanderer lohnt sich auch ein mehrtägiger Aufenthalt auf dem Jebel Akhdar.

Unteres Saiq Plateau

Nicht weit unterhalb der neu errichteten Hauptsiedlung Qatana und des benachbarten Militärlagers öffnet sich der Schlund des **Wadi Muaydin**. An seinem Rand hocken mehrere Dörfer, deren Terrassengärten im Steilhang wie Treppen zu Tal steigen. Besonders gut lässt sich dieses beeindruckende Panorama von einem Aussichtspunkt oberhalb des Dorfes Al-Qasha betrachten – ein Besuch der verstorbenen Prinzessin von Wales hat der Stelle den Namen Diana's Point eingebracht.

Etwas weiter westlich liegen, mit ihren äußeren Rändern nur wenige Meter vom Abgrund getrennt, die Dörfer Al-Aqur, Al-Ayn und Al-Sharijah. Dank

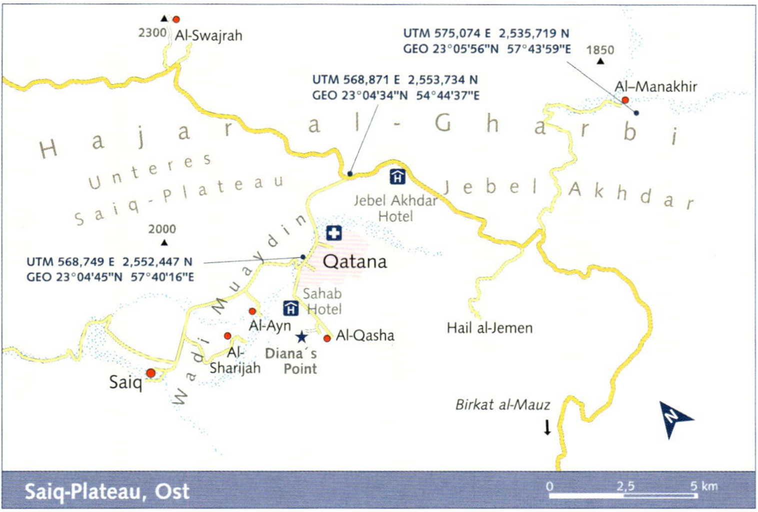

dem milden Klima, das sie genießen, reifen in ihren Gärten lauter für Oman ungewöhnliche Früchte, darunter Pflaumen, Pfirsiche, Aprikosen, Granatäpfel, Birnen, Äpfel, Feigen und Oliven. Eine etwa zweistündige Wanderung (je eine Stunde pro Richtung) mit schönen Ausblicken bietet eine gute Gelegenheit, die Dörfer und Gärten zu erkunden.

Weltweit berühmt sind die **Rosen des Jebel Akhdar** (→ S. 45). Deren Blüte macht den April zur besten Reisezeit für den Besuch des Saiq-Plateaus. Seit Jahrhunderten fangen die dortigen Bauern das intensive Aroma der blassrosa gefärbten Blütenblätter in einem kostbaren Rosenwasser ein. Geerntet wird im Morgengrauen, wenn noch der Tau auf den Pflanzen liegt. Die eigentliche Kunst besteht darin, die Essenz, die das anschließende Dampfbad der Blätter freisetzt, als Flüssigkeit wieder einzufangen. Früher geschah dies über offenem Feuer, mittlerweile jedoch verfügen die Orte über eine zentrale Destillieranlage. Das hoch geschätzte Rosenwasser (arabisch ›attar‹) vom Jebel Akhdar ist ein wichtiger Bestandteil der Süßspeise Halwa, aromatisiert aber auch Getränke und Speisen und wird – in Wasser gelöst – traditionell Gästen nach dem Essen zum Reinigen der Hände gereicht.

Die Hauptstraße, die das untere Saiq-Plateau von Ost nach West quert, passiert etwa auf halber Strecke **Saiq** – nach diesem Dorf ist das Plateau benannt – und endet in **Bani Habib**. Von dem modernen Ortsteil führt eine kurze Wanderung durch das gleichnamige Wadi zu dem alten Dorf auf der anderen Talseite. Die Steinhäuser stehen heute verlassen da, weil sie wegen des Wadis nicht an das Straßennetz angeschlossen sind. Besucher können sich hier ganz ungezwungen umsehen, allerdings immer mit einem wachsamen Auge auf eventuell einsturzgefährdete Decken und Wände.

Oberes Saiq-Plateau

Im Vergleich zu den wenigen, dafür aber umso üppiger blühenden Terrassengärten des unteren Saiq-Plateaus erwartet Besucher der höher gelegenen Abschnitte eine deutlich sprödere Gebirgslandschaft,

Auf dem Jebel Akhdar: Hotel as-Sahab

deren Gesicht harte Winter und heftige Stürme verrät.

Knorrige wilde Olivenbäume und Wacholderbäume mit knotiger Rinde säumen die Straße vom Hotel Jebel Akhdar nach Norden in Richtung Al-Ru'us. Der Weg führt unter anderem an einem staatlichen Versuchsbetrieb vorbei, der nach widerstandsfähigen Nutzpflanzen für das raue Mikroklima sucht. Nach gut zehn Kilometern biegt die Straße rechts zu dem Bergdorf Ru'us ab, das an der nördlichen Kante des Plateaus liegt und wie Bani Habib Steinhäuser besitzt. Zwei Kilometer nach diesem Abzweig, bald nach dem Passieren eines Schulgebäudes, bietet ein etwa 2200 Meter hoher Aussichtspunkt (N23 05.935 E57 34.453) einen weiten Blick nach Westen, der die umgebenden Berge besonders bei Sonnenuntergang zur Geltung bringt. Ein ähnlich beeindruckendes Bergpanorama eröffnet sich etwa fünf Kilometer weiter, jenseits des Dorfes Al-Jarir. Die Straße endet in Aqbat Al-Biyut im äußersten Westen des Plateaus.

Saiq-Plateau

Postamt: in Qatana.

Die Anfahrt beginnt in Birkat al-Mauz beim Fort (beschildert). Mit PKW bis km 9,5 befahrbar, danach nur mit 4WD erlaubt, Polizei-Checkpoint. Kein öffentlicher Verkehr.

Alila Jabal Akhdar*****, Tel. +968/ 25344200, jabalakhdar@alilahotels.com, www.alilahotels.com. Luxusresort im landestypischen Stil; DZ ab 370 Euro.

Anantara Al Jabal Al Akhdar Resort*****, Tel. +968/25218000, aljabalalakhdar@anantara.com, www.jabal-akhdar.anantara.com. Allerneuestes Luxusresort mit großem Spa; DZ ab 520 Euro.

Hotel Jebel Akhdar***, Tel. +968/ 25429009. Einfacheres Hotel, geführte Wanderungen; DZ ab 140 Euro.

Sahab Hotel****, Tel. +968/25429288, www.sahab-hotel.com. Sympathische Anlage in landestypischem Stil, geführte Wandertouren; DZ ab 210 Euro.

Saih Qatnah Hotel Apartments (Bait al Jabal), Tel. +968/25429121. Ferien-Apartments, die meist von omanischen Familien gebucht werden.

Krankenhaus in Qatana.

▶ Karte S. 201

Jebel Shams

Der ›Berg der Sonne‹, so der Name in Übersetzung, ist mit 3009 Metern die höchste Erhebung Omans und war aus militärischen Gründen über viele Jahre gesperrt. Nach wie vor verwehrt eine militärische Sperrzone den Zugang zum eigentlichen Gipfel. Der Rest des Plateaus jedoch steht Besuchern offen und verfügt mit dem Jabal Shems Heights Resort, dem Jebel Shams Resort und dem Sunrise Resort mittlerweile über drei Unterkünfte. Zur touristischen Erschließung hat nicht zuletzt der Bau einer neuen Asphaltstraße beigetragen, die nur noch durch ein kurzes Stück Piste im oberen Drittel der Strecke unterbrochen ist.

Die Strecke beginnt in **Al-Hamra**, führt durch die **Wadis Ghul und Nakhar** und erreicht nach einer Distanz von nur 37 Kilometern die Hochebene auf rund 2000 Metern. Schwindelerregender Höhepunkt dieses Ausflugs ist der Blick hinunter in die Schlucht des Wadi Nakhar, zu Recht gepriesen als ›Grand Canyon‹ Omans. Ähnlich dem Jebel Akhdar erschließen auch hier zahlreiche Wanderwege die Umgebung. Dazu zählt der sogenannte **Balcony Walk** am oberen Rand des Wadi Nakhar ebenso wie der Abstieg vom Plateau hinunter zur Oase Ghul. Höhlenliebhaber kommen bei einem Besuch der Al-Hoota Cave auf ihre Kosten. Für längere Touren sind örtliche Führer unbedingt zu empfehlen, zu buchen etwa über das Jebel Shams Resort.

■ Al-Hoota Cave

Das Höhlensystem der Al-Hoota Cave liegt zehn Kilometer südöstlich von Al-Hamra und gehört zu den größten weltweit. Es erstreckt sich über eine Länge von knapp fünf Kilometern, beherbergt mehrere unterirdische Seen und ist die Heimat einer Gattung rosafarbener Fische, die blind geboren werden und anstelle ihrer Augen Fühler zur Orientierung benutzen. Früher bestand der einzige Zugang aus einer schmalen Öffnung in der Decke einer zehn Meter hohen Höhlenkammer, sodass Kletterausrüstung erforderlich war, um die Höhle zu besichtigen. Heute steht sie allen Interessierten offen, allerdings nur auf einem geführten Rundgang. Dazu wurde der Eingang verlegt und zusätzlich mit einem geologischen Museum, einem Besucherzentrum und einem Restaurant ausgestattet.

Zum Auftakt fährt **Omans bislang einziger Zug** – eine Schmalspurbahn made in Österreich – die Besucher die kurze Strecke vom Hauptgebäude zum Höhleneingang. Anschließend geht es zu Fuß über Gitterwege und vereinzelt auch Treppen rund einen Kilometer in die Höhle hinein. Die Route durchläuft mehrere Kammern mit Stalaktiten und Stalagmiten, passiert eine saalartige Halle und endet am Ufer eines größeren Wasserbeckens. Erstaunlich dabei ist vor allem, dass das karge Jebel-Akhdar-Massiv überhaupt eine Tropfsteinhöhle dieses Ausmaßes hervorbringt.

Die Besichtigung dauert eine knappe Stunde bei angenehmen Temperaturen um 25 Grad Celsius, aber hoher Luftfeuchte. Fotografieren ist nicht gestattet.

■ Misfat Al-Abriyyin (Misfah)

Das kleine Bergdorf oberhalb von Al-Hamra ist mit seinen ockerfarbenen, den felsigen Talhang emporsteigenden Häusern über einem Meer aus Dattelpalmen eines der am häufigsten fotografierten Motive Omans. Die Dorfbewohner sehen den Besucherandrang allerdings nicht so gern. Mit Schildern am Ortseingang weisen sie ausdrücklich darauf hin, dass sie gefragt werden möchten, bevor eine Kamera auf sie gerichtet wird.

Falaj-Kanal in Misfat Al-Abriyyin

Dieser Respekt versteht sich eigentlich von selbst und sollte cie Grundhaltung bei jeder Besichtigung in Oman sein.

Ein Stadttor führt zu einem Auf und Ab schmaler, dankenswerterweise für Autos nicht zugänglicher Gassen. Die Hausmauern bestehen aus Naturstein statt aus Lehm. Über cem Ort erheben sich die Reste eines Wachturms, der den ehemals wehrhaften Charakter des Dorfes unterstreicht. Plätschernde Falaj-Kanäle wässern die Terrassengärten am Fuß Misfahs.

Eine knapp zehn Kilometer lange Asphaltstraße mit vielen Windungen verbindet den Ort mit Al-Hamra. Die Umgebung ist durch Wanderpfade gut erschlossen. Eine besonders anspruchsvolle Route überwindet auf ihrem etwa sechsstündigen Weg nach Sharaf al-Alamayn auf dem Scheitelpunkt des Gebirges über 1000 Höhenmeter (→ S. 203).

Wadi Ghul und Wadi Nakhar

Warum das Wadi Ghul den Namen eines gefährlichen Dämonen trägt, bleibt ein Rätsel. Die Lehmbauten des gleichnamigen Dorfes jedenfalls können nicht der Grund dafür gewesen sein. Ähnlich Bienenwaben kleben sie über den Wipfeln dichter Dattelplantagen an den hier noch recht niedrigen Kalksteinwänden des Tals. Wie so oft ist der Ort verwaist und die Menschen wohnen in geringer Entfernung in modernen Häusern.

Das Tal ist bekannt für seine **gewebten Ziegenhaarteppiche**, die die Bewohner der Dörfer entlang der Strecke gerne anbieten. Traditionell weben im Wadi Ghul die Männer, während die Frauen das Garn spinnen. Schwarze, graue und beige Farben überwiegen, in Streifen aneinandergefügt und nur vereinzelt unterbrochen von roten oder orangen Garnen, gefärbt mit einem Mus aus

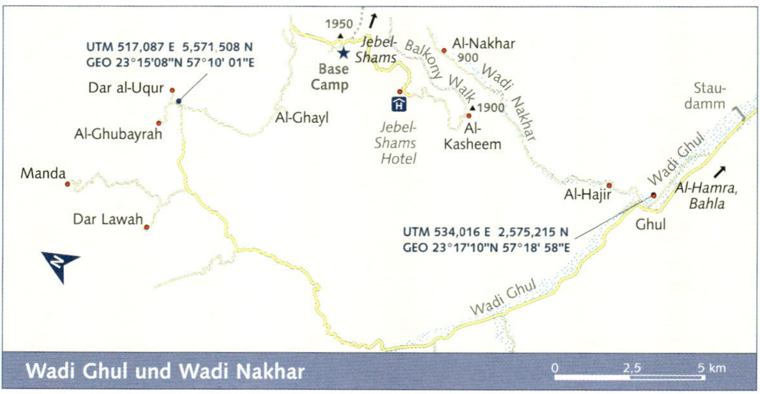

Früchten des Christusdorns oder mit Pigmenten aus der Schale von Granatäpfeln – oder heute auch mit chemischen Farben.

Bei Ghul kann man rechts auf einer Piste in das **Wadi Nakhar** abbiegen. Schnell wachsen die Felswände rechts und links in die Höhe. Der Ort **Nakhar** liegt inmitten von Palmenhainen im Talkessel auf etwa 900 Höhenmetern und ist von den fast 2000 Metern aufragenden Bergen umgeben. Hier endet die Piste.

Zurück in **Ghul** steigt die Asphaltstraße stetig an, flankiert von gewaltigen Kalksteinformationen, deren Farben von Grau- und Grünschattierungen bis zu Orange- und Rottönen reichen. Etwa 18 Kilometer hinter Ghul endet die Asphaltstraße; kurz darauf biegt links eine Piste ab, über die man das Sunrise Resort erreicht. Die nun folgenden neun Kilometer führen über eine serpentinenreiche Piste. Erst etwa 27 Kilometer hinter Ghul ist die Strecke wieder asphaltiert. Nach vier weiteren Kilometern erreicht man das **Plateau** und damit die obere Abbruchkante der gähnenden Schluchten des Wadi Nakhar.

Hier liegen zwei weitere Unterkünfte: Das **Jebel Shams Heights Resort** und as **Jebel Shams Resort**. Von letzterem führt eine Piste zu dem kleinen Ort Al-

Verlassene Steinbauten im Wadi Ghul

Khitaym. Er ist der Ausgangspunkt des spektakulären **Balkony Walks**, eines etwa eineinhalbstündigen markierten Balkonwegs entlang dem Steilabfall des Wadi Nakhar. Rund 1000 Meter stürzen dessen Wände in die Tiefe, weit unten im Schatten des Tals schimmert das Grün der Palmen um Nakhar und in der Luft ziehen Schmutzgeier ihre Kreise. Im Osten, jenseits der Schlucht, liegt gut sichtbar der **Gipfel des Jebel Shams**, erkennbar an einer kuppelförmigen Radarstation.

Jebel Shams

Die Straße zum Jebel Shams ist bis auf etwa halbe Höhe zum Plateau mit dem PKW befahrbar. Ausflüge in die Wadis und auf den Jebel Shams sind nur mit 4WD möglich.

Öffentliche Verkehrsmittel gibt es nicht.

Al-Hoota Rest House, Tel. +968/ 24536376, 92828873. Einfache Unterkunft am Pass, auf Anfrage werden Trekkingtouren und Guides vermittelt; DZ ab 90 Euro.

Shorfet Al Alamin Hotel, Tel. +968/ 99449071, aalabry@gmail.com, www.shorfetalalaminhotel.com; ebenfalls am Pass gelegene Bungalowanlage; DZ ab 100 Euro.

Sunrise Resort, Zelte und Bungalows, Tel. +968/97100791, reservation@sunrise resort-om.com, www.sunriseresort-om.com, Zelte (ab 50 Euro pro Person) und Bungalows; DZ inkl. HP ab 120 Euro.

Jebel Shams Resort, Zelte u. Bungalows, Tel. +968/99382639, www.jebelshams resort.com. Bietet auch Mountainbike-

und Wandertouren an; Fahrradverleih; DZ inkl. HP ab 90 Euro.

Jabel Shams Base Camp, Zelte u. Bungalows, Tel. +968/96566600, info@jabelshams.com, www.jabelshams.com; DZ inkl. HP ab 100 Euro.

Guesthouse in Misfah (Misfat Al-Abriyyin), Tel. +968/99412660, obid2000@hotmail.com.

Zelten ist bei den Resorts in Mietzelten oder eigenen Zelten möglich.

Alstromeria Café in Hamra, Tel. +968/25422880, an der zum Jebel Shams führenden Straße nahe Kreisverkehr/Shell Tankstelle; gute Auswahl an Konditoreiwaren.

Al Hoota Cave, Tel. +968/24498258, www.alhootacave.com. 5 km lange Tropfsteinhöhle, Ausstellung u. Restaurant, Sa–Do 9–13, 15–18 Uhr u. Fr 9–12, 14–18 Uhr, Anmeldung empfohlen.

Balcony Walk, ca. 1 ½ Std. Von Al-Khitaym nach Sab, entlang des steilen Abfalls des Wadi Nakhar.

Wadi Ghul Walk, ca. 3–4 Std (ca. 1150 Höhenmeter bergab). Von Al-Khitam nach Ghul, entlang des Wadi Nakhar; Guides und Rücktransfer sind im Jabal Shams Resort buchbar.

Oasen der Dakhiliyah

Das Massiv des Jebel Akhdar bestimmt die Existenz der Oasen der Al-Dakhiliyah in mehrfacher Hinsicht: Es beschert ihnen eine strategisch geschützte Lage, trennt sie zugleich von der Küstenebene, richtet ihren Blick aufs Landesinnere und versorgt sie mit Wasser in ausreichender Menge. Nach der Batinah gilt die Region als zweitwichtigste Kornkammer des Landes. Aufgrund der Abgewandtheit vom Meer konzentrierte sich der Handel jahrhundertelang auf die großen Wochenmärkte, auf denen Oasenbauern und Beduinen ihre Waren austauschten. Bis in die Gegenwart spielen die Souqs für die regionale Wirtschaft eine bedeutende Rolle.

Auf dem Freitagsmarkt in Nizwa

▲ Karte S. 196/197

Mit der Ankunft des Islam entwickelte sich die Dakhiliyah zur Bastion der ibaditischen Imame, die – oft unabhängig von den Herrschern der Küstenebene – die politischen Geschicke Inner-Omans bestimmten. Eine Vielzahl an Wachtürmen und mehrere zum Teil gewaltige Forts erinnern an die einstige Wehrhaftigkeit. Heute gliedert sich die Region in acht Verwaltungsbezirke (arabisch wilayat) mit Nizwa als administrativem Zentrum.

Nizwa

Anders als Muscat atmet der historische Kern von Nizwa viel orientalisches Flair. Die monumentale Festung trägt ebenso dazu bei wie die traditionellen Lehmhäuser und Souqs in ihrer Umgebung. Der größte Teil davon verdankt sich massiven

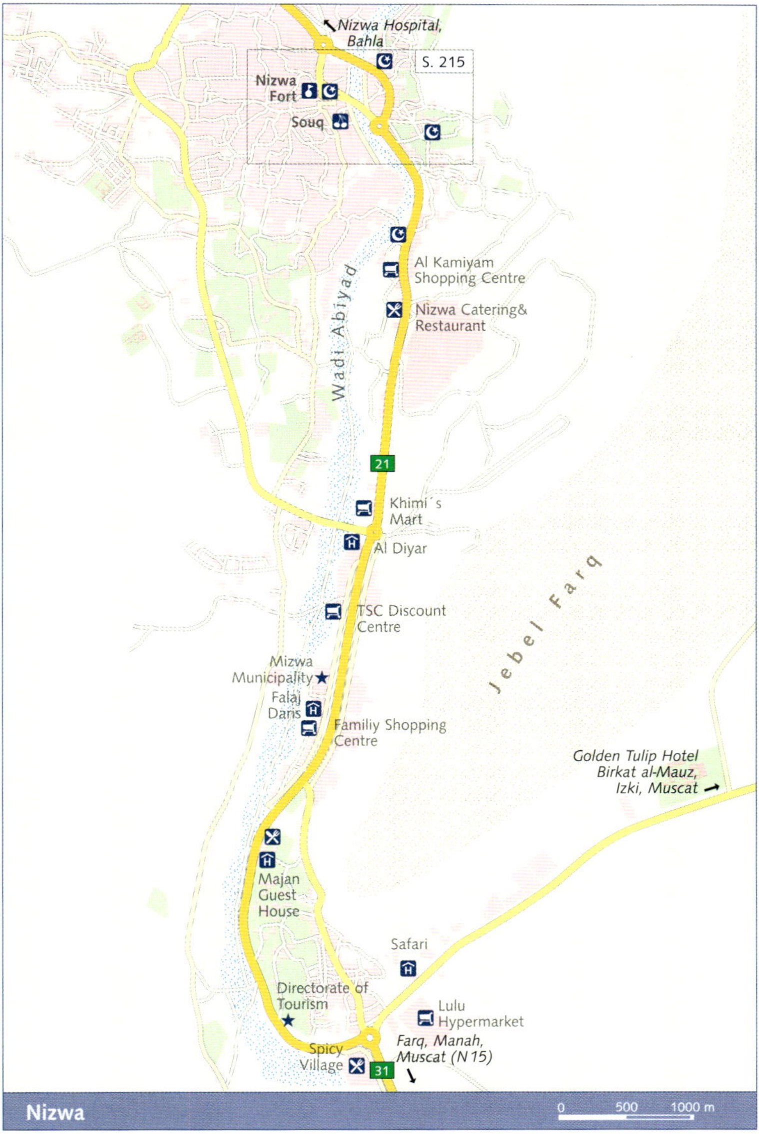

Sanierungsarbeiten Anfang der 1990er Jahre. Nizwa zählt rund 90 000 Einwohner und bietet sich mit seinen Hotels als Standort für Tagesausflüge in die Nachbaroasen und ins Gebirge an.

Stadtgeschichte

Seine Lage am Zusammenfluss zweier Wadis und im Schnittpunkt historischer Handelswege verleihen Nizwa schon früh überregionale Bedeutung. Wohl schon

Im Inneren des Festungsturms

im 3. Jahrhundert wird die fruchtbare Oase das Machtzentrum der inneromanischen Stämme. Im Jahr 630 regieren dort Abd und Jaifar Al-Julandi. Amr ibn al-As, der Gesandte des Propheten Muhammad, findet in ihnen treue Anhänger des neuen Glaubens. Im Namen Allahs befreien sie die Batinah von der persischen Fremdherrschaft und bereiten den Boden für einen Islam, der seine Führer nach ihrer religiösen und politischen Befähigung auswählt und nicht nach ihrer Abstammung (→ S. 75). Mit der Wahl des ersten ibaditischen Imams steigt Nizwa 751 für vier Jahrhunderte zur Hauptstadt Inner-Omans auf und bleibt auch nach der Verlegung des Regierungssitzes Omans wichtigste religiöse Instanz. Der arabische Forschungsreisende Ibn Battuta schwärmt 1329 von der ›Stadt am Fuß eines Berges, umrahmt von Gärten und Wasserläufen, mit schönen Basaren und herrlich sauberen Moscheen‹. Die Menschen seien ›unerschrocken und mutig und die Stämme liegen fortwährend in Fehde miteinander‹. Dieser kriegerische Ruf schreckt noch 600 Jahre später den britischen Wüstenreisenden Wilfred Thesiger von einem Besuch ab. Zu dieser Zeit dient Nizwa den Imamen ein letztes Mal als Bollwerk gegen die Vorherrschaft des Sultans in Muscat. Ihre militärische Niederlage beendet 1959 die Teilung Omans in Imamat und Sultanat.

Fort

36 Meter im Durchmesser, 30 Meter hoch: Kein anderer Festungsturm in Oman erreicht diese Ausmaße. Bis auf halbe Höhe besteht sein Inneres aus einer massiven Stein-Lehm-Packung. Von der so entstandenen, durch bewehrte Mauern geschützten Plattform feuerten einst 23 Kanonen in alle Himmelsrichtungen. Der einzige Zugang führt über eine durch Türen und verborgene Fallgruben gesicherte Zickzacktreppe.

Die ungewöhnliche Stärke und Raffinesse der Zitadelle spiegelt die strategische Bedeutung der Oase. Vorgängerbauten gehen möglicherweise auf das 9. Jahrhundert zurück, doch war es Imam Sultan bin Saif, der den zentralen Festungsturm zwischen 1649 und 1661 errichten ließ. Er war Teil eines großangelegten Baupro-

▶ Karte S. 213

gramms der Ya'aruba-Dynastie, das auch die Forts in Jabrin und Al-Hazm umfasste. Der dem Turm benachbarte Residenzkomplex erhielt seine heutige Gestalt bereits eine Generation früher. In den ehemaligen Gefängnisräumen erwartet Besucher eine umfangreiche **multimediale Ausstellung** zu Geschichte und Traditionen Nizwas. Dort wird unter anderem die Restaurierung der Altstadt und des Forts dokumentiert.

Souq

Die Souqs von Nizwa haben zwar durch die Sanierung an Atmosphäre eingebüßt, doch liegen sie an historischer Stelle in unmittelbarer Nachbarschaft des Forts und der Sultan-Qaboos-Moschee. Das Warenangebot verrät Nizwas Stellung als Handwerkszentrum. Berühmt ist die Stadt insbesondere für ihren Silberschmuck und die traditionellen Krummdolche (khanjar), die hier ebenso feilgeboten werden wie Kupfergefäße, Lederwaren, Stoffe und Keramik. Südlich der modernen Markthalle für Obst und Gemüse schließt sich der Platz an, auf dem jeden Freitag Ziegen, Rinder und Kamele den Besitzer wechseln. Der **Tiermarkt von Nizwa** ist der größte des Landes und seit Jahrhunderten ein zentraler Treffpunkt der Dakhiliyah. Bereits in den frühen Morgenstunden strömen hier Händler und Besucher aus allen Himmelsrichtungen zusammen.

Falaj Daris und alte Moscheen

Die Oase von Nizwa wird aus über 100 Bewässerungskanälen (→ S. 92) gespeist. Der größte von ihnen ist – auch im landesweiten Vergleich – der Falaj Daris. Seit 2006 schmückt er gemeinsam mit vier anderen omanischen Bewässerungskanälen die UNESCO-Welterbeliste. Er verläuft über eine Gesamtlänge von acht Kilometern und zapft ähnlich den antiken persischen Vorbildern eine unterirdische Wasserquelle an. An der Stelle, an der er an die Oberfläche tritt, befindet sich ein kleiner öffentlicher Park. Ein Abzweig von der Straße nach Bahla rund zehn Kilometer nördlich von Nizwa führt dorthin.

Nur wenige Kilometer entfernt zeugt die **Moschee Al-Shawadhna** von den

Nizwa, Fort und Souq

Traditionelle Tonkrüge

uralten islamischen Wurzeln Nizwas. Zwar stammt der Moscheebau selbst aus dem 16. Jahrhundert, doch weist seine ungewöhnliche Ausstattung mit zwei Gebetsnischen (mihrab) auf einen früheren Ursprung hin. Eine dieser aufwendig mit Ornamenten verzierten Nischen weist nach Mekka, die andere nach Jerusalem. Bauforscher vermuten, dass hier der Grundriss eines frühislamischen Vorgängerbaus aus dem siebten Jahrhundert übernommen wurde, als noch Jerusalem die Gebetsrichtung anzeigte.

Nizwa

Polizei: Tel. +968/25425099, etwa 2 km außerhalb des Ortszentrums in Richtung Bahla/Buraimi.

Postamt: Sa–Mi 8–14 u. Do 9–11 Uhr, gegenüber dem östlichen Eingang zum East-Souq.

Internet: Nizwa Cyber Cafe, Tel. +968/9941 8502, im Ladenkomplex am Buch-Kreisverkehr; Al Mutalik Internet Cafe oder Yanabiah Dharis Trading Internet Cafe, beide nördlich der Moschee, 100 Bs je 15 min.

Bank: Die meisten Banken befinden sich im Geschäftszentrum nordöstlich des Forts. Hier gibt es auch einige Wechselstuben.

Reiseveranstalter: Al Huzaily Travels, Tel. +968/25412005, kurz vor dem Kreisverkehr Richtung Bahla; Al Maalam Tours, Tel. +968/94366757, www.omantrekkingguides.com (spezialisiert auf Trekkingtouren); Moon Travels, Tel. +968/25410650, www.moontravel.co, gegenüber Sultan Qabus Moschee.

Tourist Office at Dakhiliyah, Tel. +968/25410011.

Taxis, **Sammeltaxis** und **Minibusse** fahren vom Wadi in der Nähe des Souq, etwa 800 m südlich vom Khanjar-Kreisverkehr, alle Orte der Umgebung und Muscat an. **ONTC-Busse** fahren ebenso etwa 800 m südlich

▶ Karte S. 213

vom Khanjar-Kreisverkehr ab, tägl. **Muscat** (Ruwi) 5.45 u. 8.45 Uhr, **Bahla u. Ibri** 10.15 u. 16.50 Uhr, **Buraimi u. Dubai** 1.40 Uhr. Auch kann man Fernbussen zusteigen (Reservierung ONTC Tel. +968/ 24490948 und Mwasalat +968/24121500).

Busse nach Salalah fahren am Kreisverkehr/ Kreuzung zur Autobahn südlich der Stadt, tägl. 8, 15, 19, u. 20.55 Uhr.

Mietwagen gibt es bei **Mohammed Saeed Trading**, Tel. +968/25412199, nahe dem Buch-Kreisverkehr, Allradfahrzeuge.

Al-Kaleej Tourism, Tel. +968/92311173, www.gulftourism-om.com, in Birkat al-Mauz (ca. 25 km, → S. 220), auch Allradfahrzeuge sowie Ausflugspakete.

Al Diyar Hotel**, Tel. +968/25412402, www.aldiyarhotel.com. In Nizwa am zentralsten, ordentliches Mittelklassehotel mit kleinem Pool im Innenhof; DZ ab 70 Euro.

Falaj Daris Hotel***, Tel. +968/25410500, www.falajdarishotel.com, gutes Mittelklassehotel mit zwei Pools, gerne von Familien und Gruppen gebucht; DZ ab 85 Euro.

Golden Tulip Hotel****, Tel. +968/2543 1616, www.goldentulipnizwa.com, weit außerhalb von Nizwa an der Straße nach Birkat Al-Mauz gelegenes Hotel der oberen Mittelklasse; DZ ab 90 Euro.

Majan Guesthouse*, Tel. +968/25431910, booking@majangh.com, einfach und ordentlich; DZ ab 70 Euro.

Safari Hotel**, Tel. +968/25432150, safariin@omantel.net.om, einfach; Pool häufig nicht in Betrieb; DZ ab 80 Euro.

Nizwa Hotel Apartments**, Tel. +968/ 25431855, www.nizwahotelapartments.com; am Sportstadion, zweckmäßig ausgestattete Apartments für bis zu 6 Personen; Apartment ab 110 Euro.

Al Fanar Restaurant (A), 6.30–22.30 Uhr, Tel. +968/25410500, im Falaj Daris Hotel; Alkoholausschank.

Bahjat Al Sham; 12–15 u. 19–23 Uhr, Tel. +968/25412402, im Al Diyar Hotel; libanesische Küche.

Bin Ateeq, 9–23 Uhr, Tel. +968/25210466, am Wadi; traditionell omanische Küche.

Birkat al-Mauz; 12–15 u. 16–23 Uhr, Tel. +968/25431616, im Golden Tulip Hotel; internationale Küche.

Arab World Restaurant, neben der Tanuf Residence; libanesische Küche.

Spice Village, 8–23 Uhr, Tel. +968/ 25431694, am Kreisverkehr südlich der Stadt Richtung Salalah; indische und chinesische Küche.

Al Wasit Bar u. **Tanuf Nachtclub**; 12–15 u. 18–24 Uhr im Golden Tulip Hotel, nur für Gäste.

Al Sahara Lounge u. **Castle Bar**; 12–15 u. 18–24 Uhr, im Falaj Daris Hotel.

Fort, Sa–Do 9–16 Uhr u. Fr 8–11, 500 Bs.

Sultan-Qaboos-Moschee, Sa–Mi 8–11 Uhr, Männer nur mit langen Hosen, Frauen mit langen Ärmeln und Kopftuch.

Supermarkt Khimji's Mart, am Kreisverkehr beim Al Diyar Hotel.

Family Shopping Supermarkt, neben dem Fajal Daris Hotel.

Carrefour und Lulu Hypermarket, südlich der Stadt am Nizwa Airport.

Gewürze u. Weihrauch kauft man am besten im alten **East-Souq**.

Omani Heritage Gallery, im Fort, verkauft traditionelle Handwerkswaren.

Nizwa Hospital, Tel. +968/25449155, Straße Richtung Bahla, neben der Polizei.

Nizwa Pharmacy, Tel. +968/25410235, im Geschäftszentrum nördlich des Forts.

Datteln

26 mal erwähnt der Qur'an die Dattelpalme. Der ›Baum des Lebens‹, so heißt es dort, sei ein ›Geschenk ›Allahs‹ und stehe selbstverständlich auch im Paradies. Dem Propheten Muhammad wird in den Mund gelegt: »Wenn jemand von euch fastet, soll er sein Fasten mit Datteln brechen, und falls er diese nicht findet, soll er es mit Wasser tun; denn das Wasser ist eine Reinigung.« Die Wüstenvölker Arabiens haben aber nicht erst seit dem Islam ein besonderes Verhältnis zur Dattelpalme. Die Vorliebe dieser uralten Kulturpflanze für ein trockenes Klima und ihre äußerst nahrhaften Früchte, die sich obendrein bestens konservieren lassen, machen sie seit der frühesten Besiedlung zu einem Grundpfeiler des wirtschaftlichen und sozialen Lebens.

»Die Dattelpalme muss mit dem Fuß im Wasser und mit dem Kopf in den Flammen stehen«, weiß ein arabisches Sprichwort. Für das Feuer sorgt die Sonne, die Bewässerung gewährleisten in Oman traditionell die Kanäle des Falaj-Systems. Aber allein reicht das noch nicht aus: Wer viel ernten will, muss die Bäume auch selbst befruchten. Denn Datteln tragen lediglich die weiblichen Palmen und die natürliche Befruchtung funktioniert nur, wenn etwa gleich viele weibliche und männliche, also fruchtlose, Bäume beieinander stehen. Weil sich das wirtschaftlich nicht lohnen würde, pflanzen die Oasenbauern fast nur weibliche Exemplare. Um sie zu bestäuben, kaufen sie zur Dattelblüte im Frühjahr männlichen Pollen auf dem Markt, klettern in jeden Palmwipfel und befestigen einen kleinen Zweig der männlichen Blüte an einem Bündel weiblicher Blüten. Der Pollen einer männlichen Dattelpalme reicht in der Regel aus, um rund 45 weibliche Bäume zu befruchten.

Unter optimalen Bedingungen erreichen Dattelpalmen eine Höhe von 30 Metern, tragen zwischen 8 und 25 Fruchtstände und können pro Ernte bis zu 270 Kilogramm Ertrag einbringen. Über 200 verschiedene Sorten wachsen in Oman, von denen

Dattelpalmen in Bahla

allerdings die wenigsten wirtschaftliche Bedeutung haben. Die Einführung agroindustrieller Produktionsmethoden machen Datteln zum wichtigsten landwirtschaftlichen Exportprodukt des Landes. Auch der kleinbäuerliche Anbau ist bis heute ein wichtiger Bestandteil der omanischen Oasenkultur, und das nicht nur seiner Früchte wegen. So finden sich die Blätter der Dattelpalme in einer Vielzahl traditioneller Flechtarbeiten wieder, vertrocknete Pflanzenteile dienen als Brennmaterial, aus der Palmfaser entstehen Körbe und Seile, und das Holz alter oder abgestorbener Bäume wanderte im herkömmlichen Hausbau in die Herstellung von Türen, Fenstern, Dächern und Regalen.

Dattelernte

Die Erntezeit fällt in den Hochsommer, der genaue Zeitpunkt variiert von Sorte zu Sorte. Bis es soweit ist, durchlaufen die Früchte vier Reifestadien: Als Ankaziz nehmen sie erste Gestalt an, als Khalal und Bisr verfärben sie sich zunächst grün und dann gelblich-rot, als Rutab hängen sie schließlich erntereif vom Baum. In getrockneter Form heißen sie Tamr. Datteln sind sehr eiweißhaltig und reich an Kalzium, Phosphor, Eisen, Magnesium, Zink und Kupfer. Sie enthalten so gut wie kein Fett, dafür aber 60 bis 70 Prozent Zucker. Der gleiche Anteil von Fructose und Glucose sorgt für eine nachhaltige Kalorienzufuhr. Sogar Heilwirkung wird der Dattel nachgesagt. Demnach wirkt sie gegen Entzündungen der Mund- und Rachenschleimhaut ebenso wie gegen Halsschmerzen.

Dattelpalmen wachsen in allen Oasen Omans. Lediglich das feuchte Klima der Dhofar-Küste mögen sie nicht – dort gedeihen stattdessen Kokospalmen. Zu den populärsten Dattelsorten gehören:

Hilal Oman: späte Ernte, hellgelbe Farbe, rund 60 Prozent Zucker.

Khalas: wertvollste und schmackhafteste Dattelsorte Omans, gedeiht an den Westflanken des Hajar-Gebirges sowie in Rustaq, leuchtendgelbe Farbe, ovale Form, 65 Prozent Zucker, wird sowohl frisch als auch halb getrocknet gegessen.

Khasab: späte Ernte, besonders qualitätvoll in Rustaq, Ibri und Teilen der Sharqiyah, gewöhnlich dunkelrote, mitunter auch gelbliche Farbe.

Khunaiz: kann hohe Luftfeuchtigkeit vertragen und ist deshalb besonders für Küstenstandorte geeignet, dunkelrote Farbe, wird sowohl frisch als auch getrocknet gegessen.

Mebsell: klassische Exportfrucht, wird gekocht und getrocknet meist nach Indien ausgeführt, wächst überwiegend im Landesinneren, wird sowohl frisch als auch getrocknet gegessen.

Naghal: frühe Ernte (der größte Teil wird industriell verarbeitet), empfindlich gegen Feuchtigkeit, gedeiht am besten im Landesinneren, mit 68 Prozent hoher Zuckergehalt.

Qashtabaq: rötlich-gelbe Farbe, längliche Form, wächst beiderseits des Westlichen Hajar, mit 68 Prozent hoher Zuckergehalt.

Kleine Oasen der Dakhiliyah

Birkat Al-Mauz

Die fruchtbare Oase mit dem poetischen Namen ›Bananensee‹ liegt am Ausgang des Wadi Muaydin und gilt als Tor zum Jebel Akhdar. Heute können Reisende hier einen Geländewagen für die Fahrt auf das Saiq-Plateau mieten (→ S. 205). Den (vermutlich legendären) See des Ortsnamens sucht man vergebens, dafür wachsen – wie vielerorts in Oman – Bananen in den Palmengärten. Zudem ist Birkat al-Mauz für seinen Wasserreichtum bekannt: Der 36 Kilometer lange Falaj Khatmayn zählt zu den ergiebigsten Wasserquellen Omans und gehört wie der Falaj Daris von Nizwa zum Weltkulturerbe. Den oberirdischen Beginn des Kanals markiert das von Sultan bin Saif 1650 errichtete **Wohnfort Bait al-Rudaidah**, das im 18. Jahrhundert ein repräsentatives zweites Stockwerk erhielt. Zuletzt residierte hier einer der Anführer des Aufstandes gegen Sultan Said bin Taimur in den 1950er Jahren. Nach der Zerstörung durch die britische Luftwaffe wurde der Palast 1988 wiederaufgebaut.

Faiqain und Manah

Zwei Ausflugsziele gleich südlich von Nizwa liegen dicht beieinander. Die befestigte **Stadtanlage von Manah** ist heute eine beeindruckende Ruine, die allerdings seit 2008 wegen Restaurierungsarbeiten nicht besichtigt werden kann. Das Falaj-System soll einer lokalen Legende zufolge Malik ibn Fahm angelegt haben, Stammesführer der Azd und erster Herrscher über Inner-Oman. Unweit von Manah erhebt sich das ganz aus Stein errichtete **Turmfort von Al-Faiqain**, das aus einem Wohn- und einem Verteidigungstrakt besteht. Der kleine, schornsteinähnliche, in den oberen Stockwerken an das Bauwerk angefügte Turm diente der Luftzufuhr. Er konnte jede Brise einfangen und in die Wohnräume leiten. Von oben bietet sich ein weiter Rundblick, der auch das **verfallene Lehmdorf Al-Faiqain** umfasst.

Blick auf Birkat Al-Mauz

▲ Karte S. 196/197

Tanuf

Die Ruinen von Tanuf zwölf Kilometer nördlich von Nizwa erinnern an den Versuch des letzten ibaditischen Imam, Ghalib bin Ali, Inner-Oman zu einem unabhängigen Staat zu machen. Mit Unterstützung regionaler Stammesführer besetzte Ghalib 1957 Nizwa, Bahla und Izki. Sultan Said bin Taimur rief daraufhin Großbritannien als Schutzmacht zu Hilfe, eroberte die Oasenstädte zurück und ließ Tanuf, einen der mutmaßlichen Rückzugsorte der Aufständischen, von der britischen Luftwaffe bombardieren. Damit war der Widerstand gebrochen. Tanuf selbst wurde nie wieder aufgebaut. Zu den spärlichen Überresten gehören eine kleine Moschee und das noch funktionstüchtige Falaj-System. Eine benachbarte Fabrik füllt das Quellwasser des Wadi Tanuf als Mineralwasser ab.

Bahla

Bahla ist ein herausragendes Beispiel für eine befestigte Oasensiedlung des islamischen Mittelalters. Reste der zwölf Kilometer langen Mauer durchziehen bis heute die Palmengärten. Beherrschend auf einem Hügel über dem Ort thront eine der ältesten, größten und bekanntesten **Festungen** Omans, von der UNESCO 1987 zum Weltkulturerbe ernannt. Nach einem Vierteljahrhundert umfangreicher Restaurierungsarbeiten ist das Fort nun wieder für Besucher zugänglich. Seine Entstehung geht auf die Zeit zurück, als der Stamm der Bani Nabhan die Oasenregion beherrschte und Bahla vom 12. bis 17. Jahrhundert zu seiner Hauptstadt machte. Die Restaurierung hat fast ausschließlich Lehm als Baumaterial verwendet und nach herkömmlichen Techniken vermauert.

Der benachbarte **Souq** beherbergt immer donnerstags einen **Tiermarkt**, der

In Manah

kleiner ist als sein Pendant in Nizwa und weniger von Touristen besucht wird. Das macht ihn umso sehenswerter. Um den älteren, durch Mauern und Tore gesicherten Teil des Souq rankt sich die Legende, dass dort einst ein Djinn (böser Geist) in einem Baum hauste. Weder Baum noch Djinn haben die Zeiten überdauert. Dasselbe Schicksal drohte den **Töpferwerkstätten**, für die die Stadt berühmt ist. Im Januar 2013 hat Sultan Qaboos daher die Gründung einer traditionellen Handwerksschule in Bahla angekündigt. Unter ihrem Dach soll auch die Kunst der Silberschmiede, Weber, Schiffsbauer und anderer Handwerke erhalten und wiederbelebt werden.

Jabrin

Jabrin, der **Palast** unter den omanischen Forts, beeindruckt seine Besucher durch die Eleganz seiner Bauweise und Innenausstattung. Um 1670 von Imam Bil'arub bin Sultan errichtet, durchlief das Gebäude mehrere Bauphasen und erhielt

Im Fort Bahla

zuletzt die beiden runden Kanonentürme. Zwei Innenhöfe gliedern das Labyrinth der Räume. Herausragend sind die Deckenbemalungen in den verschiedenen Empfangsgemächern (majlis), deren ausgesuchte Farbmuster in ihrem ornamentalen Reichtum an persische Teppiche erinnern. Für den Bauherrn wird der kostbare Palast zur Falle, als ihn der eigene Bruder, Saif bin Sultan, belagert und das Imamat an sich reißt. Bil'arub stirbt kurz darauf und liegt seither in einer Krypta unter dem Palast begraben. Politisch verliert Jabrin danach jede Bedeutung, doch erinnert eine Koranschule auf dem Dach des Gebäudes daran, dass der Ort zeitweise den Ruf islamischer Gelehrsamkeit genoss. Die Restaurierung des Palastes, die sieben Jahre in Anspruch nahm, und seine Ausstattung mit antiken Möbeln machen es leicht, sich die elegante Wohnatmosphäre von einst vorzustellen.

▲ Karte S. 196/197

Al-Hamra

Al-Hamra, ›die Rote‹, zählt zu den am besten erhaltenen traditionellen Oasensiedlungen Omans. Viele der zwei- bis dreistöckigen, aus dunkelroten Ziegeln gemauerten Lehmhäuser wurzeln noch in der Zeit der Ya'aruba-Dynastie (1624 – etwa 1744). Gerade der Umstand, dass Al-Hamra nie eine Festung besaß, hat es vor Stammesfehden und Zerstörung bewahrt. Noch bis vor kurzem waren einige der Häuser bewohnt, doch ziehen auch hier die Menschen den Komfort des modernen Ortes vor. Einen Einblick in das einstige Oasenleben gewährt das **Museum Bait Al-Safah**, das in einem sorgfältig restaurierten Altstadthaus residiert und dessen Einrichtung aus traditionellen Möbeln und Ausstattungsgegenständen besteht. Weniger gepflegt, aber dadurch nicht weniger authentisch ist das ebenfalls als Museum hergerichtete **Bait Al-Jabal** ganz in der Nähe.

Kleine Oasen der Dakhiliyah

Polizei: Bahla, Tel. +968/25419099.
Reiseveranstalter: al-Hamra, Canyon Adventure Tours, Tel. +968/99412660, www.canyonadventurestours.com, spezialisiert auf Wanderungen und Trekkings im Hadjar-Gebirge.

Bahla: Bushaltestelle unterhalb des Forts, tägl. Nizwa, Muscat, 8.05 u. 17.15 Uhr u. Ibri, 10.55 u. 17.25 Uhr.

Bahla Hotel Apartments, in Bahla, Tel. +968/25421017; ordentliche Apartments mit bis zu 6 Betten, am Ortsausgang Richtung Nizwa; DZ ab 60 Euro.
Jibreen Hotel**, in Jabrin, Tel. +968/25363340, www.jibrenhotel.com, jibrnhtl@omantel.net.om; einfaches, etwas plüschiges Hotel hinter Bahla an der Abzweigung nach Jabrin; DZ ab 120 Euro.
The View****, Tel. +968/24400873, www.theviewoman.com, reservations@theviewoman.com; edel ausgestattete Bungalows mit Talblick an der Schulter des Djabal Shams oberhalb von Al-Hamra, nur über eine Piste zu erreichen; DZ (inkl. HP) ab 200 Euro.

Fwanees Bahla Restaurant, arabische Küche, Tel. +968/92711042.
Rund um den Souq von Bahla gibt es einige einfache Restaurants.

Birkat al-Mauz: **Fort Bait al-Rudaidah**, tägl. 8–14.30 Uhr, Eintritt 500 Bs.
Bahla: **Fort**, UNESCO-Weltkulturerbe, Sa–Do 9–16 u. Fr 8–11 Uhr, Eintritt 500 Bs.
Töpferei – Aladawi Clay Pots Factory, etwa 1 km außerhalb von Bahla, am Wochenende geschlossen.
Jabrin: **Palast**, Sa–Do 9–16 u. Fr 8–11 Uhr, Eintritt 500 Bs.
Al-Hamra: **Museum Bait al-Safah**, tägl. geöffnet, Tel. +968/99010373, Heimat- u. Kulturmuseum, 3 OMR. **Altstadthaus-Museum Bait al-Jabal**, Tel. +968/99008711, Eintritt 2 OMR. **Coleman's Rock**, die schönsten Steingravuren des Oman, kurz vor Al-Hamra, 1 km in einem seitlichen Wadi.

Bahla, Souq, Haushaltswaren u. Silberschmuck, sehr ursprünglich.
Bahla, Tiermarkt, Do vormittags (am besten früh zwischen 8 u. 9.30 Uhr).

Tiermarkt in Bahla

Die Provinzen Al-Dhahirah und Al-Buraimi

Al-Dhahirah, ›das Hintere‹, bezeichnet treffend die Rückseite des Westlichen Hajar-Gebirges. Von dessen Ausläufern erstreckt sich die Region im Westen bis in die Rub al-Khali mit den berüchtigten Treibsanden der Umm al-Samim, der ›Mutter des Gifts‹. In der Gegend von Fahud fielen dem britischen Forschungsreisenden Wilfred Thesiger schon in den 1940er Jahren zwei lang gestreckte Felsrücken auf, »deren Beschaffenheit von der Art war, die Geologen in Verbindung mit Erdöl bringen«. Heute fördert Oman dort rund ein Drittel seiner jährlichen Ölproduktion.

Nur wenige Oasen im Schatten der Berge unterbrechen die Trockenheit der Wüstenlandschaft. Die natürliche Barriere, die die Wüste seit jeher darstellt, wiederholt sich in den modernen Grenzen zu den Vereinigten Arabischen Emiraten und Saudi-Arabien. In der Oase Buraimi äußert sich die Grenznähe in einer Hausarchitektur, die mit ihren großen Glasfronten bereits sehr an emiratische Städte erinnert. Dies ist zugleich das Gebiet, in dem sich entlang historischer Karawanenrouten schon früh ein lukrativer Fernhandel entwickelte, der an den Fundplätzen von Bat und Al-Ayn seinen Ausdruck findet.

Bienenkorbgräber bei Al-Ayn

▲ Karte vordere Umschlagklappe

Gräber bei Al-Ayn und Bat

Östlich von Ibri befinden sich mit Al-Ayn und Bat zwei der bedeutendsten prähistorischen Fundstätten Omans. Ihre weltweit einzigartige Fülle an Siedlungs- und Grabfunden des dritten Jahrtausends vor Christus hat ihnen 1988 den Rang eines Weltkulturerbes eingebracht. Hier stehen die gleichen bienenkorbförmigen Grabbauten, die auch an anderen Ausgrabungsplätzen Ostarabiens vorkommen und deren Funde es immer eindeutiger erlauben, das bronzezeitliche Reich Magan in Oman zu lokalisieren (→ S. 229). Allerdings bietet das zwei Quadratkilometer große Areal von Bat für archäologische Laien nichts Spektakuläres. Ganz anders die **Bienenkorbgräber von Al-Ayn**, deren Anordnung auf einer Hügelkuppe vor der schroff abfallenden Steilwand des **Jebel Misht** gar nicht dramatischer sein könnte.

Ibri

Lange vorbei sind die Zeiten, da Besucher Ibri »nur bis an die Zähne bewaffnet oder als Bettler« betreten konnten, wie ein früher Reisender 1836 notiert. Heute ist aus der ehemaligen Hochburg der Ibaditen eine geschäftige Marktstadt geworden. Von den insgesamt **drei Forts** ist dasjenige im Ortszentrum das am besten zugängliche. An dessen Westmauer lehnt sich ein noch sehr ursprünglicher Teil des alten Souq an.

Die imposanten Überreste eines ehemals befestigten Dorfes finden sich in **Al-Sulaif** am Südwestrand der Stadt. Die bereits vor Jahrzehnten verlassene Lehmsiedlung bietet mit ihrem Gewirr aus Häusern, Moscheen und Brunnen ein zwar verfallenes, aber dennoch plastisches Abbild eines traditionellen Oasenortes.

Yanqul

Wahrzeichen des einzigen größeren Ortes auf dem Weg von Ibri nach Sohar ist der charakteristische **Gipfel des Jebel Al-Hawra**. Das wehrhafte **Bait Al-Marah** verdankt seine Entstehung derselben Dynastie der Bani Nabhan, die auch das Fort von Bahla errichteten. Goldschmiede und Teppichweber haben in Yanqul eine lange Tradition. Seit 1994 schürft in der Nähe Omans einzige Goldmine.

Dhahirah

Bushaltestelle beim Souq in Ibri, tägl. 6.45, 15.55 Uhr nach Ruwi 4 ½ Std. (über Bahla, Tanuf, Nizwa, Suma'il, Fanja, Seeb), tägl. 12.25 nach Iraqi u. 18.45 nach Yanqul.

Ibri Oasis Hotel***, Tel. +968/98159004, untere Mittelklasse, ab 70 Euro

Ibri Tourist Guest House*, Tel. +968/25491400, sehr einfach; DZ ab 35 Euro.

Al-Majd Hotel Apartments*, Tel. +968/95747024, von Ibri ca. 3 km Richtung Buraimi, im Nissan-Gebäude; DZ ab 50 Euro.

Restaurant im Ibri Oasis Hotel, indische und arabische Küche, 7–22 Uhr, Tel. +968/25689955 u. 25691626.

Arab World Restaurant, günstige arabische Küche, an der Kreuzung der N21 nach Hafeet mit der N29 nach Fahud.

Madras Restaurant, indische Küche, etwas nördlich des Restaurant Arab World, an der Straße zum Suq.

Shams al-Khaleeji, am Ortsausgang Richtung Buraimi.

Ibri Fort, So–Do 8–14.30 Uhr, Eintritt frei.

Gräber bei Bat und Al-Ayn, öffentlich zugänglich.

Lulu's Hypermarket, nördlicher Ortsausgang an der Straße nach Iraqi

Ibri Souq, nördlich der Hauptstraße, in der Nähe des Forts.

Krankenhaus Ibri, Tel. +968/25587100.

Gebirgsstock zwischen Bahla und Ibri: Jebel Misht, der ›Kammberg‹

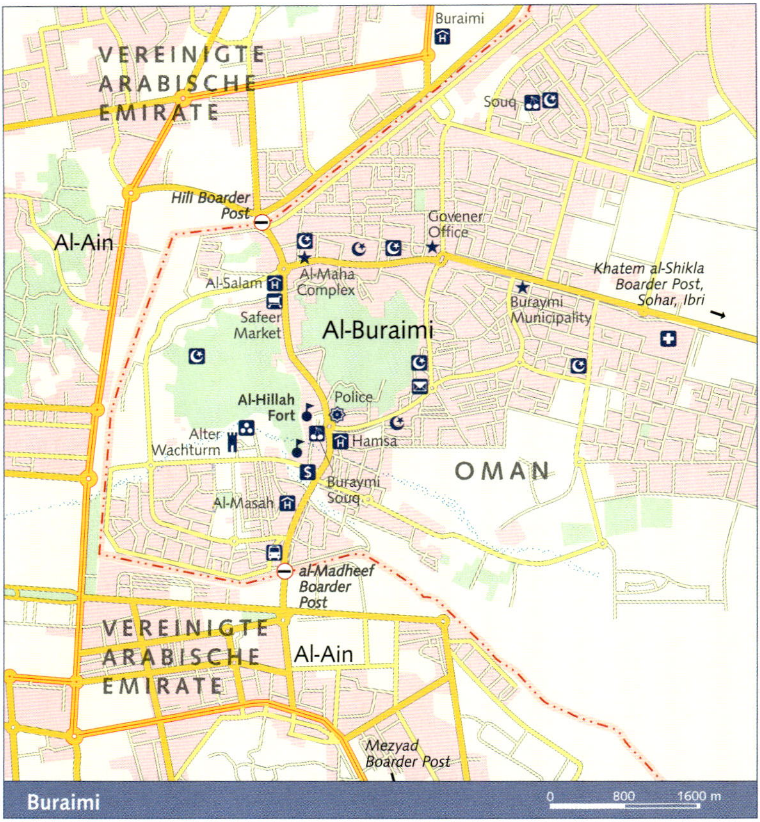

Buraimi

Die Lage der Oase an der Kreuzung wichtiger Handelswege spiegelt sich in bedeutenden bronzezeitlichen Fundstätten am Jebel Hafeet (→ S. 50). In der Neuzeit war die Geschichte vor allem von Konflikten geprägt. Bestes Zeugnis dafür sind die beiden Hauptforts Al-Khandaq und Helah aus dem 19. Jahrhundert. Sie sollten die saudischen Wahhabiten daran hindern, sich noch einmal – wie 1800 geschehen – dauerhaft in Buraimi festzusetzen. Ganz gelungen ist das nicht, denn von 1952 bis 1955 war die Oase erneut in saudischer Hand. Der heutige Grenzverlauf zwischen Oman und den Vereinigten Arabischen Emiraten teilt das weitläufige Oasengebiet in den kleineren Ort Buraimi auf omanischer Seite und das größere Al-Ain auf emiratischer Seite. In den Markthallen von Buraimi herrscht der Betrieb einer grenznahen Handelsstadt. Hier werden auch die Hauptanbaufrüchte der Oase feilgeboten, namentlich Zitronen, Datteln und Alfalfa.

Nur von Ibri kommend kann man das Stadtgebiet von Buraimi ohne Grenzübertritt erreichen. Dazu biegt man vor dem Grenzposten Hafeet von der N21 auf die Wadi Saa Road ab. Diese umfährt das Stadtgebiet von Al-Ain im Osten, trifft schließlich auf die von Sohar und Wadi

Jizzi kommende N7 und führt so nach Westen ins Stadtzentrum.
Von Sohar kommend muss man – unlogischerweise – den Oman ›verlassen‹, da sich der omanische Grenzposten im Wadi Jizzi etwa 40 Kilometer vor Buraimi befindet. Um Probleme bei der erneuten Einreise nach Oman zu vermeiden, sollte man hier das omanische Visum ungültig stempeln lassen und bei der Rückreise ein neues erwerben. Dies gelingt aber nur, wenn man zwischenzeitlich in die Emirate eingereist war.
Das kann man am Khatem al-Shikla Border Post im äußersten Nordosten des Zipfels von Al-Ain, der in den Oman hineinreicht, erledigen. Dieses Visum muss man dann – wenn man nicht in die Emirate weiterreisen möchte – auch gleich wieder ungültig stempeln lassen. Man erreicht den Grenzposten Khatem al-Shikla von Wadi Jizzi aus kommend, wenn man am Kreisverkehr mit der Wadi Saa Road nach Süden auf die E7 fährt.
Alternativ kann man sich das emiratische Visum auch am Hili Border Post einstempeln (und entstempeln) lassen. Diesen Posten erreicht man, wenn man vom Zentrum aus beim Al-Hillah Fort am dortigen Kreisverkehr direkt nach Norden fährt. Ein zweiter Grenzposten liegt südlich vom Fort und würde direkt zum Nationalmuseum führen. Dieser Übergang ist allerdings nur für Passinhaber aus den Ländern des Golfkooperationsrates (Gulf Cooperation Council, Abk. GCC) geöffnet.

Grenzübertritt Oman–VAE

Die meisten Besucher Buraimis möchten natürlich auch die Schwesteroase Al-Ain besuchen; reisen also zumindest kurzfristig in die Emirate ein. Ein für Oman erteiltes einmaliges Visum berechtigt allerdings nicht zur Wiedereinreise aus den VAE nach Oman, sondern es wird ein neues Visum erforderlich. Für die VAE erhält man ein Einreisevisum an der Grenze. Die Visagebühren für Oman sind identisch wie bei der Einreise am Flughafen oder den anderen Landesgrenzen (→ S. 304); für die Emirate werden zwar keine Visagebühren, aber eine Ausreisesteuer in Höhe von AED 35 (ca. 7 Euro) fällig.
Von Ibri aus kommend, befindet sich der Grenzposten – der Hafeet Border Post

Das Fort Al-Khandaq in Buraimi

– an der N 21 etwa 25 Kilometer vor Buraimi. Der emiratische Grenzposten Mazyar liegt – nicht zu verfehlen – nur etwa 1,5 Kilometer nördlich des omanischen Postens.

Aus Sohar kommend reist man am oben bereits beschriebenen Posten im Wadi Jizzi an der N7 aus Oman aus und dann entweder am Khatem al-Shikla oder am Hili Border Post in die Emirate ein.

Buraimi

Polizei, Tel. +968/25650099, gegenüber dem Souq.

Postamt, Sa–Mi 8–13 Uhr, an der Straße die vom Kreisverkehr am Souq nach Südosten abzweigt.

Telefonamt, an der Hauptstraße von Al-Ain nach Buraimi.

ONTC Busse, Tel. +968/24708522 u. 24590046, um 13 u. 17 Uhr über Sohar nach Muscat, Abfahrt gegenüber dem Al Dharah Hotel.

Busse von Al-Ain (VAE), zwischen 5.30 u. 22.30 alle halbe Std. nach Abu Dhabi, Abfahrt am zentralen Busbahnhof beim Obst- u. Gemüsemarkt.

In der Stadt und für die Verbindung nach Al-Ain ist man auf Taxis angewiesen.

Sammeltaxis, am Buraimi Hospital (Ortsausgang), über Sohar nach Muscat 10 OMR. Sammeltaxis von Al Ain (VAE), Abfahrt zwischen der Zayed bin Sultan und der Shaikh Khalifa bin Zayed Road im Zentrum, nach Abu Dhabi und Dubai 20 Dirham (1 Dh ca. 0,25 Euro), Sharjah 25 Dh.

Al Buraimi Hotel***, Tel. +968/25642010, alburaimihotel@yahoo.com; u.a. mit 20 (etwas verwohnten) Chalets in einer Gartenanlage; DZ ab 130 Euro.

Hamasa Plaza Hotel and Apartments, Tel. +968/25651200; einfaches Hotel an der Hauptstraße zwischen Suq und Al-Ain; DZ ab 60 Euro.

Mahadha Hotel***, Tel. +968/25659126, www.mahadhahotel.com. Im Ort Mahadha östlich von Buraimi nahe der N7 gelegen; im Resortstil erbautes Hotel; DZ ab 55 Euro.

Die Unterkünfte in Ibri werden fast ausschließlich von omanischen Reisenden genutzt. Weitere Hotels befinden sich in Al-Ain (VAE) unter anderem Hilton, InterContinental u. Mercure.

Alhan Turkish Food Restaurant, Tel. +968/25652226. Familiäres Restaurant in einer Seitenstraße gegenüber dem Buraimi Hotel.

Hi-Lite, 18–1 Uhr, im Al Buraimi Hotel.

Oasis Bar; 12–16 u. 18–1 Uhr, im Al Buraimi Hotel.

Al Khandaq Fort, So–Mi 8–14 Uhr, im Stadtzentrum von Buraimi, Eintritt frei.

Al Hillah Castle, So–Mi, 8–14 Uhr, im Stadtzentrum von Buraimi, Eintritt frei.

Kamelmarkt, am südl. Rand von Al-Ain (VAE).

Al Ain National Museum, Al-Ain (VAE), Tel. +968/7641595, Di–Do u. Sa, So 9–19.30, Fr 15–19.30, ethnographische und archäologische Abteilung, 3 Dh, Kinder 1 Dh.

Souq, Obst, Gemüse, Haushaltswaren u. Schmuck, am Kreisverkehr beim Fort. Dort ist auch ein Antiquitätenladen mit kuriosem Angebot.

Al Buraimi Hospital, Tel. +968/25650033.

Al Buraimi Pharmacy, Tel. +968/25650392.

▶ Karte S. 226

Magan, Dilmun und Meluhha

Vielleicht gibt es keine geografische Frage, die in der Archäologie Vorderasiens mehr Kontroversen ausgelöst hat als die Lokalisierung des bronzezeitlichen Reichs Magan. Gemeinsam mit zwei weiteren Reichen namens Dilmun und Meluhha taucht es wiederholt auf mesopotamischen Tontafeln auf. Die Handelsschiffe dieser Länder belieferten die Hochkulturen des Zweistromlandes mit Edelsteinen, Elfenbein, Kupfer und anderen begehrten Gütern. Mittlerweile konnten Archäologen das Geheimnis um die Herkunft dieser Waren weitgehend entschlüsseln.

Bereits Sargon von Akkad, der Begründer des ersten mesopotamischen Großreichs, bezeichnet Dilmun um 2350 vor Christus als südlichste Grenze seines Einflussgebiets. In den 1950er Jahren stießen dänische Ausgrabungsteams unter der Leitung des britischen Archäologen Geoffrey Bibby in Bahrain auf umfangreiche Siedlungs- und Gräberreste. Ergiebige artesische Quellen und die strategische Lage im Persischen Golf machten die Insel zu einem bedeutenden Handelsplatz zwischen Mesopotamien, der arabischen Halbinsel, Afrikas Ostküste und dem indischen Subkontinent. In der Forschung herrscht Einigkeit darüber, dass das antike Dilmun in Bahrain zu suchen ist.

Ebenso übereinstimmend identifizierten Archäologen die Harappa- oder Induskultur im Grenzgebiet zwischen Pakistan und dem nordwestindischen Bundesstaat Gujarat als Meluhha. Gold, Karneol und Lapislazuli waren von dort bezogene Importgüter. Auch Kupfer findet wiederholt Erwähnung, unerlässlich für die Herstellung von Bronze. Aber weder im Industal noch in Bahrain gibt es archäologische Hinweise auf Kupferabbau. Dafür kam nur jenes Magan in Frage, dessen schriftliche Zeugnisse seit Sargon von Akkad nicht abreißen.

Einen ersten Hinweis auf Oman gab es bereits 1926 durch die Entdeckung chemischer Übereinstimmungen zwischen Metallobjekten aus Mesopotamien und omanischen Schlackefunden. Nach der Öffnung des Sultanats ab 1970 stellte sich heraus, dass das Hajar-Gebirge eine Fülle von Verhüttungsplätzen aufweist, deren Erforschung insbesondere der deutsche Archäologe Gerd Weisgerber vorangetrieben hat. An propellergetriebenen Paraglidern hängend, lieferten die Archäologen mit ihren Kameraufnahmen erste Hinweise auf potentielle Grabungsplätze. Auch spürte man Hinweise in Form von Kupfererzstollen mit bronzezeitlichen Abschlagsspuren auf. Heute verzeichnen archäologische Karten weit mehr als 150 Kupferlagerstätten im Nordosten Omans.

Die meisten Nutzungsspuren stammen aus früh- und mittelislamischer Zeit, doch fanden sich auch Überreste aus dem späteren 3. Jahrtausend vor Christus, etwa bei der kleinen Bergoase Maysar im Wadi Samad südöstlich von Nizwa. Zu jener Zeit erreichte die omanische Kupferindustrie einen ersten Höhepunkt. Rund 20 Millionen Bäume, so schätzen Forscher heute, heizten die regionalen Brennöfen und hinterließen kahle, steinige Hänge.

Die umfangreiche Erforschung der bronzezeitlichen Hüttenplätze war eine Zusammenarbeit des Deutschen Bergbau-Museums Bochum mit dem omanischen Kulturministerium und der Antikenbehörde in Muscat. Das mehrjährige Projekt steht beispielhaft für den hohen Stellenwert, den Oman der archäologischen Aufarbeitung seiner Vergangenheit einräumt.

Die Sharqiyah oder ›östliche Region‹ ist der landschaftlich abwechslungsreichste Teil Omans. Der rund 400 Kilometer langen, überwiegend kargen Küstenlinie steht im Landesinneren die Sandwüste Ramlat al-Wahiba gegenüber. Dazwischen schiebt sich der Östliche Hajar (Hajar al-Sharqi), der weniger schroff aufragt als sein westliches Pendant. Das kleine Gebiet an der äußersten Ostspitze der Arabischen Halbinsel wird als Ja'alan bezeichnet. Die dortigen Strände bieten die besten Voraussetzungen, um Schildkröten bei der Eiablage zu beobachten.

AL-SHARQIYAH

Dhaus im Hafen von Sur

Die Küste der Sharqiyah

Zum Zeitpunkt des Regierungsantritts von Sultan Qaboos zählte die Sharqiyah zu den ärmsten Regionen des Landes. Ihr provinzieller Charme täuscht jedoch über ihre ehemalige historische Bedeutung hinweg. Archäologische Ausgrabungen am Ras al-Jinz und auf dem Salma-Plateau belegen eine frühe Verbindung zum bronzezeitlichen Magan-Reich. Die Hafenstädte Quriat, Qalhat und Sur wuchsen seit dem 14. Jahrhundert zu Umschlagplätzen des Überseehandels heran. Davon profitierten auch Ibra und die übrigen Oasen am Rand der Wahiba-Wüste. Deren Auflehnung gegen den Sultan um die Wende zum

Nordostküste der Sharqiyah

Wadi Dhayqah und Wadi Abriyyin

20. Jahrhundert stand bereits im Zeichen des wirtschaftlichen Niedergangs. Die Qaboos-Ära brachte den dringend benötigten Wandel. Den Weg dafür ebneten neue Straßen entlang der Küste und durchs Inland via Ibra.

Die an Naturhäfen arme Nordostküste der Sharqiyah kennt mit Quriat und Sur nur zwei größere Orte. Noch weniger Besiedlung weisen die kargen Berge des Östlichen Hajar auf. Im Sommer ziehen vereinzelt halbsesshafte Shawawi-Hirten mit ihren Ziegenherden durchs Gebirge. Ihre Weidewanderungen zeigen, dass die Lebensumstände hier im Osten sehr viel schwieriger sind als in den fruchtbaren Oasen der Dakhiliyah.

Quriat

Die ruhige Kleinstadt Quriat, die seit 1993 zum Verwaltungsgebiet der Capital Area gehört, lässt kaum vermuten, dass ihr Hafen einmal einen ähnlichen Stellenwert besaß wie jener von Muscat. Der Sturz in die Bedeutungslosigkeit kam 1508, als die Portugiesen die Stadt besetzten und plünderten. Das **Fort**, das die Besatzer zurückließen, erhebt sich bis heute im Zentrum der Stadt. Gleich daneben befindet sich der **Souq**, dessen Hauptattraktion die Halwa-Kocher sind, die hier speziell vor Feiertagen die nationale Süßspeise in großen Kesseln zubereiten.

Die Menschen in Quriat leben vom Fischfang. Das lässt sich leicht an dem kürzlich ausgebauten Hafen ablesen, der neuerdings durch zwei weit ausschwingende Wellenbrecher geschützt wird. Die kleinen Boote, die in langen Reihen am Strand liegen, versorgen den Souq täglich mit frischem Fisch.

Wadi Dhayqah

Das Wadi Dhayqah südwestlich von Quriat ist in ganz Oman als das größte ganzjährig wasserführende Tal des Landes bekannt. Bei Regenfällen sammeln sich in ihm die Fluten aus über 100 Seitentälern und fließen in einem reißenden Strom hinab zur Küste. Ein erst im März 2012 eingeweihter **Staudamm** – mit 390 Metern Länge und knapp 74 Metern Höhe der größte in Oman überhaupt – nutzt dieses Potential zur Versorgung der Gärten und Orte talabwärts und als strategische Reserve für die Hauptstadt. Die Abschnitte des Wadis unterhalb des Damms empfehlen sich wegen ihrer zahlreichen natürlichen Wasserbecken als

Das Bimmah Sinkhole bei Dibab

abwechslungsreiche Trekkingstrecke. An der sogenannten Teufelsschlucht rücken die Felswände bis auf zwölf Meter aneinander heran und erreichen eine Höhe von 1700 Metern.

Eine alternative Trekkingroute führt weiter südlich durch das **Wadi Abriyyin** zu dem kleinen Küstendorf Dibab.

Südlich von Dibab weist ein Verkehrsschild an der Küstenstraße den Weg zum Hawiyat Najm Park mit dem **Bimmah Sinkhole**. Das smaragdgrüne Wasser der Einsturzdoline lädt zu einer Badeerfrischung ein.

Salma-Plateau

Auf dem Jebel Bani Jabr, der auch als Salma-Plateau bezeichnet wird und einen Teil des Östlichen Hajar bildet, stehen auf knapp 2000 Metern Höhe rund 90 altertümliche **Steintürme**. Zu erreichen sind sie über eine extrem schwierige Piste von dem kleinen Küstenort Fins aus oder – etwas bequemer – von den Oasen auf der Westseite des Gebirges. In Form und Bauweise entsprechen die bemerkenswert gut erhaltenen Rundtürme den sogenannten Bienenkorbgräbern der Umm al-Nar-Kultur (2700–2000 vor Christus, → S. 49) weshalb Archäologen auch in ihrem Fall von einer Grabnutzung ausgehen. Warum allerdings Menschen in dieser unwirtlichen Umgebung Gräber errichteten und vor allem wie sie das bewerkstelligten, bleibt ein Rätsel.

Nur etwa zehn Kilometer weiter Richtung Norden öffnen sich im Felsen drei unscheinbare Einbruchstellen. Sie bilden den einzigen Zugang zur **Höhle Majlis-al-Jinn**, deren Boden 120 Meter unter der Erde liegt. Bei ihrer Entdeckung 1989 war sie von den bekannten Höhlen der Welt die zweitgrößte, mittlerweile belegt sie ›nur noch‹ Rang neun. Das Abseilen in den gewaltigen unterirdischen Saal erfordert Spezialausrüstung und ist nur zu Forschungszwecken erlaubt.

▲ Karte S. 232

Wadi Shab und Wadi Tiwi

Die beiden ganzjährig wasserführenden Wadis öffnen sich dicht hintereinander zur Küstenautobahn. Deren Stelzenkonstruktion prägt den Taleingängen allerdings einen unschönen Stempel auf. Erst mit der Hochstraße im Rücken kann die den Tälern eigene Kombination aus sattgrünen Gärten und schluchtartig aufragenden Felswänden ihren Zauber ungehindert entfalten.

Das Wadi Shab gewinnt noch zusätzlich an Attraktivität, als keine Autos die Ruhe stören – es ist nicht befahrbar. Der Fußweg passiert in seinem Verlauf mehrere Palmpflanzungen, die nach sechs Jahren immer noch Spuren der Verwüstungen durch den Zyklon Gonu tragen. Im oberen Teil der Schlucht mehren sich die natürlichen Felsbecken, hier ist sogar ein kurzes Schwimmtrekking möglich. Diese Gegend ist nach ungefähr einer Stunde Gehzeit erreicht. Das Tal endet in einer Sackgasse, bietet also keinen Zugang zum Salma-Plateau.

Das Wadi Tiwi gräbt sich ähnlich tief und spektakulär in die kahlen Felsen des Gebirges ein und ist ebenfalls dicht bewachsen. Allerdings gibt es hier eine teilweise asphaltierte Straße, die ungefähr zehn Kilometer in das Tal hineinführt. Unterwegs säumen mehrere Dörfer den Weg, umgeben von üppigen Gärten, in denen dank weitverzweigter Aflaj-Kanäle Datteln, Bananen, Mangos und Feigen wachsen. Auch hier steht immer wieder Wasser zwischen den ausgewaschenen Felsen. Nach fünf Kilometern geht es steil bergauf zu dem Dorf Mibam, wo die Straße endet. Dort beginnt zugleich der bekannteste Fußweg über das Gebirge – eine Wanderung, die sich gut zu einem mehrtägigen Trekking ausbauen lässt.

Qalhat und Bibi Maryam

Gleich zwei prominente Reisende, Marco Polo und Ibn Battuta, preisen Qalhat im 13. und 14. Jahrhundert als ›wundervolle Stadt‹ mit ›schönen Basaren‹ und einem ›großen und guten Hafen, in dem

Das Salma-Plateau

Das Mausoleum der Bibi Maryam

zahlreiche Schiffe mit Waren aus Indien anlegen‹. Dieser Ort, der seine Nahrungsmittel einführen musste, weil er nicht über genug ackerbaufähiges Hinterland verfügte, galt einst als die zweitmächtigste Stadt im Handelsimperium der Emire von Hormuz. Zwei zerstörerische Ereignisse – ein Erdbeben im 14. Jahrhundert und die Brandschatzung durch die Portugiesen 1508 – haben davon nur ein Trümmerfeld zurückgelassen. Einzig das Mausoleum des einstigen Herrschers, erbaut von seiner Frau Bibi Mariam, ist noch in Überresten erhalten.

Nordostküste der Sharqiyah

Die Hauptverbindungsstraße an der Küste Muscat–Sur ist gut ausgebaut und ab Quriat vierspurig. Die reine Fahrzeit beträgt ca. 2 Stunden. Für Ausflüge in die Wadis wird ein 4WD Fahrzeug benötigt.

Busse fahren 3 mal täglich von Muscat nach Sur mit Stopps entlang der Küstenstraße.

Wadi Shab Resort, Tel. ++968/24757667, wadishab@travelcity-oman.com, www.wadishabresort.com; DZ ab 140 Euro.

Entlang der Sharqiyah-Küste gibt es viele Campingmöglichkeiten. Am beliebtesten ist der Strand in Tiwi.

Bibi Maryam (Qalhat), derz. geschlossen. **Fort Quriat**, wegen Renovierung geschlossen.

Hawiyat Najm Park u. **Bimmah Sinkhole**, öffentlich zugänglich.

In **Quriat** und **Daghmar** findet im Spätsommer zum Beginn der Fischereisaison das Nairouz-Fest statt.

Fins White Beach, 5 km südlich von Fins. In **Quriat** gibt es einen schönen Strand, nördlich der Stadt.

In Quriat Souq und kleine Läden.

Krankenhaus Quriat, Tel. +968/24845933.

Sur

Dass Sur der bei weitem größte Ort der Sharqiyah ist, sieht man der ruhigen Küstenstadt nicht an. Mit ihren gut 80 000 Einwohnern erreicht sie annähernd die Größe von Nizwa. Ihre Lage nahe dem östlichsten Ausläufer der Arabischen Halbinsel am Ras al-Hadd prägt ihr Selbstverständnis als Seehandelsplatz. Gemeinsam mit Sohar wird sie als möglicher Geburtsort des legendären Sindbad gehandelt.

Surs alter Ortskern erstreckt sich auf einer Halbinsel zwischen Lagune und Meer. Der schmale Durchlass zwischen beiden Gewässern bildete einst den historischen Hafen. Hier liegen auch die Dhau-Werften und der Fischerort Al-Ayjah. Neuerdings überspannt eine Hängebrücke die rund 100 Meter breite Wasser-

Karte S. 238/239

straße. Der Souq von Sur befindet sich ungefähr im Zentrum der Halbinsel. An der schmalen Landbrücke zum Festland klebt seeseitig der moderne Fischereihafen. Die Forts Sinesilas und Bilad Sur sind bereits bei der Einfahrt in die Stadt gut zu sehen.

Stadtgeschichte

Eine bislang unbestätigte Theorie stellt eine Verbindung zwischen Sur und dem Ort Tyros im Libanon her, der in frühen Inschriften ebenfalls den Namen Sur trägt. Tyros ist eine phönizische Gründung des zweiten Jahrtausends vor Christus. Die Theorie führt die Herkunft der Phönizier, über die bis heute Unklarheit herrscht, auf das omanische Sur zurück. Rückendeckung liefert der griechische Geschichtsschreiber Herodot, der die Wiege der phönizischen Kultur an den Küsten des Erythräischen Meers lokalisiert, das im Verständnis der Antike den gesamten Indischen Ozean umfasste.

Ob stimmig oder nicht: Fakt ist, dass sowohl die Phönizier als auch Sur durch die Seefahrt groß geworden sind, allerdings zu ganz unterschiedlichen Zeiten. Surs Stern geht auf, als der Nachbarhafen Qalhat zerstört und die portugiesische Vorherrschaft beendet ist. Spätestens seit dem 17. Jahrhundert entwickelt sich Sur zu einem Zentrum des Schiffbaus und zum wichtigsten regionalen Umschlagplatz für den Überseehandel.

Dessen Ziel ist vor allem Ostafrika. Im November starten die Schiffe mit dem Wintermonsun nach Südwesten und segeln die ostafrikanische Küste entlang bis Sansibar, das sie nach vielen Zwischenstopps gegen Mitte Februar erreichen. Die Datteln, die sie an Bord haben, tauschen sie gegen Gewürze, Holz und Sklaven. Mit den ersten Südwestwinden Mitte April nehmen sie wieder Kurs auf Sur, wo sie je nach Wetterlage nach insgesamt sechs bis acht Monaten eintreffen.

Auf diese Weise knüpfen Generationen von Kauf- und Schiffsleuten immer festere Beziehungen zu ostafrikanischen Handelsplätzen. Mit ihrer intimen Kenntnis der einschlägigen Seerouten ebnen sie überdies Imam Said bin Sultan (1804–1856) den Weg für die Verlegung seiner Residenz von Muscat nach Sansibar. Umso härter trifft die Händler von Sur 1860 die Abspaltung Sansibars vom

Am Strand von Sur

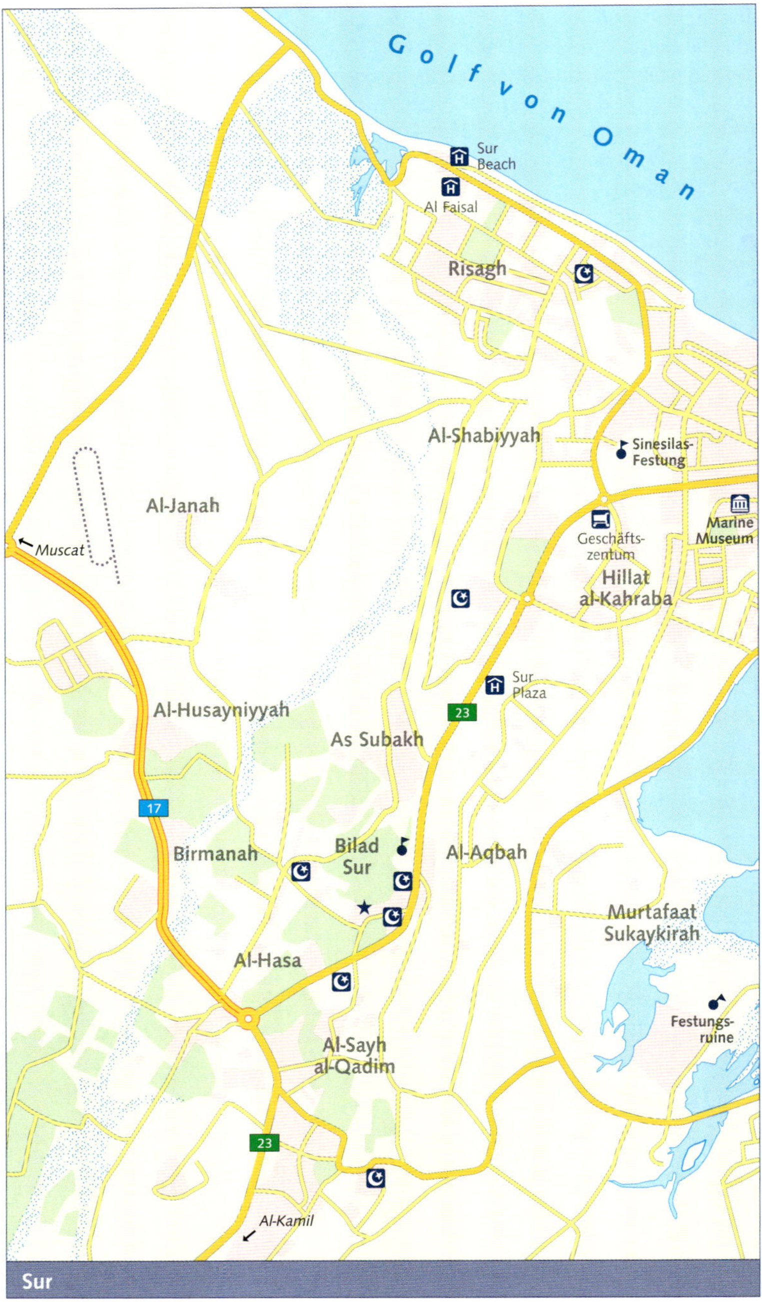
Golf von Oman
Sur Beach
Al Faisal
Risagh
Al-Shabiyyah
Sinesilas-Festung
Al-Janah
Muscat
Marine Museum
Geschäfts-zentrum
Hillat al-Kahraba
Sur Plaza
23
Al-Husayniyyah
As Subakh
17
Bilad Sur
Birmanah
Al-Aqbah
Murtafaat Sukaykirah
Al-Hasa
Festungs-ruine
Al-Sayh al-Qadim
23
Al-Kamil

Sur

Golf von Oman
Jabal al-Id
Marine-Museum
Harat al-Balush
Sur Hotel
Nimah
Souq
Makha
Al-Ayjah
Al-Ayjah Festung
Al-Ayjah Plaza
Dhau-Werft
Khor Sur
Festungs-ruine
Nismah
Wadi Shamah
0
800
1600 m

Dhauwerft in Sur

Mutterland (→ S. 67). Viele von ihnen entscheiden sich in der Folge dafür, Sur zu verlassen und ihre Geschäfte fortan von Sansibar aus zu betreiben. Doch die Geschäfte laufen zunehmend schlecht. Das liegt nicht nur daran, dass Muscat und Sansibar nun getrennte Wege gehen. Schlimmer noch ist das von Großbritannien durchgesetzte Verbot des Sklavenhandels, bis dahin ein Rückgrat der omanischen Wirtschaftsmacht, und die übermächtige Konkurrenz europäischer Dampfschiffe.

Seit der Mitte des 19. Jahrhunderts verkümmert Sur immer mehr zum unbedeutenden Fischereihafen. Erst als der Sultan von Sansibar 1964 durch eine blutige Revolution gestürzt wird und viele der ehemaligen Auswanderer in ihren Heimatort zurückkehren, erhält die Stadt wieder etwas Aufwind. Unter Sultan Qaboos setzt sich diese Aufwärtsentwicklung mit dem Bau eines neuen Hafenbeckens fort. Heute verfügt Sur im Norden über ein kleines Industriegebiet, in dem unter anderem eine Gasverflüssigungsanlage ihre Arbeit aufgenommen hat. Das Erbe des einst florierenden Seehandels lebt am deutlichsten in den traditionellen Dhau-Werften fort.

Die Forts Bilad Sur und Sinelias

Zu den bemerkenswertesten Kennzeichen Surs gehört ein Mangel: Die Küstensiedlung selbst verfügt über keinerlei Süßwasserressourcen. Diese Versorgungslücke füllt seit jeher die mittlerweile eingemeindete Oase Bilad Sur knapp fünf Kilometer landeinwärts. Inmitten dichter Palmgärten erhebt sich dort auf einem Hügel ein Fort, das seit der Mitte des 18. Jahrhunderts die Landseite Surs sichert. Auffällig sind die vier Türme der Festung, die in Form und Höhe voneinander abweichen und von denen einer einen asymmetrisch aufgesetzten zusätzlichen Ausguck besitzt.

In Grundriss und Ausmaßen ähnlich ist Sinesilas, das zweite große Fort im Westen der Stadt. Es entstand vermutlich gleich nach der Vertreibung der Portugiesen um die Mitte des 17. Jahrhunderts und überblickt von seiner erhöhten Lage die gesamte Küstenlinie von Sur.

Souq und Fischmarkt

Jeden Morgen bei Sonnenaufgang landen Surs Fischer ihren Fang am Strand der Lagune gleich neben der neuen Fischmarkthalle an. Hai, Schwertfisch und Rochen sind hier keine Seltenheit, Thunfische und Königsmakrelen gehören wie überall in Oman zum Standardangebot. Gegen acht Uhr hat bereits der Großteil der Ware den Besitzer gewechselt.

Der Souq von Sur liegt im Stadtteil Nimah und gehört zu den ursprünglichsten des ganzen Landes. Anders als seine Pendants in Muscat oder Nizwa wurde er nie restauriert und zeigt daher immer noch die althergebrachte Aufteilung der Stände in Warengruppen. Ein Teil des Marktes, dessen Gassen übrigens nicht überdacht sind, richtet sich vor allem an die weibliche Kundschaft. Dort gibt es Schmuck, Kosmetika und die unterschiedlichsten Ingredienzien für Duftmischungen zu kaufen – die Kreation

▲ Karte S. 238/239

eigener Parfüms hat im Sultanat eine lange Tradition.
Das zum Meer hin an den Souq angrenzende Viertel besteht überwiegend aus alten, mittlerweile stark renovierungsbedürftigen Lehmhäusern. Hier wohnen größtenteils Arbeitskräfte aus Indien. Indischer Herkunft sind auch jene hochspezialisierten Bootsbauer, denen Sur das Überleben seiner Dhau-Werften zu verdanken hat.

Dhau-Werften

Die Bezeichnung Werft erzeugt bei westlichen Besuchern die Vorstellung gemauerter oder schwimmender Dockanlagen. In dieser Hinsicht gerät der Anblick der Dhau-Werften von Sur leicht zur Enttäuschung. Die Boote liegen, von provisorischen Holzgerüsten gesichert, auf dem bloßen Sand. Das Sur des 17. und 18. Jahrhunderts war voller solcher Bootswerften entlang der Strände der Lagune.
Bis zur Ankunft der Portugiesen pflegten arabische Schiffsbauer ihre Boote zu vernähen statt zu nageln. Als ›Garn‹ dienten ihnen Palmfasern, die in einer Art Kreuzstich die zuvor angebohrten Planken verbanden. Diese Methode geriet seit dem 16. Jahrhundert zunehmend aus der Mode. Was sich jedoch bis heute nicht verändert hat, ist die Reihenfolge, in der die Bootsteile in Angriff genommen werden. Während der Holzschiffbau westlicher Machart mit dem Skelett aus Kiel und Spanten beginnt, bildet bei der arabischen Bauweise die Beplankung den ersten Arbeitsschritt. Das alles geschieht nach Augenmaß und ohne gezeichnete Pläne.
Heute sind die Dhau-Werften in Sur die letzten ihrer Art in ganz Oman. Aus Mangel an omanischen Interessenten besteht die Belegschaft durchweg aus indischen Arbeitskräften aus der Region Mumbay, die dort die arabische Bootsbaukunst (→ S. 244) erlernt haben. Um das alte Handwerk zu bewahren, hat Sultan Qaboos in den vergangenen Jahren verschiedentlich traditionelle Dhaus in Auftrag gegeben. Abgesehen davon erledigen die Werften fast nur noch Reparaturarbeiten.

Häuser an der Strandpromenade

Leuchtturm von Al-Ayjah

■ Al-Ayjah

Das kleine Fischerdorf liegt gegenüber von Sur auf der Festlandseite des einstigen Hafenkanals. Zwei alte Wachtürme und ein Fort flankieren das historische Hafenbecken, ergänzt um einen Leuchtturm neueren Datums. Mit seinen niedrigen weißen Häusern und verwinkelten Gassen empfiehlt sich Al-Ayjah schon allein seiner Atmosphäre wegen für einen Spaziergang. Einige noch erhaltene Kaufmannshäuser des 18. Jahrhunderts vermitteln ein recht anschauliches Bild von dem Wohlstand jener Zeit. Dass man in Sur und Umgebung auch heute wieder Geld verdienen kann, zeigt die wachsende Zahl moderner Villen, die den Ort in Richtung Ras al-Hadd erweitern.

▶ Karte S. 238/239

Sur

Polizei, Tel. +968/25542599, Telefonnotruf, Tel. +968/9999.
Post, Tel. +968/25540450.
Internetcafé im Sur Plaza Hotel, Tel. +968/25543777.
Geldwechsel: Im Stadtzentrum gibt es einige Geldautomaten und Banken. Wechseln kann man auch bei Western Union gegenüber dem Sur Hotel.

Reiseveranstalter

Bahwan Tours, Tel. +968/25544712; im Geschäftszentrum.
Sur Tour, Dhow-Touren, Tel. +968/2554 0068 und 99056428.
Wadstars, Tel. +968/95565427, im Stadtzentrum nahe dem Hotel Mercure, Ausflüge und Citytouren.
Turtle Beach Resort, Tel. +968/25533000, info@tbroman.com. Dhow-Cruises, Kayaking, Schnorcheln, Speed-Boat und Angeln (s. Ras al-Hadd, → S. 245)

Sammeltaxis nach Ibra und Muscat nahe dem Kreisverkehr in Bilad Sur.

Bus-Abfahrt im Stadtzentrum, beim Souq und Sur Hotel, tägl. um 6.45 über Quriyat sowie 6 und 14.30 über Mintirib u. Ibra nach Muscat, Tel. +968/24590049 und 24708522.

Europcar, Tel. +968/25542031, im Sur Beach Hotel.
Budget, Tel. +968/25545565, im Sur Plaza Hotel.

Al Ayjah Plaza Hotel***, Tel. +968/25544433, www.alayjahplazahotel.com. Im Fischerort Al-Ayjah; DZ ab 80 Euro .
Sur Hotel*, Tel. +968/25540090, einfaches Hotel im Geschäftszentrum; DZ ab 40 Euro.
Sur Plaza Hotel***, Tel. +968/25543777, www.omanhotels.com/surplaza. An der Straße nach Bilad Sur, Mittelklassehotel mit Pool; DZ ab 70 Euro.
Resort Sur Beach Holiday***, Tel. +968/25542031, www.surhotelsoman.com. Am westlichen Stadtrand direkt am (nicht unbedingt zum Baden geeigneten) Strand; DZ ab 90 Euro.
Al Faisal Hotel Suites, Tel. +968/25542500, gegenüber dem Resort Sur Beach; DZ ab 45 Euro

Die nächsten schön gelegenen Plätze finden sich am Strand von Fins (Straße Richtung Muscat) und am Strand hinter Ayjah.

Al-Rasgah (A), Tel. +968/2554 2031, 6–24 Uhr, im Sur Beach Hotel. Indische und arabische Küche.
Arabian Sea Restaurant (A), indische und arabische Küche, hinter dem Sur Hotel.
Oyster's Restaurant, Tel. +968/2554 3777, 6–24 Uhr, im Sur Plaza Hotel. Internationale und mediterrane Küche.
Sahari Restaurant, internationale Küche, neben dem Al Ayjah Plaza Hotel.
Sur Beach Restaurant und **Arabian Sea Restaurant**, indische und arabische Küche, beide hinter dem Sur Hotel.
Im Ortszentrum gibt es zahlreiche indische und arabische **Imbisse** und **kleine Lokale** und **Cafés**.

Captain's Pub und **Sambouq Bar**, im Sur Plaza Hotel, mit Live-Unterhaltung; 12–15 und 18–1 Uhr, Tel. +968/255 3777.
Cheers Bar und **Sur Bar**, im Sur Beach Hotel, beide 12–15 und 18–1 Uhr, Tel. +968/25542031.

Sur Hospital, Tel. +968/25561100.
Muscat Pharmacy, Tel. +968/25543660, im Geschäftszentrum.

Traditioneller Schiffbau: Dhaus

Der Schiffbau bestimmt Omans Geschichte wie kein anderes Handwerk. Schon akkadische Tontafeln aus der Mitte des 3. Jahrtausends vor Christus erwähnen das Land, das damals noch unter dem Namen Magan bekannt war, im Zusammenhang mit Seehandels-Aktivitäten. Fortan entwickeln omanische Bootsbauer ihre Fähigkeiten im steten Austausch mit anderen seefahrenden Nationen an den Küsten des Indischen Ozeans.
Die frühesten Dhaus bestanden vermutlich aus grob ausgehöhlten Einbäumen mit seitlich angesetzten Planken zur Erhöhung der Bordwand. Statt Nägeln, die erst die Portugiesen einführten, hielten Kokosfasern die miteinander vernähten Schiffsteile zusammen. Allmählich nahm die Größe der Boote zu, statt des Einbaums diente ein Kiel als Rückgrat der Konstruktion. Allerdings wurde der, anders als in Europa, erst ganz am Schluss eingesetzt. Das hatte den Vorteil, dass der Rumpf Planke für Planke Gestalt annahm und auf diese Weise während des Bauprozesses jederzeit Korrekturen möglich waren. Das alles ging mit den denkbar einfachsten Werkzeugen vonstatten: Hammer, Säge, Querbeil, Bogenbohrer, Stechbeitel, Hobel und Kalfatereisen, das dazu diente, in Harz getränkte Palmfasern in die Nähte zwischen den Planken zu klopfen und dadurch abzudichten. Der Rest war Sache von Augenmaß, Muskelkraft und Erfahrung.

Die meisten Dhaus tragen Namen, die sich auf ihre Gestalt beziehen. Ghanjah war ein großes Schiff mit gekrümmtem Vordersteven (vorderer Abschluss des Rumpfes) und schräg abfallendem, schnitzverziertem Heck. Die Baghlah, im 19. und frühen 20. Jahrhundert der gängigste traditionelle Hochseefrachter, zeichnete sich durch ein schmuckvoll dekoriertes Schrägheck mit fünf Fenstern und ein Achterdeck aus, das Ähnlichkeiten mit europäischen Galeonen hatte. Abgelöst wurde die Baghlah durch einen Dhau-Typ namens Boom, der statt des Schräghecks in einem Achtersteven endete, also vorne und hinten spitz zulief und dadurch geringere Kosten verursachte. Den ähnlich konstruierten, aber kleineren Küstensegler Battil zierte vorne ein keulenförmig aufragender Vordersteven und achtern ein Dekor aus Kaurimuscheln und Leder. Die Badan diente mit ihrem geringen Tiefgang vor allem als Fischerboot.

Handarbeit beim Bau einer Dhau

Ausgehend von den heute noch erhaltenen und in der Regel längst ausgemusterten Exemplaren ist es schwierig zu erkennen, welche Kulturen des Indischen Ozeans welchen Beitrag zu den verschiedenen Schiffstypen geleistet haben. In den majestätischen Baghlahs und Ghanjahs mit ihren reichen Schnitzverzierungen am Heck den Inbegriff einer klassischen Dhau zu sehen, liegt nahe. Im Hinblick auf die Konstruktion stehen aber wohl die kleineren Battils und Badans der ursprünglichen Tradition sehr viel näher.

Ras al-Hadd

Mit dem Jebel Khamis, der quer zu den letzten Ausläufern des Östlichen Hajar verläuft, beginnt der Regierungsbezirk (wilaya) Ja'alan Bani Bu Hassan. Er umfasst die äußerste Ostspitze Omans und reicht vom Ras al-Hadd im Norden bis zu den Randgebieten der Wahiba-Wüste. An seiner Küste liegen die Schildkröten-Beobachtungsstation von Ras al-Jinz und der kleine Fischereihafen Al-Ashkharah. An der flachen, landschaftlich unspektakulären Landzunge Ras al-Hadd trifft der Golf von Oman auf den Indischen Ozean. Die Umgebung der Lagunen im Hinterland des Kaps war bereits im sechsten Jahrtausend vor Christus besiedelt. Im Mittelalter – nach dem Niedergang von Sohar und vor der Blütezeit Qalhats – erlangte Ras al-Hadd große Bedeutung als Überseehafen. Von hier aus trat Omans berühmter Navigator Ahmad ibn Majid (ca. 1435–1500) seine Fahrten über den Indischen Ozean an und begleitete – der arabischen Überlieferung zufolge – auch jene historische Reise, mit der Vasco da Gama für Portugals Krone den Seeweg nach Indien erschloss.

Das **Dorf Al-Hadd** beherrscht ein Fort, das möglicherweise bereits auf das 16. Jahrhundert zurückgeht. Ein Besuch lohnt sich wegen der weiten Blicke, die seine Türme erlauben und die bis zur Lagune Khor al-Jarama reichen. Diese markiert zugleich den Beginn eines ausgedehnten Schutzgebietes für Meeresschildkröten. Für deren Beobachtung bietet das bei Al-Hadd liegende **Turtle Beach Resort** eine gute Ausgangsbasis.

Ras al-Jinz

Die Strände des Ja'alan ziehen alljährlich zigtausende Meeresschildkröten zur Eiablage an. Um dieses Naturschauspiel auch für Touristen zu erschließen, erließ Sultan Qaboos 1996 ein königliches Dekret über die Gründung eines Naturschutzgebietes. Das **Schildkrötenschutzgebiet** erstreckt sich über 120 Quadratkilometer entlang einem 45 Kilometer langen Küstenstreifen und reicht einen Kilometer ins Meer hinein. Das kleine Fischerdorf Ras al-Jinz liegt im Mittelpunkt dieses Reservats. Seit 2008 beherbergt es ein **Besucherzentrum** mit lizenzierten Führern, die Touristen am späteren Abend und frühen Morgen zu den Stränden führen und darauf achten, dass die Schildkröten bei der Eiablage nicht gestört werden. Zwar ist es wegen der Dunkelheit schwierig, die Tiere zu sehen – Blitzlicht und Taschenlampen sind streng untersagt –, doch mit etwas Geduld und dank der Ortskenntnis der Führer wird das Warten meist belohnt. Welche Anstrengung das Robben über den Sand für die schweren Meeresbewohner bedeutet, verrät allein ihr schweres Schnaufen. Schwerstarbeit verrichten auch die Schildkrötenbabys, die nach etwa sieben Wochen meist in den frühen Morgenstunden schlüpfen und dann den Weg zum Meer suchen. Da sich dies alles im Schutze der Nacht ereignet, gewährleistet das Besucherzentrum auf Wunsch die Unterbringung in komfortablen Zimmern und neuerdings auch in klimatisierten Luxuszelten. Ebenfalls neu ist ein kleines Museum, das seine Besucher auf eine audiovisuelle Reise in die Welt der Meeresschildkröten mitnimmt und zudem über archäologische Funde aus der Region informiert.

In letzter Zeit gab es vermehrt Rückmeldungen über die Missachtung der strengen Naturschutzrichtlinien durch Touristen und örtliche Führer. Dass der jüngste Austausch des Managements im Besucherzentrum damit zusammenhängt, bleibt eine Vermutung. Für die Schildkröten ist zu hoffen, dass die Auflagen zu ihrem Schutz in Zukunft wieder strikter eingehalten werden.

Al-Ashkharah

Das unscheinbare Fischerdorf war im Mittelalter eine Zwischenstation für Handelsschiffe auf dem Weg ins Rote Meer oder in den Persischen Golf. Am Strand liegen die Fiberglasboote der örtlichen Fischer, die wie andernorts die herkömmlichen Dhaus aus Holz vollständig abgelöst haben. Die Asphaltstraße von Ras al-Jinz hierher führt streckenweise dicht an der Küste entlang, deren Gestalt zwischen flachen Abschnitten und felsigen Steilküsten wechselt. Nicht weit von Al-Ashkharah passiert die Straße den Ort **Assilah**, der sich besonders bei Surfern großer Beliebtheit erfreut.

Schildkröte bei Ras al-Jinz

Ras al-Hadd, Ras al-Jinz

Desert Discovery Tours, Tel. +968/24493232, tours@omantel.net.om.

Die Straßen sind durchgehend asphaltiert und mit PKW befahrbar.

Es gibt keine öffentlichen Verkehrsmittel.

Ras al-Hadd

Ras al-Hadd Beach Hotel, Tel. +968/25569111, surhotelsoman.com/ras.html, surhotelsoman.com. Hinter dem Ort nahe dem Strand gelegenes einfaches Hotel, wird gerne von Kitesurfern gebucht; DZ ab 90 Euro

Turtle Beach Resort, Tel. +968/25540068, info@tbroman.com, www.tbroman.com. Palmwedelhüttencamp in eigener kleiner Bucht, optimal für Familien mit Kindern; DZ ab 90 Euro.

Ras al-Jinz

Carapace Hotel, Tel. +968/96550606, buchbar über das Ras al-Jinz Visitor Center. Ruhige Zimmer, teils mit Hochbetten; DZ ab 200 Euro sowie ›Luxury Eco-Tents‹ mit A/C ab 240 Euro.

Al Naseem Turtle Beach Camp, Tel. +968/24493232 und +968/92009427 (Kontakt über Desert Discovery Tours). Fest installiertes Camp an der Zufahrt zum Ras al-Jinz; im Arabic Tent ab 20 Euro pro Person, in einer Hütte ab 50 Euro pro Person.

Al Ashkharah

Al-Ashkarah Beach Resort, Tel. +968/94082424, www.ashkhara.com. Südlich von Ashkarah am Meer gelegen; bietet auch Hochseefischen, Kayaking, Jetski und Reitausflüge an; DZ ab 60 Euro.

Arabian Sea Motel, Tel. +968/97794244, www.arabianseamotel.com. Nördlich von Ashkharah bei Aseelah gelegenes, einfaches Hotel; DZ ab 60 Euro.

Ras al-Hadd Fort, So–Mi . 8.30–14.30 Uhr, 500 Bs.

Ras al-Jinz – Visitor Center, Touren zu den Meeresschildkröten, nachts oder frühmorgens, die Genehmigung muss im Voraus im Ras al-Jinz Turtle Reserve beantragt werden, Tel. +968/96550606, www.rasaljinz-turtlereserve.com.

Hospital Ras al-Hadd, Tel. +968/92177549.
Hospital Al Ashkhara, Tel. +968/25566100.

▶ Karte S. 232

Die Wahiba-Wüste

Mit einer Ausdehnung von etwa 180 Kilometern Länge und 80 Kilometern Breite ist die Ramlat al-Wahiba die kleinere der beiden Wüsten Omans. Die Oasen, die ihre Ränder säumen, profitieren von ungewöhnlich oberflächennahen und dadurch Brunnen leicht zugänglichen Wasseradern. Besonders gut lässt sich das im Wadi Batha am Ostrand der Wüste ablesen. Der relativ dichte Akazienbewuchs hat dieser Gegend sogar den Namen Woodlands – ›Waldland‹ – eingebracht. Im westlich der Wüste gelegenen Wadi Halfayn stellt sich die Situation ganz ähnlich dar, wenn auch mit weniger sichtbaren Folgen.

Die alten Ortskerne der Palmenoasen sind so gut wie nirgendwo mehr bewohnt. Ihre Bewohner leben heute an den Überlandstraßen in Neubausiedlungen mit zentraler Strom- und Wasserversorgung. Die verlassenen Lehmstädte konnten dadurch der Modernisierung entgehen. Trotz Verfall haben sie viel von ihrem ursprünglichen Aussehen bewahrt. Gezielte Restaurierungen fördern zusätzlich den Erhalt. Einen kümmerlichen Anblick dagegen bieten manche Palmengärten: Sie vertrocknen, weil ihre Wurzeln den seit Jahren sinkenden Grundwasserspiegel nicht mehr erreichen.

Die Ramlat al-Wahiba entspricht dem Idealbild einer Sandwüste. Auffällig ist die erstaunlich regelmäßige Nord-Süd-Ausrichtung der Dünenzüge – eine Folge ihrer besonderen geografischen Lage, die sie widerstreitenden Küstenwinden aussetzt. Ihre ›gekämmte‹ Oberfläche erleichtert die Orientierung, macht jedoch die Durchquerung von West nach Ost nahezu unmöglich. Im Norden erreichen die Dünen Höhen von bis zu 100 Metern, im Süden sind sie deutlich niedriger. Auch die Farbe ändert sich: Das kräftige Orangerot des nördlichen Drittels verblasst zusehends und vermischt sich schließlich mit dem weißen Sand des Indischen Ozeans, der die südliche Grenze bildet. Über die erdgeschichtliche Vergangenheit geben sogenannte versteinerte Dünen Aufschluss, die an der Küste bei Al-Ruways an die Oberfläche treten. Tatsächlich handelt es sich um Flusssedimente, die auch unter den Sandschichten im Zentrum nachgewiesen werden konnten und vermutlich vom Wadi Batha herrühren. Geologen nehmen daher an, dass das Trockenflusstal noch während der Steinzeit bis tief in die heutige Wahiba-Wüste entwässerte.

Dass die Ramlat al-Wahiba ungeachtet ihrer scheinbaren Kahlheit voller Leben steckt, konnte 1986 eine Expedition der ehrwürdigen Königlich-Britischen Geografischen Gesellschaft nachweisen. Zusätzlich zu den Ghaf-Bäumen (proposis cineraria), die die Bedu immer schon als Schattenspender und Feuerholzlieferanten nutzten, identifizierten die Forscher rund 150 einheimische Pflanzenarten und 200 Tierarten, nicht gezählt die etwa 16 000 dokumentierten Wirbellosen. Sie alle existieren dank der Feuchtigkeit des nahen Meeres, die sich im besonders ergiebigen Morgentau niederschlägt.

Neben der bisher gebräuchlichen Bezeichnung Ramlat al-Wahiba findet sich auf offiziellen Karten neuerdings übrigens der Name Rimal al-Sharqiyah. Zwar sind gerade die Wahiba wegen ihrer ausgezeichneten Rennkamele in der gesamten arabischen Welt ein Begriff, doch leben außer ihnen auch noch andere Stämme in der Wüste.

Heute besitzen die meisten Beduinen der Region feste Häuser. Diejenigen, die noch über Herden verfügen, betreiben

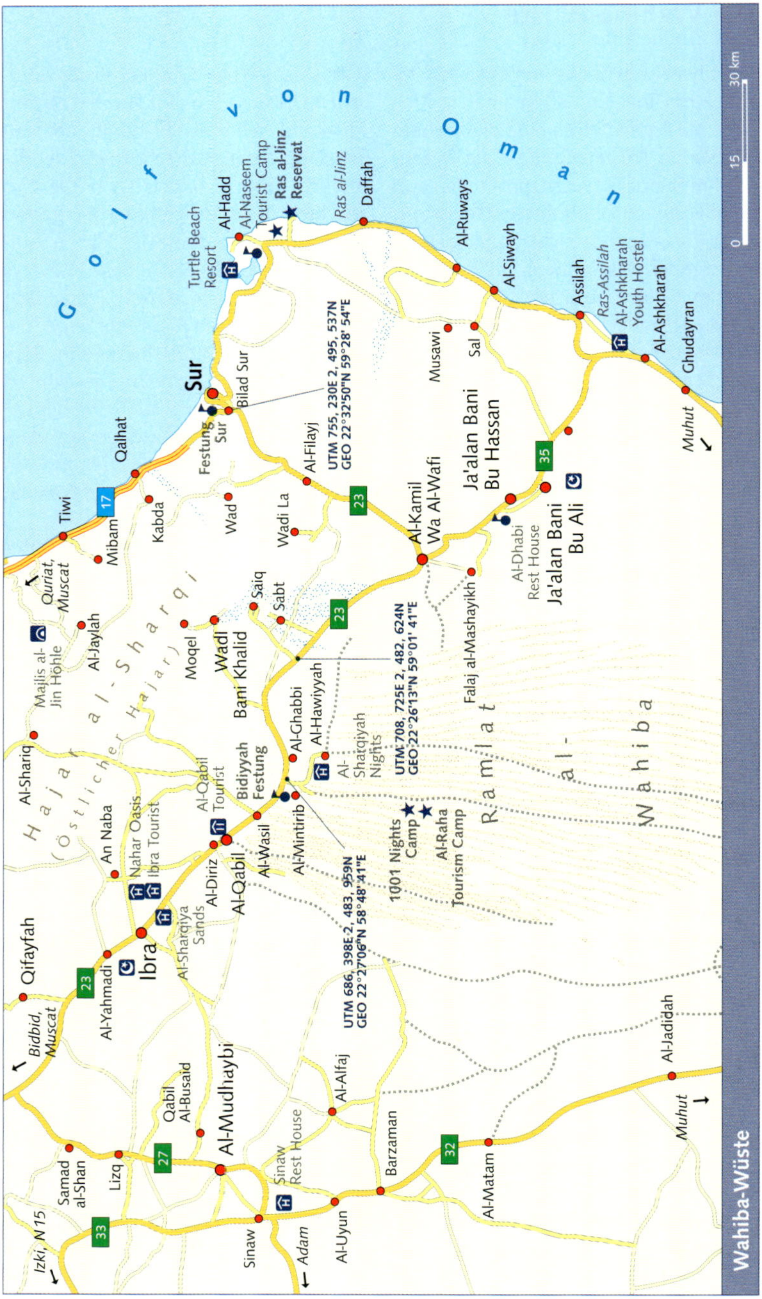

Golf von Oman
Wahiba-Wüste
Ramlat al-Wahiba
Hajar al-Sharqi (Östlicher Hajar)
Sur
Festung Sur
Bilad Sur
Qalhat
Tiwi
Mibam
Kabda
Wad
Wadi La
Al-Filayj
Turtle Beach Resort
Al-Hadd
Al-Naseem Tourist Camp
Ras al-Jinz Reservat
Ras al-Jinz
Daffah
Al-Ruways
Al-Siwayh
Assilah
Ras-Assilah
Al-Ashkharah Youth Hostel
Al-Ashkharah
Ghudayran
Musawi
Sal
Ja'alan Bani Bu Hassan
Ja'alan Bani Bu Ali
Al-Dhabi Rest House
Al-Kamil Wa Al-Wafi
Falaj al-Mashayikh
Muhut
UTM 755, 230E 2, 495, 537N
GEO 22°32'50"N 59°28' 54"E
UTM 708, 725E 2, 482, 624N
GEO 22°26'13"N 59°01' 41"E
UTM 686, 398E 2, 483, 959N
GEO 22°27'06"N 58°48' 41"E
Quriat, Muscat
Majlis al-Jin Höhle
Al-Jaylah
Moqel
Wadi Bani Khalid
Saiq
Sabt
Al-Ghabbi
Al-Hawiyyah
Al-Shatqiyah Nights
Bidiyyah Festung
Al-Mintirib
Al-Wasil
Al-Qabil Tourist
Al-Qabil
Al-Diriz
1001 Nights Camp
Al-Raha Tourism Camp
Al-Shariq
An Naba
Nahar Oasis
Ibra Tourist
Al-Sharqiya Sands
Ibra
Al-Yahmadi
Qifayfah
Bidbid, Muscat
Al-Mudhaybi
Qabil Al-Busaid
Samad al-Shan
Lizq
Izki, N15
Sinaw
Sinaw Rest House
Adam
Al-Uyun
Al-Alfaj
Barzaman
Al-Matam
Al-Jadidah
17
23
35
27
32
33
0
15
30 km

die traditionelle Tierhaltung während der Wintermonate und ziehen den Sommer über in die Oasen zur Dattelernte. Andere betätigen sich saisonal als Fischer. Wieder andere arbeiten als Führer organisierter Kameltrekkings für Touristengruppen oder als Angestellte in der wachsenden Zahl der Wüstencamps.

Bani Bu Hassan & Bani Bu Ali

Die beiden Oasendörfer im fruchtbaren Wadi Batha tragen den Namen zweier ehemals verfeindeter Stämme. Neben den modernen Wohnsiedlungen stehen noch die alten, heute verlassenen Lehmhäuser. Mittlerweile als Museumsdörfer hergerichtet, verraten sie viel von der einst wehrhaften Oasenarchitektur. Beide Orte verfügen über ein Fort, von denen dasjenige in Bani Bu Ali nicht restauriert ist und gerade deshalb besonders wuchtig wirkt. Ein für Oman ungewöhnliches Bild bieten die 52 Kuppeln der restaurierten Al-Hamoda-Moschee. Sie folgt Traditionen der omayyadischen Architektur des 11. Jahrhunderts.

Die Bani Bu Ali nahmen infolge wiederholter saudischer Bekehrungsfeldzüge im frühen 19. Jahrhundert als einzige Omanis den wahhabitischen Islam an. Als sie sich 1820 offen gegen den Sultan stellten, schickte dieser eine omanisch-britische Strafexpedition, die den Widerstand der Oase allerdings erst im zweiten Anlauf brechen konnte und das Dorf zerstörte.

Al-Kamil

Der alte Ortskern des weiter nördlichgelegenen **Al-Kamil** besteht aus einzelnen, durch Mauern voneinander getrennten Wohnvierteln, deren Lehmhäuser von schlanken Wehrtürmen überragt werden. Im **Old Castle Museum** findet sich eine etwas skurrile, aber sehenswerte Privatsammlung einer ansässigen Familie.

Wadi Bani Khalid

Eine durchgehende Asphaltstraße erschließt mittlerweile das ganzjährig wasserführende, sehr fruchtbare Tal mit seinen vielen Oasen. Im oberen Teil bei **Moqel** steht türkisgrünes Wasser in bis zu zwei Meter tiefen natürlichen Felsbecken. Am Wochenende zieht es viele omanische Familien zum Picknicken und Schwimmen hierher.

Bidah im unteren Teil des Tals bietet sich als Ausgangspunkt für ein mehrständiges Schwimmtrekking zu der kleinen Oase von **Sayq** an. Stellenweise reiht sich dort Pool an Pool, verbunden durch kleine Wasserfälle. Das Wasser steht hier so hoch, dass manche Strecken nur schwimmend zurückgelegt werden können.

Al-Mintirib und Al-Mudayrib

Gleich hinter Al-Mintirib erheben sich die Dünenzüge der Ramlat al-Wahiba. Seiner Lage und guten Einkaufsmöglichkeiten wegen gilt der kleine Ort als Einfallstor zur Wüste, für deren Erkundung verschiedene lokale Reiseveranstalter Touren anbieten. Die Innenräume des restaurierten Forts von Al-Mintirib besitzen im Gegensatz zu anderen omanischen

Die Al-Hamoda-Moschee

Festungen keine Holzdecken, sondern gemauerte Gewölbe. Ungewöhnlich ist auch das Fehlen von Türmen.
Türme sind dagegen das herausragende Merkmal des rund 25 Kilometer nördlich gelegenen Al-Mudayrib. Schon von fern her fallen die sechs Wachtürme auf, die die umgebenden Hügel krönen. Im Ort selbst hat sich eine Reihe von hoch aufragenden befestigten Häusern erhalten, die ihrerseits zum Teil kleine Türme aufweisen. Der Wohlstand, der in diesen Wohnforts zum Ausdruck kommt, weist die Erbauer als Kaufleute aus, die durch den Handel mit Ostafrika zu Reichtum und Ansehen gelangten. Daran erinnern auch die aufwendig verzierten Haustüren aus importiertem Holz.
Eine lokale Besonderheit Al-Mudayribs sind die sogenannten Sablas. In den meist offenen Versammlungshallen treffen sich traditionell die Sippenältesten zum täglichen Austausch von Neuigkeiten.

Ibra

Die ursprünglich aus zwei Orten bestehende Oase besitzt trotz ihrer Größe kein zentrales Fort. Der Grund liegt in der ehemals heftigen Feindschaft zwischen den beiden hier ansässigen Stämmen. Die nördliche Siedlung befand sich im Besitz der Al-Maskri, die südliche bewohnten die Al-Harthi. Beide Stämme spielten eine herausragende Rolle im Afrikahandel. Mombasa und Mogadischu, zwei bis heute bedeutende Städte in Kenia und Somalia, sollen jeweils auf Handelsplätze der Al-Maskri beziehungsweise der Al-Harthi zurückgehen. Auch wenn Ibra heute nicht mehr die Bedeutung von damals genießt, ist es doch eine der ältesten Siedlungen der Sharqiyah und nach Sur die zweitwichtigste Stadt der Region. Die Stammesfehde gehört seit der Amtszeit von Sultan Qaboos der Vergangenheit an. Der einstige Wohlstand zeigt sich noch in den verfallenen Kaufmannshäusern des Ortsteils Al-Minzafah. Bekannt ist Ibra heute vor allem für seinen Frauen-Souq.

Der Souq von Ibra

Ibra nennt einen der größten Souqs der Sharqiyah sein Eigen. Immer mittwochs ist ein Teil davon Frauen vorbehalten. Den Anstoß dazu gab das benachbarte Krankenhaus, das den Mittwoch zum

Im Frauen-Souq von Ibra

Karte S. 248

Frauentag erklärte und nur weibliche Patienten empfing. Die nutzten die Gelegenheit, um durch den Verkauf von Waren die Haushaltskasse aufzubessern - und legten so in den 1980er Jahren den Grundstein für den heutigen Frauen-Souq. Mittlerweile ist er im Leben vieler Frauen der Umgegend zu einer festen Größe geworden. Hier werden vor allem Stoffe und Kleidung, Kosmetika und Haushaltswaren angeboten - von Frauen für Frauen.

Al-Minzafah

Hohe Spitzbogenfenster, schmuckvolle Ornamentbänder, fein geschnitzte Tür- und Fensterrahmen aus Holz: Die verwitterten Reste der bis zu dreigeschossigen Kaufmannshäuser in Al-Minzafah vermitteln ein anschauliches Bild davon, welche Gewinne Ibra einst aus dem Afrikahandel zog. Der ehemals ummauerte Ortsteil südlich des Souq-Viertels beherbergt einige der ältesten Gebäude des ganzen Landes. Dass sie überhaupt noch als solche erkennbar sind, verdanken sie einer Architektur, die neben der klassischen Lehmbauweise auch Steinmaterialien verwendete. An den abgestorbenen oder abgeholzten Palmenhainen in der Umgebung sind die dramatischen Folgen des abgesunkenen Grundwasserspiegels deutlich ablesbar.

Geschnitzter Türrahmen in Al-Minzafah

Samad ash-Shan und Sinaw

Aufgrund seiner reichen **Gräberfunde aus der späten Eisenzeit** (400–900 n. Chr.) leiht der Ort Samad ash-Shan westlich von Ibra seinen Namen einer eigenen archäologischen Zeitstufe: der Samad-Periode. Ganz in der Nähe, in Maysar, stießen Archäologen auf Reste einer Siedlung der späten Umm al-Nar-Kultur (2700–2000 v. Chr.). Schmelzöfen, Schlackereste und der Nachweis metallurgischer Flussmittel belegen die Verhüttung und Weiterverarbeitung von Kupfererzen im großen Maßstab und stellen den Fundort in unmittelbaren Zusammenhang mit dem bronzezeitlichen Handelsreich Magan (→ S. 229).

Auf dem **Souq von Sinaw** am Nordwestrand der Ramlat al-Wahiba versammeln sich jeden Donnerstag und Freitag die Beduinen der Umgebung zu einem besonders lebhaften Markt. Frauen in Burqas und schwarzen oder bunten Gewändern tun sich wie andernorts auch durch besonders zähes Feilschen hervor. Mit Obst und Gemüse, Fisch, Tierfutter (Alfalfa), Schafen und Kamelen decken die hiesigen Händler die Grundausstattung omanischer Souqs ab. Dadurch, dass sich kaum je Touristen hierher verirren, ist das Markterlebnis besonders authentisch. Der alte Ortskern von Sinaw besteht aus zwei verlassenen Lehmbausiedlungen, deren zum Teil erstaunlich gut erhaltene Häuser ebenfalls einen Besuch wert sind.

Wahiba-Wüste

Polizei Bidiyah, Tel. +968/25583099.
Polizei Sinaw, Tel. +968/25524999.
Polizei Ibra, Tel. +968/25570099.

Reiseveranstalter

Nomadic Adventures & Tours, Tel. +968/ 99336273, www.nomadicdesertcamp.com.
Desert Discovery Tours, Tel. +968/ 24493232, tours@omantel.net.om.
Empty Quarter Tours, Tel. +968/99387654, emptyqtr@omantel.net.om.
Bediyah Safari Tours, Tel. +968/92864776, www.omansafaris.com.
Alle betreiben Wüstencamps (s.u.) bzw. organisieren Übernachtungen bei Beduinenfamilien.

Die Hauptverbindungsstraße Nizwa–Sur ist gut ausgebaut und asphaltiert. Für Ausflüge in die Wadis oder in die Wahiba wird ein Allradfahrzeug benötigt.

Von Ibra fahren täglich ab der Haltestelle am Krankenhaus Busse nach Sur (9.55 u. 16.55 Uhr) und nach Muscat (8 u. 16.30 Uhr).

Die Sortierung der Hotels erfolgt von Süd nach Nord entlang der N 35 bzw. N 23.

Ja'alan Bani Bu Ali

Al-Dabi Tourist Motel, Tel. +968/ 25553307. Am südlichen Ortsende, nahe der Shell-Station an der N 35 gelegenes einfaches Hotel; DZ ab 30 Euro.

Wadi Bani Khalid

Oriental Resthouse, Tel. +968/25584233, 99006215. Gegenüber der T-Kreuzung der N 23 mit der Straße ins Wadi Bani Khalid gelegenes Hotel mit einfachen, sauberen Zimmern und einem schmackhaften Angebot indischer Speisen; DZ ab 55 Euro.

Ibra

Ibra Hotel, Tel. +968/25571873, am Kreisverkehr in Ibra nach Osten Richtung Wadi Nam abbiegen; auf der linken Seite gelegen. Einfaches Hotel mit kleinem Pool; DZ ab 55 Euro.
Ibra Motel, Tel. +968/25571777, ibramtl@omantel.net.om. Direkt an der N 23 nahe der Omanoil-Tankstelle gelegenes einfaches Hotel; relativ großzügige Bäder. Frühstück gibt's im angeschlossenen Restaurant; DZ ab 55 Euro.
Al Sharqiya Sands Hotel, Tel. +968/ 99295112, www.sharqiyasands.com. Südlich von Ibra auf der südwestlichen Straßenseite gelegen. Die eher abgewohnten Zimmer sind um einen meist leeren Pool angeordnet. Abends kann es wegen der Bar relativ laut werden; DZ ab 95 Euro.

Sinaw

Al Ghazlan Hotel*, Tel, +968/25525261, www.alghazlanhotel.webs.com. Nördlich vom Zentrum nahe der Qatada Ibn Numan School, einfach; DZ ab 45 Euro.

Al Qabil

Al Qabil Resthouse, Tel. +968/25581243. Etwa 10 km nördlich von Mintirib einsam auf der nordöstlichen Straßenseite gelegenes, fortartiges staatliches Resthouse mit begrüntem Innenhof und etwas verwohnten Zimmern; DZ ab 45 Euro.

Die Unterbringung in den Wüstencamps in der Ramlat al-Wahiba variiert zwischen einfachen Zelten und luxuriösen Campements, die sogar teils Bungalows besitzen. Die Camps bieten zahlreiche Aktivitäten an, z.B. Kamelsafaris, Dünensurfen, Quadfahren, Ausflüge zum Schwimmen ins Wadi Bani Khalid. Die Preise variieren je nach Ausstattung zwischen 20 und 50 OMR pro Person und beinhalten in aller Regel Halbpension. Teilweise (z.B. Nomadic Desert Camp) ist auch eine Begleitung ab der Asphaltstraße enthalten.

Karte S. 248

Auch mit dem eigenen Zelt kann man in der Wahiba campieren.

Camps südlich von Al-Mudayrib

Al Aresh Desert Camp, Tel. +968/ 24493232, tours@omantel.net.om. Etwa 7 km nach Passieren von Al-Mudayrib nach links von der N23 in Richtung der Dünen auf eine Asphaltstraße abbiegen. Nach 8 km erreicht man das inzwischen sehr in die Jahre gekommene Camp, das im Prinzip noch westlich der eigentlichen Sandwüste liegt; DZ ab 50 Euro.

Camps südlich von Al-Wasil

Desert Nights Camp*****, Tel. +968/ 92818388, www.desertnightscamp.com. Ca. 11 km südlich der Oase Wasil gelegenes Luxuscamp, mit Aircondition in den sehr geschmackvoll ausgestatteten Zelten; DZ ab 180 Euro.

Arabian Oryx Camp, Tel. +968/94421500, www.oryx-camp.com. Ca. 14 km südlich der Oase. Hüttenartige Zelte mit klassischen Betten bestückt; pro Einheit ein Bad; DZ ab 140 Euro.

Sama al-Wasil Tourism Village, Tel. +968/ 91126369 www.desertpalmoman.com. Ca. 18 km südlich der Oase. Kreisförmige Anlage mit insges. 20 festen Chalets, jeweils mit Bad; DZ ab 110 Euro.

Nomadic Desert Camp, Tel. +968/ 99336273, www.nomadicdesertcamp.com. Ca. 20 km südlich der Oase, einsam gelegen, einfache Barastis (Hütten aus Palmwedeln) und Gemeinschaftssanitäranlagen. Begleitung im Konvoi ab Tankstelle in Wasil im Preis inbegriffen; relativ authentische Atmosphäre; keine Aircondition; DZ ab 150 Euro.

Camps südlich von Al-Mintirib

Diese Camps liegen alle deutlich weiter südlich als die von Wasil erreichbaren Camps:

Al Raha Tourism Camp, Tel. +968/ 99343851, alrahaoman1@gmail.com, www.alrahaoman.com. Ca. 20 km südlich von Mintirib. Wohl größtes Camp der Wahiba, teils mit Barastis und teils mit festen Bungalows (mit Aircondition). Wegen der Größe der Anlage oft auch größere Touristengruppen; DZ ab 80 Euro.

Safari Desert Camp, Tel. +968/92000592, www.safaridesert.com. Ca. 25 km südlich von Mintirib. Einfaches Camp mit verstreut liegenden Barastis und Chalets, relativ authentische Atmosphäre; DZ ab 120 Euro.

1000 Nights Camp, Tel. +968/99448158, www.1000nightscamp.com. Ca. 40 km südlich von Mintirib. Vergleichsweise großes Campement mit vereinzelten Bäumen und Pool. Übernachtung in Zelten mit angeschlossenen Bad-Häuschen oder in Chalets; DZ (Arabic Tent) ab 90 Euro.

In Al-Kamil: Afzal Hussaiin Shah, Tel. +968/ 92033318, direkt an der Kreuzung Muscat/Sur/Assilah, schmackhafte und preiswerte pakistanische Küche, z.B. in Tontöpfen gegarte Gerichte, und Brot aus dem Tannur

In Ibra: Rawazen Restaurant, Tel. +968/ 98077980, gegenüber dem Ibra Motel, indische, türkische und arabische Gerichte Weitere Restaurants in Ibra und Al-Wasil beidseits der Hauptstraße.

In Al-Kamil: Old Castle Museum, Tel. +968/ 93200166, 99259529, tägl. 8.30–18 Uhr, Eintritt 2 OR.

Jeden Mittwochvormittag findet in Ibra nur für Frauen der ›Frauenmarkt‹ statt. Außerdem gibt es in einer Seitenstraße neben dem Souq einen großen Supermarkt. In Sinaw findet Mi und Fr morgens ein Souq und Viehmarkt statt.

Hospital Bidiyah, Tel. +968/25581167.
Hospital Ibra, Tel. +968/25587100.
Hospital Sinaw, Tel. +968/25561100.

Beduinen, Oasenbauern, Seefahrer: Keine andere Region verkörpert die kulturellen Kräfte des Sultanats deutlicher. Die Region zwischen der südöstlichen Küste und der fast unbesiedelten Landesmitte spiegelt die Geschichte des Omans im kleinen Maßstab.

AL-WUSTA UND RUB AL-KHALI

In der Wüste Rub al-Khali

Die ›Leere Mitte‹

Die Küste im Südosten markiert die einzige eindeutige Grenze dieser schwer fassbaren Region. Die ›Mitte‹ – Al-Wusta – besitzt keine Oasen, (noch) keine größere Ortschaften und zählt gerade mal 31 000 Einwohner oder ein Prozent der omanischen Gesamtbevölkerung, und das auf einer Fläche größer als Bayern. Die Küste säumen vereinzelte Fischerdörfer. Das Binnenland dagegen ist die Heimat der asketischen Harasi-Beduinen, die anders als die meisten anderen Nomadenstämme keine Palmengärten haben, in die sie sich zurückziehen könnten. Noch bis in die 1970er Jahre lebten sie ohne Zelte im Schatten der Akazien, tranken die Milch ihrer Ziegen und Kamele und konnten ihr Trinkwasser nur aus dem nächtlichen Tau gewinnen. Den Nordwesten der ›Leeren Mitte‹ beherrschen die Dünenfelder der Rub al-Khali, im Osten erstreckt sich das geologische Wunderland des Al-Huqf, das Teile eines Wildreservats für Oryx-Antilopen einnimmt, im Süden münden große, mit Akazien bestandene Wadisysteme in die dürre Küstenebene Sahil al-Jazir. Die wirtschaftliche Bedeutung der Region liegt in ihren Öl- und Gasvorkommen. Unberührte Wüsten- und Küstenlandschaften mit ihrer extrem anpassungsfähigen und an der Küste erstaunlich vielfältigen Fauna ziehen jedoch auch ausländische Besucher an. Das Oryx-Schutzgebiet und der Hafen von Duqm sind Beispiele für den Versuch, Naturschutz, Tourismus und Ölförderung in Einklang zu bringen. Duqm ist zugleich der Ort, an dem sich die Provinz in rasantem Tempo neu erfindet und ihr Image als ›Leere Mitte‹ gegen die Rolle als Schrittmacher einer neuen Entwicklung austauscht.

Die Küste zwischen Masirah und Dhofar

Die Küstenstraße, die die südlichen Ausläufer der Ramlat al-Wahiba mit Salalah in der Provinz Dhofar verbindet,ist mittlerweile komplett asphaltiert. Das nimmt dieser Strecke, die bisher nur mit Geländewagen befahrbar war, ein wenig von ihrem Wildnis-Charakter, bedeutet aber für die Anwohner einen deutlichen Fortschritt. Wer jedoch die Landschaften jenseits der Straße – etwa das Felsplateau des Huqf – erkunden will, ist nach wie vor auf Vierradantrieb angewiesen. Die Versorgung gewährleisten die Fischerdörfer entlang der Küste, die in der Regel über Tankstellen und Einkaufsmöglichkeiten verfügen. An den mancherorts vorhandenen Meerwasserentsalzungsanlagen decken auch die Beduinen aus dem Landesinneren ihren Bedarf. Unterkünfte sind rar gesät, dafür gibt es reichlich Gelegenheiten, in freier Natur zu campen. Zumindest bislang entspricht das den Vorlieben der wenigen Touristen, die hier vor allem das Naturerlebnis suchen. Das folgende Kapitel schließt auch die Beschreibung der Insel Masirah ein, die trotz ihrer Zugehörigkeit zur Provinz Sharqiyah landschaftlich diesem Abschnitt der Südostküste zugerechnet werden kann.

Masirah

Omans größte Insel liegt rund 25 Kilometer vor der omanischen Küste. Bis in die 1930er Jahre war sie unbesiedelt. Dann richtete die britische Luftwaffe hier einen Stützpunkt ein, der heute von einer omanischen Flieger-

▲ Karte vordere Umschlagklappe

einheit genutzt wird. Aus den Einrichtungen für die Militärs entwickelte sich mit der Zeit der heutige Hauptort Hilf. Herausragendes geschichtliches Ereignis in den Chroniken Masirahs ist die Landung des griechischen Admirals Nearchos, der zwischen 321 und 324 n. Chr. mit der Kriegsflotte Alexanders des Großen die Golfküste nach günstigen Handelsplätzen auskundschaftete. In seinem Logbuch nennt er die Insel Serepsis. Die heutigen Bewohner leben fast ausschließlich vom Fischfang. Für Touristen liegt der besondere Reiz Masirahs in seinen ausgedehnten Sandstränden, den ausgezeichneten Campmöglichkeiten und in der reichhaltigen Fauna. Meeresschildkröten – darunter die größte Brutkolonie an Karettschildkröten weltweit – kommen zahlreich und regelmäßig hierher zur Eiablage. Mehr als 300 Vogelarten, zahlreiche Seemuscheln und -schnecken und das schönste Korallenriff des Landes gehören zu den weiteren Attraktionen. Allerdings liegt die Insel Insel trotz der neuen Anbindung ans Festland über moderne Katamarane weitab von allen touristischen Besichtigungsrouten und ist bislang wenig erschlossen. Das wird sich jedoch ändern. Seit Jahren verfolgt die Regierung den Plan, die aktuelle Fährverbindung durch eine mehrspurige Autobahnbrücke zu ersetzen. Das Projekt kam nie über die frühesten Planungsphasen hinaus, wird aber seit Anfang 2013 deutlich forciert. Neben der lokalen Wirtschaftsförderung soll die Brücke nicht zuletzt die reibungslosere Evakuierung der mittlerweile rund 11 000 Inselbewohner im Falle schwerer Unwetter ermöglichen. Zuletzt machten die Zyklone Gonu und Phet 2007 und 2010 diese Maßnahme notwendig.

Küstenlandschaft auf Masirah

Fähre auf die Insel Masirah

Masirah

Für kurze Aufenthalte ist ein PKW ausreichend, bei längeren Entdeckungstouren über die Insel wird ein 4WD benötigt.

Es gibt keinen öffentlichen Verkehr nach oder auf Masirah, auch keine Taxis.

Autofähre per Katamaran nach Masirah, vom Hafen in Shan'a, tägl. 9 und 17 Uhr in beide Richtungen (Do. und Sa. zusätzlich 12 und 15 Uhr), die Überfahrt dauert 1 Std., 3 OMR pro Person und Strecke, 16 OMR pro PKW bzw. 20 OMR pro 4WD Hin- und Rückfahrt.

The Dhow Restaurant, 12-22.30 Uhr, Tel. +968/2550 4274, im Masirah Island Resort.

Danat al Khaleej, Tel. +968/25504533, www.danat-hotel.com. Südlich des Stadtzentrums von Hilf, mit 10 in gelb und rot gehaltenen Zimmern; DZ ab 60 Euro.
Masirah Hotel***, Tel. +968/25504401, booking@omantel.net.om. An der Corniche von Hilf gelegenes einfaches Hotel mit kleinem Restaurant; DZ ab 60 Euro.
Serabis Hotel*, Tel. +968/25504698, dira2008@omantel.net.om. An der Corniche von Hilf gelegenes Hotel mit ägyptischem Management und etwas dunklen, aber sauberen Zimmern; DZ ab 50 Euro.
Masirah Island Resort****, Tel. +968/25504274, www.masiraislandresort.com. Etwa 4 km südöstlich des Zentrums von Hilf am Strand der Ostküste gelegenes Resort mit Zimmern um einen zentralen Pool. Restaurant und Bar bieten europäischen Komfort; DZ ab 180 Euro.
Masirah Beach Camp by Mansoor Majali, zu buchen über das Kite Camp (s.u.); Hütte ohne A/C mit Vollpension ab 70 Euro.

Rund um die Insel gibt es viele schöne Stellen, um ein Zelt am Strand aufzuschlagen.
Kite Camp, Tel. +968/96323524, www.kiteboarding-oman.com. Ein Treffpunkt für Kitesurfer bei Sur Masirah an der Westküste.

Oasis Bar, Tel. +968/2550 4274, 12–15 u. 18-01 Uhr, im Masirah Island Resort.

Auf Masirah gibt es keine geführten Touren um Schildkröten zu beobachten, ein guter Beobachtungsplatz ist aber beim Masirah Island Resort.

Besonders schön sind die Strände im Osten und Süden der Insel, allerdings ist auf die Meeresschildkröten Rücksicht zu nehmen.

In Ras Hilf bestehen ausreichende Einkaufsmöglichkeiten für den täglichen Bedarf.

Krankenhaus Masirah, Tel. +968/25504363.

Khaluf

»Khaluf ist eine unscheinbare Ansammlung von Lehmhütten auf einer kahlen, abweisenden Ebene, vor dessen Küste ein paar Fischerboote vor Anker liegen. Überall sitzen Fischer, reparieren ihre Netze und rauchen kurze Tonpfeifen«. Die Beschreibung stammt aus dem Jahr 1929, verfasst von dem englischen Forschungsreisenden und Berater des damaligen Sultans von Oman, Bertram Thomas. Was er über Khaluf berichtet, trifft auch heute noch weitgehend zu, sieht man einmal von ein paar modernen Gebäuden und

▲ Karte vordere Umschlagklappe

Salzgewinnung in Shannah

den Satellitenschüsseln auf den Lehmhütten ab. Dieser unverstellte Blick auf den Alltag eines omanischen Fischerdorfes ist allein schon einen Besuch wert. Die zweite Attraktion beginnt gleich jenseits des großen Felsens, der Khaluf im Süden begrenzt. Dort erstreckt sich eine fast unwirkliche Landschaft aus gleißend weißen Dünen und unberührten Stränden. Der weiche Sand erfordert allerdings Übung im Fahren auf losem Untergrund!

Ras Duqm

Bislang war Ras Duqm, eine kleine Halbinsel an der Küste irgendwo in der Mitte Omans, vor allem bekannt für seinen ›Felsengarten‹ aus natürlichen Kalk- und Sandsteinskulpturen. Um ihn herum hat die sogenannte **Special Economic Zone** (SEZ) nun einen beispiellosen Entwicklungsschub entfesselt. Die Vision der Regierung lautet, hier innerhalb von 25 Jahren eine Industriestadt mit 100 000 Einwohnern aus dem Boden zu stampfen. Dass das nicht nur Willensbekundungen sind, zeigt die jüngste Fertigstellung des hochmodernen Industriehafens samt Trockendockanlagen, die zu den größten des Mittleren Ostens zählen. Im November 2012 nahm der internationale Flughafen von Duqm die Arbeit auf, wenn auch zunächst nur im Inlandsverkehr. Weitere Planungen umfassen ein Gaskraftwerk, die Vergrößerung der bereits bestehenden Meerwasserentsalzungsanlage, ein großzügiges Industriegebiet mit Ölraffinerie und petrochemischem Komplex, einen Fischereihafen mit Aquakulturen und verarbeitender Industrie sowie die Anbindung an das von den Golfstaaten geplante gemeinsame Schienennetz.

Auch eine 24 Quadratkilometer große touristische Zone mit 18 Strandkilometern ist geplant. Mit dem Duqm Crowne Plaza und dem Park Inn Radisson haben bereits imternationale Hotels ihre Pforten geöffnet und sorgen für Luxus in dieser abgelegenen Region. Ein Fünf-Sterne-Resort mit Golfplatz soll folgen. Wassersportaktivitäten und ein für Touristen hergerichtetes omanisches Dorf werden dann für das nötige Freizeitprogramm sorgen. Außerdem wird es Ausflugsangebote für die Insel Masirah und das benachbarte Oryx-Naturreservat geben, das 2007 unter anderem wegen des massiven Ausbaus der regionalen Ölförderung seinen UNESCO-Welterbestatus verlor (→ S. 262).

Das alles klingt wie Las Vegas ohne Kasinos. Die Retortenstadt Duqm macht Ernst mit dem Konzept der wirtschaftlichen Diversifizierung. Innovativ dabei ist vor allem der ganzheitliche Ansatz: Statt reiner Industrie- oder Tourismusanlagen setzt Oman darauf, verschiedene Wirtschaftsbereiche zusammenzufassen. Dass die Nachbarschaft von Badestränden und industrieller Produktion westlichen Be-

Am Strand südlich von Khaluf

suchern nicht unbedingt gefallen wird, nimmt man in Kauf. Das Zielpublikum liegt eindeutig in der arabischen Welt.

Vom Ras Madrakah nach Shuwaymiyah

Das Kap Ras Madrakah reicht weit in den Indischen Ozean hinein. Seine schwarzen vulkanischen Felsen bilden einen reizvollen Kontrast zu dem weißen Korallensand. Der Weg nach Süden folgt der neuen N 41 durch die Küstenebene Sahil al-Jazir und verspricht abwechslungsreiche Küstenlandschaften mit guten Campmöglichkeiten. Unterwegs bieten sich Abstecher zu zwei sehenswerten Lagunen an.

Die erste, Khor Diris oder **Drei-Palmen-Lagune** genannt, liegt etwa 70 Kilometer südlich von Ras Madrakah. Flamingos, Löffler, Reiher und Wildenten sind hier ein häufiger Anblick.

Weitere 100 Kilometer später, bei dem kleinen Ort Kahel, tauchen die **Lagunen von Khor Ghawi** auf. Während der Wintermonate bevölkern oft Tausende von Flamingos das sechs Kilometer lange Gewässer, getrennt vom Meer nur durch eine schmale Sandbank. Ein außergewöhnliches Farbenspiel bieten einige versalzene Lagunen etwas weiter nördlich: Dank einer besonderen Algensorte erscheint ihre Oberfläche tiefrosa. Die Salzkrusten an den Rändern benutzen Fischer, um Dörrfisch zu präparieren.

300 Kilometer südlich des Ras Madrakah ist der Abzweig in die Bucht von Shuwaymiyah erreicht. Eine Serpentinenstraße führt nach etwa 30 Kilometern in das gleichnamige Dorf direkt an der Küste. Shuwaymiyah ist in ganz Oman für seine Korbflechterei bekannt. Einen Abstecher lohnt das **Wadi Shuwaymiyah**, das sich tief in die weißen Sandsteinklippen des Hinterlands eingräbt und dessen Palmenhaine natürliche Wasserbecken säumen.

60 Kilometer vor der Küste liegen die **Hallaniyat-Inseln**, eine wichtige Zugvogelstation mit ausgeprägter Meeresfauna. Ein in Bau befindlicher Hafen soll sie unter anderem für touristische Zwecke erschließen.

Küste zwischen Masirah und Dhofar

Die N 32 und N 41 entlang der Küste sind gut ausgebaut und asphaltiert. Der Anschluss an die N 49 sichert die durchgehende Verbindung bis Salalah.

Flughafen Duqm, Inlandsflüge mit Oman Air und Duqm Air: 2x tgl. am So, Mo, Mi, Do, pro Strecke OMR 17, zu buchen über Travel City LLC, Tel. +968/98048369, duqmair@travelcity-oman.com.

Duqm Crowne Plaza****, Tel. +968/ 25214444, info.cpduqm@ihg.com. www.ihg.com, Strandhotel mit Pool; DZ ab 145 Euro.

Park Inn Radisson****, Tel. +968/ 22085700, info.duqm@rezidorparkinn.com, www.parkinn.com/hotel-duqm. Chalets mit kleinen Terrassen in weiträumiger Anlage; DZ ab 130 Euro.

City Hotel Duqm**, Tel. +968/25214900, www.cityhotelduqm.com; DZ ab 85 Euro.

Duqm Tourist Guesthouse, Tel. +968/ 15427191.

Entlang der Küste gibt es viele schöne Strandplätze zum Zelten.

In den Hotels in Duqm befinden sich einige gute Restaurants, ansonsten gibt es in dieser Region nicht viele Möglichkeiten.

Oryx-Schutzgebiet, Genehmigungen müssen im Voraus beim Advisor for Conservation of the Environment in Muscat beantragt werden, Tel. +968/24693536, acedrc@omantel.net.om, 20 OMR pro Gruppe.

Die Jiddat al-Harasis und die Rub al-Khali

Auf der Nationalstraße 31 nach Salalah

Die rund 1000 Kilometer lange Nationalstraße 31 (N 31) zwischen den beiden größten Städten Omans, Muscat und Salalah, verbindet zwei Landesteile, die in ihrer Geschichte oft getrennte Wege gingen. Insofern symbolisiert dieser Verkehrsweg wie kaum ein anderes Infrastruktur-Projekt die neue Einheit und den gemeinsamen Aufbruch der Sultan-Qaboos-Ära. Ohne größere Unterbrechungen lässt sich die Strecke in zehn bis zwölf Stunden bewältigen. Allerdings führt die Fahrt ab Manah durch überwiegend eintönige Landschaften. Für Naturliebhaber empfehlen sich Abstecher in die Jiddat al-Harasis und die Rub al-Khali.

Die N 31 kreuzt in ihrem Verlauf vier Verwaltungsregionen. Das folgende Kapitel behandelt daher auch Orte und Gebiete, die bereits im südlich benachbarten Dhofar liegen.

Jiddat al-Harasis: Nature Reserve und Huqf

Der Huqf ist für Geologen eine Art aufgeschlagenes Buch, denn hier liegen die Gesteinsschichten nahezu aller Erdzeitalter

Zeltplatz bei Shuwaymiyah

▲ Karte vordere Umschlagklappe

offen unter der gleißenden Sonne – aufgeworfen durch Verschiebungen der Erdkruste und freigeblasen vom Wüstenwind. Die ältesten Steinformationen stammen aus dem Präkambrium, als sich aus Bakterien, Schwämmen und Einzellern erstes Leben entwickelte. Jüngere Erdzeitalter treten in Form von kreisrunden Mega-Stromatolithen (durch Mikroorganismen aufgeschichtete Sedimente), Riffen voller Rudisten (urzeitliche Muscheln), Gletscherschleifspuren oder auch versteinerten Wäldern auf.

Ein Teil des Huqf ist als Reservat für die scheue Oryx-Antilope ausgewiesen. Der Schutz der vom Aussterben bedrohten Tiere musste in der Vergangenheit immer wieder Rückschläge durch Wilderer und Ölbohrungen hinnehmen. Andererseits profitieren auch andere Tiere von dem Reservat, darunter zwei Gazellenarten, der seltene Nubische Steinbock, der Arabische Wolf, Wildkatzen und Wüstenfüchse.

Rub al-Khali

»Kein Mensch kann dieses Leben leben und davon unberührt bleiben«, schreibt der britische Forscher Wilfred Thesiger über die strapaziösen Reisen, die er in den 1940er Jahren mit arabischen Beduinen durch die Rub al-Khali unternahm. »Er wird fortan, wie flüchtig auch immer, den Stempel der Wüste, das Zeichen der Nomaden tragen. Denn dieses unerbittliche Land übt einen Zauber aus, dem ein gemäßigtes Klima nichts entgegenzusetzen hat«.

Die Rub al-Khali, das ›Leere Viertel‹, bezeichnet die größte zusammenhängende Sandfläche der Erde: 500 Kilometer in Nord-Süd-Richtung, 1300 Kilometer von Ost nach West. Der größte Teil der Wüste liegt auf saudischem Gebiet. Im Süden überschreitet sie die jemenitische

In der Rub al-Khali

und omanische Grenze, im Osten reicht sie bis in die Vereinigten Arabischen Emirate. Ihre Sanddünen türmen sich zu Höhen von bis zu 300 Metern und lassen zwischendurch immer wieder Raum für ausgedehnte Salzebenen. Der Mangel an Oasen und die wenigen Brunnen machen sie zu einem der unzugänglichsten Gebiete der Erde. Selbst die wüstenerprobten Beduinen bewohnen mit ihren Kamelen nur die Randgebiete.

Bis heute übt diese ebenso gewaltige wie gewalttätige Wüstenlandschaft gerade auf westliche Besucher eine unwiderstehliche Faszination aus. Den besten Zugang zu den Randgebieten der Rub al-Khali bietet Shisr, von der N 31 erreichbar über Pistenabzweige bei Dauka und Thumrait. Eine gut ausgebaute Strecke führt von dort rund 80 Kilometer in Richtung Nordwesten nach Al-Hashman. Hier beginnen die Ausläufer der Ramlat Hashman und Ramlat Mitan, deren erste Dünenketten eine teilweise geschotterte Piste zugänglich macht. Jedes weitere Vordringen in die Wüste erfordert umfangreiche Vorbereitungen und Sicherheitsmaßnahmen (→ S. 264).

Shisr

Die Entdeckung des ›Atlantis der Wüste‹ meldeten internationale Medien 1992 überschwänglich. Gemeint waren Ruinenfunde bei Shisr alias Ubar. Glaubt man den ›Geschichten aus 1001 Nacht‹, war Ubar eine sagenhaft reiche Karawanenstadt, die laut Q'uran ein ähnliches göttliches Strafgericht traf wie ihre biblischen Pendants Sodom und Gomorrha. Antike Karten wiederum bezeichnen mit ›Iobaritae‹ keinen einzelnen Ort, sondern eine Region samt dem dort ansässigen Volk. Dies war zugleich das Gebiet, in dem die Karawanen der Weihrauchstraße zum letzten Mal Station machten, bevor sie durch die Wüste zum Wadi Hadramaut zogen. Die Ruinenstätte von Shisr ist relativ klein und zudem durch eine Doline stark gestört. Vermutlich handelt es sich um eines von ehemals drei oder vier befestigten Zentren, die durch ihre Quellen zu Bedeutung gelangt waren.

Kamelmilch ist äußerst nahrhaft

Expeditionen in die Sandwüste

Eine Fahrt in die Dünengebiete der Rub al-Khali gehört zu den spannendsten, aber auch gefährlichsten Reiseerlebnissen, die Oman zu bieten hat. Mehrtägige Geländewagenfahrten erfordern zwingend die Begleitung durch ortskundige Fahrer. Lokale Reiseveranstalter in Salalah bieten solche Expeditionen an. Selbstfahrer sollten grundsätzlich über ausreichende Übung im Fahren auf sandigem Gelände verfügen. Damit sich unvorhersehbare Ereignisse nicht zu Katastrophen entwickeln, bedarf es überdies sorgsamster Routen- und Vorratsplanung sowie eines verlässlichen technischen Equipments. Absolut unerlässlich ist zudem die Fahrt mit mindestens zwei Autos. Überdies sollten Freunde, die zuständige Reiseagentur oder örtliche Polizeidienststellen über Route und Zeitplan informiert sein.

Jiddat al-Harasis und Rub al-Khali

Polizei Adam, Tel. +968/25434099.
Polizei Thumrait, Tel. +968/23277099.

Die Nationalstraße 31 ist gut ausgebaut und kann mit PKW befahren werden. Für die Strecke Muscat–Salalah sollte man eine reine Fahrzeit von 10 Stunden einplanen. Ausflüge in die Jiddat al-Harasis oder die Rub al-Khali können nur im 4WD bewältigt werden.

Nicht alle Autovermietungen erlauben Fahrten bis Salalah. Einige Vermieter nehmen Leihautos gegen eine Transfergebühr (ca. 120 OMR) auch in Salalah an, so dass man mit Bus oder Flugzeug zurückreisen kann.

Busse fahren täglich von Muscat-Ruwi nach Salalah (7, 10 und 18 Uhr), während des Ramadan und der Monsunzeit ändern sich die Zeiten leicht. Die Fahrzeit beträgt 13 Stunden (8 OMR).

Oman Air bietet für ca. 66 OMR (hin und zurück) vier bis fünf Flüge täglich zwischen Muscat und Salalah an.

Die allesamt recht einfachen Unterkünfte an der Nationalstraße N 31 werden in diesem Abschnitt der Reihe nach von Norden nach Süden aufgelistet (beginnend im Norden ab Nizwa). Die Kilometerzählung beginnt am Kreisverkehr bei Firq, ca. 7 Kilometer südlich von Nizwa. Die Übernachtung im DZ kostet jeweils ca 30 Euro.

Adam (km 57)

Adam Motel, Tel. +968/25434975. Nahe der Oman-Oil-Tankstelle.

▶ Karte vordere Umschlagklappe

Badr as-Salam Guesthouse, Tel. +968/25434975. Direkt an der N 31 gelegen, ca. 1 km südlich der Shell-Tankstelle.

Ghaba (km 179)

Ghaba Resthouse, Tel. +968/99358693, safeerinternational@safeerintll.com. Direkt am Highway neben der Tankstelle gelegen.

Haima (km 381)

Al Wusta Resthouse, Tel. +968/2346016. Am nördlichen Ortsende.
Haima Motel, Tel. +968/23297103. Am südlichen Ortsende.

Ghaftain (km 481)

Ghaftain Resthouse, Tel. +968/99485881. Direkt am Highway neben der Tankstelle gelegen.

Qitbit (km 607)

Quibit Resthouse, Tel. +968/99085686. Direkt am Highway neben der Tankstelle.

Thumrait (km 803)

Thumrait Tourist Hotel, Tel. +968/23279371, thummotel@omantel.net.om. Direkt südlich der Polizeistation am Kreisverkehr; im Komplex gibt es auch ein gutes Restaurant, das meist von Fernfahrern aufgesucht wird; DZ ab 40 Euro.

Die Hotels und Rasthäuser entlang der Strecke bieten meist einfache, aber günstige Gerichte an.

Shisr ›Urbar‹, UNESCO-Weltkulturerbe, Ausgrabungsstätte und Museum, Eintritt 500 Bs.

Sonnenuntergang nahe Marsawdad in der Rub al-Khali

»Arabien bringt Weihrauch, Myrrhen, Cassia und Zimmet hervor. Diese Weihrauchbäume werden von geflügelten Schlangen gehütet, doch kann man sie durch den Rauch von Storax vertreiben.«

Herodot (5. Jh. v. Chr.)

DHOFAR

Subtropisches Früchteparadies: Salalah

Geografie und Geschichte des Dhofar

Das sogenannte Weihrauchland Dhofar ist in mehrfacher Hinsicht ein besonderer Teil des Sultanats, getrennt vom Rest des Landes durch 800 unwirtliche Wüstenkilometer. Landschaftlich und klimatisch vereint die südlichste und flächenmäßig größte omanische Provinz auf ihrem Gebiet die extremsten Gegensätze. Das Leere Viertel, die weltweit größte zusammenhängende Sandfläche, beherrscht mit ihren gewaltigen Dünen den Norden der Region, während die geografische Mitte von einer flachen, größtenteils konturlosen Geröllwüste bedeckt wird. Deren Monotonie findet in der bis zu 1800 Meter hohen Kette des Dhofar-Gebirges ein deutliches Gegengewicht. Südlich der Berge liegt die zeitweise geradezu üppig grünende Küstenebene von Salalah, für deren besonderes Klima es auf der gesamten Arabischen Halbinsel keine Parallele gibt.

Auslöser des erstaunlichen Naturphänomens ist der Khareef, der ›Wind des Überflusses‹, der immer im Juni aus Afrika herüberweht und dessen regenschwerer Dunst von dem hitzeflirrenden Vakuum der omanischen Wüsten förmlich angesogen wird. Allerdings kommen die Wolken nie im Hinterland an, sondern bleiben gleich hinter der Küste an der Barriere des Dhofar-Gebirges hängen und regnen dort drei Monate lang ab. Das lässt Trockenwadis zu tiefen Flüssen anschwellen, Wasserfälle sprudeln und zwingt die Kamele dazu, von den Bergen in die Ebene hinabzusteigen, weil es oben vor lauter Feuchtigkeit zu glitschig wird. Aus ganz Arabien kommen dann die Menschen, um der Hitze des Wüstensommers zu entfliehen, um Rinder, Kamele, Schafe und Ziegen auf saftig grünen Wiesen weiden zu sehen und um das Khareef-Festival in Salalah mitzuerleben, einen sechswöchigen Karneval aus Musik- und Tanzvorstellungen, Kunst-Events, Handwerkermärkten und sonstigen Darbietungen der regionalen und omanischen Kultur.

Weihrauchbaum

▲ Karte vordere Umschlagklappe

Weihrauch – Sinnbild vergangener Größe

Eine zentrale Rolle dabei spielt der Weihrauch als Sinnbild vergangener Größe. Bis heute werden die Bäume der Pflanzenart Boswellia sacra hier bewirtschaftet. Sie wachsen wild, brauchen nicht viel Wasser und bevorzugen kalkhaltige Wadibetten in 500 bis 1000 Metern Höhe. Ideale Bedingungen finden sie am Nordabhang des Dhofar-Gebirges vor. Im Wadi Dawkah, etwa 80 Kilometer nördlich von Salalah unweit der N 31, steht eine große Gruppe von ihnen. Die meisten von ihnen sind eingezäunt, doch weiter hinten im Tal finden sich weitere Weihrauchbäume. Den Zaun hat die UNESCO errichtet, denn hier und an den archäologischen Stätten in Shisr/Ubar, Al-Baleed und Samhuram würdigt sie den Dhofar als Herz und Ausgangspunkt des historischen Weihrauchhandels (→ S. 53). Tatsächlich galt das Harz der hiesigen Bäume, dessen kostbare Tropfen viele Jahrhunderte lang mit Gold aufgewogen wurden, als der beste Weihrauch überhaupt. Sein gewaltiger Handelswert entschied – der heutigen Bedeutung des Erdöls nicht unähnlich – über Aufstieg und Niedergang ganzer Völker. Die politische Kontrolle über diese Ressource lag im jemenitischen Wadi Hadramaut, unter dessen Einfluss der Dhofar lange Zeit stand und mit dem ihn historisch und kulturell noch bis in die jüngste Vergangenheit deutlich mehr verband als mit dem Norden Omans.

Hadramische Fürsten waren es auch, die die Geschicke der Region im Jahr 1290 lenkten. Damals hieß Salalah vorübergehend Al-Mansurah und nahm das Gebiet des heutigen Archäologischen Parks Al-Baleed ein. Eines der vielen Schiffe, die in dem betriebsamen Hafenort Station machen, hatte den venezianischen Kaufmann Marco Polo an Bord. Er sah »... eine große und edle und schöne Stadt. Sie liegt direkt am Meer und hat einen sehr guten Hafen, in dem viele Schiffe aus Indien ankommen oder dorthin fahren. Die Kaufleute verdienen gut am Handel mit arabischen Pferden. Die Stadt herrscht über viele andere Städte und Dörfer in der Umgebung. Große Mengen an weißem Weihrauch werden hier erzeugt«.

Weihrauchgewinnung

Die kurze Schilderung zeigt, dass der internationale Weihrauchhandel im Mittelalter eine Renaissance erlebt und der Dhofar in diesem Zusammenhang eine Schlüsselrolle spielt. Besonders die Chinesen zahlen für das Duftharz hohe Preise. Die ›Beschreibung barbarischer Völker‹, um 1252 verfasst von dem chinesischen Handelsinspektor Chau Ju-Kua, verrät (bis auf das fantasievolle Detail der Transportelefanten) eine recht detaillierte Kenntnis der arabischen Länder: »Weihrauch kommt von den drei Ta-shï [arabischen Ländern] Ma-lo-pa [Mirbat; im weiteren Sinne Aden und die Küste des Hadramaut], Shï-lo [Shisr] und Nu-fa [Dhofar]. Der Baum, der tief in den abgelegensten Tälern wächst, ähnelt einer Pinie. Der Stamm wird mit einem Beil gekerbt. Das austretende, zu Weihrauch trocknende Harz wird gesammelt und

Am Strand von Salalah

zu Klumpen geformt. Elefanten transportieren es anschließend zur Küste. Die Zollbeamten teilen den Weihrauch entsprechend seiner Duftintensität in 13 verschiedene Handelsklassen ein«.

Der Kampf um Dhofar

Während der folgenden Jahrhunderte bleibt es ruhig um den Dhofar. 1877 verleibt Sultan Turki bin Said Salalah dem Sultanat von Muscat ein und schafft damit erstmals eine territoriale Einheit, die der heutigen in etwa entspricht. Da er und seine Nachfolger jedoch in Nordoman mit heftigen Aufständen kämpfen, steht die Herrschaft im Dhofar von Beginn an auf tönernen Füßen. Als sich die dortigen Stämme 1896 erheben und die Garnison in Salalah überrennen, kann Sultan Faisal bin Turki zwar die Kontrolle wiedergewinnen, doch endet seine Regierungsgewalt fortan praktisch an den Stadtgrenzen.

1958 wählt Said Bin Taimur Salalah zur dauerhaften Residenz. Sein rückständiger, fortschrittsfeindlicher Absolutismus weckt im ganzen Land Widerstand. Den Aufstand der Imame von Nizwa kann er 1959 noch mit britischer Hilfe niederringen. In Südoman jedoch bildet sich unter dem Eindruck des arabischen Nationalismus die Befreiungsfront Dhofar, die zunächst ausschließlich für die Unabhängigkeit der Region kämpft. Nach der Gründung der Volksdemokratischen Republik Jemen gerät sie allerdings zunehmend unter den marxistischen Einfluss des Nachbarlandes, dessen Politik wiederum im Zeichen sowjetischer und chinesischer Interessen steht. Dhofari-Rebellen reisen zu Trainingscamps in China und der Sowjetunion und werden so zu Werkzeugen einer rücksichtslosen Machtpolitik, die auf die Kontrolle über die Straße von Hormuz und die damit verknüpften Erdölmärkte zielt.

In dieser hochbrisanten Situation reißt der damals 29-jährige Qaboos bin Said Al Said die Initiative an sich und putscht seinen Vater im Juli 1970 vom Thron. Zu seinen ersten Amtshandlungen gehören der Abzug der Regierungstruppen aus

▲ Karte vordere Umschlagklappe

dem Dhofar-Gebirge und die Verkündung einer Amnestie für alle Rebellen, die sich ergeben wollen. Da der junge Sultan im Dhofar aufgewachsen ist und auch die Jahre seit seiner Rückkehr aus Großbritannien in Salalah verbracht hat, kennt er das Risiko, auf das er sich einlässt. Bis Mitte der 1970er Jahre wechseln 2000 Aufständische die Seiten, darunter auch solche, die eine Ausbildung in russischen und chinesischen Trainingslagern erhielten. Mithilfe britischer Offiziere und Berater werden sie erfolgreich in die Regierungstruppen integriert und helfen, den zeitweise äußerst brutal geführten Dhofar-Krieg 1975 nach mehr als zehn Jahren zu beenden.

Diese Integrationsleistung war wesentliche Voraussetzung für den anschließenden Wirtschaftsboom des Landes. Denn nun flossen die Petrodollars nicht länger in Waffen für einen selbstzerstörerischen Bürgerkrieg, sondern in den wirtschaftlichen Aufbau. Heute bildet Salalah, die Hauptstadt des Dhofar, mit ihrem tropischen Flair ein eigenständiges Gegengewicht zu Muscat und ist Ausgangspunkt für spannende Ausflüge zu den geschichtlichen Zeugnissen der Region und in die Rub al-Khali.

Salalah

Wer heute auf der N 31 den Scheitel des Dhofar-Gebirges bei Qairoon Hairitti überschreitet, verlässt schlagartig die Welt der Wüsten. Zur Zeit des Sommermonsuns Khareef und auch kurz danach, wenn sich die Nebel verzogen haben, bietet sich ein fast unwirkliches Bild aus saftig grünen Hängen, weidenden Kühen und mancherorts rauschenden Wasserfällen. Aber auch den Rest des Jahres über herrscht hier ein angenehmes Klima, das selbst in der heißesten Zeit 35 Grad selten überschreitet.

20 Kilometer hinter Qairoon Hairitti und 800 Höhenmeter tiefer ist Salalah erreicht. Seine 250 000 Einwohner machen es zur zweitgrößten Metropole des Sultanats, die dennoch kaum ein Viertel der Größe Muscats erreicht. Strahlend weiße Strände säumen die scheinbar mit dem Lineal gezogene Küstenlinie, von der die Berge in einem flachen Bogen ins Inland zurückweichen. Im Zentrum des Gebirges erhebt sich der stark zerfurchte Jebel Qara, der den Wolken des Khareef die entscheidende Hürde entgegensetzt. Östlich schließt sich der scharfgratige, in einem langgezogenen Kamm gipfelnde Jebel Samhan an. Den westlichen Abschluss des Dhofar-Gebirges bildet der Jebel al-Qamar. Er tritt dicht an die Küste heran und reicht bis zur jemenitischen Grenze.

Sehenswürdigkeiten

Wie die meisten omanischen Städte wächst Salalah in die Fläche statt in die Höhe. Besonders im Norden entlang der Thumrait Street reihen sich die Neubausiedlungen aneinander. Insgesamt jedoch ist die Stadt sehr übersichtlich gegliedert. Die Hauptverkehrsachsen nehmen den Verlauf der Küste auf und erschließen die zentralen Teile Salalahs. Der Flughafen liegt nur zwei Kilometer nördlich der modernen Stadtmitte, aus deren zweckmäßiger Architektur die zweikuppelige, recht barock anmutende und auch Nichtmuslimen zugängliche **Sultan-Qaboos-Moschee** herausragt. Sehenswert ist zudem der lebendige, aus dichtgedrängten Arkadengebäuden bestehende **neue Souq**.

Zu den charakteristischsten Merkmalen Salalahs gehören die ausgedehnten

Stand mit frischen Kokosnüssen in Salalah

Plantagen, die fast die Hälfte des Stadtgebiets ausmachen. Sie formen einen breiten Gürtel zwischen Al-Muntazah Street und Sultan Qaboos Street und gehen im Osten noch deutlich darüber hinaus. Während anderswo in Oman Dattelpalmen das Bild der Oasen prägen, sind es hier Kokospalmen. Dazwischen wachsen Papaya, Mangos und Bananen in Hülle und Fülle.

Einen guten ersten Eindruck von den unterschiedlichen Gesichtern der Stadt vermittelt die Fahrt vom Flughafen ins Crowne Plaza Hotel: Die Al-Matar Street führt zunächst am östlichen Rand des modernen Stadtzentrums entlang, danach geht es auf der Al-Muntazah Street mitten durch üppig grüne Plantagenfelder. Deren Erzeugnisse kann man in den zahlreichen Verkaufsbuden am Straßenrand gleich kosten, etwa in Form von natürlich gekühlter Kokosmilch aus einer frisch aufgeschlagenen Nuss.

Die spärlichen Reste des alten Salalah finden sich sämtlich in einem schmalen Streifen entlang dem Strand. Den Auftakt bildet der **Sultanspalast Al-Hisn** am Ende der Al-Nahdah-Street. Allerdings weist er nicht mehr sehr viel Ähnlichkeit mit den Gebäuden auf, in denen Said Bin Taimur bis zu seiner Entmachtung 1970 lebte. Hinter der neuen Umfassungsmauer verbirgt sich ein großzügiger Komplex aus modernen Marmorbauten, die Sultan Qaboos während seiner meist kurzzeitigen Aufenthalte als Residenz und Regierungssitz dienen. Ein paar Straßenzüge weiter östlich liegt der Weihrauch-Souq (→ S. 274). In seinem Umkreis haben die wenigen noch erhaltenen älteren **Stadthäuser** Salalahs die Zeiten überdauert. Ihr Baustil erinnert entfernt an Vorbilder aus dem Wadi Hadramaut im Nachbarland Jemen und ist eine letzte Reminiszenz an die langen Jahrhunderte, in denen die Stadt jemenitischen Herrschern gehorchte. Leider befinden sich die Häuser in einem beklagenswerten Zustand, weshalb ihre ehemaligen omanischen Bewohner längst ausgezogen sind. Ihren Platz nehmen nun Gastarbeiter aus Pakistan oder Bangladesch ein.

Eine auf der Höhe des Souqs beginnende **Corniche** endet, von windschiefen Palmen gesäumt, nach rund drei Kilometern an der archäologischen Ausgrabungsstätte Al-Baleed (siehe unten). Deren Grenze bildet ein verzweigter Wasserarm, der **Khor Al-Baleed**. Diese nur durch den Strand vom Meer getrennten Lagunen verteilen sich über die gesamte Küstenebene von Salalah. Sie sind eine Folge des Khareef, dessen Regenfälle für regelmäßigen Nachschub an Süßwasser sorgen. Ganze Schwärme von Zugvögeln nutzen die Lagunen als Rast- und Futterplatz. Aufgrund ihrer Artenvielfalt stehen diese Biotope daher unter Naturschutz.

Das westliche Ende der Bucht von Salalah markiert der moderne **Containerhafen**. Gleich daneben beginnt das Industriegebiet von Raysut. Die hier eingerichtete Freihandelszone – eine von vieren in Oman – wird derzeit ausgebaut, um zusätzliche Investoren anzulocken. Einen rasanten Entwicklungsschub erlebt derzeit der touristische Sektor.

Salalah Beach

Im Osten Salalahs, etwa auf halbem Wege zwischen dem Wadi Sahnawt und Taqah, nimmt die Wohn- und Urlaubsstadt Salalah Beach Gestalt an. Künstlich geschaffene Kanäle verleihen ihr das Aussehen einer Lagune (Khor), die aber in diesem Fall mit Inseln ausgestattet ist. Den Kern der Anlage bildet – in Anlehnung an The Wave in Muscat – eine Marina mit 200 Liegeplätzen und dazugehörigen Einkaufsmöglichkeiten. Sieben Luxushotels, verschiedene Privatvillen und Apartments sowie ein 36-Loch-Golfplatz vervollständigen das Mega-Resort, das bislang allerdings nur in Teilen umgesetzt ist. Ein weiteres Großprojekt stellt die Medical City dar. Deren Herzstück bildet ein 530-Betten-Krankenhaus, das sich auf Organverpflanzungen spezialisieren wird. Zusätzlich ausgestattet mit einem Healthcare Resort und Wellness-Einrichtungen soll sich die ambitionierte Klinikanlage zu einem Zentrum des weltweit boomenden Gesundheitstourismus entwickeln. Mit der Fertigstellung des 780 Millionen Euro teuren Projekts wird ab 2016 gerechnet.

Souq

Im Küstenviertel Al-Hafah und nicht weit vom Sultanspalast Al-Hisn befindet sich der Weihrauchsouq. Anders als der neue Souq im modernen Zentrum Salalahs bietet er keine Frischwaren, sondern fast ausschließlich Duftstoffe und unter diesen vornehmlich Weihrauch samt Weihrauchbrennern und sonstigem Zubehör. Hier stellt sich sehr schnell heraus, dass Weihrauch ganz unterschiedliche Qualitätsstufen besitzt. Die Faustregel lautet: Je heller, desto reiner. Entsprechend kostet die fast weiße Variante am meisten. Im Übrigen ist die Welt der Düfte hier ganz klar eine weibliche Domäne. Die geschäftstüchtigen Parfumhändlerinnen von Salalah sind bestens mit den Geheimnissen des Weihrauchs und der zahllosen Duftmischungen vertraut. Selbstverständlich bieten sie in ihren Tiegeln, Schütten und Gläsern auch Ingredienzien wie Oud (Sandelholz), Rosenblätter und Myrrhe feil.

Was seine Architektur angeht, ist der Weihrauchsouq nicht alt – Salalah besitzt keine Altstadt. Die verschiedenen Nuancen des Duftharzes und die vielfältigen Kenntnisse der Händlerinnen

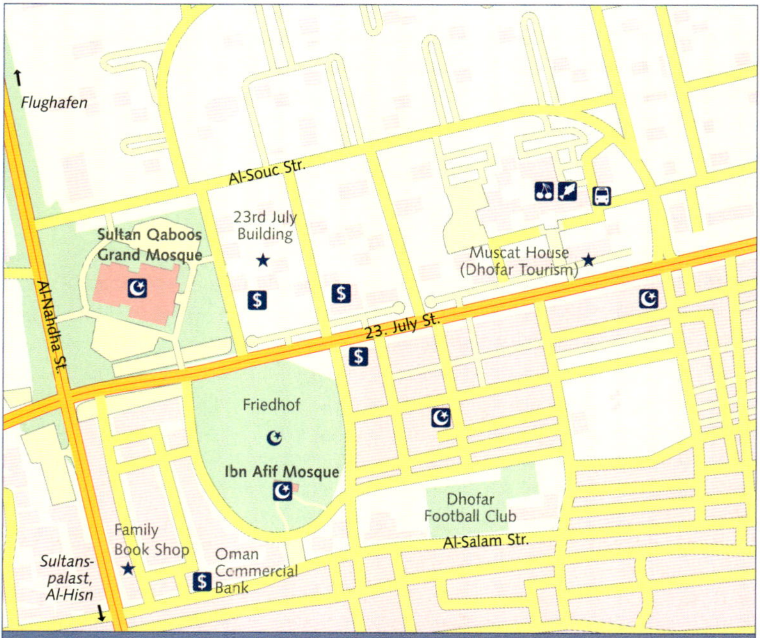

Salalah, Stadtzentrum (Übersicht: hintere Klappe)

vermitteln jedoch einen lebendigen Eindruck davon, wie es hier im Mittelalter zugegangen sein muss.

Al-Baleed

Archäologisch Interessierte können in einer ausgedehnten, von der UNESCO als Weltkulturerbe geschützten Parkanlage den Wurzeln Salalahs nachspüren. Erste, jedoch sehr spärliche Funde weisen in das frühe 2. Jahrtausend vor Christus. In der Antike war der Ort als Zafar bekannt und wurde so namengebend für die gesamte Provinz (Dhofar heißt auf Arabisch Zafar). Seine Blütezeit erlebte Salalah im 12. bis 16. Jahrhundert. Prominente Besucher wie Ibn Mujawir (1232), Marco Polo (1290) und Ibn Battuta (1329 und 1363) bestätigen in ihren Berichten die Bedeutung der Stadt. In Al-Baleed sind aus dieser Periode unter anderem Reste einer Befestigungsmauer sowie einer Zitadelle und einer Moschee zu sehen. Die Ausgrabungen und das Parkkonzept gehen auf Archäologen der Universität Aachen zurück, die hier von 1995 bis

Moschee in der Al-Matar Street

2000 tätig waren. Seit 2007 bereichert zusätzlich das **Museum des Weihrauchlandes** das Gelände. Entgegen seinem Namen beschäftigt es sich allerdings nur am Rande mit dem Dhofar. Statt dessen geht es um die Geografie und Geschichte des gesamten Sultanats. Der interessanteste Teil der Ausstellung widmet sich den Errungenschaften der omanischen Seefahrt.

Salalah

Salalah Polizei, Tel. +968/23290099, Ecke Al-Nahdhah u. 23rd July St.
Polizei Dhofar HQ, Tel. +968/23234599.
Polizei- u. Feuerwehrnotruf, Tel. 9999.
Hauptpostamt, Sa–Mi 7.30–13.30 u. Do 9–11 Uhr, im nördlichen Teil der Al-Nahdhah St.
DHL und **FedEx-Filialen** befinden sich auf der Al-Salam St.
Es gibt mehrere **Internetcafés** verteilt über die Stadt. In der Al Matar St. zwischen der Al-Salam und 23rd July St. sowie in einer der nach Süden führenden Seitenstraßen der 23rd July St. Eine Stunde Internetnutzung kostet ca. 1 OMR.
Geldautomaten sind über die ganze Stadt verteilt. Die meisten Banken befinden sich im Bereich der Kreuzung Al-Nahdhah und Al-Salam St.
Wechselstuben findet man entlang der Al-Nahdhah St., Sa–Do 8.30–13, 16–0 u. Fr 8.30–11 Uhr.

Reiseveranstalter
Arabian Sand Tours, Tel. +968/99495175, www.arabiansandtoursservices.com; gleichzeitig Besitzer der Arabian Sea Villas; spezialisiert auf Wüstentouren in die Rub al-Khali.
Bahwan Travel Agencies, Tel. +968/23294665, kaur@bahwantravels.com, in der Al-Nahdhah St.
United Tours, Tel. +968/23297948, utours@omantel.net.om.
Zahara Tours, Tel. +968/23202581, harsh@zaharatours.com.
Dhofar Tourism Co., Tel. +968/23290643, dhoftour@omantel.net.om, Al-Matar St.
Gulf Ventures, Tel. +968/23294797.

National Office for Travel and Tourism, Tel. +968/23290699, Al-Salam St.
Oasis Tours, Tel. +968/23235333, im Crowne Plaza.

Der Flughafen liegt nördlich vom Zentrum, Info-Tel. +968/23291444.
Internationale Charterflüge ab Oktober 2016 mittwochs und samstags ab Köln (Veranstalter fti).
Nach **Muscat** fliegt Oman Air viermal täglich,
Nach **Dubai** fliegt Oman Air täglich sowie Fly Dubai täglich außer montags.
Nach Sharjah fliegt Air Arabia täglich außer samstags.
Qatar Airways fliegt die Strecke **Doha-Salalah** zweimal täglich.
Oman Air, Tel. +968/23294377, **Gulf Air,** Tel. +968/23293131, sowie **Qatar Airways**, Tel. +968/23288858 und +968/23296504, haben ihren Sitz im Haffa House auf der Robat St. am Kreisverkehr Richtung Flughafen.

Minibusse fahren ab Al-Salam St. vor der HSBC Bank in die umliegenden Orte, Taqah 300 Bs., Mirbat 500 Bs., Mughsayl 1 OMR.
Mwsalat-Busse, Tel. +968/23293303, ab der neuen Markthalle 23rd July St., tägl. 7, 10 u. 18 Uhr nach Muscat, 15 Uhr nach Dubai.
Gulf Transport Company, Tel. +968/23293303, tägl. 7, 10, 13.30, 17, 18 u. 19 Uhr nach Muscat, 15 u. 16 Uhr nach Dubai.
Al Turky Transport, Tel. +968/92589089, tägl. 5.30 u. 9 Uhr nach Muscat.
Capital Transport, Tel. +968/23291314, tägl. 9.30 u. 18.30 Uhr nach Muscat.

Taxis in Salalah haben kein Taxameter, daher muss man den Preis vorher aushandeln. Eine Stadtfahrt kostet ca. 1 OMR.

Mietwagen

Al-Saqoor al-Omania, Tel. +968/23291600, Muntaza Road u. am Flughafen, Tel. +968/23294557.
AVIS, Zubair Service Bureau, Tel. +968/23202582 u. 23292855, Al-Nahdhah St.
Budget, Tel. +968/23235160, im Crowne Plaza Hotel und am Flughafen (Tel. +968/23290097).
Europcar, Tel. +968/23212460, im Hilton Hotel.
Thrifty Rent a Car, Tel. +968/23211493, im Hamdan Plaza u. Tel. +968/99323619, am Flughafen.
SIXT, Tel. +968/232 0908, Al-Nahdhah St. und am Flughafen (Tel. +968/95231218).

Arabian Sea Villas*, Dahariz Beach, Tel. +968/23235833, seavillas@omantel.net.om, www.arabian-sea-villas.com; DZ ab 70 Euro (mit Seeblick, ohne Balkon). Direkt am Strand, einfache, aber saubere Zimmer mit Dachterrasse oder Balkon, familiäre Atmosphäre, freundlicher Service.
Crowne Plaza Resort Salalah***, Tel. +968/23238000, www.crowneplaza.com/salalah, cpsalalah@cpsalalah.com; DZ ab 200 Euro. Komfortables Strandhotel gleich neben dem historischen Weihrauchhafen Al-Baleed, großzügige Zimmer, große Gartenanlage mit Pool, langer Sandstrand, drei Restaurants.
Haffa House Hotel*, Tel. +968/23295444, www.haffahousesalalah.com, house@omantal.net.om; DZ ab 90 Euro. Älteres Hotel mit freundlichem Service zu recht günstigen Preisen, nur 1 km vom Flughafen entfernt am Burj-al-Nahdah-Kreisverkehr, gutes Frühstücksbüffet.
Hamdan Plaza Hotel*, Tel. +968/23211025, www.hamdanplazahotel.com; DZ ab 105 Euro. Solides, recht schwülstig ausgestattetes Stadthotel mit geräumigen und sauberen Zimmern, nahe dem Flughafen im Hamdan Commercial Complex (Kreuzung Al-Rubat St./Atin Rd.).

▶ Karte S. 274, hintere Umschlagklappe

Hilton Salalah Resort*****, Tel. +968/23211234, www.placeshilton.com, salalah@hilton.com; DZ ab 160 Euro. Hochwertiges Strandhotel mit modern eingerichteten Zimmern und gepflegtem Garten, großes Strandareal, sechs Restaurants, am westlichen Stadtrand auf dem Weg zum Hafen gelegen (Qawr al-Qurum Kreisverkehr).

Salalah Beach Resort***, Dahariz Beach, Tel. +968/23236170, www.beachresort-salalah.com; DZ ab 100 Euro. Mittelklassehotel mit einfachen, sauberen Zimmern direkt am Strand neben dem Crowne Plaza, dessen Anlage gegen Gebühr (10 OMR pro Tag) mitgenutzt werden kann.

Salalah Beach Villas, Tel. +968/23235999, www.beach-villas-salalah.com; DZ ab 85 Euro. Kleines und ruhiges Hotel mit gutem Preis-Leistungsverhältnis, geräumige und saubere Zimmer mit Meerblick.

Salalah Garden Residences***, Robat Street (Richtung Mughsayl bei der Salalah Gardens Mall), Tel. +968/23381000, www.safirhotels.com; DZ ab 140 Euro, elegantes Mittelklassehotel.

Samharam Tourist Village***, Awqad Area, Tel. +968/23211420, house@omantel.net.om, www.shanfarihotels.com/samharam; Apartment ab 80 Euro. Gepflegte, am westlichen Standrand gelegene Chalet-Anlage mit mehreren Apartments mit Küchenzeile und z. T. Waschmaschine, Restaurant und Pool vorhanden, in der Nähe des Hilton Salalah.

Al-Fareed Restaurant, Tel. +968/2329 2382, in der 23rd July St., 11.30–16 u. 18.30–23 Uhr. Arabische, indische und chinesische Küche,

Al-Haffa Restaurant, im Haffa House Hotel, 7–23 Uhr. Internationale Küche.

Al-Lou'Lou'a, im Hamdan Plaza Hotel, 12–15.30 u. 19.30–24 Uhr. Internationale Küche.

Baalbek Restaurant, Tel. +968/23298834, in der 23rd July St., 18–24 Uhr. Arabische Küche.

Bin Ateeq, Tel. +968/23298834, in der 23rd July St, 19–24 Uhr. Traditionell omanische Küche, es gibt drei dieser Restaurants in Salalah.

Chinese Cascade, Tel. +968/2328 9844, in der 23rd July St., 11.30–15 u. 18.30–24 Uhr. Chinesiche Küche.

Darbat Restaurant, Tel. +968/2323 5333, im Crowne Plaza Hotel. Internationale Küche, Terasse.

Green Country Restaurant, Tel. +968/2329 7734, am östlichen Ende der Al-Salam St., 18–24 Uhr. Arabische Spezialitäten, Kamelfleisch.

Hassan bin Thabit Restaurant, Tel. +968/23291010, in der 23rd July St. u. Al-Salam St. 16–24 Uhr. Arabische, kontinentale, indische u. chinesische Küche.

Ofair,Tel. +968/23297227, in der Robat St. östlich des Hamdan Center, 19–24 Uhr. Omanische Küche.

Omar Al-Khayyam, Tel. +968/2329 3004, in der 23rd July St., 11–15 u. 18–24 Uhr. Indische, persische u. chinesische Küche.

Palm Grove,Tel. +968/23211234, im Hilton Hotel, 11–24 Uhr. Internationale Küche, Terrasse.

Rajmahel Vegetarian Restaurant, Tel. +968/99082077, in einer Seitenstraße der Al-Nahdhah-St. nahe der Sultan-Qabus-Moschee, 18–24 Uhr. Nordindische Küche.

Udupi, in der 23rd July St. Vegetarisch/indische Küche.

Imbiss

Pizza Hut, Tel. +968/23290303, in der westlichen Al-Salam St. 11–23 Uhr.
Außerdem gibt es noch KFC, Penguin u. Chick-Hut-Filialen verteilt in der Stadt.

Al-Haffa House Coffee Shop, Tel. +968/23295444, im Haffa House Hotel.

Al Khareef, 19–23 Uhr, Tel. +968/23235333, im Crowne Plaza Hotel.

The Mayfair, 12–15 u. 18–24 Uhr, Tel. +968/23211234, im Hilton-Hotel.

Whispers, Nachtclub mit Live Musik, 19–1 Uhr, Tel. +968/23211234, im Hilton-Hotel

Al-Baleed, Archäologischer Park, UNESCO-Weltkulturerbe, Sa–Mi 8–14 u. 16–20 Uhr Do u. Fr 16–20 Uhr, Eintritt 2 OMR pro Wagen.

Museum des Weihrauchlandes, auf dem Gelände des Al-Baleed-Parks, Sa–Mi 8–14 u. 16–20 Uhr Do u. Fr 16–20 Uhr.

Sultan-Qaboos-Moschee, Al-Nahdhah St., auch für Nichtmuslime geöffnet, Sa–Mi 8–11 Uhr.

Tropische Gärten, im Süden zwischen Stadt und Küste, öffentlich zugänglich

Grab des Propheten Nabi Amran, zwischen Borj al-Nahdhah Kreisverkehr und Einkaufszentrum, öffentlich zugänglich, auch für Nichtmuslime.

Das Hauptgeschäftzentrum liegt im mittleren Teil der Al-Nahdhah St.

Al-Haq Supermarkt, im westlichen Teil der Al-Muntazah St.

Al-Khareef, in der westlichen 23rd July St.

Lulu Shopping Centre, in der Al-Matar St.

Al-Isteqrar Shopping Centre, gegenüber dem City Center, nördlich der Großen Moschee.

Obst, Gemüse, Fleisch u. Fisch, in der neuen Markthalle, nördlich der 23rd July St.

Goldsouq, Gold- u. Silberschmuck, verzierte Gehstöcke und Schwerter, Ecke Al-Nahdhah u. Al-Salam St.

Al Haffa Souq, große Auswahl an Weihrauch, Weihrauchbrennern u. Räuchermischungen, östlich des Palasts, unterhalb der Sultan Qaboos St.

Family Bookshop Oman, Tel. +968/23290027, engl. Literatur, Landkarten, Zeitschriften, in der Al-Nahdhah St.

Camping.Ausrüstung: Goal Sports, Tel. +968/23296624.

Duftöle: Dhofari Parfum Center, Ecke Al-Salam St./Al-Matar St.

Salalah Tourism Festival, jährlich 15. Juli bis 31. August, Kulturfestival und Messe.

Sultan Qaboos Hospital, Tel. +968/23211477, Ecke Sultan Qaboos u. Al-Salam St.

Muscat Pharamcy, 24-Std–Dienst, Tel. +968/23291635, zwichen Al-Nahdhah u. 23rd July St.

Hamdan Pharamcy, Tel. +968/23211477, im Hamdan Commercial Center in der Robat St.

Sportfischen: Salalah Sportfishing, Tel. +968/23235333 kismet_fishing@omantel.net.om.

Tauchen: Sumharam Watersports and Diving Center, Tel. +968/23235333, im Crowne Plaza u. im Hilton Hotel.

Windsurfen, Wellenreiten: Crowne Plaza Hotel, Tel. +968/23235333.

Reiher an der Küste bei Salalah

Karte S. 274, hintere Umschlagklappe

Kumma

Ohne Kopfbedeckung geht der omanische Mann gewöhnlich nicht aus dem Haus. Ähnlich wie im Fall der Dishdasha – dem gerade geschnittenen, knöchellangen Gewand – gibt er sich betont traditionsbewusst und macht höchstens bei der Farbgebung Zugeständnisse an den modernen Geschmack. Zu offiziellen Anlässen wählt er in der Regel den Massar, einen meist aus einem Kaschmirtuch gewickelten Turban. Ansonsten schmückt Männer wie Jungen die traditionelle Kumma, eine Kappe, die sich manchmal übrigens zusätzlich unter einem Massar verbirgt.

Eine Kumma ist flachzylindrisch geformt und wird nach oben durch einen kreisrunden Deckel geschlossen. Sie trägt ein feines, aufwendiges Lochstickmuster mit floralen oder geometrischen Motiven, die traditionellen Schmuckverzierungen oder Schnitzereien verwandt sind. An Farben überwiegen gedeckte Creme-, Beige- oder Grautöne, deren Zurückhaltung die Kunstfertigkeit der Stickerei auf dem stets weißen Baumwollgrund besonders zur Geltung bringt. Klassische Exemplare beschränken sich auf höchstens zwei verschiedene Farben, doch gibt es heute auch buntere und kontrastreichere Stücke zu kaufen.

Das Angebot der Souqs beschränkt sich allerdings fast ausschließlich auf maschinengestickte Ware. Eine handgemachte Kumma dagegen erfordert viel Zeit und gelangt kaum je in den Handel. Die omanischen Frauen verrichten diese Arbeit in der Regel zu Hause, und zwar meist nicht am Stück, sondern wenn sich gerade die Gelegenheit ergibt, etwa als Beschäftigung in den heißen Mittagsstunden. Deshalb kann es mitunter Monate dauern, bis eine Kumma fertig ist. Die Herstellung erfordert Kunstfertigkeit und Geduld. Die Technik der Lochstickerei, bei der die mit einem Palmdorn (Sillah) gebohrten Löcher zunächst geweitet und anschließend gesäumt werden, gibt der Verzierung ihre charakteristische Struktur und sorgt zugleich für luftigen Tragekomfort. Das eigentliche Muster entsteht durch einen einfachen Steppstich. Den dreidimensionalen Effekt erzielt die Stickerin dabei durch eine vereinfachte Art des Quiltens, die sich Trapunto nennt. Dabei wird die Schauseite mit einem auf der Innenseite verborgenen Baumwollstoff entlang der Umrisslinien des Musters zusammengenäht. Anschließend ›füllt‹ die Stickerin die Linien des Motivs, indem sie mit einer Nadel zwischen die beiden Stofflagen fährt und ein Bündel von Baumwollfäden hindurchzieht. Zum Schluss fügt ein einfacher Saum Krone (so heißt der flachzylindrische aufgehende Teil der Kopfbedeckung) und Deckel zur endgültigen Kappe zusammen.

Dass die Kumma an die Kopfform des zukünftigen Trägers angepasst wird, versteht sich von selbst. Auch auf dem Souq erhalten Käufer auf Wunsch maßgefertigte Kappen und können sich sogar ihr Muster selbst aussuchen. Den Rest übernimmt die Nähmaschine der emsigen Souq-Schneider.

Kumma-Verkäufer im Souq

Die Umgebung von Salalah

Die meisten Sehenswürdigkeiten außerhalb Salalahs sind entlang der Küste im Osten zu finden. Alte Weihrauchhäfen und schöne Naturlandschaften liegen hier recht dicht beieinander. Da die Orte mittlerweile durch Asphaltstraßen miteinander verbunden sind, nimmt das in diesem Kapitel beschriebene Programm nicht mehr als einen Tag in Anspruch.

Die Küste östlich von Salalah

■ Taqah

Mitten in dem ruhigen Fischerstädtchen steht eines der südlichsten Forts Omans. Im Vergleich zu den mächtigen Burgen im Norden des Landes wirken seine Ausmaße geradezu zierlich. Sein Bau geht auf den lokalen Sheikh Ali bin Timman Al-Ma'ashani zurück, der es im 19. Jahrhundert als privates Wohnfort errichten ließ. Später diente es dem Wali als Residenz. Im Inneren entpuppt sich die Festung als komplexes Geflecht aus Räumen, Halbgeschossen, schmalen Treppen, gassenartigen Durchgängen und kleinen Terrassen. Die liebevolle Einrichtung des Forts geschah in enger Zusammenarbeit mit den Bewohnern von Taqah. Keramik, Korbwaren, Silberarbeiten und andere traditionelle Erzeugnisse gehen Hand in Hand mit Regalen voller Porzellantassen, Schmuck und Waffen. Gleich neben dem Fort erhebt sich auf einem Hügel eine zweite befestigte Anlage, die allerdings nicht zugänglich ist.

■ Wadi Darbat

▲ Karte S. 281

Jedes Jahr im Khareef avanciert das Wadi Darbat oberhalb von Taqah zu einem der meist fotografierten Motive im Dhofar. Dann nämlich stürzt an seinen Klippen ein Wasserfall 200 Meter in die Tiefe. In ganz Arabien gibt es kein vergleichbares Naturschauspiel, weshalb regelmäßig Scharen arabischer Touristen hierherkommen und die fast schon alpine Szenerie genießen.

In den Wänden des immergrünen Tals öffnen sich zahlreiche Tropfsteinhöhlen, deren Felszeichnungen eine lange Besiedlungsgeschichte belegen. Das Wadi selbst sieht sich durch seinen üppigen Bewuchs einer wachsenden Zahl von grasenden Rindern und Kamelen ausgesetzt. Auch andernorts am Jebel Qara dezimieren die Herden das frische Grün des Monsuns, ohne dass der Natur Zeit bliebe, sich zu regenerieren. Dass das Problem der Überweidung als solches erkannt wurde, zeigen vereinzelte Maßnahmen zur Wiederaufforstung.

■ Khor Rouri/Samhuram

Der Hafen von Samhuram, die bedeutendste vorislamische Siedlung des Dhofar, ist seit 2000 Weltkulturerbe der UNESCO. Nach Ausweis der Inschriften geht seine Gründung im vierten Jahrhundert vor Christus auf einen König aus dem jemenitischen Wadi Hadramaut zurück, der auf diese Weise den damals bedeutenden Weihrauchhandel bereits an seiner Quelle im Dhofar kontrollierte. Das kostbare Baumharz wurde von hier aus durch das Rote Meer verschifft oder nahm vom hadramischen Hafen Qana den Karawanenweg durch die Wüste ans Mittelmeer (→ S. 53).

Die bislang gefundenen archäologischen Reste unterstreichen die herausragende Bedeutung Samhurams. Der etwas erhöht liegende, gut befestigte Ort besaß ein gewaltiges Stadttor mit einem monumentalen Brunnenhaus davor und wies überdies einen Tempel, Lagerbauten, mehrstöckige Häuser, Werkstätten und – außerhalb des Mauerrings – einen Friedhof mit einem weiteren Tempelbezirk

Salalah, Umgebung
Arabisches Meer
Dhofargebirge
Jebel Qara
Jebel Samhan
Salalah
Mirbat
Taqah
Salalah Marriot Resort
Hinu
Sadah, Hasik
Shabun
Fayraq
Tawi Attair
Jalub
Jibjat
Samhuram
Wadi Darbat
Shihayt
Madinat al-Haqq
Juweira Boutique Hotel
Adibdut
Crowne Plaza Resort
Al-Baleed Weihrauchhafen
Shir
Zayk
Qairoon Hairitti
Ain Garziz (Quellen)
Thumrait
Ambishaq
Atin
S. 274
Hilton Salalah Resort
Shisr/ Ubar, Wadi Dawbah
Hijayf
Al-Lub
Awqad
Mina Salalah (Hafen)
Haluf
Titam
Uyun
Qaftawt
Adwnab
Al-Raydah
Blowholes Mughsayl
Jebel al-Qamar
Rakhyut, Dhalkut, Jemen
31
47
49
0
10
20 km

Die Ausgrabungsstätte von Samhuram

auf. Als Hafen diente der Khor Rouri, eine tief ins Land reichende Lagune am Ende des Wadi Darbat.

Der Zugang zum Meer ist heute durch eine Sandbank versperrt, war jedoch in der Antike offen. Zwei voluminöse Felsen übernahmen beiderseits der Wadi-Mündung die Funktion natürlicher Hafenmolen. Samhuram konnte seine Stellung als bedeutender Umschlagplatz für Weihrauch dauerhaft behaupten. Noch im 1. Jahrhundert n. Chr. führt das Seefahrerhandbuch Periplus Maris Erythraei den Ort als Moscha limén auf. Letzte Besiedlungsreste stammen aus dem vierten Jahrhundert n. Chr.

Die Ausgrabungsstätte bietet einen ausgezeichneten Blick über die Lagune Khor Rouri. Diese ist sehr fischreich und zieht daher zahlreiche Wasservögel an. Im Herbst und Frühling lassen sich hier regelmäßig große Zugvogelschwärme nieder.

Tawi Attair

Der rund 150 Meter weite und 200 Meter tiefe Karsttrichter zählt zu den größten seiner Art weltweit. Seine Entstehung verdankt er dem Einsturz einer Grotte im Felsboden. Den Jebalis – das sind die Bergnomaden, die das Dhofar-Gebirge seit jeher bewohnen – dient er bis heute als natürlicher Brunnen. Früher mussten sie bis an den Grund klettern, um Wasser zu schöpfen, heute erledigen das Dieselpumpen. Eine Aussichtsplattform vermittelt einen Eindruck von der Dimension des Trichters. Dort wird auch deutlich, warum der Ort Tawi Attair oder ›Brunnen der Vögel‹ heißt: In und über ihm schwirren Vögel unterschiedlichster Art und füllen seine Stille mit ihrem Gezwitscher.

Mirbat

Das beschauliche Fischerstädtchen war einmal Anlaufstelle für Schiffe aus Indien und sogar China. Neben Weihrauch zählten vor allem selbst gezüchtete Araberpferde zu den hier gehandelten Gütern. Seine Blütezeit erlebte Mirbat im 17. und 18. Jahrhundert, frühere Zeugnisse reichen bis ins 10. Jahrhundert zurück. Das **Fort**, das derzeit renoviert wird, sticht durch seine beiden sechseckigen Türme hervor. Abgesehen davon weist es die gleichen geschnitzten Fensterläden auf wie die **Wohnhäuser** im verlassenen alten Ortskern. Manche dieser Häuser sind drei Stockwerke hoch und tragen Zinnen am Dachrand und in einem Fall sogar das Stuckbild einer Dhau. Ihre Architektur lehnt sich eng an jemenitische Vorbilder aus dem Wadi Hadramaut an. In ihrem stillen Verfall verleihen sie dem Ort eine me-

▸ Karte S. 281

lancholische Atmosphäre. Während des Dhofar-Konfliktes war Mirbat Schauplatz eines kriegsentscheidenden Gefechts, das die Regierungstruppen des Sultans trotz zahlenmäßiger Unterlegenheit für sich entscheiden konnten.

Sadah

Die alten **Handelshäuser** im Fischerdorf Sadah haben die Zeiten besser überdauert als in Mirbat. Der Ort liegt bereits im Schatten des Jebel Samhan, besitzt ein kleines **Fort** und war in historischer Zeit ebenfalls ein bedeutender Weihrauchhafen. Heute kommt das wichtigste Exportprodukt aus dem Meer: Seeohren, eine auch Abalone genannte Gattung großer Meeresschnecken, finden im Fernen Osten reißenden Absatz und bescheren dem Ort einen gewissen Wohlstand.

Eine im Jahr 2013 fertiggestellte Asphaltstraße verbindet Sadah über Hasik mit der Bucht von Shuwaymiyah (→ S. 261) und schließt so die letzte noch verbliebene Lücke der Küstenstraße zwischen Salalah und dem Nordoman.

Küste östlich von Salalah

Polizei Taqa, Tel. +968/23211555.
Polizei Dhofar HQ, Tel. +968/23234599.

Die Küstenstraße ist asphaltiert und kann gut mit einem PKW befahren werden. Für Ausflüge in die Wadis oder zum Jebel Samhan wird ein 4WD empfohlen.

Fanar Hotel and Residences****, Salalah Beach Marina, Tel. +968/23276800, www.fanarhotel.com; DZ ab 150 Euro. Neue Anlage mit großer Poolanlage und zwei Strandbereichen; geräumige Zimmer in Beigetönen. Lage direkt neben dem Juweira Boutique und den Rotana, deren Restaurants über eine ›Dine Around‹ mit genutzt werden können.

Juweira Boutique Hotel****, Salalah Beach Marina, Tel. +968/23239600, www.juweira hotel.com; DZ ab 200 Euro. Moderne Anlage mit Privatstrand, Außenpools und Kinderbecken, geräumige Zimmer im neoarabischen Design, gutes Wassersportangebot (u. a. Tauchen, Delfinbeobachtung); außerdem 18 Appartments mit eigener Küche.

Salalah Rotana Resort****, Salalah Beach Marina, Tel. +968/23275700, www.rota na.com; DZ ab 260 Euro. Moderne Hotelanlage mit Privatstrand, zwei Außenpools und Tennisplätzen, geräumige Zimmer im neoarabischen Design, ebenfalls gutes Wassersportangebot (Tauchen/Schnorcheln, Delfinbeobachtung).

Um von der Salalah Beach Marina in das etwa 20 km entfernte Salalah zu gelangen, muss man sich entweder ein relativ teures Taxi nehmen oder von vorneherein einen Mietwagen buchen, mit dem man auch andere Ausflüge unternehmen kann. Ansonsten stehen in den Hotels Elektrokarren und (kostenfrei) Fahrräder zur Verfügung, um von einem Hotelkomplex zum nächsten zu kommen.

Marriott Resort Salalah*****, Tel. +968/23275500, www.marriottsalalahresort.com; DZ ab 180 Euro. Riesiges Resort, östlich von Mirbat an der Küste gelegen, besonders für Taucher geeignet.

Extra Divers Guesthouse Mirbat*, Tel. +968/91780935, www.extradivers-worldwide.com. Einfach ausgestattete Bungalowanlage direkt am Strand nahe dem Ort Mirbat. Die Anlage wird von der Tauchbasis gemanagt und im Oktober 2016 eröffnet.

Shara Tourism Restaurant Mirbat, chinesische und arabische Küche, 11–24 Uhr, Tel. +968/2326 458.
Einfache Restaurants in Sadah und Hasik

Sadah: Fort, Di–Fr 8–14 Uhr, kostenlos.
Mirbat: ›Bin Ali's Mausoleum‹, öffentlich zugänglich.

Mirbat: Fort, Sa–Do 9–16 u. Fr 8–11 Uhr, Eintritt 500 Bs.
Samhuram: Ausgrabungsstätte & Museum, UNESCO Weltkulturerbe, tägl. 8–18 Uhr, Eintritt 1 OMR.
Taqah: Fort, Sa–Do 9–16 u. Fr 8–11 Uhr, Eintritt 500 Bs.

Entlang der Küste gibt es mehrere schöne Strände zum Beispiel kurz vor Taqah, einige Kilometer hinter Samhuram und bei Mirbat.

Extra Divers, Tel. +968/2326 8245, im Marriott Resort Salalah. Mehrtägige Touren zu den Hallaniyat-Inseln; bieten auch Kayaking an.

Kleine Geschäfte findet man in fast allen Orten entlang der Küste.

Das nächste Krankenhaus, Apotheken und Ärzte befinden sich in Salalah.

Die Küste westlich von Salalah

Einen schönen Blick auf Salalah verspricht der Ausflug zum Grab des Propheten Hiob. Im Westen der Stadt wechseln Steilküsten mit langgezogenen Stränden. Hier liegt Mughsayl, das besonders für seine Wasserfontänen bekannt ist. Jenseits davon erheben sich die Felshänge des Jebel al-Qamar, der mit seinen schwarzen Klippen direkt aus dem Meer aufsteigt. Dort, wo die Berge etwas zurücktreten, bleibt Platz für die Fischerdörfer Rakhyut und Dalkut.

Qabr Nabi Ayub

Am Fuß des Jebel Qara entspringen zahlreiche Quellen. Eine von ihnen ist Ain Garziz im gleichnamigen Wadi nördlich von Salalah. Sie gehört zu den weniger ergiebigen Quellen der Region und trocknet in der Regel einige Monate nach dem Sommermonsun aus. Weiter oben in den Bergen liegt Qabr Nabi Ayub, das Grab des Propheten Hiob, der in allen drei Buchreligionen eine Rolle spielt. Gleich mehrere Orte beanspruchen für sich, Schauplatz seines leidvollen Lebens gewesen zu sein. Das kleine Grabgebäude, das auch Nichtmuslime betreten dürfen, liegt im Garten einer Moschee. Von dort bietet sich ein weiter Blick auf Salalah.

Mughsayl

Der Weg nach Mughsayl führt zunächst an dem modernen Containerhafen Salalahs vorbei und passiert das Industriegebiet von Raysut. Anschließend windet sich die Straße durch trockenes Hügelland. In

Auffahrt auf den Jebel al-Qamar

▲ Karte S. 281

diesem Übergangsgebiet zwischen Jebel Qara und Jebel al-Qamar sind die Berge relativ niedrig und können die Wolken des Sommermonsuns nicht aufhalten. Deshalb fallen hier deutlich weniger Niederschläge als in der Bucht von Salalah. Der lange Strand von Mughsayl kündigt sich linkerhand in einer kleinen Lagune an. Bei ruhiger See kontrastiert er auf reizvolle Weise mit dem türkis gefärbten Wasser des Indischen Ozeans. Ein Stück weiter passiert die Straße, die den Strand in seiner gesamten Länge begleitet, das reißbrettartig angelegte und mit Einheitshäusern ausgestattete Fischerdorf Mughsayl. Gleich dahinter tut sich ein Wadi auf, in dessen Mündung eine weitere Lagune steht. In dem fischreichen kleinen See finden Wasservögel reichlich Nahrung.

Einen schönen Blick über den Strand von Westen her bietet das Mughsayl Beach Restaurant, das zugleich das Ende der Bucht markiert. Dahinter führt ein Treppenweg zu einer natürlichen Felsplattform über dem Meer, aus deren Boden in unregelmäßigen Abständen **Wasserfontänen** in die Höhe schießen. Das Naturphänomen, das an Geysire erinnert, erklärt sich aus einer verborgenen Höhle, die die Brandung unterhalb der Plattform aus dem Felsen gewaschen hat. Bei Flut und besonders während des Sommermonsuns ist die Wucht der Wellen so groß, dass Meerwasser mit großem Druck aus Öffnungen in der Höhlendecke entweicht und nach oben katapultiert wird. Die so erzeugten Fontänen erreichen Höhen von mehr als zehn Metern und sind ein viel besuchtes Ausflugsziel.

Jebel al-Qamar und Grenze zum Jemen

Die Weiterfahrt von Mughsayl in Richtung Jemen führt über eine Bergstrecke, die nicht nur spektakuläre Blicke verspricht, sondern auch eine Meisterleistung der Ingenieurskunst ist. Höhepunkt dieser Route, die Ende der 1980er Jahre in die schwarzen Flanken des Jebel al-Qamar gefräst wurde, ist die Querung des Wadi Afawl in Gestalt von schwindelerregenden Spitzkehren. Die zerklüftete, streckenweise vollkommen unbesiedelte Landschaft erklärt den Namen dieses Gebirges, das übersetzt ›Berg des Mondes‹ heißt. Rund 14 Kilometer hinter Mughsayl erreicht die Straße den Kamm des Jebel al-Qamar und erlaubt weite Blicke die Küste entlang und tief hinunter zum Meer. Anschließend öffnet sich eine recht eintönige Hochebene. Lohnenswerte Abstecher führen steil hinunter zu den Fischerdörfern Rakhyut und Dhalkut, die beide einen der seltenen Strandabschnitte der Steilküste besetzen. Auf Dhalkut folgen nur noch die Orte Khadrafi und Dim, bevor der Grenzübergang zum Jemen erreicht ist.

Küste westlich von Salalah

Die Küstenstraße ist asphaltiert und kann gut mit einem PKW befahren werden.

Mughsayl Beach Restaurant, Mughsayl, Säfte u. Essen, Tel. +968/99950618, 10.30–3 Uhr.

In dieser Region bestehen kaum Einkaufsmöglichkeiten.

Einer der wenigen Strände in dieser Region liegt bei Mughsayl, ein weiterer bei Rakhyut.

Das nächste Krankenhaus, Apotheken und Ärzte befinden sich in Salalah.

Geopolitisch brisanter könnte die felsige Halbinsel an der Straße von Hormuz nicht liegen. Dennoch hat die Geschichte in vielen tausend Jahren kaum Spuren hinter lassen. Seine zerklüftete Küste hat Musandam zu Recht den Beinamen ›Norwegen Arabiens‹ eingebracht.

DIE EXKLAVE MUSANDAM

Eine Dhau kreuzt in den Fjorden von Musandam

Geographie und Geschichte Musandams

»Über den Nebelbänken, losgelöst von der Erde, war Land, eine eigene, schemenhafte Welt. Massives Gestein segelte dort oben ... mit Felswänden, die fast senkrecht ins Meer stürzten«. Unwirklich und diffus erschienen dem norwegischen Forscher Thor Heyerdahl die steilen Klippen Musandams, die er 1977 während seiner Expedition mit dem Schilfboot Tigris umschiffte. Sein ungläubiges Staunen spiegelt den grundsätzlichen Widerspruch, der der Halbinsel im äußersten Norden Omans innewohnt: Sie ist eine der herausragenden Landmarken der Welt und doch nehmen sie nur wenige zur Kenntnis. Ihre spektakuläre Wildnis bereichert das Sultanat um Gebirgs- und Küstenlandschaften, die nicht nur in Arabien ohne Parallele sind, aber für die Geschichte Omans spielte sie bis vor kurzem keine Rolle.

Wie eine mächtige Bastion ragt die felsige Halbinsel Musandam in die Straße von Hormuz und teilt den Persischen vom Omanischen Golf. Der Warenverkehr zwischen den frühen Kulturen Mesopotamiens, Afrikas und des Industals macht die teilweise nur 55 Kilometer breite Meerenge schon im dritten vorchristlichen Jahrtausend zu einem Nadelöhr der Weltgeschichte. Das altomanische Reich Magan benutzt den schmalen Wasserweg ebenso wie die Flotte Alexanders des Großen unter Admiral Nearchos oder die portugiesischen Karavellen des 16. Jahrhunderts. Die jüngste Episode dieser 5000-jährigen Abfolge von Handelsfahrten und Eroberungsfeldzügen beherrschen moderne Supertanker und Flugzeugträger.

Seinen Namen verdankt der prominente Schifffahrtsweg der vergleichsweise unscheinbaren Insel Hormuz, die im Mittelalter zeitweise eine der reichsten Handelsstädte weltweit beherbergte (→ S. 61). Musandam dagegen bleibt aufgrund seiner ebenso majestätischen wie abweisenden Gestalt stets eine Randerscheinung. Sein schroffes Gebirge – die nördlichsten Ausläufer des Westlichen Hajar – erreicht an den Gipfeln der Ru'us al-Jibal (›Köpfe der Berge‹) fast 2100 Höhenmeter und lässt an seinen Rändern kaum Platz für die wenigen kleinen Buchten. Zwei Drittel der 600 Kilometer langen, von tiefen Fjorden zerrissenen Küstenlinie bestehen aus steilen Felsen, die bis zu 240 Meter in die Höhe ragen. Wassermangel und das Fehlen von Bodenschätzen tragen ihrerseits dazu bei, dass die karge Halbinsel noch bis in die zweite Hälfte des vergangenen Jahrhunderts einer Handvoll halbnomadischer Stämme überlassen bleibt.

Deren größte Gruppe bilden die Shihuh. Traditionell leben sie im Winter, wenn Musandam seinen spärlichen Regen empfängt, in den Bergen. Dort weiden sie ihre Ziegenherden und betreiben bescheidenen Terrassenfeldbau, sofern sich – wie auf dem Sayh-Plateau – die Möglichkeit dazu ergibt. Im Sommer ziehen sie hinunter an die Küsten, wo sie Dattelgärten unterhalten oder fischen gehen. Um ihre Habseligkeiten und Vorräte in den Bergdörfern für das Sommerhalbjahr sicher zu verwahren, haben sie einen speziellen Speicherbau entwickelt, der in dieser Form bislang nur auf Musandam nachgewiesen werden konnte. Dieses **Bait al-Qafl** (›Haus des Schlosses‹) besteht aus einer fensterlosen Steinkonstruktion, die einen oft nur wenige Quadratmeter messenden Raum umschließt. Akazienstämme stützen die ebenfalls steinerne Decke, deren Platten aus den natürlich gewachsenen Kalksteinschichten des Gebirges heraus-

◄ Karte S. 289

Persischer Golf
Straße von Hormus
Kumzar
Khor Shimm
S. 293
Qadah
Khasab
Bukha
2
Tibat
Shams
Sall Ala
Al-Sayh
Ruus al-Jibal
Jebel Harim 2087
11
Lima
OMAN
Ras al-Khaimah
Dubai (VAE)
Zighy Bay
VEREINIGTE ARABISCHE EMIRATE (VAE)
Dibba
Golf von Oman
Al-Fujayrah (VAE), Modha (Oman)
Musandam
0
8
16 km

Weit draußen gelegen: die Fischersiedlung Kumzar

gebrochen sind. Der Boden des Hauses liegt ein bis zwei Meter unter der Erde, um ein möglichst kühles Raumklima zu erzeugen. Den einzigen Zugang gewährt eine niedrige, durch eine komplizierte Schlossanlage gesicherte Tür. Aufgrund seiner stabilen Bauweise kann ein Bait al-Qafl nachweislich 200 Jahre überdauern. Neben dieser besonderen Hausform kennt die Kultur der Shihuh noch ein weiteres charakteristisches Merkmal: den Jirs, eine kleine, langstielige Axt, die die Männer anstelle des ansonsten in Oman üblichen Khanjar im Gürtel tragen. Am deutlichsten jedoch kommt die jahrhundertealte Abgeschiedenheit des Stammes in einer eigenen Sprache zum Ausdruck, deren Phonetik arabische und persische Einflüsse vereint.

Einer eigenen, ebenso aus Fremdelementen zusammengesetzten Sprache bedienen sich auch die Kumzari, die zweitgrößte Stammesgruppe Musandams. Ihr Zentrum ist das Fischerdorf Kumzar weit im Norden der Halbinsel. Kaum 60 Kilometer trennen es von der persischen Küste. Der Ort wird derart von Felsen eingekesselt, dass Boote die einzige Verbindung zur Außenwelt darstellen. Entsprechend betätigen sich die Kumzari hauptsächlich als Fischer. Die Ziegen, die sie besitzen, fahren sie mangels Weidegründen mit dem Boot auf eine Insel, die den passenden Namen Jazirat al-Ghanim – ›Ziegeninsel‹ – trägt. Dass sie diese Praxis schon sehr lange ausüben, belegen Keramikfunde des dritten bis sechsten Jahrhunderts n. Chr.

Jahrtausende lang verharrt Musandam in geschichtlicher Stille. Strategisches Interesse an dieser Terra incognita entwickeln zuerst die Briten. Sie legen dem omanischen Sultan Thuwaini bin Said (1856–1866) nahe, seine Besitzansprüche an der felsigen Halbinsel offiziell anzumelden. Deren Bewohner leben jedoch auch weiterhin so unbehelligt wie zuvor. Fragen über den genauen Grenzverlauf zwischen Oman und den Vereinigten Arabischen Emiraten tauchen erst auf, als die Erdölsuche in den späteren 1960er Jahren auch die Nachbargebiete Musandams erreicht. In einer Volksbefragung entscheiden sich Shihuh und Kumzari für die Zugehörigkeit zum Sultan von Oman, während die südlich

▲ Karte S. 289

und westlich siedelnden Stämme für den Shaikh von Ras al-Khaimah votieren. Die daraufhin 1970 festgeschriebenen Staatsgrenzen trennen die Exklave Musandam vom omanischen Mutterland durch einen etwa 70 Kilometer breiten emiratischen Landstreifen.

Seitdem haben sich Perspektiven und Lebenswirklichkeit in der nördlichsten omanischen Provinz grundlegend verändert. Wegbereiter dafür war die verkehrstechnische Erschließung der Halbinsel. Der Ausbau des Militärflughafens von Khasab ermöglicht die Anreise per Flugzeug, die dem Fels abgetrotzte Asphaltstraße entlang der Westküste nach Ras al-Khaimah bildet die wichtigste Autoroute. Eine landschaftlich beeindruckendere, aber lediglich als Piste angelegte Strecke mitten durch das Gebirge bietet nur Omanis eine Alternative – Touristen erhalten für den Grenzübertritt im Wadi al-Bih keine Genehmigung mehr. Seit 2008 verkehren zwischen Muscat und Khasab zusätzlich zwei Jetfähren, die für die gesamte Distanz nur fünf Stunden brauchen. Mittlerweile befördern diese modernen Kraftpakete auch Autos – ein Service, der bis 2011 daran scheiterte, dass der Fähranleger in Khasab keine fahrzeugtaugliche Rampe aufwies.

Neuestes und ehrgeizigstes Verkehrsprojekt ist eine Straße, die von Dibba aus zunächst der Küste folgen soll, um bei dem Fischerort Lima, der bislang nur per Boot zugänglich ist, auf eine ebenfalls noch zu bauende Trasse ab Khasab zu stoßen. Die Strecke umfasst 65 Kilometer, davon neun Tunnelkilometer und 18 Brücken. Dabei sind Höhenunterschiede von bis zu 2000 Metern zu überwinden. Erschwerend kommt hinzu, dass Baumaschinen und -materialien größtenteils nur mit dem Schiff antransportiert werden können, weil es vom Land aus keinen Zugang gibt. Sollte diese Straße, die bislang lediglich auf dem Papier existiert, jemals Gestalt annehmen, wird sie das Ergebnis höchster Ingenieurskunst sein. Vor allem aber würden Musandam und seine Menschen noch näher an das omanische Mutterland heranrücken.

Die forcierte Verkehrsanbindung folgt einer Marschroute, die mit der Aufhebung militärischer Einschränkungen begann. Bis 1992 hatten Zivilisten (mit Ausnahme der Einwohner) keinen Zutritt zu der Halbinsel. Omanische Militärposten überwachten von hier aus die Hoheitsgewässer des Landes sowie die Einhaltung des UN-Seerechtsabkommens, das die freie Durchfahrt aller Schiffe durch die Straße von Hormuz sicherstellt. Dem Sultanat kommt dabei besondere Bedeutung zu, da sich die schiffbaren Abschnitte der Meerenge überwiegend im omanischen Hoheitsbereich befinden. Auch gegenwärtig gibt es auf der Halbinsel militärische Sperrzonen (siehe unten ›Jebel Harim‹ → S. 295), doch haben sich die Küstenorte für in- und ausländische Besucher geöffnet.

Der wirtschaftliche Aufschwung der vergangenen Jahrzehnte hat wie andernorts in Oman eine Abwanderungsbewegung in die wenigen größeren Orte und Städte

Händler im Hafen von Khasab

Boote im Hafen von Khasab

in Gang gesetzt. Neue Beschäftigungsmöglichkeiten locken überdies Arbeitskräfte aus anderen Teilen des Sultanats auf die Halbinsel. Von den gut 30 000 Einwohnern Musandams leben allein zwei Drittel in der Regionalhauptstadt Khasab. Umgekehrt bleiben immer mehr Gebirgs- und Fischerdörfer verwaist zurück und verfallen. Die geplante neue Straße entlang der Ostküste über Lima nach Khasab verfolgt daher auch das Ziel, der Landbevölkerung Anschluss an die Entwicklung zu verschaffen und ihr neue Absatzmärkte in den Städten zu erschließen. Damit einher geht der Versuch, die tiefen und vor Sturm geschützten Fjorde wie Khor Shimm oder Khor Habalayn für Zuchtanlagen von Meerestieren zu nutzen und damit zusätzliches Einkommen zu schaffen.

Der Tourismus bietet eine weitere attraktive Verdienstquelle, allerdings fehlt es hierfür vielerorts noch an der notwendigen Infrastruktur. Derzeit zieht es besonders Besucher aus den benachbarten Emiraten zu Kurzbesuchen hierher. International vermarktet sich Musandam zunehmend erfolgreich als ›Norwegen Arabiens‹. Für örtliche Reiseveranstalter gehört eine **Dhau-Fahrt** durch die Fjorde einschließlich **Delfinbeobachtung** zum Pflichtprogramm, ergänzt um Geländewagentouren in die **Bergwelt des Jebel Harim**.

Dhau-Fahrten bieten zugleich die besten Blicke auf die dramatischen Steilküsten der Halbinsel. Die Kalksteinklippen ähneln auf den ersten Blick den Küstenlinien von Polarregionen. Allerdings waren hier nicht Gletscher am Werk, sondern Verlagerungen der Erdkruste. Langsam, aber stetig schiebt sich die arabische Kontinentalplatte unter den eurasischen Festlandssockel. Musandam, die Speerspitze dieser Bewegung, versinkt dadurch zunehmend im Meer – in einer Größenordnung von 60 Metern innerhalb der vergangenen 10 000 Jahre, wie jüngere Untersuchungen ergeben haben. Die geologische Dynamik verleiht der Metapher ins Wasser stürzender Felsmassen, der sich Thor Heyerdahl bedient, einen unerwartet wörtlichen Bezug.

Khasab und der Norden Musandams

▲ Karte S. 293

Der nördliche Teil Musandams umfasst die Verwaltungsbezirke Khasab und Bukha. Neben dem Jebel Harim, dem höchsten Gipfel der Halbinsel, liegen hier auch deren spektakulärste Fjorde. Häufigstes Ziel der meist eintägigen Dhau-Fahrten ist der Khor Shimm, dessen schmale Eingangsschlucht von fast 1000 Meter hohen Felsen flankiert wird. Den Fischreichtum des windgeschützten und meist ruhigen Gewässers teilen sich die Dörfer Nadifi, Qanah, Shimm und Sibi. Mit den überschüssigen Fangmengen beliefern die Bewohner gegen gutes Geld die Märkte der großen emiratischen Metropolen. Eine skurrile Geschichte verbindet sich mit der ›Telegrafeninsel‹ **Jazirat Saghira**. Sie geriet Mitte des 19. Jahrhunderts unverhofft in den Fokus der Weltpolitik, als das britische Empire die neue Technologie der Telegrafie zur Vernetzung seiner Interessen im Indischen Ozean einsetzte. Das einsame Eiland schien den Briten als Telegrafenstation gut geeignet, weil seine Lage Schutz vor möglichen Sabotageakten der umliegenden Stämme bot. Am Ende war das kleine Telegrafenbüro jedoch nur fünf Jahre in Betrieb – es fand sich niemand, der an

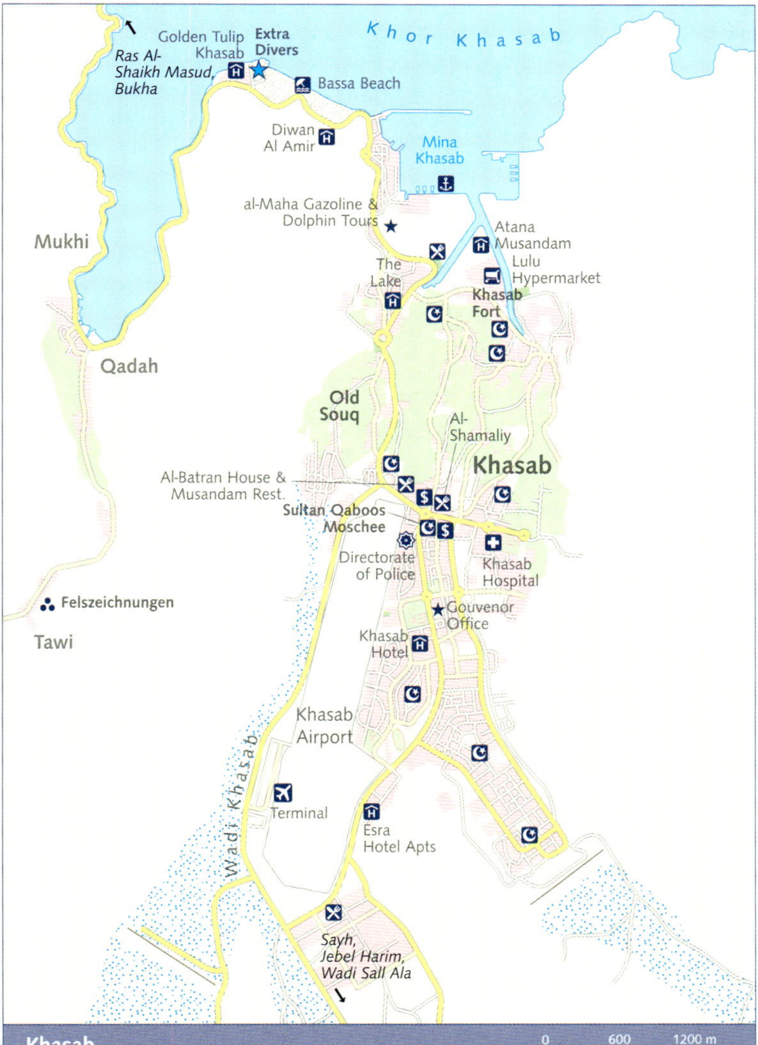

Khasab

einem so unwirtlichen Ort Dienst tun wollte. Heute bietet die verlassene Insel den Passagieren einer Dhau-Rundfahrt ideale Bedingungen zum Schwimmen und Schnorcheln.

Khasab

Die kleine Hauptstadt Musandams zählt rund 20 000 Einwohner und liegt in einer der wenigen Küstenebenen der Halbinsel. Ankömmlinge von See – das Meer war lange Zeit der einzige Weg, um nach Khasab zu gelangen – empfängt die geschützte Hafenbucht mit dichten Dattelpalmenhainen, die immer wieder die Häuserreihen unterbrechen. Seine Fruchtbarkeit verdankt der Ort dem schmalen, von hohen Felswänden begrenzten Wadi Khasab, das mit dem Regen fruchtbaren Schlamm in die Talmündung spült. Drei Dämme im rückwärtigen Bereich halten die oft sturzbachartig aus dem Gebirge herabschießenden Wassermengen auf und verhindern so größere Überschwemmungen.
Im Sommer schwillt die Einwohnerzahl regelmäßig an, weil dann die Kumzari ihren abgelegenen Fischerort verlassen und zu Dattelernte und Fischfang in die Stadt kommen. Rund ein Drittel der Palmengärten Khasabs gehört dem Stamm aus dem äußersten Nordosten der Halbinsel. Früher bezogen die Kumzari traditionelle Areesh-Hütten aus Palmzweigmatten, die wegen der häufigen Überflutungen auf Stelzen standen. Die Rückhaltedämme machen diese Bauweise heute überflüssig. Ohnehin hat mit dem Wirtschaftsaufschwung der Betonbau Einzug gehalten, der auch die neuen Stadtviertel im Süden mit Flughafen, modernem Souq und Geschäftszentrum bestimmt.

Fort

Die restaurierte Steinfestung geht auf die Portugiesen zurück, deren Tage jedoch zu Beginn des 16. Jahrhunderts, als das Fort entstand, bereits gezählt waren. Innerhalb der Mauern steht ein wahrscheinlich älterer Rundturm, der heute ein kleines Museum enthält. Die benachbarten Nachbauten einer Palmhütte und eines Bait al-Qafl (→ S. 288) veranschaulichen herkömmliche Archi-

Die Festung von Khasab

▲ Karte S. 293

tekturformen Musandams. Einen Eindruck von der omanischen Bootsbaukunst vermittelt die ebenfalls im Hof der Festung ausgestellte Auswahl traditioneller Holzboote.

Hafen

Den Hafen von Khasab beherrschen wie überall in Oman moderne Fiberglasboote. Statt Fischern prägen aber vor allem iranische Händler von der nahen persischen Küste das Bild. Sie bringen Ziegen und laden vorzugsweise Zigaretten und Unterhaltungselektronik. Dieser kleine Grenzverkehr, so lebendig er wirkt, macht nur einen Bruchteil des ehemals hier abgewickelten Schmuggelhandels aus. Bis 2001 war Khasab Zwischenstation und Umschlagplatz für den illegalen Warenaustausch zwischen den Vereinigten Arabischen Emiraten und Iran. Gegenseitige Zollvereinbarungen haben dem lukrativen Geschäft allerdings mittlerweile den Boden entzogen. Die heutigen iranischen Besucher sind reguläre Händler mit einem offiziellen Transitpass.
Aktuelle Pläne sehen einen massiven Ausbau des Hafens vor. Neben neuen Dockanlagen soll er unter anderem um eine Marina erweitert werden.

Felszeichnungen im Wadi Qadah

Etwa vier Kilometer südwestlich von Khasab zweigt an der fruchtbaren Oase von Qadah eine kurze Piste zu dem kleinen Ort Tawi ab. Dort liegen am Fuß der Felsen gewaltige Gesteinsbrocken, die aus einer Höhle weit oben in der Wadiwand herabgestürzt sind. Offensichtlich war diese Höhle einmal bewohnt, denn die Steine tragen deutlich sichtbare Felszeichnungen von Reitern, Kamelen, Steinböcken und Segelschiffen. Das Alter dieser Ritzbilder wird auf 2000 Jahre geschätzt.

Innenraum in der Festung

Jebel Harim

Die Fahrt zum Jebel Harim gehört buchstäblich zu den Höhepunkten eines Musandam-Besuchs. Übersetzt bedeutet der Name ›Berg der Frauen‹, doch bezieht sich die Bezeichnung wohl eher auf die Harim, eine alteingesessene Familie der Region.
Der Gipfel – mit 2087 Metern der höchste der Halbinsel – trägt eine Radarstation und ist Teil eines militärischen Sperrgebiets zur Überwachung der Straße von Hormuz. Das erklärt den guten Zustand der dorthin führenden Piste. Diese folgt dem Wadi Khasab in Richtung Süden und passiert nach kaum 30 Kilometern das Sayh-Plateau. In dem flachen Kessel am Zusammenfluss dreier Täler läuft das seltene, aber heftig niedergehende Regenwasser dank des überwiegend felsigen Untergrunds wie in einer überdimensionalen Pfütze zusammen. Dabei halfen die Bergbauern früher nach, indem sie die Sturzbäche mit

Mauern auffingen und in Zisternen sammelten. Das sonst in Oman übliche Falaj-System gibt es in Musandam nicht, weil es an den dafür notwendigen ergiebigen Quellen fehlt. Heute versorgen sich die Dörfer aus großen Wassertanks, die von Lastwagen der Bezirksregierung befüllt werden. Jenseits des Sayh-Plateaus steigt die Piste weiter bergauf, umrundet den Gipfel des Jebel Harim und erreicht schließlich auf dessen Südseite bei 1600 Metern ihren Scheitelpunkt. Von hier aus bietet sich ein grandioser Blick über die von tiefen Tälern zerfurchte, bis auf wenige verwegene Terrassenfelder kahle Gebirgslandschaft.

Khasab und der Norden Musandams

Polizei Khasab, Tel. +968/26730199.

Polizei Kumzar, Tel. +968/26733001.

Post, Sa–Mi 8.30–13.30, im neuen Geschäftszentrum.

Reiseveranstalter

Dolphin Tourism, Tel. +968/26730659, dolphint@omantel.net.om.

Hormuz Line Tours, Tel. +968/26731616.

Khasab Travel & Tours, Tel. +968/26730464, khastour@omantel.net.om, www.khasabtours.com.

Musandam Sea Adventure Toursim, Tel. +968/26730069, adventure@omantel.net.om.

Khasab Rent-a-Car, Tel. +968/99447400.

Khasab Travel & Tours, Tel. +968/26730464, Geländewagen mit Fahrer.

Inlandsflüge mit Oman Air, Tel. +968/26731592, www.omanair.com, tägl. von Muscat nach Khasab und zurück, Flugzeit 90 min., ca. 56 OMR oder als Paket mit einer Hotelübernachtung 68 OMR.

Hochgeschwindigkeitsfähre, Tel. +968/80072000, www.nfc.om, von Muscat nach Khasab und zurück, zweimal die Woche, ab 23 OMR; auch Wagenverschiffung.

Es gibt kaum offizielle Taxis in Khasab, gegen ein kleines Trinkgeld kann man aber bei einem der Pick-up-Fahrer mitfahren.

Hotels sollten rechtzeitig gebucht werden, vor allem am Wochenende.

Atana Golden Tulip Khasab Hotel****, Tel. +968/26730777, www.atanahotels.com; DZ ab 140 Euro (hohe Aufpreise am Wochenende). Luxus an der Küste, Zugang zum öffentlichen Strand, nordwestlich des Zentrums, Alkoholausschank.

Atana Musandam Hotel***, Tel. +968/26730888, www.atanahotels.com; DZ ab 140 Euro (hohe Aufpreise am WE). Direkt am Hafen von Khasab mit Pool (kein Strand); kein Alkohol.

Diwan al-Amir Hotel**, Tel. +968/26833991, www.diwanalamir.com; DZ ab 95 Euro. Unspektakuläres Stadthotel

Esra Apartments, Tel: +968/26730562; DZ ab 130 Euro; auch über Khasabtours; einfache Apartments im Süden des Ortes, mit Pool.

Villa Oasis und **Villa Orange House**, nur buchbar im Rahmen eines Tauchaufenthaltes über Extra Divers Musandam (s.u.).

Khasab Hotel***, Tel. +968/26730267, www.khasabhotel.net, khoman1@omantel.net.om; DZ ab 110 Euro (Aufpreise am Wochenende). Südlich des Zentrums.

Al Shamaliyah Restaurant, 8–24 Uhr, Grillgericht, Salate und Säfte, Tel. +968/26730477, im Zentrum von Khasab.

Dibba Restaurant, 7–10, 12–15 u. 19–22.30, internationale Küche, im Atana Khasab Hotel, Tel. +968/26730888.

Musandam Restaurant, 7–23 Uhr, internationale Küche, im Khasab Hotel, Tel. +968/2670267.

▶ Karte S. 289/293

Bar im Atana Khasab, 18.30–22.30 Uhr, Tel. +968/26730888.

Khasab Fort, Sa–Mi 8–16 u. Fr. 8–11 Uhr, Eintritt 500 Bs.

Strand in Richtung Nordwesten zwischen Atana Khasab Hotel und dem Hafen.

Dhow-Cruises, Kayaking, Mountainbiking, Sportfischen, Bootstouren nach Kumzar, Ausflüge ins Landesinnere: **Khasab Travel & Tours** (s.o.).
Vergleichbares Angebot sowie ein- bis mehrtägige Cruises: **Musandam Sea Adventure Tourism**, Tel. +968/26730424, www.msaoman.com.
Vergleichbares Angebot sowie zusätzlich Dhow-Cruises mit Übernachtung im Khourshem Camping: **Khour Shem Tourism**, Tel. +968/92067996, www.khourshemtours.com.

Extra Divers & Partners, Tel. +968/26730501, info@musandam-diving.com, im Atana Golden Tulip Hotel.

Lulu Supermarkt, 8–23.45 Uhr, beim Hafen. Der örtliche **Souq** befindet sich am Hafen, im Vergleich zu andern Souqs ist das Angebot aber eher uninteressant.

Muscat Pharmacy, Tel. +968/26730150, neben der Post.
Khasab Hospital, Tel. +968/26730187, östlich des neuen Geschäftszentrums.
Kumzar Health Center, Tel. +968/26733047.

Dibba und die Ostküste Musandams

Dibba

Dibba ist am leichtesten über die Küstenstraße von Fujairah (VAE) aus zu erreichen. Die kleine Stadt an der Südspitze der Exklave Musandam bildet die Grenze zu den benachbarten Emiraten Sharjah und Fujairah. Entsprechend teilt sich Dibba in drei Bereiche: Der Ortsteil Bayah im Norden liegt auf omanischem Territorium, die Stadtviertel Dibba al-Hisn und Dibba Muallab gehören zu Sharjah beziehungsweise Fujairah.
Diese geografische Dreiteilung findet sich bereits auf portugiesischen Karten des 16. Jahrhunderts. Als Großbritannien Mitte des 19. Jahrhunderts Verträge mit den Stammesführern der sogenannten Piratenküste aushandelt, gehören auch drei Shaikhs der Großoase Dibba zu den Unterzeichnern. Aus dem komplizierten Abkommen gehen die ›Trucial States‹ (Waffenstillstandsstaaten) hervor, die bis 1971 britischer Protektoratsverwaltung unterstehen. Seit ihrer Unabhängigkeit bilden sie die Föderation der Vereinigten Arabischen Emirate, in deren Hoheitsbereich unter anderem zwei der drei Stammesterritorien Dibbas fallen.
Die Hafenstadt liegt an der Mündung eines breiten Wadis und ist – wie Khasab – durch einen Damm vor den Regenfluten aus dem Gebirge gesichert. Ausgedehnte Dattelgärten und Felder bedecken die von hohen Bergen eingefasste Ebene.
In frühislamischer Zeit ereignete sich hier eine der großen ›Schlachten der Abtrünnigen‹. Auslöser war der Tod Muhammads, der zahlreiche arabische Wüstenstämme dazu veranlasste, sich vom

Islam abzuwenden und Abu Bakr, dem Nachfolger des Propheten, die Gefolgschaft zu verweigern. Die damals bedeutende Oase Dibba schloss sich der Rebellion an und sah sich im Jahr 633 einer gewaltigen Strafexpedition aus Medina gegenüber. Das anschließende Gemetzel hinterließ laut Überlieferung 10000 Tote und endete mit dem Sieg der Truppen des Propheten. Der große Friedhof von Amir Al-Geish außerhalb der Stadt geht auf diese Schlacht zurück. In der Folge versinkt Dibba in historischer Bedeutungslosigkeit. Unter den heutigen Stadtvierteln ist der omanische Ortsteil Bayah der ruhigste und am wenigsten dicht bebaute. Bootstrips vom Hafen aus erkunden die umliegenden Steilküsten und geben auch Gelegenheit zum Schnorcheln. Im Hinterland führt eine sehr schöne Gebirgsroute durch die Wadis Khabb Shamsi, al-Bih und Khasab zur Nordküste Musandams. Allerdings ist die Durchfahrt für Touristen gesperrt; sie müssen am Checkpoint umkehren.

Zighy Bay

Das Luxus-Resort liegt rund 20 Kilometer nördlich von Dibba in einer malerischen kleinen Bucht mit weißem Sandstrand direkt unter den steilen Flanken des Hajar-Gebirges. Die rustikale Bauweise aus lokalem Bruchsteinmauerwerk fügt sich überraschend harmonisch in die natürliche Umgebung ein. Gäste erreichen die Hotelanlage auf Wunsch auch mit einem Schnellboot vom Hafen in Dibba aus. Wer den ganz großen Auftritt liebt, fährt mit dem Auto bis zu einem erhöhten Punkt oberhalb des Resorts und segelt den letzten Teil der Strecke mit einem Tandem-Paraglider.

Exklave Madha

Gerade einmal 75 Quadratkilometer umfasst die zweite omanische Exklave. Sie liegt etwa auf halber Strecke zwischen Dibba und der omanischen Grenze bei Khatmat Milahah und ist auf allen Seiten von den Vereinigten Arabischen Emiraten umgeben. Die Einwohner von Madha haben wie im Fall Musandams per Volksentscheid ihre Zugehörigkeit zum Sultanat Oman besiegelt. Vereinzelte archäologische Funde reichen bis ins zweite vorchristliche Jahrtausend zurück. Ein echtes Kuriosum ist das Dorf **Nahwa** im Herzen der Exklave, das mit einem Stück seines Hinterlands zum Emirat Sharjah gehört. Auf diese Weise ergibt sich ein ähnlicher Effekt wie bei den ineinander schachtelbaren russischen Matroschka-Puppen: Nahwa liegt inmitten des omanischen Territoriums von Madha, Madha wird umschlossen von den Emiraten Sharjah und Fujairah, die wiederum im Norden und Süden an omanisches Staatsgebiet grenzen.

i Dibba und die Ostküste Musandams

Polizei Dibba, Tel. +968/26836999.

Ein einmaliges Oman-Visum berechtigt nicht zur Wiedereinreise aus den VAE. Visa für die Emirate sind kostenlos an der Grenze erhältlich (Ausreisesteuer AED 35. ca. 7 Euro) → S. 227, 304.

Golden Tulip Hotel****, Tel. +968/2683 6653, www.goldentulipdibba.com; DZ ab 95 Euro. In die Jahre gekommenes Strandhotel.

Six Senses Zighy Bay*****, Tel. +968/2673 5555, www.sixsenses.com, DZ ab ca. 640 Euro.

Al Marsa Musandam, Tel. +968/26836550, www.almarsamusandam.com.

Hospital Dibba, Tel. +968/26836443.

▶ Karte S. 289

Luxus-Resort nördlich von Dibba: das Six Senses

Reisetipps von A bis Z

Alkohol

Da der Oman ein muslimisches Land ist, wird Alkohol nur in Hotels und lizenzierten Restaurants, Bars und Nachtclubs ausgeschenkt. Im Fastenmonat Ramadhan gelten auch dort Einschränkungen. Öffentlicher Genuss von Alkohol ist verboten, für Autofahrer gilt die Null-Promillegrenze.

Anreise mit dem Flugzeug

Oman Air ist die einzige Fluggesellschaft, die Muscat direkt ab Deutschland anfliegt. Die reine Flugzeit ab Frankfurt beträgt etwa 6 1/2 Stunden, ab München etwa 5 1/2 Stunden. Bei Verbindungen mit Zwischenlandungen (ohne Umsteigen) beträgt die reine Flugzeit ca. 9 Stunden. Die häufigsten Flüge ab Deutschland werden von Frankfurt angeboten. Derzeit kostet je nach Jahreszeit ein Hin- und Rückflug ca. 520 Euro.
Der Muscat International Airport liegt 40 km westlich der Hauptstadt in Seeb. Der zweite internationale Flughafen des Landes befindet sich in Salalah, allerdings wird dieser von Deutschland aus nur per Charter angeflogen. Die Flughafensteuer beträgt in Muscat 5 OMR, ist aber in der Regel bereits im Ticket enthalten.

► **British Airways**, www.britishairways.de
Täglich ab verschiedenen deutschen Flughäfen über London.

► **Emirates**, www.emirates.de
Mehrfach tägl. ab Frankfurt, München, Düsseldorf, Hamburg, Wien, Zürich über Dubai.

► **Etihad Airways**, www.ethihad.com
Täglich ab Frankfurt und München (2x tägl.) über Abu Dhabi sowie im Code-Share mit Air Berlin ab Berlin.

► Eurowings, www.eurowings.com
Mi. u. Sa. ab Köln (rück Do. u. So.)

► **Gulf Air**, www.gulfair.com
Täglich ab Frankfurt über Bahrein.

► **KLM**, www.klm.com
Täglich ab Amsterdam.

► **Lufthansa**, www.lufthansa.de
Täglich ab Frankfurt über Zürich.

► **Oman Air**, www.omanair.com
Täglich ab Frankfurt und München, täglich außer Di und Mi ab Zürich.

► **Qatar Airways**, www.qatarairways.com
Täglich ab Frankfurt, (2x tägl.) München, Berlin, Stuttgart, Zürich und Wien über Doha.

Auch eine Art, im Oman zu reisen

► **Swiss**, www.swiss.de
Täglich ab Zürich.

► **Turkish Airways**, www.thy.com
Täglich ab verschiedenen deutschen Flughäfen sowie ab Wien und Zürich über Istanbul.

Anreise auf dem Landweg

Auf dem Landweg kann man den Oman über Jemen, Saudi-Arabien und die Vereinigten Arabischen Emirate erreichen. Derzeit ist eine Einreise allerdings nur über die Vereinigten Arabischen Emirate möglich. Visa können direkt am Grenzübergang erworben werden.

Wer von Deutschland aus bis in den Oman fahren möchte, hat zwei mögliche Routen, die allerdings viel Zeit und Abenteuerlust verlangen. Eine der möglichen Routen führt über die Türkei, Syrien, Jordanien, Saudi-Arabien und die Vereinigten Arabischen Emirate. Wegen des Bürgerkriegs in Syrien ist dies aber derzeit nicht möglich. Alternativ kann man durch die Türkei, in den Iran und von dort mit der Fähre in die Vereinigten Arabischen Emirate reisen. Seit Sommer 2016 gibt es eine neue Fährverbindung von Bandar Abbas bzw. Qeshm direkt nach Khasab.

Apotheken

In fast jedem größeren Ort findet man Apotheken (›pharmacy‹) vor. Diese haben meist mit Ausnahme einer Mittagspause von frühmorgens bis abends geöffnet. In den größeren Städten gibt es auch Apotheken mit 24-Stunden-Dienst. Die Adressen sowie Öffnungszeiten und Telefonnummern der Apotheken sind in diesem Buch im jeweiligen Infoteil der Orte und Städte angegeben.

Ärztliche Versorgung

Das Gesundheitswesen in Oman hat einen hohen Standard, die Krankenhäuser sind mit neuester Technik ausgestattet und sehr sauber. Viele der Ärzte haben im Ausland studiert oder sind Ausländer und sprechen daher gut Englisch. Wer einen deutschsprachigen Arzt konsultieren möchte, kann über die Botschaft mögliche Adressen erfahren (→ S. 303).

Die Notfallversorgung in den Krankenhäusern ist für alle kostenlos. Alles, was darüber hinausgeht, muss allerdings selbst bezahlt werden. Hat man eine Auslandskrankenversicherung abgeschlossen, übernimmt diese die Kosten.

Im Folgenden werden einige Krankenhäuser aufgelistet, weitere findet man in den Infokästen zu den verschiedenen Städten und Regionen.

► **Krankenhäuser in Muscat**:
The Royal Hospital, Tel. +968/24599000, www.royalhospital.med.om
Al Nahdhah Hospital, Tel. +968/24837800
Muscat Privat Hospital, Tel. +968/24573600, www.muscatprivathospital.com
Al Raffah Hospital, Tel. +968/24618900.

► **Außerhalb von Muscat**:
Nizwa Hospital, Tel. +968/25449361
Sur Hospital, Tel. +968/25561372
Sohar Hospital, Tel. +968/26840399
Salalah, Sultan Qaboos Hospital, Tel. +968/23216100

Ausrüstung und Gepäck

Je nach Art der Reise – Hotelurlaub oder z.B. Trekkingreise – wird unterschiedliche Ausrüstung benötigt, Informationen bieten bei Buchungen in Deutschland die Reiseunternehmen. (Kleidung → S. 307, 308)

Autofahren

Der EU-Führerschein ist auch in Oman gültig. Das **Straßennetz** in Oman ist in den letzten Jahren sehr gut ausgebaut worden und meist zweisprachig beschildert. Alle größeren Städte sind durch Überlandstraßen verbunden, und entlang der Batinah-Küste führt eine Küstenautobahn.

Das **Tankstellennetz** ist sehr dicht, die Preise liegen (noch) extrem niedrig: Benzin kostet etwa 200 Bs. und Diesel etwa 180 Bs je Liter.

Die offizielle **Höchstgeschwindigkeit** in Städten beträgt 50 km/h, auf Überlandstraßen 80 km/h und auf der Autobahn 120

Parktafel für Behinderte in Buraimi

km/h, die Strafen für zu schnelles Fahren und andere Verkehrsdelikte sind drastisch. Für Fahrten abseits der ausgebauten Straßen z.B. in die Wadis, die Wüste oder ins Gebirge wird ein Wagen mit **Allradantrieb** (4x4, 4WD) benötigt. Mietwagen können bei lokalen und internationalen Autoverleihfirmen gemietet werden (→ S. 311).

Baden

Entlang der 1700 km langen Küstenlinie des Indischen Ozeans bietet Oman viele schöne Strände, die zum Baden einladen. Neben den Stränden der Hotels, die meist über ein ausgedehntes Sport- und Freizeitangebot verfügen, gibt es auch viele öffentliche Strände, die teilweise mit Sonnenschirmen und WC ausgestattet sind. Frauen sollten insbesondere an öffentlichen Stränden die **Kleiderordnung** beachten, denn die omanischen Frauen gehen in der Regel vollkommen bekleidet ins Wasser, und dementsprechend erregen Touristinnen – selbst im einteiligen Badeanzug – großes Aufsehen. Vorsicht ist auch vor Quallen und Seeigeln geboten, es empfiehlt sich, Badeschuhe zu tragen.

Banken und Wechselstuben

Mit **Kreditkarte** (Visacard, Master-/Eurocard und American Express) kann man in den meisten größeren Geschäften, Hotels, Restaurants und bei Autovermietern zahlen und in Banken recht günstig Rial erhalten. Bei der NBO (National Bank of Oman), der HSBC und der Bank Muscat kann man überdies auch mit der normalen **ec-Karte (Maestro)** und Geheimnummer Geld am Automaten abheben. Karten mit **V-PAY-Logo**, die mittlerweile in Europa weit verbreitet sind, funktionieren in Oman nicht! Wer eine solche Karte hat, sollte vor der Reise mit seiner Bank Kontakt aufnehmen. Es empfiehlt sich die Mitnahme von Euro in Form von Banknoten. In allen größeren Städten kann man diese problemlos tauschen. Die **Einfuhr israelischer Landeswährung ist verboten**. Reiseschecks (American Express oder Thomas Cook) sollten Sie nur für nicht vorhersehbare Notfälle mit sich führen. Achten Sie bei der Mitnahme von Banknoten auf unbeschädigte Scheine. Am einfachsten und günstigsten wechselt man bei den offiziellen ›moneychangern‹, die man in den Souqs findet.

Behinderte

Obgleich besondere Einrichtungen für Behinderte noch recht selten sind, gelten die Omanis generell als sehr hilfsbereit. Auch werden immer mehr Supermärkte, Einkaufszentren und öffentliche Gebäude behindertengerecht ausgestattet. Vor der

Buchung einer Pauschalreise sollte man im Reisebüro oder im Hotel nachfragen, ob spezielle Einrichtungen im Haus vorhanden sind. Die Fluglinien stellen auf Anfrage gerne entsprechende Hilfsmittel zur Verfügung.

Botschaften und Diplomatische Vertretungen

► **In Europa**:

Botschaft des Sultanats Oman
Konsularabteilung
Clayallee 82, 14195 Berlin
Tel. +49/30/84416970
Fax +49/30/81005199
botschaft-oman@t-online.de

Honorarkonsulat des Sultanats Oman
(zuständig für Hessen, Bayern, Baden-Württemberg, Rheinland-Pfalz und Saarland)
Feuerbachstraße 26–32
60325 Frankfurt a.M.
Tel. +49/69/170079-0
Fax +49/69/71000625

Generalkonsulat des Sultanats Oman in der Schweiz
3A Chemin de Roilbot, CH–1292 Chambésy
Tel. +41/22/7589660
Fax +41/22/7589666
missionoman@bluewin.ch

Botschaft des Sultanats Oman in Österreich
Währingerstraße 2–4/24–25
A–1090 Wien
Tel. +43/1/3108643/44
Fax +43/1/3107268
embassy.oman@chello.at

► **In Oman**:

Embassy of the Federal Republic of Germany
Al-Nahdhah Street, beim Al-Nahdhah Hospital, Ruwi, P.O. Box 128, Ruwi 112
Tel. +968/24835000, 24832482, 24837374, Notfalltelefon: +968/99321641
Fax +968/24835690
So–Do 9–12 Uhr

Embassy of the Republic of Austria
Österreich hat im Oman keine eigene Botschaft; die zuständige Vertretung hat ihren Sitz in Saudi-Arabien:
Tel. +966/114801217, 4806598
Fax: +966/114801526
www.aussenministerium.at/riyadh

Embassy of Switzerland
Villa 1366, Way 3017, Shatti Al Qurum
Tel. +968/24603267
Fax +968/24603298

Camping

Auch wenn es in Oman keine offiziellen Campingplätze gibt, bieten sich viele Möglichkeiten für Camping. Besonders in der Wüste oder an den Stränden gibt es viele schöne Stellen, um ein Zelt aufzuschlagen. Man sollte allerdings beachten, dass man nicht zu nah an Dörfern zeltet, niemanden stört und keinen Müll hinterlässt. Auf keinen Fall darf man im Bett eines noch so flachen Wadis zelten, da sich nach Regenfällen schnell gefährlich reißende Ströme bilden.

Drogen

Konsum von und Handel mit Drogen ist in Oman strengstens verboten. Verstöße werden zwar nicht wie in Saudi-Arabien mit der Todesstrafe geahndet, allerdings müssen auch Ausländer mit langen Gefängnisstrafen rechnen.

Einkaufen und Handeln

Besonders in den Souqs ist Handeln Teil des Einkaufs und erwünscht. Wer nicht

Es gibt viele schöne Stellen zum Zelten

Weihrauch-Verkäufer in Salalah

versucht zu feilschen, kauft oft überteuert und ärgert sich spätestens am nächsten Stand, weil er hier günstiger gekauft hätte. Mit etwas Fingerspitzengefühl und Redegewandtheit lässt sich meist ein guter Preis erzielen – wobei das Feilschen immer freundlich und respektvoll vonstatten gehen sollte, schließlich wollen beide Seiten zu einem guten Abschluss kommen. Im Vergleich zu anderen arabischen oder asiatischen Ländern sind die Rabatte allerdings meist recht gering. Lebensmittel und Güter des täglichen Bedarfs haben meist Festpreise.

Ein- und Ausreisebestimmungen

Für die Einreise benötigen deutsche Staatsbürger einen bei Einreise noch mindestens 6 Monate gültigen **Reisepass** (diese Gültigkeit ist unbedingt notwendig) mit einem **Visum**. Das Visum kann entweder in Europa bei der zuständigen Botschaft oder (völlig problemlos) bei Einreise auf dem Luft- oder Landweg beantragt werden.

Anträge für Touristenvisa sowie die aktuellen Visabestimmungen können online unter der Internetadresse der Polizeibehörden des Sultanats eingesehen werden eingesehen werden: www.rop.gov.om.

Folgendes ist bei der **Beantragung eines Visums in Europa** zu beachten:

Das Konsulat des Oman verlangt ein Formular, welches vorab online ausgefüllt und dann ausgedruckt wird (Unterschrift auf der Rückseite nicht vergessen!). Dem Antrag sind der Reisepass und ein als Einwurf-Einschreiben (derzeit ca. EUR 3,50) frankierter Rückumschlag DIN C 5 beizufügen. Passfotos müssen NICHT mehr beigelegt werden. Im Feld ›Details of previous visa‹ nur etwas eintragen, wenn Sie bereits in Oman waren.

Die **Visagebühren** betragen derzeit: 12 EUR für eine einmalige Einreise mit Aufenthalt bis zu 10 Tagen, weitere 12 EUR für die Verlängerung des Aufenthalts um weitere 10 Tage bzw. 40 EUR für eine einmalige Einreise mit Aufenthalt von bis zu vier Wochen, weitere 40 EUR für die Verlängerung des Aufenthalts auf acht Wochen. Die Visagebühren sind bei Beantragung in Deutschland als Verrechnungsscheck beizulegen.

Die Bearbeitungsdauer für ein Visum beträgt z.Zt. etwa ein bis zwei Tage. Es werden nur vollständige und den Bestimmungen entsprechend ausgefüllte Anträge bearbeitet. Die Regierung des Sultanats Oman behält sich vor, Visaanträge ohne Angabe von Gründen abzulehnen. Die Einreise nach Oman muss innerhalb eines Monats ab Ausstellungsdatum erfolgen.

Bei der **Ausreise aus Oman** in die **Vereinigten Arabischen Emirate** ist zu beachten, dass ein für Oman erteiltes einmaliges Visum nicht zur Wiedereinreise nach Oman berechtigt, sondern ein neues Visum erforderlich wird. Für die Emirate werden zwar keine Visagebühren, aber eine Ausreisesteuer in Höhe von AED 35 (ca. 7 Euro) fällig.

Passagiere von Kreuzfahrtschiffen können einen Landgang von maximal 24 Stunden ohne Visum unternehmen.

Bei Überschreitung der Gültigkeit wird unweigerlich eine Strafgebühr von 10 OMR (ca. 25 EUR) pro Tag erhoben.

In diesen Tonkrügen aus Bahla hält sich Wasser angenehm kühl

Eintrittspreise

Eintrittspreise für Museen und Forts betragen zwischen 500 Baisa und 3 OMR. Galerien sind meist kostenlos. Die Benutzung der öffentlichen Strände ist kostenlos, Strände und Pools der Hotels sind nur für Hotelgäste zugänglich.

Entfernungstabelle: → S. 13

Elektrizität

Die Spannung im Stromnetz beträgt 220 Volt, daher gibt es keine Probleme beim Betrieb europäischer Elektrogeräte. Für den Anschluss werden sogenannte englische **Dreipol-Stecker** benötigt. Mit etwas Geschick kann man die Stecker oft auch ohne Adapter einstecken. Adapter sind in jedem Elektrogeschäft und Supermarkt billig zu kaufen.

Feiertage und Festivals

Oman ist ein muslimisches Land, in dem jedoch auch andere Religionsgemeinschaften respektiert werden und dem besonderen Schutz des Staates unterstehen. Der Freitag ist der offizielle Feiertag der Woche, an dem Regierungsstellen, Banken und Büros geschlossen sind. Einzelgeschäfte, Büros der Fluglinien und Reisebüros sind aber trotzdem häufig in den Morgenstunden geöffnet. Durch die Anpassung der Geschäftswoche an die Nachbarländer im Mai 2013 hat sich im Übrigen das omanische Wochenende um einen Tag nach hinten verschoben. Banken und Behörden haben fortan an Samstagen geschlossen, der Donnerstag dagegen ist normaler Arbeitstag.

Wichtige muslimische Feiertage:

- **Hijra** (islamisches Neujahr): 21.09.2017, 11.09.2018
- **Maulid al-Nabi** (Geburtstag des Propheten Mohammed): 12.12.2016, 01.12.2017
- **Eid al-Fitr** (dreitägiges Fest zum Fastenbrechen): 26.06.2017, 15.06.2018
- **Eid al-Adha** (dreitägiges großes Opferfest zur Hajj): 01.09.2017, 22.08.2018
- **Ramadhan**: Während des islamischen Fastenmonats Ramadhan ist das gesamte öffentliche Leben tagsüber stark eingeschränkt. Von Sonnenauf- bis -untergang ist es Muslimen mit wenigen Ausnahmen

(etwa Schwangeren, alten Menschen und Kindern) untersagt, etwas ›zu sich zu nehmen‹ (Speisen, Getränke, Nikotin...). Die Menschen sind deshalb oft etwas gereizt und würden es auch einem Nichtmuslim übel nehmen, wenn er diese Regeln brechen sollte. Außerhalb der Hotels sind deswegen tagsüber alle Restaurants geschlossen, generell bekommt man während dieser Zeit keinen Alkohol ausgeschenkt. Das Leben verlagert sich weitgehend in die Abend- und Nachtstunden: Während des Ramadhan sind Lokale und Läden bis tief in die Nacht geöffnet und voller Leben. Termine:
27.05.2017–25.06.2017
17.05.2018–14.06.2018

Salalah Tourism Festival

Das Salalah Tourism Festival findet mit seinen vielfältigen Kulturveranstaltungen jährlich zwischen dem 15. Juli und 31. August zum ›Khareef‹ (Monsun) in Salalah statt.

Muscat Festival

Jedes Jahr zwischen Mitte Januar und Mitte Februar findet in Muscat das etwa vierwöchige ›Muscat Festival‹ mit unzähligen Konzerten, Aufführungen, Sportveranstaltungen etc. statt. Ein Schwerpunkt ist dabei die Darstellung traditioneller Handwerkskünste und der omanischen Kultur. Infos zu den einzelnen Veranstaltungen und das genaue Datum unter: www.muscat-festival.com.

National Day

Der ›National Day‹ ist der einzige staatliche Feiertag in Oman und wird jährlich am 18. November zusammen mit dem Sultansgeburtstag gefeiert. Die offizielle Staatsgründung (der Beginn der Regierungszeit von Sultan Qaboos) war allerdings am 23.07.1970. Da es im Juli aber schlicht zu heiß zum Feiern wäre, findet der National Day im November statt. An diesem Tag gibt es landesweit Veranstaltungen wie traditionelle Tänze, Kamel- und Pferderennen und andere Darbietungen. Zentrum der Feierlichkeiten ist Muscat.

Fotografieren und Filmen

Beim Fotografieren von Personen sollte man sich große Zurückhaltung auferlegen, denn die Tradition verbietet die Abbildung von Menschen. Während sich aber Männer und teilweise Kinder doch ganz gerne mal ablichten lassen, gilt das Fotografie-

Fischer an der Küste der Batinah

Eine Schale mit Datteln steht immer bereit, um Besucher zu empfangen

ren von Frauen als ›aib‹, als Schande. Also fragt man vorher die betreffende Person um Erlaubnis (das geht auch mit Zeichensprache) und fotografiert nicht, wenn der- oder diejenige Einwände erhebt. Ansonsten ist das Fotografieren von militärischen Objekten (Kasernen, Straßensperren, Militärfahrzeuge, Soldaten) verboten; wenn Filmmaterial, im schlimmsten Fall sogar die Kamera, eingezogen werden sollte, sind Verhandlungen meist zwecklos.

Frauen, alleinreisende

Oman gehört zu den islamischen Ländern, in denen Frauen weitgehend ungestört und ohne belästigt zu werden reisen können. Es ist von Vorteil, wenn man die landesüblichen Sitten beachtet, und sich körperbedeckt und zurückhaltend kleidet. Wer meint, sich aus Gründen individueller Freiheit nicht an diese Vorgaben halten zu können, sollte keine Reise in ein islamisches Land wie Oman planen.

Viele Parks haben besondere Tage nur für Frauen und Kinder eingerichtet. In Restaurants kann man als Frau auch in den Familienbereichen speisen.

Bei Fahrten mit Bussen sollte man sich neben andere Frauen setzten, in den Taxis auf die Rückbank und in Sammeltaxis neben den Fahrer an die Tür.

Gesundheit

Die großen täglichen Temperaturunterschiede fordern eine gute körperliche Verfassung. Impfungen sind bei Direkt-Anreise aus Europa nicht erforderlich.

Im Oman sind in den letzten Jahren keine Malariafälle mehr aufgetreten. Ein geringes saisonales Risiko besteht in den Sommermonaten im Dhofar und auf der Halbinsel Musandam. Der beste Schutz gegen eine Malariaerkrankung ist aber Vorbeugung. Da Stechmücken als Malariaüberträger vor allem während der Dämmerung und nachts aktiv werden, sollte man zu diesen Zeiten körperbedeckende, helle (!) Kleidung tragen und ein Mückenschutzmittel verwenden.

Außerdem sollte man gegebenenfalls an eine Auffrischung der Polio-, Diphterie- und Tetanusimpfung denken.

Gebietskontrollen

Manchmal befinden sich in Grenznähe Checkpoints, etwa bei der Ausreise über Buraimi oder im Gebiet des Jebel Qamar auf dem Weg zum Jemen.

Homosexualität

Homosexualität ist im Oman wie auch in vielen anderen muslimischen Ländern illegal. Homosexuelle Reisende sollten sich daher besonders in der Öffentlichkeit sehr diskret verhalten.

Internet

In allen größeren Hotels besteht in den Business-Centern die Möglichkeit, im Internet zu surfen und E-Mails abzurufen, zusätzlich findet man in den größeren Städten viele kleine Internetcafés. Auch nimmt die Zahl an öffentlichen WLANs in Hotels und Cafés zu, hier muss man sich dann häufig nur die Zugangsdaten geben lassen. Wer mit seinem Smartphone oder Laptop online gehen möchte, hat zusätzlich die Möglichkeit, eine lokale SIM-Karte mit Datentarifen zu erwerben, die inzwischen sehr günstig geworden sind.

Kinder

Reisen mit Kindern bereitet weder in Oman noch in irgendeinem anderen arabischen Land irgendwelche Probleme. Da Omanis in der Regel selbst mehrere Kinder haben, gibt es in dieser Hinsicht überhaupt keine Schwierigkeiten. Omanis nehmen ihre Kinder überallhin mit, auch noch am späten Abend auf Partys oder in Restaurants. Gerade Kindern gegenüber werden sich alle Anwesenden verantwortlich fühlen, und man wird den Eltern alle erdenkliche Hilfestellung leisten.

Reisen mit Kindern ist kein Problem

Die Hotels stellen gratis oder gegen einen geringen Aufpreis Zusatzbetten zur Verfügung. In Parks gibt es besondere Tage nur für Frauen und Kinder, und Restaurants haben meist eigens eingerichtete Familienbereiche.

Auch was die Versorgung mit Windeln, Kindernahrung etc. angeht, muss man sich keine Sorgen machen, da man in den Supermärkten alles Nötige findet, meistens sogar dieselben Produkte wie bei uns, da es sich um Importwaren handelt. Zu beachten sind allerdings die Hinweise zur Gesundheit, da Kinder wegen des Klimas anfälliger für Infekte sind.

Kleidung

Empfohlen wird robuste und strapazierfähige Kleidung aus Naturfasern (Baumwolle) oder modernen Microfasern. Weder für Männer noch für Frauen sind kurze Hosen bzw. Röcke, schulterfreie, ausgeschnittene und enge Kleidung angebracht; das heißt, der Körper sollte von den Fußknöcheln bis zum Ellenbogen bedeckt sein. Eine Kopfbedeckung ist schon der Sonne wegen zu empfehlen; insbesondere Frauen sollten lange Haare zumindest zusammenbinden (→ S. 307).

Klima und Reisezeit

Das Klima variiert in Oman sehr stark von Region zu Region: An der **Küste des Indischen Ozeans** und im **Landesinneren** ist es im Sommer heiß (d.h. bis 50 °C am Tag) und feucht (Küste) bzw. trocken (Landesinneres). Im Winter herrschen dagegen recht angenehme Temperaturen zwischen 25 und 30 °C am Tag.

Die Luftfeuchtigkeit ist niedrig, abends und nachts kann es kühl werden. Insbesondere im Gebirge kann es zu dieser Jahreszeit auch mal regnen.

Schulbus in Sur

In der **Provinz Dhofar** wird das Klima durch den Monsun, den Khareef, geprägt, der zwischen Juni und September Regen bringt. Dementsprechend grün sind die Gebirge in den folgenden beiden Monaten. Die durchschnittliche Temperatur beträgt während der Monsunzeit um die 30 °C, im Frühling und Herbst ist es etwas wärmer. Der Monsun ist auch für die hohe (bis zu 96 %) Luftfeuchtigkeit in diesen Monaten verantwortlich. Während der Wintermonate dagegen sinkt die Luftfeuchtigkeit auf durchschnittlich 54 %, die Temperatur auf durchschnittlich 25 °C.

Zur **besten Reisezeit** siehe ›Das Wichtigste in Kürze‹ → S. 15.

Kriminalität

Die Kriminalitätsrate in Oman ist gering, und auch Einzelreisende können sich nach Einbruch der Dunkelheit sicher auf den Straßen bewegen.

Landkarten

Zu Oman gibt es leider wenig brauchbares Material. Hier eine Liste der wenigen erhältlichen Karten:

Oman 1:850 000, Reise Know-How Verlag Rump, 5. Aufl. 2013; lange Zeit die beste erhältliche Karte; leider stimmen auch hier die Angaben zu ›Piste oder asphaltiert‹ nur bedingt.

The Sultanate of Oman (Geoprojects, Maßstab 1:1 320 000, Beirut 1983).

Arabische Halbinsel (RV-Verlag, 1:2 Mio)

Sultanate of Oman Tourist Map (The Map LLC, Maßstab 1:1.250.000, Muscat 2016); zu beziehen über www.omanmap.org. Derzeit beste verfügbare Karte; GPS-tauglich.

Oman: Dhofar Road Map (Ilona Hupe Verlag, Maßstab 1:600.000; München 2015; GPS-tauglich).

United Arab Emirates, Oman (Hildebrand's Travel Map, 1:1 500 000).

Maße und Gewichte

In Oman gilt wie bei uns das metrische System. Allerdings sind durch die lange Beziehung zu Großbritannien teilweise auch noch britische Maße in Gebrauch.

Nahverkehrsmittel

In Muscat besteht ein lokales Busnetz, das die einzelnen Stadtteile miteinander verbin-

Trekkingtour am Jebel Shams

det. Informationen zu den Bussen in Muscat sind in den Infoteilen der entsprechenden Unterkapitel angegeben. In den meisten anderen Städten ist man auf Taxis oder Minibusse angewiesen, um sich innerhalb der Stadt fortzubewegen oder von Stadt zu Stadt zu kommen.

Öffnungszeiten

Die Arbeitszeiten im Oman orientieren sich an der muslimischen Zeit. Die übliche Arbeitswoche geht von Sonntag bis Donnerstag, wobei viele Geschäfte auch freitags und samstags öffnen. Freitag ist ähnlich wie der christliche Sonntag ein Feiertag, an dem in Behörden nicht gearbeitet wird. Feste Öffnungszeiten gibt es nicht, die folgenden Werte können aber als Orientierung dienen:
Behörden: So–Do 8–14.30 Uhr; Geschäfte: So–Do 8–13 u. 16–17 Uhr, wobei nicht alle nachmittags öffnen; Shops und Supermärkte: Sa–Do von 9–13 und 16–19 Uhr, große Shoppingzentren bis 20 Uhr. Während des Ramadhan ist vormittags nur eingeschränkt geöffnet und dafür abends umso länger.

Polizei

Die allgemeine Notrufnummer ist: 9999. Informationen zu den einzelnen Polizeistationen findet man in den jeweiligen Infokästen der Regionen und Städte.

Post

Das omanische Postwesen entspricht europäischem Standard und ist sehr zuverlässig. Postämter und Briefkästen findet man in jeder Stadt, die Briefkästen sind dank ihrer leuchtend orangen Farbe und der einem Dolchgriff nachempfundenen Form leicht zu erkennen. Die genauen Adressen der Postämter sind den Infokästen der jeweiligen Städte und Stadtteile zu entnehmen. Mittags sowie freitags und samstags haben die meisten Postämter geschlossen. Briefmarken können in den Postämtern, aber auch in den Hotels, in manchen Supermärkten oder in Bookshops gekauft werden. Postkarten nach Europa kosten 150 Bs., Briefe je nach Gewicht zwischen 200 Bs. und 5 OMR. Ein Brief nach Europa ist knapp eine Woche unterwegs, im Ramadhan kann es auch mal etwas länger dauern.

Preise

Oman ist kein Billig-Reiseland. Die **Hotels** gehören fast alle zur Mittel- bis Luxusklasse und liegen preislich meist auf europäischem Niveau. Doppelzimmer im 5-Sterne-Hotel ab 120 OMR (ca. 240 Euro), Mittelklassehotels ab 60 OMR (120 Euro), ›Rest Houses‹ und einfache Hotels ab 20 OMR (40 Euro); Wüstencamps je nach Ausstattung zwischen 40 und einigen hundert OMR je Doppelzimmer bzw. Zelt. Die Anhebung der Mindestlöhne in Oman im Jahr 2013/14 hat zu einer deutlichen Verteuerung im Land geführt.
Restaurant/Bar (Näherungswerte 2016)
3-Gänge Menü im Hotel: ab 30 €
Tee oder Kaffee im Hotel: ab 2,50 €
Dose Bier: 5–6 €
Flasche Wein: ab 25 EUR
Mittagessen in einer Garküche: ab 5 €
Tee oder Kaffee im Coffeeshop: 0,50 €
Supermarkt (Näherungswerte 2016):
Softdrink (Dose): 0,50–0,70 €
Mineralwasser (1 l): 0,50–0,70 €
Zigaretten (20er Päckchen): 2 €
Taxi (Muscat, per km): ca. 0,70 €
Busticket (Zentrum Muscat): 0,70 €
Internetcafé (30 Min.): ca. 1 €

Presse
In Oman gibt eine große Auswahl an arabischsprachigen Zeitungen und Zeitschriften. Ausländische Medien werden in den großen Hotels, Supermärkten und Buchläden mit englischsprachiger Literatur verkauft. Deutsche Zeitungen erhält man meist erst mit einigen Tagen Verspätung.

Omanische Tageszeitungen
- **Muscat Daily**, www.muscatdaily.com
- **Oman Daily Observer**, www.omanobserver.com
- **Oman Tribune,** www.omantribune.com

Times of Oman, www.timesofoman.com

Omanische Magazine
- **Oman Today,** erscheint zweimonatlich und listet alle kulturellen Veranstaltungen, Einkaufs- und Auflugstipps auf, 1 OMR.

Radio und Fernsehen
Die größeren Hotels sind nahezu alle mit Radios und Fernsehern ausgestattet, die auch eine große Auswahl an internationalen Kanälen empfangen. **Oman Television** ist der einzige staatliche Sender des Oman, der vornehmlich Informationen zum Oman, aber auch ein selbst produziertes Familien- und Kulturprogramm sendet. Jeden Abend um 20 Uhr wird eine englischsprachige Nachrichtensendung ausgestrahlt. **Internationale Sender** sind z.B. ›Deutsche Welle‹ (asiatische Variante), ›CNN‹, ›Star Plus‹ (indische und amerikanische Comedy- und Quizsendungen), ›Star Movies‹ (indische und amerikanische Spielfilme und Serien) sowie ›Channel V/MTV‹.

Radiosender mit englischsprachigem Programm, die man in Oman empfängt, sind ›Radio Oman‹ in der Hauptstadtregion von 7–22 Uhr (UKW 90,4) und in Salalah (94,3 MHz), ›Hi FM‹ (95,9 FM), ›radio merge‹ (104,8 FM›BBC World Service Radio‹ (15.575 Khz) und die ›Deutsche Welle‹ (tagsüber 13.780 und 15.275 Khz, abends 9.545 Khz). Allerdings lässt der Empfang der internationalen Radiosender manchmal zu wünschen übrig.

Rauchen
Generelles Rauchverbot herrscht an allen öffentlichen Plätzen sowie in öffentlichen Einrichtungen und Shopping-Malls, Bildungseinrichtungen, Postämter, Büros, Internetcafés, Friseursalons, Restaurants und Kinos. Bei Verstößen werden Geldstrafen verhängt.

Reisen mit dem Fahrrad
Informationen finden sich im Unterpunkt ›Sport, Mountainbiking‹ (→ S. 315).

Reisen mit dem Mietwagen
Mietwagenfirmen findet man vor allem an den Flughäfen in Muscat und Salalah, zusätzlich haben viele Vermieter Vertretungen in den größeren Hotels. Alle Mietwagen sind mit Klimaanlage, Radio/CD-Player, Ersatzreifen und Wagenheber ausgestattet. Adressen und Telefonnummern der Mietwagenfirmen nennen die Infoteile der jeweiligen Städte.

Je nach Autovermieter muss man, um einen Wagen fahren zu dürfen, zwischen 21 und 25 Jahre alt sein. Manche Firmen verlangen zusätzlich, dass der Führerschein bereits mindestens ein Jahr gültig ist. Offiziell benötigt man einen internationalen Führerschein, in der Praxis wird ein EU-Führerschein aber auch akzeptiert.

Man sollte beim Mieten eines Autos beachten, dass die Versicherungssumme der Haftpflichtversicherung möglichst hoch ist.

Auf Nebenstraßen ist Vorsicht geboten

Die Hochgeschwindigkeitsfähre nach Musandam

Es empfiehlt sich, gleich eine Kaskoversicherung abzuschließen, da sonst Schädenam Mietwagen selbst nicht abgedeckt sind. Die Selbstbeteiligung im Schadensfall sieht bei einer Kaskoversicherung je nach Wagentyp ca. 500 OMR vor. Durch eine Zusatzversicherung (CDW, ›collision damage waiver‹) kann dieser Betrag gesenkt werden. Wenn sich zwei Fahrer abwechseln wollen, muss der zweite Fahrer als ›additional driver‹ angemeldet werden, was ca. 1 OMR pro Tag zusätzlich kostet. Für ca. 30 OMR pro Tag kann man auch einen Chauffeur mieten, für den bei längeren Touren auch die Übernachtungskosten einzuplanen sind.

Die Automietpreise für 24 Stunden ohne Kraftstoff mit 200 Freikilometern variieren je nach Wagentyp zwischen 12 und 50 OMR. Günstiger ist es, einen Wochen- oder Monatstarif abzuschließen, bei dem meist auch die Kilometerbegrenzung höher ist. Bei Überschreitung der Kilometerbegrenzung werden zwischen 60 und 100 Baisa pro Kilometer fällig.

Von der Hauptstadtregion bis nach Salalah zu fahren, ist nicht bei allen Vermietern zulässig. Einige bieten aber auch für 100–130 OMR einen ›drop-off‹-Service an, bei dem man den Wagen in Salalah stehen lassen kann. Fahrten in die Vereinigten Arabischen Emirate müssen bei Vertragsabschluss abgesprochen werden und kosten meist einen Aufpreis von ca. 30 OMR pro Woche.

Wer Geld sparen will, sollte bei den lokalen Autovermietern nachschauen, deren Preise meist etwas niedriger als die der internationalen Firmen sind.

Reisen mit dem Überlandtaxi

Um von Stadt zu Stadt zu kommen, kann man die zahlreichen Kleinbusse oder auch normale PKW mit Taxischild nutzen. Sie fahren meist von zentralen Punkten innerhalb der Städte ab und haben einen festen Zielort. In der Regel teilt man sich diese Sammeltaxis mit anderen Reisenden, und es geht erst los, wenn der Wagen voll ist.

Reisen mit dem Bus

Das Busnetz der ›Mwasalat‹ (früher ›ONTC‹) verbindet fast alle größeren Orte miteinander. Die Busse fahren regelmäßig, recht pünktlich, sind komfortabel und klimatisiert. Abfahrtszeiten und Zielorte sind an den Bushaltestellen aufgelistet. Zudem erhält man Fahrpläne bei der Mwasalat-Zentrale in Ruwi sowie im Internet unter: www.mwasalat.om. Während des Ramadhan gelten abweichende Fahrpläne. Abfahrtszeiten und Haltestellen-Informationen finden sich in den jeweiligen Infokästen der Städte.

Reisen mit dem Schiff

Zwischen Muscat und Khasab/Musandam verkehrt donnerstags um 12 Uhr bzw. retour samstags um 11.30 Uhr eine Hochgeschwindigkeitsfähre, die auch Autos mit an Bord nimmt. Die Fahrzeit beträgt 5 Stunden und der Preis liegt bei 23 OMR pro Erwachsenem und Strecke (Economy Class) und 50 OMR pro Fahrzeug. Eine weitere Fährverbindung führt mehrmals täglich von Shannah auf die Insel Masirah (6 OMR pro Erwachsenem, 16 bzw. 20 OMR pro Fahrzeug, jeweils ›return fare‹). Infos unter Tel. +968/24715252, www.nfc.om.

Reisen mit dem Flugzeug

Innerhalb Omans besteht mit ›Oman Air‹ die Möglichkeit, von Muscat nach Salalah oder Khasab zu fliegen. Reservierungen sollten möglichst mehrere Tage vor Flugantritt getätigt werden.
Verbindungen: nach Salalah ca. 5x tägl. (76 OMR), nach Khasab tägl. am Vormittag (48 OMR).
Infos und Buchung bei Oman Air in Muscat, Tel. +968/2470 7222, www.omanair.com oder in den großen Reisebüros in Muscat.

Reiseveranstalter in Europa

Viele Reiseveranstalter bieten Komplettpakete an. Hier eine Auswahl:

Auf und Davon Reisen
Lebrechtstr. 35
51643 Gummersbach
Tel. 02261/50199-0
www.auf-und-davon-reisen.de

Bedu Expeditionen
Johann-Karg-Str. 4d
85540 Haar b. München
Tel. +49/89/62439791
www.bedu.de

Diamir Erlebnisreisen
Berthold-Haupt-Str. 2
01257 Dresden
Tel. +49/351/312077
www.diamir.de

Gebeco
Holzkoppelweg 19
24118 Kiel
Tel. +49/431/5446-0
www.gebeco.de

Geoplan
Geisbergstraße 39
10777 Berlin
Tel. +49/30/3464981-0
www.geoplan-reisen.de

Haase Touristik
Dickhardtstr. 56
12159 Berlin
Tel. 030/84183226
www.haase-touristik.de

Hauser Exkursionen
Spiegelstr. 9
81241 München
Tel. +49/89/235006-0
www.hauser-exkursionen.de

Ikarus Tours
Am Kaltenborn 49–51
61462 Königstein
Tel. +49/6174/29020
www.ikarus.com

nomad. Reisen zu den Menschen
Bahnhofstr. 6
54568 Gerolstein
Tel. +49/6591/94998-0
www.nomad-reisen.de

Profi Team Reisen
Sonnenstraße 3
85609 Aschheim b. München
Tel. 089/9045051
www.arabienspezialist.de

Ventus Reisen
Krefelder Str. 8
10555 Berlin
Tel. 030/3910033-2, -3
www.ventus.com

Reiseveranstalter im Oman

Die hier genannten Reiseveranstalter bieten meist neben der Serviceleistung eines Reisebüros (Hotelbuchung, Autovermietung) Tagestouren oder spezialisierte Trekkingtouren an:

Arabica Orient Tours, Tel. +968/24490500, www.arabicaorient.com
Standardtouren und maßgeschneiderter Service

Bahwan Tours
Tel. +968/24659762
www.bahwantravels.comStandardtouren, Kamel-Campingsafaris

Desert Thunder Travel & Tourism

Tel. +968/24546452
www.desertthunderoman.com
Wüsten- und Bergtouren

Eihab Travels
Tel. +968/24683900
www.eihabtravels.com
Standardtouren, Tauchen sowie Campingsafaris

Golden Oryx Tours
Tel. +968/24489853
www.goldenoryx.com
Standardtouren und Campingsafaris

Kurban Tours
Tel. +968/24491490
www.kurbantours.com
Standard- und Individualtouren

Mark Tours
Tel. +968/24567996
www.marktoursoman.com
Standard- und Abenteuertouren

Mezoon Travels
in Muscat: Tel. +968/24796680
in Salalah: Tel. +968/23297846
in Sohar: Tel. +968/26847599
www.mezoontravel.com
Standardtouren, Tauchausflüge, Kamelsafaris und Touren in und um Salalah

Muscat Diving and Adventure Centre
Tel. +968/24824240
www.omandivecentre.com
Individuelle Abenteuer-, Wander- und Tauchtouren

National Travel and Tourism
Tel. +968/24660300
www.nttoman.com
Standardtouren, Tauchausflüge, Safaris.

Sicherheit

Oman ist ein sehr sicheres Reiseland und Kriminalität nahezu nicht vorhanden. Dennoch sollte man allgemeine Verhaltensregeln beachten: Wertgegenstände nicht zu auffällig tragen, Bargeld und Papiere – sofern möglich – im Hoteltresor lassen, am Hotelpool seinen Zimmerschlüssel nicht unbeaufsichtigt lassen und beim Parken keine Wertsachen im Auto lassen.

Aktuelle Sicherheitshinweise des Auswärtigen Amtes in Berlin kann man unter www.auswaertiges-amt.de erfahren.

Souvenirs

Als Mitbringsel eignen sich nicht nur die omanischen Gegenstücke zur jemenitischen Jambiya, die **Khanjar** (Krummdolche), für die man je nach Qualität zwischen 30 und mehreren hundert OMR einplanen muss. Auch **Weihrauch** und **Weihrauchbrenner** (z.B. in Salalah), traditioneller **Silber-** oder neu gefertigter **Goldschmuck**, **Webarbeiten** und **Korbwaren** bieten sich als landestypische Produkte an. Meist kann man diese Souvenirs in den Souqs erwerben, die größte Auswahl bietet der Souq in Mutrah (→ S. 144). Zu beachten ist, dass in den Souqs fast ausschließlich mit Bargeld bezahlt wird.

Sport

Oman bietet mit seiner abwechslungsreichen Natur ein breites Angebot an Sport- und Freizeitaktivitäten.

Bergsteigen, Trekkings und Wanderungen
Viele Reiseveranstalter vor Ort bieten Trekkings und Wanderungen mit unterschiedlichen Schwierigkeitsgraden und von verschiedener Dauer an. Wer Lust auf einen Abenteuerurlaub hat, kann z. B. eine einwöchige Trekkingtour mit Zeltübernachtungen buchen.

Canyoning
Die tief eingeschnitten Wadis mit ihren kargen Felswänden und azurblauen Pools sind fantastische Canyoning-Reviere. Besonders beliebt sind das Wadi Bani Khalid (→ S. 249) und der Snake Canyon (Schlangenschlucht) im Wadi Bani Awf (→ S. 203). Geführte Touren bietet zum Beispiel: Arabica Orient Tours, Tel. +968/24490500, www.arabicaorient.com.

Hochseefischen
Die Strandhotels und Beach Resorts bieten ein umfassendes Wassersportangebot. Genauere Informationen dazu vermitteln Hotels oder Reiseveranstalter vor Ort.

Kamelreiten

Kamelreiten wird hauptsächlich in der Wahiba (→ S. 352, 314) angeboten, oftmals als mehrtägiges Kameltrekking.

Kitesurfen

Kitesurfen kann man an vielen Orten entlang der Küste Oman, z. B. bei Ras Al-Hadd oder Ras Sawadi. Ein besonders beliebter Ort befindet sich auf der Insel Masirah. Hier gibt es ein Kite-Camp mit Unterkünften und Verleih von Kite-Ausrüstung (→ S. 258).

Klettern

Die Berge und Wadis des Omans bieten für Kletterer Herausforderungen verschiedener Schwierigkeitsgrade. Allerdings sind viele der Kletterouten recht versteckt und genaue Informationen sind kaum verfügbar. Treffpunkt für erfahrenene Kletterer ist das Forum: www.omanclimbing.com. Weitere Informationen und Touren, auch für Einsteiger, bietet das Muscat Diving and Adventure Centre, Tel. +968/ 24824240, www.omandivecentre.com.

Mountainbiking

Mountainbiking ist in Oman noch eine eher seltene Sportart. Die wenigen Mountainbiker werden daher meist mit freundlichem, aber ziemlich offensichtlichem Erstaunen betrachtet.

Mountainbikes (sowie Roadbikes und Fatbikes) leihen kann man in Muscat beim ›Oman Bicycle Shop‹ Tel. +968/99664710, lucky@omanbicycleshop.com, www.omanbicycleshop.com, geführte Touren bietet ›Bike and Hike Oman‹, Tel. +968/24400873und +968/98518778, manager@bikeandhikeoman.com, www.bikeandhikeoman.com.

Paddeln und Kanufahren

Die Küste der Batinah und besonders die Fjordlandschaft Musandams mit ihren tiefen Buchten laden geradezu zum Paddeln ein. Geführte Mehrtagestouren, Tagestouren oder der Verleih für ein paar entspannte Stunden auf dem Wasser können von den Reiseveranstaltern in Muscat oder Khasab organisiert werden. (→ S. 314).

Pferdereiten

Reiten kann man in der Hauptstadtregion im Qurum-Park (→ S. 151) und am Ras al-Sawadi (Region Batinah, → S. 183). Weitere Informationen bieten die Infoteile der jeweiligen Orte.

Schnorcheln und Tauchen

Die abwechslungsreiche Meeresflora und -fauna Omans ist ein Paradies zum Tauchen und Schnorcheln. Beliebte Tauchplätze gibt es in der Hauptstadtregion, rund um die Halbinsel Musandam (→ S. 297), an den Daymaniyat-Inseln (→ S. 181) und im Süden des Landes an der Küste des Dhofar (→ S. 284). Die beste Zeit für Tauchurlaube im Nordoman und bei Mu-

Stierkämpfe finden an Wochenenden überall in der Batinah statt

sandam liegt zwischen April und Juli, da das Meer dann besonders klar und ruhig ist. Vor der Küste des Dhofar findet man die besten Bedingungen in den Monaten von Februar bis Juni vor.
Adressen und Telefonnummern der Tauchbasen sind den Infokästen der einzelnen Regionen zu entnehmen.

Sportveranstaltungen

In Oman finden regelmäßig öffentliche Sportveranstaltungen statt. Die Termine findet man im Magazin ›Muscat Daily‹.

Kamelrennen und Pferderennen

Sie finden in den Wintermonaten an besonderen Festtagen wie z.B. dem ›National Day‹ in Seeb statt.

Radrennen

Das Straßenrennen ›Tour of Oman‹ (www.tourofoman.om) findet im Rahmen des Muscat Festival im Februar in der Hauptstadtregion statt und zieht viele Zuschauer an. Die genauen Termine und nähere Infos findet man im Magazin ›Muscat Daily‹.

Stierkampf

In den Küstenorten der Batinah finden in den Wintermonaten regelmäßig sogenannte ›bull fights‹ statt. Nähere Infos im Infoteil Batinah (→ S. 184).

Segelregattas

Eine regelmäßige Segelregatta ist die ›Mussanah Race Week‹ (www.mussanahrace week.com).

Telefon

Das omanische Telefonnetz erfüllt einen hohen technischen Standard. Sowohl Gespräche innerhalb des Landes wie auch interkontinentale Verbindungen haben eine gute Qualität. Für die zahlreichen **öffentlichen Fernsprechzellen** benötigt man fast immer eine Telefonkarte. Diese kann man in Supermärkten, Kiosken, Tankstellen sowie Post- und Telefonämtern erwerben. Die Vorwahl nach Oman ist 00968 bzw. +968, die Notrufnummer lautet 9999.
Mobiltelefone können je nach Anbieter und Vertrag auch in Oman genutzt werden, allerdings können hohe Roaming-Kosten entstehen.
Wer viele Gespräche in Oman führen will und ein SIM-lock freies Mobiltelefon besitzt, kann eine Prepaid-Karte der omanischen Mobilfunkanbieter erwerben. Die beiden Anbieter ›Omantel‹ und ›ooredoo‹ haben Schalter in der Ankunftshalle des Flughafens, wo man eine Karte für ca. 5 OMR kaufen kann.

Trinkgelder

Oman ist kein ›Bakschisch-Land‹. Das bedeutet, dass Trinkgelder und Geschenke keineswegs wahllos verteilt werden, sondern nur als Anerkennung für eine erbrachte Leistung dienen sollten. Im Dienstleistungsgewerbe, also z.B. in Hotels und Taxis, sind Trinkgelder allerdings üblich.

Unterkunft

Die Zahl der Hotels und Gästehäuser hat in den letzten Jahren stark zugenommen. Besonders in der Hauptstadtregion gibt es eine Vielzahl Hotels unterschiedlicher Kategorien. Die meisten gehören zur Mittel- oder Luxusklasse (3 bis 5 Sterne)und haben Restaurants, Cafés, Nachtclubs, Business-Center sowie Sport- und Freizeitangebote.
Der **Preis für ein Doppelzimmer** im **5-Sterne-Hotel** beginnt bei ca. 120 OMR, im **Mittelklassehotel** ab ca. 60 OMR und in einfachen **preiswerten Hotels** ab ca. 40 OMR. In den billigen Hotels kann man allerdings nicht immer hundertprozentige Sauberkeit erwarten. Außerhalb der Städte und in abgelegeneren Regionen findet man an den Überlandstraßen oftmals sogenannte **Rest Houses**. Diese zweckmäßig ausgestatteten Gasthäuser kosten im Doppelzimmer ca. 20 OMR.
An einigen Orten gibt es zudem feste **Campements**, besonders in der Wahiba-Wüste findet man viele dieser Unterkünfte. Die Ausstattung reicht je nach Camp von luxuriösen Bungalows bis zu einfachen (deshalb aber nicht unbedingt weniger bequemen) Beduinenzelten. In den einfachen Camps beginnen die Preise für Doppelzimmer bei

ca. 40 OMR, die luxuriösen Camps kosten zwischen 100 und 250 OMR.
Zudem besteht die Möglichkeit, in **eigenen Zelten** zu übernachten. Informationen dazu finden sich unter ›Camping‹ (→ S. 303).
Der deutsche Anbieter ›nomad‹ vermietet **Fahrzeuge mit Dachzelt** und Equipment: www.nomad-reisen.de

Umgangsformen

Auch wenn die Omanis recht weltoffen und tolerant sind, sollte man nicht vergessen, dass das Sultanat ein arabisches und streng muslimisch geprägtes Land ist. Entsprechend wird erwartet, dass man sich als Reisender den islamischen Sitten etwa im Hinblick auf die Kleidung anpasst (→ S. 307, 308). Den Menschen sollte man stets mit Respekt und Höflichkeit begegnen.

Versicherungen

Da man für alle Behandlungen, die über eine Notfallversorgung hinausgehen, selbst aufkommen muss, ist eine **Auslandskrankenversicherung** unverzichtbar. Beim Abschluss der Versicherung sollte man darauf achten, dass ein Vollschutz ohne Summenbeschränkungen besteht und falls nötig auch der Rücktransport abgedeckt wird. Unerlässlich ist es, alle Quittungen aufzubewahren, um später die Kosten bei der Versicherung einfordern zu können.
Je nach Flug- bzw. Reisepreis empfiehlt es sich, eine **Reiserücktrittversicherung** abzuschießen, die etwa für den Fall einer plötzlichen Erkrankung oder eines Unfalls die Stornokosten übernimmt. Nicht versichert ist eine Absage der Reise wegen Naturkatastrophen, Streiks o.ä.

Verständigung

In den Städten, bei touristischen und anderen Dienstleistern sowie in vielen Geschäften kann man sich in der Regel auf Englisch verständigen. Trotzdem ist es von großem Vorteil, wenn man zumindest einige Worte Arabisch beherrscht. (Sprachführer → S. 319).

Währung, Wechselkurs

Die omanische Währungeinheit ist der **Rial Omani** (RO, internationale Abkürzung: OMR), der in 1000 Baisa (Bs) unterteilt ist. Papiergeld gibt es in Nominationen zwischen 500 Bs. und 20 OMR; Münzgeld ist nur selten in Gebrauch. Im September 2016 war ein omanischer Rial knapp 2,40 Euro wert; ein Euro entsprach etwa 420 Baisa.
Mit **Kreditkarte** kann man in den meisten größeren Geschäften, Hotels, Restaurants und bei Autovermietern zahlen und in Banken recht günstig Rial erhalten. Bei der National Bank of Oman kann man auch mit **ec-Karte (Maestro)** Geld abheben. Es empfiehlt sich zusätzlich die Mitnahme von Euro in Form von Banknoten, die in allen größeren Städten problemlos getauscht werden.
(Preise → S. 310, 316)

Zeit und Kalender

Die Ortszeit in Oman errechnet sich aus der Mitteleuropäischen Zeit (MEZ) + 3 Stun-

Historisches Fischerboot im Museum von Khasab

den. Während unserer Sommerzeit beträgt der ›Vorsprung‹ nur noch zwei Stunden.

Zollbestimmungen

Für Devisen gibt es keine Ein- oder Ausfuhrbeschränkungen. Verboten ist die Einfuhr von frischen Lebensmitteln (Schweinefleischprodukte). Die Einfuhr von Alkohol ist offiziell verboten, die Mitnahme von einer Flasche wird jedoch toleriert. Waffen und Drogen aller Art sind selbstverständlich verboten. Da die Zollkontrollen am Flughafen in Seeb gründlich sein können, sollten die genannten Verbote beherzigt werden.

Vergehen	Geldstrafe (RO)	Haftstrafe
Fahren in die falsche Richtung	500	bis zu 3 Mon.
Fahren ohne gültigen Führerschein	500	bis zu 3 Mon.
Rücksichtsloses Verhalten in Wadis/Gefährdung von Personen	500	bis zu 3 Mon.
Fahren ohne Versicherung	300	bis zu 10 Tage
Zu schnelles oder rücksichtsloses Fahren und Gefährdung von Personen	100–500	10 Tage bis 2 Mon.
Unvorsichtiges Fahren	300	mehr als 1 Monat
Weigerung, den Führerschein zu zeigen	300	bis zu 10 Tagen
Mobiltelefone/elektrische Geräte während des Fahrens benutzen	300	bis zu 10 Tagen.
Absichtliches Ausbremsen eines Fahrzeuges (zum Beispiel, um zu streiten)	300	bis zu 10 Tagen
Müll aus dem Fahrzeug werfen	300	bis zu 10 Tagen
Fahren unter Alkohol- oder Drogeneinfluss	200–500	1–3 Mon.
Fahren unter Alkohol- oder Drogeneinfluss/ Körperverletzung bzw. Arbeitsunfähigkeit des Verletzten bis zu 30 Tagen	400–800	1–6 Mon.
Fahren unter Alkohol- oder Drogeneinfluss/ Körperverletzung bzw. Arbeitsunfähigkeit des Verletzten mehr als 30 Tage	600–1200	6–12 Mon.
Fahren unter Alkohol- oder Drogeneinfluss/ Körperverletzung mit Todesfolge bzw. dauerhafter Behinderung des Verletzten	1500–3000	12–36 Mon.
Rücksichtsloses Fahren/Körperverletzung bzw. Arbeitsunfähigkeit des Verletzten mehr als 30 Tage	500	bis zu 3 Mon.
Rücksichtsloses Fahren mit Todesfolge	2000	3–12 Mon.
Weigerung, nach einem Verkehrsverstoß den Führerschein der Polizei zu übergeben	50–300	10–30 Tage
Fahrzeuge auf Straßen oder Plätzen zum Verkauf anbieten	500	-
Parken auf Krankenwagenparkplätzen	100	-
Parken an Bushaltestellen	100	-
Parken in gelb markierten Zonen	10	-
Parken mit Behinderung anderer Fahrzeuge	10	-
Parken auf Behindertenparkplätzen	20	-

Sprachführer

Arabisches Alphabet

Buchstabe	arabisches Zeichen	Aussprache	Transkription
alif	ا	wie in K**ah**n	ā
bā	ب	wie in **B**ohne	b
tā	ت	wie in **T**eller	t
tā	ث	wie im Englischen **th**ree	ṯ
dǧīm	ج	wie im Englischen colle**g**e	ǧ
hā	ح	kräftig gehauchtes **h**	ḧ
chā	خ	wie in Na**ch**t	ch
dāl	د	wie in **D**elle	d
dāl	ذ	wie im Englischen fa**th**er	ḏ
rā	ر	gerolltes Zungenspitzen-**r**	r
zēn	ز	wie in Ro**s**e	z
sīn	س	wie in rei**ß**en	s
schīn	ش	wie in **sch**ön	sch
sād	ص	emphatisches **s**	ṣ
dād	ض	emphatisches **d** des Obergaumens	ḍ
tā	ط	emphatisches **t**	ṭ
zā	ظ	weiches emphatisches **s**	ẓ
ain	ع	stimmhafte Entsprechung von hā, hört sich an wie ein aus der Kehle hervorgepresstes **a**	ă
ġain	غ	entspricht fast dem Zäpfchen-**r**, zum Beispiel in (wa**r**en)	ġ

Buchstabe	arabisches Zeichen	Aussprache	Transkription
fā	ف	wie in **f**allen	f
qāf	ق	tiefes emphatisches **k**	q
kāf	ك	wie in **K**ahn	k
lām	ل	wie in **L**uft	l
mīm	م	wie in **M**ut	m
nūn	ن	wie in **N**ase	n
hā	ه	wie in **H**alle	h
wāw	و	wie im Englischen **w**ater	w
		wie langes **u**, wie in H**uh**n	ū
jā	ي	wie in **j**eder	j
		wie langes **i**, wie in M**ie**te	ī

Deutsch	Arabisch	Transkription
Begrüßung		
Hallo!	السلام عليكم,	as-salām ălajkum
- Antwort	وعليكم السلام	wa ălajkum as-salām
Hallo.	مرحبا	marħaba
- Antwort	اهلاً وسهلاً	ahlan wa sahlan
Guten Morgen.	صباح الخير	sabāh l-chajr
- Antwort	صباح النور	Sabāh l-nur
Guten Abend.	مساء الخير	masāa l-chajr
- Antwort	مساء النور	masāa l-nur
Gute Nacht.	تصبح على خير	tṣbah ăla chajr
Antwort (zum Mann)	وانتَ من اهله	wa enta men ahlu
Antwort (zur Frau)	وانتِ من اهله	wa enti men ahlu
Antwort (zum Mann)	الله يسلمكَ	allā jselmak
Antwort (zur Frau)	الله يسلمكِ	allā jselmik
Willkommen!	اهلاً و سهلاً	ahlan wa sahlan

Deutsch	Arabisch	Transkription
Wie geht's?	كيف الحال	kiif el ħal
Auf Wiedersehen.	مع السلامة	măa salāma

Allgemeines (Wörter und Redewendungen)

Ich heiße...	اسمي	ismi
Wie ist Ihr/dein Name?	ما اسمك	ma ismik (F), ismak (M)
ja/nein	نعم /لا	naăm / La
Bitte! (zum Mann)	من فضلك	min faḍlak
Bitte! (zur Frau)	من فضلك	min faḍlik
Danke!	شكراً	schukran
Gut.	كويس	kwajis
So Gott will.	انشاء الله	in scha'allā
Macht nichts.	معلش	mălesch
Entschuldigung.	أسف	asif
In Ordnung.	تمام	tamām
Ich spreche kein Arabisch.	لا اتكلم عربى	la atakallam arabi
Sprechen Sie Englisch?	تتكلم انكليزى	titkallam ingljzi
... Deutsch?	الماني	almāni
Bitte! - sehr höflich (F)	لو سمحتِ	lauw samaħti
Bitte! - sehr höflich (M)	لو سمحت	lauw samaħt
Bitte! (wenn man etwas anbietet) (M)	تفضل	tafaḍal
Bitte! (wenn man etwas anbietet) (F)	تفضلِ	tafaḍali
möglich	ممكن	mumkin
unmöglich	مش ممكن	musch mumkin

Einkaufen

Markt	سوق	sūq
Wo finde ich ...?	أين أجد	ajna ağed?
Haben Sie ...?	هل عندكم	hal indakum
Wie teuer?	كم؟بكم؟	Kam ? / Bikam ?
Ich möchte...	أريد	urīd

Deutsch	Arabisch	Transkription
Gold	ذهب	ṯahab
Silber	فضّة	fiḍḍa
Gewürze	توابل - بهارات	Tawābil - bhārāt
Weihrauch	بُخور	buchur
Brot	خُبز - عيش	chubz - ăesch
viel	كثير	Kaṯīr
teuer	غالِ	ġāli
billig	رخيص	rachīṣ
alt	قديم	qadīm
neu	جديد	ğadīd
Geben Sie mir bitte ...	اعطِني من فضلك	aăṭīni min faḍlak
ein Kilo	كيلو	kīlu
100 Gramm	مئة غرام	miat ġram
Können Sie mir ... zeigen?	هل تستطيع أن تريني...؟	hal tastaṭīă an turīni
Kann ich es anprobieren?	هل من الممكن أن اجربه؟	hal min el-mumkin an uğarribuh
Das ist mir zu ...	هذا...	hāḍa...
eng/weit	ضيق - واسع	dajeq - wāsă
kurz/lang	قصير - طويل	qaṣīr - tawīl
klein/groß	صغير - كبير	ṣaġīr - kabīr
Danke, das ist alles.	شكراً, هذا كل شيء	schukran, hāḍa kull schaj

Zahlen

0	صفر	ṣifir
1	واحد	waḣid
2	إثنان	iṯnēn
3	ثلاثة	ṯalāṯa
4	أربعة	arbaă
5	خمسة	chamsa
6	ستّة	sitta
7	سبعة	sabăa
8	ثمانية	ṯamanija
9	تسعة	tisăa

Deutsch	Arabisch	Transkription
10	عشرة	ăschara
11	احد عشر	i ħda ăschar
12	إثنا عشر	i t̲na ăschar
13	ثلاثة عشر	t̲alāt̲ taăschar
20	عشرين	ăischrīn
21	واحد وعشرين	waħid wa ăischrīn
22	اثنان وعشرين	it̲nan wa ăischrīn
23	ثلاثة وعشرين	t̲alāt̲a wa ăischrīn
30	ثلاثين	t̲alat̲īn
40	أربعين	arbăīn
100	مِئة	mīja
101	مِئة وواحد	mīja wa waħid
200	مئتين	mitēn
300	ثلاثة مِئة	t̲alāt̲ mīja
1000	ألف	alf
2000	ألفين	alfēn
3000	ثلاثة آلاف	t̲alāt̲at alāf

Weitere Höflichkeitsformeln

Wie geht es der Familie?	كيف حال العائلة؟	kīf ħal eläăila
Wie ist die Gesundheit?	كيف الصحة؟	kīf elṣaħa
Freut mich, Sie kennenzulernen.	يسعدني التعرف عليك	ısäiduni l-taăaruf ălajka
Bist du verheiratet?	هل انت متزوج ؟	al anta mutazawiğ?
Es würde mich freuen, deine Familie kennenzulernen.	لو تعرفت بعائلتك يسعدني	jusăiduni law taăaraft biăăilatak
Woher kommen Sie/kommst du?	من أين تأتي؟ تأتين؟	min ajna tati(m) / tatin(f)
Ich bin aus …	أنا من...	nā min…
Ich hoffe, Sie/dich bald wiederzusehen.	ألقاك مرة أخرى قريباً أمل أن	mul an alqāka marra ucha qarīban

Deutsch	Arabisch	Transkription
Orientierung		
Bitte wo ist …	من فضلك أين...؟	min faḍlak, ajna …?
… die Moschee?	الجامع	el-ğāmă
… die Bank?	المصرف - البنك	el-Maṣraf - el-bank
… der Bahnhof?	محطة القطارات	maħaṭat l-qiṭārāt
… die nächste Tankstelle?	أقرب محطة بترول - بنزين	aqrab maħaṭat bitrol - benzin
… die nächste Apotheke?	أقرب صيدلية	aqrab ṣajdalīja
… das nächste Krankenhaus?	أقرب مستشفى	aqrab mustaschfa
… der Flughafen?	المطار	almaṭār
… die Botschaft?	السفارة	alsafāra
… das Museum?	المتحف	almatħaf
… das Polizeirevier?	قسم الشرطة	qismi l-schurṭa
Welches ist der kürzeste Weg nach/zu …?	ما هو أقصر طريق إلى...؟	ma huwa aqṣar tarīq il-la … ?
Gehen Sie …	إذهب	iḏhab
geradeaus	إلى الأمام	illa l-amām
nach links	إلى الشمال	illasch schimāl
nach rechts	إلى اليمين	illa l-jamīn
erste/zweite Straße	أول - ثاني شارع	awwal - ṯāni schāră
Wann ist das Museum geöffnet?	متى يكون المتحف مفتوح	mata jakūn l-matħaf maftūħ
Wo gibt es hier …	أين يوجد هنا...؟	ajna jūğad huna …
… ein gutes Restaurant?	مطعم جيد	maṭăam ğajjid
… ein typisches Restaurant?	مطعم شعبي	maṭăam schaăbī
Wo sind bitte die Toiletten?	من فضللك، أين دورات المياه - التوالت	min faḍlak, ajna dawrāt l-mijah - al toalet
Männer	رجال	riğāl
Frauen	نساء	nisā
Eingang	دخول	duchūl
Ausgang	خروج	churūğ

Deutsch	Arabisch	Transkription
geöffnet	مفتوح	maftūħ
geschlossen	مغلق	muġlaq
verboten	ممنوع	mamnūă

Essen und Trinken

Restaurant	مطعم	matăm
essen	أكل	akl
Die Speisekarte, bitte.	قائمة الطعام من فضلك	qāimat l-ṭaăām min fadlak
Vorspeise	مقبلات	muqabbilat
Hauptspeise	الطبق الرئيسي	at tabaq l-raīsij
Nachtisch	تحلية	taħlija
scharf	حار - حاد	ħār - ħād
Die Getränkekarte, bitte.	المشروبات من فضلك قائمة	qāimat l-maschrubāt min fadlak
trinken	شرب	schurb
Ich nehme ein Glas Wasser ...	ساخذ كأس ماء	saāchud kās mā
Saft/Orangen, Karotten, Mango, Zuckerrohr	منجة،قصب السكر، عصير - برتقال،جزر	Ăsīr - burtuqāl, ğazar, manğah, qasabi s-sukkar
eine Tasse Kaffee mit Milch	فنجان قهوة بالحليب	finğān qahwa bi-l-ħalīb
arabischer Kaffee	قهوة عربية	qahwa ărabija
eine Tasse Tee	فنجان شاي	finğān schai
mit Zucker	مع سكر - بالسكر	măa sukkar - bi-l-sukkar
heiß/kalt	ساخن - بارد	sāchin - bāred
Die Rechnung, bitte.	الحساب من فضلك	al ħisāb min fadlak

Im Hotel

Hotel	فندق - اوتيل	funduk - uteel
Ich habe bei Ihnen ein Zimmer reserviert.	حجزت غرفة عندكم	ħağazt ġurfa ăndakum
Mein Name ist ...	اسمي...	Ismi ...
Haben Sie noch Zimmer frei?	هل عندكم غرفة؟	hal ăndakum ġurfa?

Deutsch	Arabisch	Transkription
ein Einzelzimmer	غرفة لِشخص واحد	ġurfa li schachṣ waħed
ein Zweibettzimmer	غرفة لِشخصين	ġurfa li schachṣejn
mit Dusche/Bad	فيها دوش - حمام	fihā dusch -ħamām
Was kostet das Zimmer ...	كم تكلف الغرفة...؟	kam tukallef l-ġurfa
mit Frühstück	مع الفطور	mă l-futūr
mit Halbpension/Vollpension	مع ثلاث وجبات - مع وجبتين	mă wağbatejn - mă ṯalaṯ wağbāt
Bitte meinen Schlüssel.	مفتاحي من فضلك	muftāħi min-fadlak

Hier geht es zum Krankenhaus

Glossar

Abbasiden zweite Khalifendynastie mit Sitz in Bagdad (750–1258)
Aflaj Plural von → Falaj
Areesh traditionelle Hütte aus Palmzweigen
Ain Quelle; Auge
Azd bedeutender omanischer Stamm jemenitischen Ursprungs; erlangt bis 600 n. Chr. die Herrschaft über weite Teile Inner-Omans
Barasti engl. Bez. für ›Areesh‹, s. dort
Bait al-Qafl steinerner Speicherbau der Bergstämme Musandams mit ausgeklügelter Verriegelung
Batinah ›Tiefland‹; Küstenebene im Nordosten Omans
Bilad Dorf
Bedu arabischer Nomade (Pl. ›Badawi‹)
Bin Sohn des ...
Bint Tochter des ...
Bokhur Duft, Rauch; Name einer omanischen Duftmischung
Burqa Gesichtsmaske, von Beduinenfrauen als Sonnenschutz getragen
Bustan Garten
Dakhiliyah das Innere; Bezeichnung für die Region auf der Südseite des Jebel Akhdar (Nizwa)
Dallah traditionelle Kaffeekanne mit sehr langer Tülle
Dhahirah das Äußere; Bezeichnung für die Region im Nordwesten (Ibri)
Dhau Sammelbegriff für ganz unterschiedliche traditionelle Segelschiffe der Anrainerländer des Indischen Ozeans; in Oman wurden traditionell andere Begriffe wie ›boum‹ benutzt.
Dhofar historisches Weihrauchland; Bezeichnung für die südlichste Region Omans
Dishdasha knöchellanges, gerade geschnittenes Gewand der omanischen Männer
Eid hohe muslimische Feiertage (Eid al-Adha, Eid al-Fitr)
Falaj traditioneller Bewässerungskanal; geht auf die Perser zurück
Fatimiden ismailitische Khalifendynastie mit Sitz in Kairo (909–1171)
Ghafiri eine der beiden großen Stammesfraktionen Omans
Hadith Erzählung, Bericht; Überlieferungen über den Propheten Muhammad
Hafeet Bergmassiv südlich von Buraimi; namengebend für eine bronzezeitliche Kulturperiode (3500–2700 v. Chr.)
Hajj Wallfahrt nach Mekka; eine der fünf Säulen des Islam
Hajar Gebirge; Name des Gebirgszuges im Nordosten Omans, der sich aus dem westlichen (al-Gharbi) und östlichen (al-Sharqi) Hajar zusammensetzt
Halwa süß; klassische omanische Süßspeise
Henna pflanzlicher Farbstoff, der zum Färben der Haut und der Haare verwendet wird
Hijra Auswanderung Muhammads von Mekka nach Medina 622; Beginn der islamischen Zeitrechnung
Hinawi eine der beiden großen Stammesfraktionen Omans
Ibadismus Glaubensrichtung des Islam
Iftar abendliches Fastenmahl im Ramadhan
Imam Vorbeter; geistliches Oberhaupt
Imamat religiöser Staat unter der Führung eines Imam
Ja'alan Regierungsbezirk (Wilayat) am Ras al-Hadd
Jebali Bergnomaden des Dhofar-Gebirges
Jebel Berg
Jiddat al-Harasis omanische Zentralwüste
Khalif Stellvertreter; Titel der Nachfolger Muhammads
Khanjar traditioneller omanischer Krummdolch
Khobs Brot
Khol Rußsalbe zum Schminken der Augen
Khor Lagune
Kumma traditionelle omanische Kappe

Magan bronzezeitliches Handelsreich im Gebiet des heutigen Nordoman
Majlis Sitzplatz, Versammlung; Name der beiden Kammern des Omanischen Rates (Majlis al-Shura, Majlis al-Dawla)
Masjid Moschee
Massar reich besticktes Kopftuch der omanischen Männer
Mazun ursprünglich persische Hafengründung; Ursprung Sohars
Mihrab nach Mekka weisende Gebetsnische in einer Moschee
Minbar Kanzel in einer Moschee (Freitagspredigt)
Musandam felsige Halbinsel an der Straße von Hormuz; nördlichste Exklave Omans
Nakhl Dattelpalme
Omayyaden aus Mekka stammende erste Khalifendynastie (661-750)
Ophiolit Teile der urzeitlichen ozeanischen Kruste; einer der wesentlichen Bestandteile des Hajar-Gebirges
Oryx seltene weiße Antilopenart; nach Ausrottung der Wildtiere in der Jiddat al-Harasis erfolgreich wieder ausgewildert
Qadi Gelehrter/Richter islamischen Rechts
Qahwa traditioneller omanischer Kaffee
Qala'a Burg
Qasr Schloss
Qur'an heilige Schrift des Islam
Ramadhan islamischer Fastenmonat
Ramlat Sand, Wüste
Ras Kopf; auch gebräuchlich für Landzungen/Kaps
Rub al-Khali Leeres Viertel; Bezeichnung der großen arabischen Sandwüste
Salat rituelles Stundengebet; eine der fünf Säulen des Islam
Saruj traditioneller Mörtel und Putz
Sassaniden neupersische Dynastie (224–642)
Schiiten Partei Alis (›Shi'a Ali‹); betrachten allein Muhammads Cousin Ali und seine Nachkommen als rechtmäßige Erben des Propheten; rund zwölf Prozent aller Muslime weltweit
Shaikh Ältester; Titel für Stammesführer
Sharqiyah die Östliche, Region im Osten Omans (Sur)
Shatti Strand
Shoowah in einer Erdgrube gegartes Fleisch (traditionelles omanisches Gericht)
Sunniten erkennen auch Khalifen an, die nicht mit Muhammad verwandt waren; große Mehrheit der heutigen Muslime
Sur befestigtes Haus, Wohnfort
Umm Mutter von ...
Umma Gemeinschaft aller Muslime
Umm al-Nar Insel bei Abu Dhabi; namengebend für eine bronzezeitliche Kultur (2700–2000 v. Chr.)
Wadi Trockenflusstal
Wahhabiten konservative islamische Glaubensrichtung saudischer Herkunft
Wali oberster Beamter eines Regierungsbezirks (Wilaya)
Wilaya einer der 61 omanischen Regierungsbezirke (Pl. ›Wilayat‹)

Landschaft am Jebel Dhahlul, dem ›Schattengebirge‹

Die Autoren

Lorenz C. Töpperwien (geb. 1965), Journalist und Buchautor. Kennt die arabische Welt von zahlreichen Reisen. Aus seiner intensiven Beschäftigung mit Oman ist dieser Reiseführer entstanden.

Julietta Baums (geb. 1965), Archäologin und Gründerin des auf Oman und Arabien spezialisierten Reiseunternehmens ›nomad. Reisen zu den Menschen‹. Sie bereist die Arabische Welt, die Sahara und Zentralasien seit mehr als 25 Jahren, war mit einem Omani verheiratet und spricht leidlich Arabisch.

Lorenz Töpperwien

Julietta Baums mit ihren Kindern und ihrem Bruder unterwegs

Danksagung

Viele Personen haben dazu beigetragen, dass dieses Buch entstanden ist - mit tatkräftiger Hilfe und Geduld mit den Autoren gleichermaßen. Dafür gilt ihnen unser herzlicher Dank! Besonders hervorheben möchten wir Hilda Bünger für ihre Verdienste um den Sprachführer, Petra Schiffler für ihr kompetentes Text- und Kartenlektorat und Ibrahim al-Balushi für seine takräftige Unterstützung bei den Rechercheereisen und dem Bildlektorat.

Anhang

Literatur

Eine Auswahl weiterführender Literatur in chronologischer Reihenfolge (Erscheinungsdatum).

Die Brunnen der Wüste: Mit den Beduinen durch das unbekannte Arabien, Wilfred Thesiger (Übers. P. Stadelmayer), NG Taschenbuch, 2013. Als Einstimmung unbedingt zu empfehlen! Beschreibung der Reisen des britischen Forschers und Abenteurers durch das ›Leere Viertel‹ in den 1940er Jahren.

Leben im Sultanspalast. Memoiren aus dem 19. Jahrhundert, Emily Ruete, Hrsg. Annegret Nippa, Cep Europäische Verlagsanstalt, 2013. Lesenswerter Rückblick der Tochter des Sultans von Oman und Sansibar auf ihre Kindheit im Palast des Vaters.

Entdeckungen im Orient. Reise durch Arabien im Auftrag des dänischen Königs, Carsten Niebuhr, Edition Erdmann, 2012. Berühmter Bericht von der königlich-dänischen Arabienexpedition, deren einziger Überlebender der Autor war.

Auf den Spuren Sindbads von Arabien nach China, Timothy Severin, Hoffmann & Campe, 1988. Bericht einer abenteuerlichen Seereise auf einer detailgenau rekonstruierten und nachgebauten arabischen Dhau.

Englischsprachige Titel

The DNA of Salalah – Dhofar, Maria Dekeersmaeker, Dhofar National Printing Press, 2011. Detaillierte Bestandsaufnahme der Kultur Südomans in Geschichte und Gegenwart.

Oman Off-Road (Explorer), Explorer Group, 2016. Unverzichtbar für die Erkundung Omans im Geländewagen.

The Food of Oman, Felicia Campbell, Andrews McMeel Publishing, 2015. Eine sehr schön bebilderte Kulturgeschichte der omanischen Küche, sogar mit Rezepten zu den typischen frischen Säften.

Oman Trekking (Activity Guide), Explorer Group, 2005 (3. Auflage)

Oman, a seafaring nation, Omanisches Kulturministerium, 2005 (3. Auflage). Leider nur in Oman erhältliche umfassende Dokumentation über Schifffahrts- und Schiffbautraditionen Omans. Das Buch (Erstauflage 1979) bietet viele Zeichnungen und alte Fotos.

The Craft Heritage of Oman, Neil Richardson & Marcia Dorr, Motivate Publishing/ London Centre of Arab Studies, 2004 (derzeit leider nicht verfügbar). Zwei umfassende, qualitativ hochwertige, im Stil eines Ausstellungskatalogs erstellte Bände zu Geschichte und Gegenwart des omanischen (Kunst-)Handwerks. Das ambitionierte Dokumentationsprojekt nahm insgesamt sechs Jahre in Anspruch.

Oman im Internet

www.omantourism.gov.om
Deutschsprachige Webpräsenz des omanischen Minsteriums für Tourismus

www.omantourism.de
Deutsche Vertretung des Ministeriums für Tourismus (mit zahlreichen Reisetipps, Adressen etc.)

www.deutschoman.de
Deutsch-Omanische Gesellschaft (mit Links zu den wichtigsten englischsprachigen Tageszeitungen Omans)

www.oman.de
Deutsch-omanisches Kulturportal mit Hintergrund- und Reiseinformationen

www.lonelyplanet.com/oman
Online-Reiseführer von Lonely Planet zu Oman (Englisch)

www.omantripper.com
Fotoblog von Omanis für Omanis und andere Besucher (Englisch)

www.omanicuisine.com
Rezepte und Restaurant-Tipps (Englisch)

www.sultanqaboosgrandmosque.com
Virtueller Rundgang durch die Moschee

maps.me
Eine Karten-App, die komplett offline funktioniert, sehr einfach in der Benutzerführung ist und detaillierte Omankarten abbildet. Die GPS-Nachzeichnung der Routen ist ausreichend genau, die Routenführung gut. Leider bietet maps.me keine Höhenreliefs. Sinnvolle Ergänzung zu ›Off-Road in the Sultanate of Oman‹

Kameltrekking in der Wahiba-Wüste

OMAN ENTDECKEN.
MIT GULF AIR NACH MUSCAT
gulfair.com
طيران الخليج
Gulf Air

Bildnachweis

Julietta Baums: S. 4o., 5u., 7m., 8o., 8m., 10, 25o., 27, 28, 37, 42, 43, 49, 65, 70, 82, 85, 87, 89, 108, 112, 116, 136, 137, 139, 144o,m 144u., 152, 159, 163, 180, 192o., 192u., 193, 198, 200, 219, 221, 236, 246, 254/255, 257o., 257u., 259, 268, 272, 279, 284, 286/287, 290, 292, 294, 295, 299, 302, 304, 308, 310, 312, 317, Umschlagklappe hinten.
Manfred Baums: S. 4m., 8u., 9u., 46, 57, 91, 96, 115, 117, 135, 153, 174/175, 182o., 182u., 189, 240, 241, 244, 270, 275, 278, 309
Lisa von Bischopinck: 23, 34, 44, 69, 74, 77, 78, 122
Renate Fey: S. 7u., 21, 88, 264
Margot Franz: S. 68, 132, 133, 134, 141, 160
Günther Grabner: S. 6o., 6m., 9o., 9m., 17, 30, 35, 38, 51, 76, 86, 94, 101, 102, 110, 126, 127, 129, 178, 178, 211, 218, 220, 224, 224, 231/232, 242, 291, 305, 311, 315
Nicole Ickenroth: S. 5o., 25u., 75, 79, 106, 118, 124, 214, 223, 250, 307, Umschlagklappe vorne.
Gisela Kirsten: S. 5m., 39, 47, 48, 52, 104, 190, 210, 234, 251, 262, 265, 282, 300, 303, 306, 320
Renate Leonhards: S. 7o., 40, 62, 92, 98, 186, 203, 205
Antoaneta Mladenova: S. 6u., 45, 148, 212, 222, 249
Kerstin Paul: S. 4u., 19, 32/33, 37, 55, 58, 80, 84, 113
David Steele/shutterstock.com: 227
Martin Twietmeyer: S. 14, 16, 18, 60, 97, 125, 130/131, 146, 191, 194/195, 199, 204, 208, 216, 235, 237, 260, 263, 266/267, 269, Titel.

Auf und Davon Reisen...
...Asien
Kultur
Trekking
Expeditionen
Bike, Ride, Raft
und mehr...
entdecken
in kleinen Gruppen ab 2 Personen
Oman
entdecken...
Kultur • Erlebnis • Trekking • Safari
• Oman • Kambodscha • Thailand • Myanmar • Vietnam •
• Tibet • Bhutan • Nepal • Usbekistan • Mongolei • Laos •
• Sri Lanka • Iran • Indien • Jordanien • China •
Katalog & Info: Tel. 02261-501990, reisen@auf-und-davon-reisen.de
www.auf-und-davon-reisen.de

OMAN entdecken!
ikarus tours
Erlebnis- & Aktivreisen
für Gruppen- und Individualreisende
www.ikarus.com · Tel.: 06174-29020

Hennabemahlung
Fotograf: Oman Ministry of Tourism

Trescher Verlag
Jasmine Dum-Tragut
ARMENIEN
3000 Jahre Kultur zwischen Ost und West
TRESCHER VERLAG
Philine von Oppeln, Frank Schüttig
ASERBAIDSCHAN
Mit Baku, Kaukasus und Kaspischem Meer
TRESCHER VERLAG
Giorgi Kvastiani, Vadim Spolanski, Andreas Sternfeldt
GEORGIEN
Unterwegs zwischen Kaukasus und Schwarzem Meer
TRESCHER VERLAG
Peter Kerber
IRAN
Islamische Republik und jahrtausendealte Kultur
Mit herausnehmbarer Karte im Maßstab 1:5 000 000
Trescher Verlag
Stephan Flechtner, Dagmar Schreiber
KIRGISTAN
Zu den Gipfeln von Tien-Shan und Pamir
TRESCHER VERLAG
Dagmar Schreiber
KASACHSTAN
Mit Almaty, Astana, Tien Schan und Kaspischem Meer
TRESCHER VERLAG
Sonja Bill, Dagmar Schreiber
TADSCHIKISTAN
Mit Duschanbe, Pamir und Fangebirge
Trescher Verlag
Judith Peltz, Daniel Lepett
USBEKISTAN
Entlang der Seidenstraße
nach Samarkand, Buchara und Chiwa
trescher-verlag.de

TRESCHER VERLAG
MEHR WISSEN. BESSER REISEN.
REISEFÜHRER AUS DEM TRESCHER VERLAG
TRESCHER VERLAG
Werner K. Lahmann
KREUZFAHRTEN
DUBAI
UND
EMIRATE
Mit Abu Dhabi, Bahrain,
Oman und Katar
trescher-verlag.de

Kartenlegende

- Autofähre
- Badestrand
- Bank
- Burg/Festung
- Busbahnhof
- Campingplatz
- Denkmal
- Einkaufszentrum
- Fischmarkt
- Flughafen
- Großtiermarkt
- Hafen
- Höhle
- Hotel
- Kleintiermarkt
- Krankenhaus
- Markt
- Moschee
- Museum
- Oper
- Post
- Restaurant
- Ruine/Ausgrabungsstätte
- Sehenswürdigkeit, sonstige Einrichtungen
- Theater
- Tor

- Autobahn
- Autobahn im Bau
- sonstige Straßen
- 243 Straßennummern
- Eisenbahn
- Grenzübergang
- Staatsgrenze
- Hauptstadt
- Stadt/Ortschaft

Kartenregister

Stadtpläne

Übersichtskarten

Historische Karten